MARTE LAUTENSCHLÄGER

Die Rettung der Menschheit

novum ✦ pro

Dieses Buch ist auch als
e-book
erhältlich.

w w w . n o v u m v e r l a g . c o m

© 2021 novum Verlag

ISBN 978-3-99107-497-7
Lektorat: Tobias Keil
Umschlaggestaltung: Melanie Ria Robin
(Originalgröße des Gemäldes: 60x90 cm),
www.melanie-ria.de,
Foto: Anna-Lena Hermann,
www.goldstaub-fotografie.com

Umschlaggestaltung, Layout & Satz:
novum Verlag
Autorenfoto: Steffen Hellwig

Gedruckt in der Europäischen Union
auf umweltfreundlichem, chlor- und
säurefrei gebleichtem Papier.

www.novumverlag.com

Bibliografische Information
der Deutschen Nationalbibliothek:

Die Deutsche Nationalbibliothek
verzeichnet diese Publikation in
der Deutschen Nationalbibliografie.
Detaillierte bibliografische Daten
sind im Internet über
http://www.d-nb.de abrufbar.

Inhaltsverzeichnis

Zur Autorin

Marte Lautenschläger konnte die Entwicklung und Leiden an einer großen Anzahl von Menschen sehen, erleben, Zusammenhänge beobachten und stellte oft **sehr mutige** Fragen. Sie bekam viele Schicksale erzählt, fühlte mit anderen, teils ganz fremden Menschen, analysierte und kombinierte mit dem logischen Menschenverstand, um daraufhin in ihrem Umfeld kostenfrei zu helfen. In diesem Zusammenhang kann sie insbesondere auf ihre Fähigkeiten des konzentrierten Zuhörens sowie der Empathie zurückgreifen. Aufgrund der **großen Erfolge** wurde ihr extrem deutlich, dass **Konfliktlösung** (**UR**sachen-Findung) – fehlerfrei und von der Natur gegeben – IMMER funktioniert! Es ist der **EINZIGE Weg** zur totalen Gesundheit.

Vorwort der Autorin

Falls Du Informationen aus dem Buch für Dich anwendest, behandelst Du Dich selbst, was Dein freies Menschenrecht ist. Autor und Verleger dieses Buches übernehmen keinerlei Verantwortung oder Haftung für Dein Tun und dessen etwaige Folgen.
Dein Leben & Deine Gesundheit liegen in **Deiner** ureigenen Selbstverantwortung.

JEDER, der dieses Buch gelesen hat, ist unfähig, mit dem LEID anderer Menschen Geschäfte zu machen! Zudem bekommt jede FAMILIE mit diesem Buch die Chance für einen aufrichtigen NEUANFANG aufgrund der Bereinigung alter Taten.

Könnt ihr euch vorstellen, dass es KEINERLEI „Krankheiten" gibt?
Mein Wissensdrang begann mit dem frühen Tod meines Vaters. Nun, da ich mich nach mehr als 30 Jahren am Ziel befinde, habe ich *unheimlich große Lust*, mit meinem Buch **alle** Menschen zum Lernen einzuladen, denen ihre Gesundheit und die ihrer Liebsten *sehr am Herzen* liegt.
Die Quintessenz wird sein: **Seid gut zueinander und ihr bleibt gesund & schön!**

EXTREM WICHTIG ist mir im Vorfeld:
Niemand braucht sich für irgendetwas zu schämen – das, was euch passiert ist, ist menschlich.
Dieses Buch soll allen helfen, die ihre **wahre** Gesundheit & Schönheit erlangen wollen. **Vertraut** eurem Körper – er kann das **ALLES**! Der **wichtigste** Aspekt hierbei ist der **UNGLAUBE** an Krankheit und Ansteckung **durch** Bakterien und Viren, welche zusätzlich auch noch über die Luft, Tröpfchen, Körperflüssigkeiten und Schmierinfektionen übertragbar *sein sollen*.

<u>Hinzu kommt:</u> ALLE Kinder, die mit einer großen Lüge aufwachsen, sind **ohne** Konfliktlösung dem Tode geweiht (spätestens bis sie 50 Jahre alt sind, wenn es keine medizinischen Eingriffe gibt). Da es Ansteckung unmöglich real geben kann, gibt es hier für alle Kranken endlich die Möglichkeit, nicht mehr isoliert werden zu müssen und mit viel Zuwendung und Zärtlichkeit versorgt zu werden. Die *Macht der Ansteckung* ist mit diesem Buch KOMPLETT und END-GÜLTIG erloschen!

Da ich weiß, wie schwer es Menschen mitunter fällt, das Buch durchzulesen, weil es wirkt, wie ein Knüppel auf den Kopf, bitte ich alle, die es lesen, im Vorfeld um Verzeihung. Ohne diese Arbeit mit Dir sowie der notwendigen Bloßstellung kommst Du jedoch nie zu dem Ziel: <u>Gesundheit & Schönheit zu erlangen, die absolut **beständig** und von Dauer sind.</u> Wenn Du erst einmal erlebt hast, wie **Du** *unbeschädigt* aussiehst und Dich im Verhalten *neu* benimmst, ist das wie ein **Wunder**! Selbst Verformungen von Knochen vergehen innerhalb von ca. 18 Monaten …

Mit diesem Buch <u>erkennst</u> Du, *wenn* es Dir schlecht geht, **woran** es liegt und bist immer in der Lage, den entsprechenden Konflikt *sofort* aufzulösen und GESUND <u>zu bleiben</u>! Wenn Du denkst: „Früher habe ich mir darüber auch schon solche Gedanken gemacht, dass es mit einem Vorfall zusammenhängen kann, wenn es mir schlecht geht, aber es hat nicht geklappt, dass ich von diesem Denken gesund geblieben bin …", dann sage ich Dir: „Du musst es **genau WISSEN** und die Zusammenhänge **kennen**, <u>ERST DANN funktioniert es!</u>"
Denke nach: „Warum geht es mir schlecht, was ist der Hintergrund?" Die Symptome verschwinden, wenn Du das Wissen dieses (Zauber-)Buches verinnerlicht hast, extrem schnell, manchmal, ganz herrlich, schon innerhalb von wenigen Sekunden (z. B. Erkältung und Magen-Darm). **Kranksein ist verlorene Lebenszeit!** Halte durch mit dem Lesen, **bis zum Schluss** – es lohnt sich „tausend Mal"! In jedem noch so kleinen Absatz kann etwas **extrem Wichtiges** FÜR DICH versteckt sein!!!
Möchtest Du Deinen Kindern das Buch zeitgleich geben, *bevor Du weißt,* **was** damit alles aufgedeckt wird, dann sage mit Deinen Worten, dass Du Dir <u>nichts MEHR</u> wünschst, als dass Dein Kind gesund

wird, egal, *welche Deiner Fehler* mit dem Buchinhalt an das Tageslicht kommen. Des Weiteren frage ich Dich: Wenn **Du** *dieses Wissen* hättest, würdest Du die anderen Menschen **in ihrem Leid sitzen** lassen?

Wem **nützt** der **Glaube** an Ansteckung?
Kann das in irgendeiner Weise überhaupt der Wahrheit entsprechen, wenn jeder Mensch nur aus sich selbst heraus – durch seelische Konfliktgeschehen und Probleme in seinem Leben – den Körper in einen **Warnzustand** versetzen kann?
→ Nur jeder einzelne Körper kann *in seinem eigenen* Organismus sozusagen „überlaufen".
Der Körper *eines jeden anderen* Menschen hat damit nicht das Geringste zu tun, wenn **DU** krank bist! Dazu benenne ich ein simples Beispiel: **Du** hast Halsschmerzen und küsst Deinen Partner **trotzdem**! **Weiß** er von Deinem Halsweh und **glaubt** an Ansteckung, bekommt er **es** ebenfalls. Weiß er **nicht**, dass Dir der Hals schmerzt, bekommt er **nichts**. Weiß er es und **missachtet** das Propaganda-Gesetz der Ansteckung, **bleibt** er **gesund**.
Sprichwörtlich: „Was ich nicht weiß, macht mich nicht heiß!"
Sollte die Verantwortung für Gesundheit, Leben und Tod nicht jedem Menschen selbst überlassen sein?

Es gibt bereits **so viel gute Literatur** zum Thema „Gesundheit" – eine Menge davon war mir wunderbar nützlich! **DANKE** an euch alle! ❤
Jetzt, in Kombination mit meinem Jahrzehnte währenden Eigenstudium, einer Unmenge an Erfahrungen im persönlichen und weiter liegenden Umfeld, konnte ich mir ein wahres, *logisch-einleuchtendes* Bild der Abläufe zwischen Körper und Seele machen, was jeder gesunde Menschenverstand sehr schnell begreifen wird.

„Wer klares **Wasser** trinkt und **glaubt**, es sei **Gift**, der *wird* sterben!":
JEDER Erwachsene bringt **sich selbst** in seine gesundheitlichen Situationen. Es gibt keinen Sündenbock im AUßEN → **NIEMALS**! Es sei denn, Du bist ein kleines, unschuldiges Kind!
Jeder Mensch (ab 14 Jahren) **MUSS** die **Verantwortung** für **sich selbst** und sein Leben **übernehmen**. Es gibt niemanden, der Dir helfen kann, wenn Du Dich **nicht selbst** damit beschäftigst, **was** in

Deinem Leben **Schlimmes** geschieht. Jedes Medikament und jede Salbe, ja jede OP werden leider nur eine Maßnahme zur (vorübergehenden) Linderung sein. Es gibt **nichts**, was heilt, *solange* die **UR-Sache unbekannt** ist, so dass es, wie Du noch lesen wirst, **zur besten Medizin** wird, offen & ehrlich miteinander zu REDEN.

Die Ursache ist **IMMER** der **Konfliktschock** – ein Schreck, der den Körper innerlich ganz kurz zusammenfahren lässt und der Folgen hat, auch wenn es „nur" ein Schnupfen ist. → Jede Ursache zieht *mindestens eine* Wirkung nach sich!

Ignorierst Du die Zeichen Deines Körpers konsequent, kannst Du davon ausgehen, dass es Dich *schlimmstenfalls* in den Tod führen wird. (Beispiel „Krebs": Dabei geht es um tiefe Verletzungen, lange bestehenden Groll, ein schweres Geheimnis, welches Du in Dir herumträgst, oder Trauer. Solch ein schwerkranker Mensch empfindet Hass und Sinnlosigkeit am Leben.)

Wenn sich <u>Körper & Seele</u> voneinander **entfernen**, wird es **immer** gesundheitliche Probleme oder körperliche Beeinträchtigungen nach sich ziehen.

Jeder, der das Buch gründlich **gelesen** hat, **ist** geheilt. Dir erscheinen die *entsprechenden* Bilder der Vergangenheit zu Deinen *betreffenden* Konflikten <u>vor dem inneren Auge</u> und damit **hat** die Lösung stattgefunden! Der Konflikt wurde vom Unterbewusstsein ins Bewusstsein **gehoben** und somit kann der Körper seine „Zeichen" an Dich beenden und die komplette Gesundheit inklusive Deiner Schönheit **automatisch** wieder herstellen. Dies geschieht sofort, spätestens jedoch bis 18 Monate nach der Lösung (Zahnstellungen/Knochenverformungen).

Kinder, die viel ausgeschimpft und traktiert werden, sind prädestiniert für „Krankheiten". Jedes schlimme Wort, das an ein (schuld- und wehrloses) Kind gerichtet wird, von körperlichen Schlägen und anderen Maßnahmen spreche ich später, richtet es an. Wachsen Kinder unter dem Dach der Liebe und mit Verständnis auf, mit **Vertrauen** *und* **Zutrauen**, ohne Kontrollzwang, **SIND** sie gesund!

Es entwickeln sich daraus wunderbare Erwachsene, die die Welt schöner und besser machen!

Nur so geht es: **<u>Es gibt keinen anderen Weg, um unsere WELT zu RETTEN – es SIND unsere KINDER!</u>**

Um unsere Kinder zu erretten, müssen wir selbst gesunden.
Ich beginne mit vielen, einprägsamen Sprüchen und Sprichwörtern (**Psychosomatik**), wovon ich hier alle, die ich kennengelernt habe, aufliste. Sie sind euch nützlich, um Konfliktgeschehen extrem schnell zu erkennen und eure betroffenen Organe zuzuordnen (alphabetisch sortiert):
Konflikte an sich gibt es jedoch noch sehr viel mehr, wie Du beim weiteren Lesen lernen wirst.

Bauchspeicheldrüse Mangelkonflikt	Ich habe Mangel an Besitz. (Dies trifft weniger einen emotionalen als einen *materialistischen* Menschen.)
Blase Revierangstkonflikt	Ich mache mir vor Angst in die Hose. Angstorgan in Bezug auf die *eigenen* Kinder, die *eigenen* Eltern, auf das Zuhause (sinnbildlich: Reviermarkierung über Urin).
Darm Verdauungskonflikt	Das darf doch nicht wahr sein! Das Geschehene ist unverdaulich und damit kaum zu verarbeiten. Es bleibt in mir kleben, im Darm sitzen, es tötet mich schleichend.
Galle Wutkonflikt	Mir läuft die Galle über! Ich könnte ausrasten!
Gehirn Erinnerungskonflikt	Das geht mir auf die Nerven! Du gehst mir auf die Nerven! Ich weiß keinen Ausweg mehr! Ich bin mit meinen Nerven am Ende!
Haut Ablehnungskonflikt Schamkonflikt	Das geht mir unter die Haut! Ich muss raus aus meiner Haut! Ich fühle mich von jemandem abgelehnt, nicht gewollt, ein Elternteil wollte eine Abtreibung, ich fühle mich beschmutzt/schmutzig. Ich lehne mich selbst ab. Ich kann mich *nicht leiden*, wie ich bin oder wenn ich mich so und so benehme/verhalte.

Herz Liebeskummer Angstkonflikt Trauerkonflikt Gewissenskonflikt	Sich etwas sehr zu Herzen nehmen! Es bricht mir das Herz! Mir ist schwer ums Herz! Ich habe Angst und sorge mich! Im Herzen sitzen **alle** aufgestauten Ängste, welche *nicht* zugegeben wurden! [alle unverarbeiteten Ängste als Du **KLEIN** warst, Angst um Deine Kinder/den Partner, Angst um die Zukunft, Angst um die Existenz, Angst vor Unfällen, vor Menschen, vor Tieren, vor Dingen, Angst vor dem Fliegen, vor Enge und Höhe, Angst vor einem Partnerwechsel, Angst vor dem Verlassen werden, Angst vor Veränderungen allgemein (z. B. Arbeit), praktisch alles, was Dir **Angst** und **Sorgen** macht!]
Knochen, Knorpel, Sehnen Hilfeschreikonflikte	Ich stehe in einer Situation, die ich hasse. Ich weiß keinen Ausweg. Niemand hilft mir/unterstützt mich. Ich fühle mich allein gelassen.
Kopf (Migräne) Entwöhnungskonflikt	Das bereitet mir Kopfzerbrechen!
Leber Ärgerkonflikt	Mir ist eine Laus über die Leber gelaufen! Ich bin todmüde.
Lunge/Schilddrüse Todesangstkonflikt IMMER direkt im Anschluss: **Pfeiffersches Drüsenfieber**	Mir bleibt die Luft weg! Ich bekomme gleich Schnapp-Atmung! Auf der Schilddrüse liegen **alle** Todesangstkonflikte aufgrund **aller Taten** und **Aussagen**/*Diagnosen*, welche sich existenziell zum *Nachteil* Deiner körperlichen Gesundheit oder Deines Lebens auswirken. Dazu zählen Erkrankungen wie Asthma, Pseudokrupp, chronische Bronchitis und COPD.
Magen Verdauungskonflikt	Das schlägt mir auf den Magen! Etwas liegt mir wie ein Stein im Magen! Das dreht mir den Magen um! (Es hat **NICHTS** mit *dem Essen* zu tun.)
Nase Riech-/Stinkekonflikt	Ich kann den Anderen nicht riechen. Eine/Diese Situation stinkt mich an!

Nieren Revierentscheidungs-konflikt	Das geht mir an die Nieren! Du bekommst wohl kalte Füße? Ich will/muss HIER weg!
Ohren Hörkonflikt	Ich kann *es* nicht mehr hören. Ich kann *Dich* nicht mehr hören! Ich kann/will *das* nicht hören! (Schüsse, Schreie, Türen knallen usw.!)
Rücken Selbstwertkonflikt	Das Leben ist mir eine Last! Alle Dinge, welche mit Aufnahme von Lasten (eigener und auch fremder) sowie Selbstwerteinbruch zusammenhängen, legen sich auf den Rükken.
Schilddrüse Kränkungskonflikt	Ich fühle mich gekränkt/beleidigt! Du hast mich **verbal** verletzt, sehr hart getroffen.
Stimme/Stimmbänder/**Hals** Konflikt zur Schlagfertigkeit	Es verschlägt mir die Sprache! Ich habe einen Kloß im Hals! Das ist ja unglaublich! (Entsetzen) Das ist nicht zu fassen! Ich glaube, ich spinne!
Zähne Konflikt des Nicht-Zubeißens	Wo lüge ich? (aus Eigenschutz, Angst oder mutwillig/vorsätzlich) Wo wehre ich mich nicht angemessen? (mangelnde Schlagfertigkeit) Wo „beiße" ich nicht zurück? (weil der Gegner vermeintlich stärker ist) Woran beiße ich mir die Zähne aus?

Achte immer darauf, *welches Sprichwort* Dir in der bestimmten Situation zuerst *ganz automatisch* in den Sinn kommt. Das ist die 1. Hilfestellung, einen Konflikt zu erkennen und anhand des Buches erfolgreich zu lösen.

Schickt Dein Körper Anzeichen, dass es der Seele, die in ihm **wohnt**, schlecht geht, beantworte Dir bitte **aufrichtig** folgende Fragen:

· Liebe ich mich selbst (genug)?

· Bin ich fähig, andere wahrhaft zu lieben?

· Was läuft in meinem Leben unrund?

- Umgebe ich mich mit Menschen, die mir *wirklich* gut gesonnen sind?
- Wehre ich mich angemessen, wenn mir Unrecht geschieht oder lasse ich mir alles gefallen?
- Lüge ich zu *viel* und zu *schwerwiegend*; aus *Eigenschutz* oder *Rache*?
- Verschweige ich Dinge, die wichtig wären, sie auszusprechen?
- Nähre ich oft mein „schlechtes Gewissen" und tue unrechte Dinge?
- Mache ich mir in bestimmten Dingen/Lebensumständen/Situationen *etwas vor*?
- Wie oft trage ich „Masken", um *zu vermeiden*, **ich selbst** zu sein bzw. sein zu können/dürfen? → Das ist eine große Anstrengung **gegen** das eigene Selbst.
- Bin ich mit meiner (kleinen und großen) Familie zufrieden, im Reinen?
- Habe ich eine Arbeit, die mir größtenteils Freude macht/Erfüllung bringt?
- Habe ich freundliche Kollegen *und* Vorgesetzte um mich?

ACHTUNG vor falschen, schädlichen Glaubenssätzen!

Stetig werden wir Menschen beeinflusst, insbesondere über die *sozialen Medien* („World Wide Web", Fernsehen, Radio, Werbung, Schleichwerbung, Suggestionen *, Zeitschriften, ggf. auch Bücher mit speziellem Hintergrund), an irgendwelche Dinge glauben zu **sollen**, die soundso *sind* oder *auch nicht*.

*Suggestion ist die Beeinflussung einer Vorstellung/Empfindung, gezielt darauf, die Manipulation darin nicht (bewusst) wahrzunehmen. Dies fällt uneingeschränkt in das **Propaganda-Gesetz!**

Ein harmloses Beispiel → Einmal soll man Kaffee meiden, dann wieder soll man Kaffee trinken. Wer z. B. gerade dazu ermuntert wurde, auf seinen geliebten Kaffee, der sonst genussvoll getrunken wird, zu verzichten, und **glaubt**, dass es *besser* für ihn sei, der wird **mehr** Tee trinken. Der Sinn dahinter liegt so gut wie immer im *Geldverdienen*:

Schaden hat in diesem Fall die **Kaffeeindustrie** und den **Nutzen** die **Teeindustrie!** Es ist Vermarktung.

Im Normalfall verdienen große Konzerne mithilfe der Masse der Menschheit *sehr viel Geld* durch Lenkung, Steuerung von Umständen und psychologisch, taktischer Beeinflussung.

DEFINITION VON PROPAGANDA
(Original aus dem Großen Brockhaus, 9. Auflage)

Propaganda, ursprünglich die Bezeichnung für die Verbreitung der christlichen Glaubensüberzeugung (nach der 1622 gegr. Congregatio de propagande fide), Gesellschaft zur Verbreitung bestimmter politischer, religiöser, wirtschaftlicher, aber auch künstlerischer oder humanitärer Ideen, allg. publizistische Beeinflussung ihrer Inhalte und Methoden, auch die *Beeinflussung* durch Werbe- und Wahlkampagnen.

Aktuell aus dem Internet:
Propaganda bezeichnet in seiner modernen Bedeutung die zielgerichteten Versuche, politische Meinungen oder öffentliche Sichtweisen zu **formen**, Erkenntnisse zu **manipulieren** und das Verhalten in eine vom Propagandisten oder Herrscher *erwünschte* **Richtung zu steuern**.

Unter das Propaganda-Gesetz zählt die Verbreitung aller Maßnahmen, welche die Masse der Menschen dazu bringt, bestimmten mächtigen Institutionen *sehr viel Geld* „einzubringen".

DEFINITION VON MACHT
(Original aus dem Großen Brockhaus, 9. Auflage)

Macht, die Summe von Einflussmöglichkeiten in politischer, wirtschaftlicher und sozialer Hinsicht, allg. nach M. Weber die Chance, in einer sozialen Beziehung den eigenen Willen auch *gegen Widerstreben* durchzusetzen. Grundlagen von Macht können sein: physiologische oder psychologische **Überlegenheit**, Wissensvorsprung, höhere Organisationsfähigkeit, das **Ausnutzen von Herrschaftsstrukturen** und **ANGST** bei den *Unterworfenen*. In allen auf Demokratie und bestimmte Grundrechte der Menschen ausgerichteten Gesellschaften wird die politische Machtausübung durch Recht, Gesetz, Verfassung und öffentliche Kontrolle zu institutionalisierter und damit anerkannter und kalkulierbarer Herrschaft. Daneben findet man v. a. in **totalitären** Systemen, **Mechanismen der Beeinflussung** (Politische Propaganda, *Manipulation*), die vom Einzelnen als Machtausübung *nicht mehr durchschaut* werden können.

Kein Gesellschaftssystem mit komplexer Sozialorganisation verzichtet auf Machtmittel, staatliche Gewalt (Gerichte, Polizei, Militär, Strafanstalten), um die innere Ordnung und die äußere Sicherheit des politisch-sozialen Systems zu gewährleisten. Zur Erklärung der Entstehung von Machtstrukturen im sozialen Leben wurde früher der *generelle Machttrieb* angesehen. Der handlungstheoretische Ansatz im Anschluss an Weber stellt **Abhängigkeitsverhältnisse** als **Rahmenbedingung und Folgeerscheinung von Handlungen sozialer Akteure in den Mittelpunkt.** Systemtheoretische Machtkonzepte beschreiben Macht als Mittel, die Entscheidungskriterien einer Gesellschaft zu ordnen und Entscheidbarkeit zu gewährleisten.

Achtung vor übermäßiger Handy-Nutzung sowie allen Geräten mit Internet und Chat-Möglichkeiten. Chats wie „Whats-App" & Co. können mit Menschen sehr viel Schaden anrichten. Hier nur einige Beispielsätze mit großer Wirkung auf den Selbstwert/die Erzeugung von Abhängigkeiten/Sucht, die einen am wahren Leben hindern, wenn dies *öfter* passiert:

- Warum antwortet mir der Andere nicht (gleich)? Bin ich ihm nichts wert?
- Sucht- oder *totale* Abhängigkeitsgefühle: Ohne mein Handy kann ich <u>nicht leben</u>!
- Finden die anderen meine Profil-/Statusbilder gut?
- Wie gehe ich mit Verleumdung/Mobbing um (dem sogenannten „Shitstorm")?
- Wie gehe ich damit um, wenn über *diese Medien* mein **Vertrauen missbraucht**, ich belogen wurde oder Schlimmeres? (z. B. <u>Vortäuschung falscher Tatsachen</u> im Bereich der Partnersuche)
- Wie schnell lasse ich *negative* Nachrichten auf mich wirken – was *machen* diese *mit mir*, mit meiner Laune, mit meinem Tag, mit meinem Leben?
- Muss ich alles glauben, was da berichtet wird, oder **darf ich meinen gesunden Menschenverstand benutzen?**
- Bin ich noch in der Lage, anderen Menschen **ganz normal zu vertrauen?**

Schütze Dich selbst und verhalte Dich **klug** bei der Nutzung von Technik!

<u>Nun komme ich zum **Hauptthema** des Buches:</u>
Alle mir bekannten **Konfliktgeschehen** habe ich (oft anhand von Fallbeispielen) – **nach Krankheitsbezeichnungen** und/oder **Organen sortiert** – zugeordnet. Krankheiten werden dabei nicht anhand von Symptomen und einfachen körperlichen *Kausalketten* (**1.** Ursache + **1.** Wirkung verursachen *erneute* Wirkung mit einer *neuen* Ursache) betrachtet, sondern auf der Basis von seelischen und insbesondere **kindheitlichen Voraussetzungen**.

ADHS – Einengungs-/Isolationskonflikt

Zum **ADHS**-Syndrom fand ich eine beeindruckende, vollkommen *einleuchtende* Ursache heraus:
Werden Kinder geboren, die in einen Brutkasten/Inkubator gelegt und dort verkabelt werden (wenn auch nur *für Stunden*), entwickelt sich daraus IMMER ein übermäßiger Bewegungsdrang.

Der Grund dafür heißt unterbewusst: Ich möchte **NIE** wieder in so einem Glaskasten verkabelt liegen und **muss** deswegen zwangsläufig *zappeln* und mich *stetig bewegen*, damit niemand mehr in der Lage ist, mich so einzusperren. Löst man diesen Sachverhalt auf, verschwindet die **Ursache** der *übermäßigen Bewegung* praktisch **sofort**. ADHS ist also ein **Bewegungsdrang** aufgrund der Ursache, *isoliert* und *eingeengt* gewesen zu sein. Denke nach, was dies sein könnte, *falls* Dein Kind *nicht* in einem Inkubator lag. Meine Logik ist, vor allem zwischen **0 und 7** Jahren, dass „ungezogene" (jedoch hilf- und wehrlose) Kinder in separate Zimmer/Räume/Kammern eingesperrt wurden. Früher rieten uns manche „Alten" dazu, wenn ein Kind nachts schreit, es EIN Mal in einem anderen Raum „ausschreien" zu lassen, danach würde es dies nie wieder tun. Wer solchen Rat befolgt, **wird bestraft** werden, denn das Baby/Kleinkind wird aller Voraussicht nach (aufgrund der gemachten Erfahrung) *hyperaktiv* werden. Das bedeutet, ihr verschlimmert mit solch einem Verhalten eure elterliche Lage. Auf Spielplätzen, Baustellen, sogar in Kindertagesstätten kann es passieren, dass Kinder irgendwo stecken bleiben. Kommt keine sofortige Hilfe, steht eventuell ein anderes Kind dabei und **lacht** über Deine fatale Lage, kommt es zu großen Aggressionen, zu Hass- und Peinlichkeitskonflikten, erhöhtem Adrenalin und Symptomen (Unruhe, Nervosität, schlechtes Konzentrationsvermögen), welche ADHS-relevant sind. Wird dieser Vorfall nicht gut gelöst, wirkt dies bis zu Deinem Ableben nach *oder bis heute*, zu Deiner Konfliktlösung. Hier kann dieses Geschehnis in der Tat Dein ganzes Leben **verderben**, mit verheerender Auswirkung, z. B. in Bezug auf die eigene Brutalität, welche ihren Ursprung in der Einengung *inklusive* ausgelacht werden hat. Alles baut aufeinander auf.

AIDS – Unverträglichkeitskonflikt

Du hast sexuelle Schuldgefühle und glaubst unterbewusst, dass Geschlechtsteile sündhaft und unrein sind. Außerdem hast Du aus einem Dir unerfindlichen Grund das Bedürfnis nach Bestrafung. „Aids" an sich ist eine Unverträglichkeit auf das Smegma* des Partners. Lese bitte Weiteres unter dem Thema „Geschlechtskrankheiten".

Buchtipp: „aids, die Krankheit, die es gar nicht gibt",
ISBN: 978-84-96127-44-9

* *Smegma (Vorhauttalg) befindet sich als weiß- bis gelbliche Substanz am Geschlechtsorgan eines Menschen oder Tieres. Vorhautdrüsentalg besteht aus einer Mischung vom Zellabfall der Eichel, Bakterien und ggf. Urin-/Spermarückständen.*

Allergien – Ablehnungskonflikte
(*nicht* auf das Essen, *sondern* die Begleiterscheinung!)

ALLE Allergien bezüglich Lebensmitteln **werden ausgelöst** durch die *Nutzung von Medien* während der Mahlzeiten (ungünstige Sendungen/Serien/Filme im Fernseher; belastende, erschreckende Meldungen aus dem Radio oder anderen elektrischen Geräten), *Austausch* über *streitbare* Themen während des Essens, *Schimpfen* und *Schreien* am Tisch oder wenn man Essen *gestohlen* hat (*ebenso* Mundraub). Weiterhin gibt es allergische Reaktionen in Bezug auf Tierhaarallergien, welche sich durch Gefahrensituationen mit „befellten" Lebewesen eingestellt haben. Der Heuschnupfen hat sein eigenes Thema, bitte lese dort Weiteres.
Wird am Essenstisch viel geschimpft, schlimmstenfalls auf den Mund *geschlagen*, dann gibt es eine „**Backhefe**-Allergie" gegen das Brot (**Gluten**-Unverträglichkeit), welches *dabei* gegessen wurde, gegen die Milch/den Kakao als Getränk (**Laktose**-Intoleranz), gegen den Kuchen, das beliebte Frühstücks-Ei (Eiweiß-Allergie), gegen alles Mögliche! Ebenso verhält es sich, wenn beim Essen *schwerwiegende*

oder *belastende Probleme* gewälzt werden. Insbesondere solche Gespräche werden zu Unverträglichkeiten führen. Bläht es Dir jedes Mal *unerklärlich* den Bauch, wenn Du „Kartoffeln & Quark" oder „Nudeln mit Tomatensoße" isst („Standard-Samstagsessen"), dann gab es bei solchen Mahlzeiten mindestens zu *einem* Zeitpunkt Streit mit Deiner Familie. Der STREIT hat Dir **unterbewusst** das Essen VERDORBEN, nicht das Essen selbst! Ebenso verhält es sich mit **Paprika, Gurken-/Tomatensalat** zum Abendessen. Wenn dann noch *Knoblauch* eine Rolle spielt, weil der Vater es der Tochter *verscherzen* will, einen Jungen zu küssen, dann weißt Du Bescheid. Streitest Du Dich beim Grillen, kann es auf die Verträglichkeit von Fleischsorten und Grillsaucen Auswirkungen haben. Ebenso kann der geliebte **Kaffee** ein Gefühl der *Blähung* im Bauch, Unwohlsein, hohen Blutdruck u. ä. erzeugen, **wenn** Du dabei einmal *hart diskutiert* hast (wie bei dienstlichen Meetings). Kaffee ist nämlich ein ganz normales, genussvolles Getränk *ohne* Nebenwirkungen! Das Gleiche gilt für Teesorten, die Dir Übelkeit verursachen (z. B. Fenchel, Kamille). Diese hast Du *eingeflößt* bekommen, als es Dir schlecht ging, und meidest sie deswegen. Hat Dich beim Essen von Obst im Freien (Banane, Apfel, Pfirsich …) einmal eine Wespe in die Lippe gestochen, weil Du sie *vor dem Zubeißen* übersehen hast? Dann entwickelte Dein Körper auf diese Obstsorte eine besonders starke Unverträglichkeit. Kombinationslogik: **Wenn** ich Banane esse, **STICHT** die Wespe!

Siehst Du zum Essen einen *ekelhaften* Film, kann es passieren, dass Du auf dieses Essen in Zukunft allergisch reagierst und es nicht mehr verspeisen kannst, ohne ablehnende Erscheinungen zu bekommen. Gleichermaßen gilt dies für **schlimme** Gedanken, die beim Essen oder Trinken *gedacht* werden.

Das erklärt die so häufig vorkommende „Nuss-Allergie", da Nüsse oft zum Fernsehen gegessen werden. Bei Filmen, die Dir **nicht** guttun, werden die Nüsse zur Kombination: „Körper, Achtung, jetzt kommen Nüsse, gleich kommt dieser *schreckliche* Film wieder – das **müssen** wir *vermeiden*!" Allergische Reaktionen kann es genauso geben, wenn Du während des Essens auf dem **Handy** komische Bildchen ansiehst oder streitvolle „SMSen/Whats-Appen" liest.

Kaust Du eine bestimmte Sorte Kaugummi und kommst in eine *ekelhafte* Situation, wirst Du diese Sorte Kaugummi in der Zukunft **meiden**, weil Dein Hirn die Verbindung zieht → Kaugummi XY – bestimmte Situation, in die ich *nie mehr* kommen möchte.

Schimpfte jemand als Du *klein* warst, dass Du *nicht essen* sollst, **bevor alle am Tisch sitzen**, obwohl Du Hunger hattest, wirst Du später andere beim gleichen „Vergehen" *ermahnen*. Davon kann der Ermahnte eine *Unverträglichkeit* auf **das** Lebensmittel bekommen, welches er sich in dem Atemzug schon auf den Teller gezogen hatte; z. B. Tomate/ Mozzarella, rohes Gemüse … Es hängt unterbewusst damit zusammen, dass Dir jemand anderes *nicht gönnte*, dass Du schon etwas nimmst und nun, da Du es *hast*, willst Du es aufgrund der Schelte eigentlich gar *nicht* mehr haben (Bockigkeit). **Zwingt** Dich jemand, zu essen oder alles aufzuessen, wird es Unverträglichkeiten geben, ebenso wenn Du anderen etwas weg isst, missgönnst oder Dich sogenannt „überfrisst". Hast Du Abneigungen z. B. gegen *Nougat* oder *Speck*? Dies könnte damit zusammenhängen, dass genau DAS jemand **gerne** isst, der Dir *Böses* angetan hat!

Hast Du *Kirschen, Pflaumen, Birnen, Äpfel, Beeren …* aus „Nachbars Garten" gestohlen und hast Dich *unwohl* dabei gefühlt bzw. bist **erwischt** worden, HAST Du eine Unverträglichkeit davongetragen. Hättest Du vorher *um Erlaubnis* gebeten, wäre Dir das erspart geblieben.

Isst Du am Schreibtisch, während Du arbeitest, und bekommst zusätzlich *Probleme* von Deinem Chef auf den Tisch „serviert", kann es sein, dass Du gegen diesen Joghurt allergisch wirst (Beispiel).

Das gilt natürlich *auch* für **alles** Ess-/Trinkbare, was Du Dir **jemals** ungefragt und heimlich von einem Anderen genommen hast, der es *nicht* sah (z. B. aus einer fremden Bonboniere/Keksdose, Pulver aus einer fremden Cappuccino-Büchse oder Kaffee aus der Kanne beim *Arbeitgeber*, ohne ihn zu bezahlen).

Beginnt jemand eine **Lehrausbildung** in den Berufen Koch, Bäcker oder Fleischer, kommt es vor, dass diese Menschen *eine Allergie auf Mehl, Fleisch/Blut* oder *Putzmittel/Spülwasser* entwickeln (was auch für Reinigungskräfte gilt). Dies passiert nur DANN, wenn sie *während ihrer Arbeit* (auf die sie stolz sein könnten) **kritisiert** wurden, *ohne* sich zu wehren *oder* es dort eine sogenannte **Schikane** von *autorisierten* Personen gab/gibt!

Ich hatte **68** Nahrungsmittelunverträglichkeiten, gegliedert in **schwach/ mittel/stark + sehr stark** (lt. **CYTO**-Labor-Test; **z. B.** Backhefe, Bierhefe, diverse Käsesorten, Milch, Joghurt, diverse Obst-/Salat- und Gemüsesorten, Hühnereiklar, Speisepilze, Kaffee, Öl, Mohn, Quark, *diverse* Getreidesorten, *keine* Fischsorten und nur *wenige* Fleischsorten, weil dies bei uns **selten** gegessen wird) → www.cytolabor.de Ich kann durch die o. g. Konfliktlösungen inzwischen **ALLES** wieder ganz normal verspeisen. Das *nächste Mal* wirst auch Du alle Mahlzeiten *wieder normal* genießen können! Du kannst essen, worauf Du Appetit hast, es wird **nie** mehr etwas passieren, wenn Du Dich dabei angemessen verhältst.

IN DER LOGISCHEN FOLGE BEDEUTET DAS: Mit sämtlichen unserer Lebens- und Nahrungsmitteln, Obst, Gemüse und Pflanzen, ist ALLES in bester Ordnung!

Stellt der Arzt eine *Katzenhaarallergie* fest, kann es sein, dass Du eine Begegnung im Tierpark mit einem *Affen oder anderem Tier* hattest, welches Dir einen Schrecken einjagte. Es kommt auch vor, dass eine Katzenhaarallergie nur auf *rothaarige* Sorten diagnostiziert wird. Hier kann sich ein Mensch beispielsweise vor einem **Gibbon** (gelb-rötliches Fell!) erschrocken haben und der Körper zeigt nun *bei jeder* Begegnung **mit einem FELL dieser Farbe**: ACHTUNG, Gefahr!! Nachdem der Sachverhalt aufgelöst ist, kannst Du praktisch **sofort** rote Katzen wieder *bedenkenlos* streicheln! (Mit allen anderen Katzensorten hattest Du ja *sowieso kein* Problem.)

Du kannst jahrzehntelang Fastenkuren inklusive Anwendung von Basenprodukten machen – es wird Dich **NICHTS dergleichen** von Deinen Zuständen **heilen**! Du kannst Naturkräuter sammeln, sie mit Obst und/oder Gemüse zusammen in einem Gefäß zerkleinern (Smoothie), Du kannst gemahlene Wurzeln essen, Spezialmüslis zubereiten … Es wird DICH **NICHTS davon** gesunden lassen. ERST, wenn Du die **UR-SACHEN** für Deine Leiden gefunden, Deine **seelischen Konflikte** gelöst hast → genau DANN **WIRST** Du heil! Es gibt **KEINEN** anderen Weg.

Alzheimer/Demenz - Erinnerungskonflikte

Dies sind Erinnerungskonflikte, eigene! Nicht die der Eltern oder der Großeltern – nein, es wird in diesem Sinne an „Krankheiten" überhaupt nichts vererbt.

Lautet Deine Diagnose **Alzheimer**, hast Du *mindestens* ein traumatisches Erlebnis *mitbekommen* und bliebst kampflos. Du hast Deine HILFE verwehrt, obwohl Du wusstest, was z. B. Dein Mann Deinem Kind antut. Du hast dabei gestanden und hilflos zugesehen. Du konntest es kaum ertragen, was Deinem Kind geschieht, aber Du warst *vollkommen unterlegen* und/oder total *abhängig* von dieser Person, Deinem Mann, Deiner Frau oder Deinem Elternhaus. Ebenso würde es **Geschwister** treffen, die hilflos dabeistehen mussten und nichts tun konnten. Diese Menschen bekommen im Alter *Alzheimer*, weil sie die Augen *vor* etwas *verschließen* mussten. Sie haben schmale, kleine, verkniffene Augen, die relativ NAH am Nasenbein stehen – es sind Zornaugen. Du konntest es *nicht* mit *ansehen*, was einem Elternteil oder einem Geschwisterkind geschieht. Konnte ein mutiges, sicher schon älteres Geschwisterkind *helfend oder sogar befreiend eingreifen* – seid **sehr stolz** auf euch! Auch ihr werdet momentan eher kleine, schmale Augen des Zorns haben.

Schützt eure Eltern und Großeltern, zeigt **Erbarmen**, denn sie *können nur schlecht* zu euch sein, weil sie SELBST so ein schlimmes, heute größtenteils *unvorstellbares* Leben hatten, weil sie Kriegs- oder Nachkriegskinder waren. Sie konnten *NICHT anders* für euch da sein, sie haben **ihr Bestes** gegeben. Alle, die solche Eltern erleben mussten/müssen und sich zu verteidigen wussten/wissen, vielleicht andere Menschen und Tiere in Schutz nahmen/nehmen, verdienen meinen **tiefsten RESPEKT**!

WIE BITTE soll es denn *nach einem Krieg* mit unzähligen, **grausamen** Erinnerungen möglich gewesen sein, mit den Heimkehrern noch ein *gesundes* Liebes- und Familienleben zu führen?

Demenz entsteht durch Erinnerungskonflikte aus *unverarbeiteten, furchtbaren (kaum zu ertragenden), traumatischen* Erlebnissen, wie z. B. während eines *Krieges*, in einem *brutalen* Elternhaus, bei Sterbevorgängen von *Geschwisterkindern*, ebenso nach *Folter* durch *Geschwister*! Demenzpotential gibt es, wenn Du bei diesem Geschehnis **zwischen**

5 bis 14 Jahre alt warst! Ebenfalls kann es zu Demenz kommen, wenn die **Liebe Deines Lebens** Dich unvermittelt *verlässt*. Das Gehirn beginnt, sich *ab dem Zeitpunkt* des **unverarbeiteten Erlebnisses** immer *weniger* zu merken.

„Es ist **sicherer**, wenn ich mir nichts mehr merken kann, weil: Wenn ich mir **DAS** merke, dann gehe ich daran zugrunde!" Löst Du das bei Deinen Eltern auf, wird sich die Demenz wegschleichen.

Mit zu nennen sind hier *Schlafprobleme und Einschlafschwierigkeiten* bei Menschen, die als Kinder schreckliche Situationen erleben mussten. Diese haben im Unterbewusstsein *verankert*, dass sie stets WACHSAM sein **müssen** und das geht **nur**, wenn man *nicht* schläft!

Frauen, die ihre **Kinder** eingesperrt haben, weil sie **selbst** von ihrer **eigenen** Mutter eingesperrt wurden (IMMER **unter 7 Jahre**), werden im Alter kläglich zugrunde gehen (**dement**). Sie haben ab dem Zeitpunkt des Geschehens mit ihrem ureigenen Kind selbst ihr Urteil gesprochen – es sei denn, sie entschuldigen sich!

Erinnerungskonflikte heilen nach meiner Erfahrung innerhalb von drei Tagen. Musst Du viele Medikamente einnehmen, hast Du allerdings ein Problem.

Ein schwerwiegendes Trauma kann auch durch **religiöse Vorschriften** entstehen, wobei z. B. (sehr) junge Kinder zu **Aufbahrungen** von verstorbenen Verwandten **zwangsläufig** erscheinen und möglicherweise den **Toten** zum Abschied auch noch **küssen müssen**. So etwas sollte ab sofort der Freiwilligkeit (des Kindes!!) unterstellt werden, denn so ein Konflikt ist für diese Menschen, auch wenn sie dann schon weitaus erwachsen sind, fast unlösbar.

Asthma/chronische Bronchitis – Todesangstkonflikte

Haben Kinder **Asthma**, gab es einen vorangegangenen Todesangstkonflikt. Manchmal schnappen kleine Kinder aus einem Erwachsenengespräch Dinge auf, die sie nicht begreifen können, fragen jedoch *mangels Vertrauen* nicht nach. Manchmal sagt man Kindern Sätze, die hilfreich *sein sollen,* und erzeugt im Kind jedoch einen *schweren* Konflikt. Verbot und Druck erzeugen Trotz und Gegendruck! Hier kann es in der Tat um das Thema Sterben und Tod gehen, dann solltet ihr den Kindern alles so gut wie möglich erklären und bewusst ihre Fragen stellen lassen. Hier kann es auch darum gehen, dass sie etwas nicht zu viel essen sollen, sonst würden sie krank werden oder sich anderweitig schaden (dick werden).

Chronische Bronchitis entsteht durch „Schlechtes Gewissen" und ist ein **Gewissenskonflikt.**

Sagt die erwachsene Tochter zu ihrem Vater: „Wenn Du weiterhin so viel rauchst, bringst Du Dich bald ins Grab!" wird es passieren, dass der Vater gegenüber der Tochter ein schlechtes Gewissen bekommt, ihr *Sorgen* um *seine Gesundheit/sein Leben* gemacht zu haben.

Man löst chronische Bronchitis auf, indem man denjenigen (oder sich selbst fragt): „Hat Dir einmal jemand eine Frage gestellt, die Dir ein schlechtes Gewissen gemacht hat, in Bezug auf Deine Gesundheit/ Dein Leben oder Sterben?" oder „Hat Dir jemand aus Deiner engeren Familie Vorwürfe über Deine Lebensumstände/Lebensweise gemacht, dass sie Dich sozusagen in den Tod bringen würden?"

Sobald Dir das Gespräch, der Satz einfällt, hast Du den Konflikt an die Oberfläche gezogen und der Grund für die chronische Bronchitis ist aufgelöst. Sie darf nun heilen. Hier kommt es bei der Heildauer darauf an, wie lange der Vorfall schon her ist – ABER: Es heilt unter allen Umständen. Die UR-Sache, der Grund für diese Körperreaktion, ist beseitigt. Jeder ist *eigenverantwortlich* und sollte *sich zu seinem Leben* kein schlechtes Gewissen machen lassen.

Arthrose – Selbstbestrafungskonflikt

Verschiedene Gelenke können Arthrose aufweisen. Dies geschieht **dann,** wenn Du jemanden geschlagen, getreten oder anderweitig **absichtlich** verletzt hast. Deshalb kann es Dich schon **in ziemlich jungen Jahren** treffen! (Dies ist *ungültig* für Trainings, wie z. B. im Kampfsport!)

Arthrose entsteht aus **zwei** Gründen: Du **verteidigst** andere, Schwächere, sogar Fremde, die HILFE brauchen, und bringst Dich selbst in (mitunter Lebens-)Gefahr! **Trotzdem** *schämst* Du Dich hinterher dafür, einen anderen geschlagen zu haben, und bestrafst Dich mit der Arthrose selbst.

Der **zweite Grund** ist: Du schlägst mutwillig <u>Unschuldige</u> und bereust es hinterher. Du bist **nicht** in der Lage, Dich dafür zu **entschuldigen**. Hast Du, *seitdem* Du **7 Jahre** alt warst, Deine Großeltern, Eltern, andere Kinder oder Geschwister geschlagen, wird es jetzt Zeit, sich zu entschuldigen, sonst werdet ihr oder sie, *falls* sie *zurückgehauen* haben, im Alter mit Arthrose *bestraft sein*!

Hüftgelenkarthrose – 3 Möglichkeiten

1. Hier muss ich Dir leider schreiben, dass dies aus recht *lieblosen*, sexuellen Handlungen herrührt. Es ist ebenso eine Selbstbestrafung, weil Du dem Partner gegenüber unschön gehandelt hast. Wenn Du das siehst, dann **bitte** entschuldige Dich JETZT dafür und vermeide alles Neue, was zu so einer schlimmer Erkrankung führen kann. Deine eigenen Probleme werden **ab jetzt** vergehen. Bei demjenigen, der sich diese Behandlung *gefallen ließ*, kann die Arthrose bis hin zum Schambein reichen.

2. Bist Du **fremdgegangen** und es hat <u>nur **EINER** von beiden wahre</u> **Liebe** empfunden, hat der andere ihn **benutzt**! Derjenige, der *andere* **benutzt** und damit <u>beschmutzt</u>, wird im Alter *definitiv* eine Hüftgelenkarthrose bekommen und derjenige, der es **geduldet**, sich *nicht gewehrt*/es *zugelassen* **hat**, wird ebenso eine Hüftgelenkarthrose bekommen! So sind die Regeln.
<u>**Es bleibt euch nur dann erspart, wenn ihr euch entschuldigt.**</u>

3. Bei **Prostituierten** dürfte das sehr schwierig werden. **Vergebt** euren Kunden und ich empfehle ab **SOFORT**, wenn ein Kunde *etwas Ungehöriges* von euch verlangt (was ihr NICHT wollt), ihm **Einhalt**

zu gebieten oder ihn **hinauszuwerfen**! <u>Nur wer sich **wehrt**, kommt ohne Schaden davon</u>!

DANKE, dass ihr es schafft, für bedürftige Männer und Frauen da zu sein und DANKE an alle, die sich auf diese Weise erleichtern und niemanden schänden. Ihr seid aufrichtig und könnt stolz sein! Behandelt die Profis, die ihr euch aussucht, **gut** und alles ist im grünen Bereich! **Nur so** wird euch in Zukunft **nichts** geschehen.

Hast Du einen **Hüftbruch** erlitten, so sind Dir *entsetzliche* Dinge geschehen, welche in Deinem Intimleben für Dich so gut wie **tödlich** sind! Kommt es beim Geschlechtsverkehr zu regelrechten (bis tödlichen) **Unfällen**, dann glaubt ihr an das „Mittel der Gewalt" und empfindet einen *tiefen Frust* gegen das andere Geschlecht. Dies ist in der Regel ursächlich einem Elternteil desselben Geschlechts zuzuordnen.

Augen - Sehkonflikte

<u>Verschieden</u> schwache Schärfen auf beiden Augen ergeben sich aus dem Sachverhalt *inklusive* Vorfällen: Vater (rechts), Mutter (links = Herzseite).

<u>Weitsichtigkeit:</u> Ich kann **nicht sehen**, dass (mindestens) ein Elternteil mir **körperlich weh** tut!
Die **Gründe** (UR-Sachen) treten im Alter **bis 14 Jahre** auf und beziehen sich auf **körperliche Gewalt**. Die Konsequenz (Brille) erscheint *relativ schnell im Anschluss* an den 1. Vorfall und die Sehkraft <u>wird sich mit jedem neuen Vorfall *weiter verschlechtern.*</u> Entschuldigen sich die Täter beim Kind, dürfen sie es danach selbstverständlich **nie** wieder schlagen, sonst kommt die Brille zurück, für immer!
Weitsichtigkeit im *Erwachsenenalter* entsteht nach einer Trennung/Scheidung für das Elternteil, welches besorgt ist, sein(e) Kind(er) aus den Augen zu verlieren: Ich kann nicht sehen, dass mein Kind sich von mir entfernen **muss**.

Kurzsichtigkeit: Ich kann **nicht sehen**, was sich in der **Zukunft** für mich zeigt. Kurzsichtigkeit tritt **nach** einer Trennung/Scheidung *oder* dem Todesfall eines Elternteils auf. Hierbei **verliert** man **das** Elternteil, das einen (**vor** dem anderen Elternteil) beschützte oder das/die eigene(n) Kind(er) **aus** den **Augen**. Es lohnt sich deshalb nicht mehr, mit dem verbleibenden Elternteil oder ohne das eigene Kind in die Ferne zu sehen. Im Normalfall lässt eine *stärkere* Brille nicht ewig auf sich warten, weil ja auch die 1. Brille die vermisste Person nicht **sichtbar** machen kann, egal, wie klar man (durch die Sehhilfe) wieder sieht. Der Effekt bleibt bestehen, dass die Augen ohne Konfliktlösung immer schlechter werden. Trägt man keine Brille, bleibt es hier bei einer Kurzsichtigkeit von ca. 0,5 Dioptrien (bis zur Konfliktlösung).

Kurzsichtigkeit tritt ebenfalls ein, wenn Du einen suchtbehafteten Partner hast (Zwangsverhaltensweisen inklusive): „Ich kann **mit diesem Partner** die Zukunft nicht mehr sehen, wenn **DAS** nicht aufhört." → Es ist die Verzweiflung, **nichts** gegen die Süchte oder Zwangsverhalten des Partners tun zu können. Hier ist die Kurzsichtigkeit eine seelische Mahnung, fortzugehen! Dasselbe geschieht mit den Augen, wenn Du *Dein eigenes* Zwangsverhalten nicht mehr sehen kannst!

Wenn Du nicht sehen kannst, dass Deine Freundinnen verschwinden, weil sie **NUR** Deinen Mann und/oder Deinen Sohn wollten und nicht bekommen konnten, dann hast Du auch hier den Beweis. Dasselbe gilt im Umkehrschluss für „Kumpels", die nur **Deiner** Frau nahe kommen woll(t)en und es leider schafften. Die Sehkraft lässt ebenso nach, wenn jemand aus Deinem Blickfeld verschwindet, den Du liebst und der es *nicht* weiß! Du bist unsicher, ob Du ihn jemals wiedersiehst. Die Einschränkung auf den Augen geht zurück, wenn dieser Mensch wieder sichtbar DA ist.

Dein **Augendruck** steuert sich über Dein Leid. Wie viel Druck **von innen** kannst Du aushalten? Wie beschädigt bist Du bereits? Hier empfehle ich: Gehe irgendwo extrem laut **schreien**, damit sich dieser Druck *auflösen* kann. Musik-Konzerte sind dafür z. B. bestens geeignet (wie damals bei „**QUEEN**") und überhaupt alles, was Dir **mit Spaß Ausgleich** bringt.

Die Intensität Deiner **Augenfarbe** variiert mit der **Leuchtkraft** Deiner Seele, was von Tag zu Tag unterschiedlich sein kann.

Augenringe zeigen an, dass Du das Leben eher dunkel und finster betrachtest. Dir fehlt die **Freude**. Auch schon als junges Kind kann das vorkommen. Helfe ihm, sofern Du so ein Kind hast oder kennst. Erforsche, woran es liegt, und arbeite mit diesem Buch. Zeigen sich die Augenringe links (Mutterseite) und rechts (Vaterseite) *unterschiedlich* groß, wird die Zukunft mit dem jeweiligen Elternteil noch schlimmer betrachtet als mit dem anderen. Bist Du über 14, ist links Deine eigene und rechts die Partnerseite. Die Anzeige zu Mutter/Vater erlischt ab der 1. aktiven Liebe. Außer den Zehen und der Nase ist dann nichts mehr relevant auf das Elternhaus zuzuordnen.

Auch zum **Augensand** oder **-schleim** gibt es Besonderheiten. Ist der Augensand am Morgen besonders stark ausgeprägt, haben sich die Augen von *größeren* Anstrengungen regeneriert. Bildet sich sogar Augenschleim, hast Du Dinge gesehen, die Du eigentlich lieber nicht sehen wolltest. Hier wäre der Saunagang ein einfaches Beispiel, weil Du dort nackte Menschen siehst und einen unbewussten Distanzkonflikt hast.

Bei der **Gesichtsblindheit** handelt es sich um einen Konflikt im Mutterleib. Die Ursache dafür, dass Du Dir Gesichter nicht oder nur sehr schwer merken kannst, ist, dass Deine Mutter während der Schwangerschaft mit *viel zu wenigen, verschiedenen* Menschen Kontakt hatte.

Mit einer **Gesichtslähmung** wird Dir unumwunden angezeigt, wie gelähmt Du (inzwischen) in eine ungewisse, schlimme Zukunft **für** Deinen Partner (rechte Seite) und/oder **für** Deine Kinder und Dich (linke Seite) siehst.

Farbenblindheit und **Rot-Grün-Schwäche** entstehen als Konflikt im Mutterleib. Die betroffenen Menschen haben ein Muttermal auf dem Bauch, was bedeutet, dass der werdenden Mutter **in den Bauch** geschlagen oder getreten wurde. Das Kind zeigt später *zusätzlich* zum Mal an, das ihm ins Gesicht (faktisch ein blaues Auge) geschlagen wurde, welches sich über die *verschiedenen Farbschwächen* **symbolisiert** → ein blau geschlagenes Auge wird *im Heilprozess* **grün, rot und gelblich**. Die Symbolik sind die warnenden *Ampelfarben*: Du bist zu weit gegangen! Zeigt die Haut um Deine Augen im Laufe des Lebens eine **rote Umrandung** an, hast Du in Deinem Leben (viel zu) viel Blut fließen sehen.

Lichtempfindliche Augen + Nachtblindheit haben ihren Ursprung in einem **Schreckkonflikt**. Wer lichtempfindliche Augen hat, ist bereits als Kind (bis 14 Jahre) einmal mit Licht *geblendet* und damit in

Gefahr gebracht worden. Bei Nachtblindheit verhält es sich so, dass Du Dich mindestens einmal im Dunkeln (*ohne* Straßenlaterne oder Taschenlampe) **in Gefahr** gefühlt hast. Beide Fälle können z. B. mit *Nachtwanderungen* in Ferienlagern zusammenhängen. Der Körper befand sich schon in Alarmbereitschaft und wird dann tatsächlich erschreckt.

Im Erwachsenenalter wäre dies das **Beisein** bei einem *nächtlichen Überfall*, z. B. in den eigenen vier Wänden. Daraus entstehen dann beide Erscheinungsformen *Lichtempfindlichkeit* und *Nachtblindheit*.

Schielende Kinder haben Angst, die *Gegenwart* zu betrachten. Sie wollen nicht sehen, was sich zeigt, so dass ihnen die Augen „wegrutschen". Eltern von diesen Kindern, lasst euch helfen, eure heimischen Umstände in Ordnung zu bringen, damit sich euer Kind bei euch wohl, sicher und geborgen fühlen kann. Ihr seid in eurer Kindheit selbst stark beschädigt worden. Zählt auf das Mitgefühl der Außenwelt, habt Vertrauen und seid mithilfe des Buches immer mehr in der Lage, euren Kindern ein liebevolles Heim zu bieten.

Schlupflider bekommst Du, wenn Du **eingesperrt** warst. Sie entstehen durch „Totenkopfaugen".

Männer & Frauen mit *Schlupflidern* haben dem Tod tapfer ins Auge geschaut (lese bitte unter Haare/Glatze).

Tränensäcke sind Zeichen, dass die Nieren überstrapaziert sind. Es sind sichtbare Wassereinlagerungen unter den Augen (vor allem am Morgen zeigen sie sich besonders). Schau Dir Deine Nierenkonflikte an (unter Nieren) und löse diese auf. Tränensäcke tragen ihre *Bezeichnung*, weil darin *Tränen* symbolisiert sind, welche Du Dir **untersagt hast**, zu weinen, weil Du vielleicht als kleiner Junge gelernt hast, dass Du nicht weinen darfst. Dies kann ein Trauerfall sein, Liebeskummer, Angst um einen Menschen/Tier oder eine große Enttäuschung in Deinem Leben. Lass diese Tränen endlich frei … Falls Du *nicht mehr* weinen kannst oder musst, hast Du diese Sache inzwischen anderweitig verarbeitet und die Anzeichen werden in der nächsten Zeit Dein Gesicht **verlassen**, wenn Du **alle** entsprechenden Ereignisse herausgefunden hast. Bei Tränensäcken gibt es Konfliktüberlagerungen. Falls es mehrere sind, bleiben die Tränensäcke bis zum letzten gelösten Konflikt bestehen. Danach empfehle ich, Tränen nicht mehr zurückzuhalten und sich auszuweinen, wenn es notwendig ist. Das Weinen kann auch (z. B. mit einem

Lied) provoziert werden, wenn Du ganz allein bist. Lieder mit stimmigen Texten, eindrucksvollen Melodien [**Manfred Krug** & Team, auch **Die Ärzte (Rebell)**, **Peter Fox (Alles neu)** und **Xavier Naidoo** (seine Lieder schmerzen immer) möchte ich hier ganz klar benennen], gute Bücher mit aus dem Leben gegriffenen Geschichten und sinnreiche Filme, **helfen Dir** seit Jahrzehnten, *eigene Konflikte zu erkennen* und *zu lösen*. **DANKE** an euch alle! ♥

Hast Du nur **einseitig** einen Tränensack, dann wirst Du beim <u>Verlust</u> *eines* Elternteils (links = Mutti, rechts = Vati) Deinen Tränen *keinen* freien Lauf gelassen haben.

Trockene Augen stehen in Verbindung mit *tiefer* Traurigkeit. Man hat sich ausgeweint und sieht keinen Sinn mehr darin, Tränen zu vergießen. Die Produktion der Tränenflüssigkeit ist daraufhin eingeschränkt.

Tränensäcke, Augenringe, Schlupflider *sind* **Traurigkeitskonflikte**. Entwickelt sich ein **Gerstenkorn** an einem Auge, bedeutet das, Du möchtest vor etwas die Augen verschließen, weil es einen „dicken Brocken" gab, den Du zu sehen ertragen musstest (Beweis). Dies kann z. B. eine **ungerechtfertigte** Schulnote gewesen sein oder es wurde Dir in diesem Bezug wichtige Hilfe/Unterstützung *verwehrt*.

Zu den Augen gehören die **Wimpern** – an der Länge und dem Schwung der Wimpern, die von der Kindheit bis heute *variieren* können (weil das <u>Verhältnis im Wandel</u> sein kann), erkennst Du die Zuneigung Deiner Mutti. Wer lange Wimpern bzw. bei Geschwistern die **längsten**, vor allem *nach oben geschwungenen* Wimpern hat, ist mit diesem naturgegebenen Beweis: **Mamas Liebling**!

Wachsen Dir Wimpern <u>über</u> der normalen Wimpernreihe, ist das ein Zeichen, dass Du anfängst, Dich selbst zu lieben, so wie Du bist und aussiehst, egal, wie viel Liebe *anderswo* herkommt.

Bei der Ausprägung der **Augenbrauen** verhält es sich so, dass sie anzeigen, wie zart besaitet Du bist. Umso *schmaler, teils verschwindend* als <u>Erwachsener</u>, desto sensibler.

Sehr dichte Augenbrauen, mit teils <u>festen</u>, <u>langen</u> Härchen zeigen einen sturen, störrischen Menschen an.

Hat jemand sehr kräftige Augenbrauen mit einem weiten Außenbogen, ist dieser Mensch stark von sich überzeugt. Hier trifft man meist (bevorzugte, von der Mutter angehimmelte) Männer mit leichten Stupsnasen wieder. Zu ihnen gehören auch lange, geschwungene

Wimpern und ein gutes Maß an Selbstgefälligkeit, welches jedoch *meistens* berechtigt ist (durch Können und Durchsetzungskraft). Die Mütter von diesen Männern sind als Schwiegermütter mit Vorsicht zu genießen. Es ist ein schmaler Grad, einen Jungen zu einem **echten Mann** oder einem **Muttersöhnchen** großzuziehen. Hierbei ist allerdings die Rolle des Vaters **sehr** bedeutsam.

Falten über der äußeren Seite der *rechten* Augenbraue sagen aus, dass Du mit einigen wichtigen Charakterzügen Deines Partner *nicht* einverstanden bist und diese erträgst.

Unnatürliche Augenformen aufgrund *Konfliktgeschehen* sind:

Glubsch-Augen – anormal weit aus den Augenhöhlen tretende Augäpfel zeigen: „Mir fallen gleich die Augen aus." Es ist der Effekt, wenn Du dem anderen Geschlecht hinterher „stierst" und Dein eigener Partner darunter leidet.

Kuller-Augen – regelrecht kugelig rund, werden sie vielleicht an Kindern sogar als niedlich empfunden. Dennoch sind es Augen der großen ANGST, die im Alter unter 7 Jahren ihren Ursprung haben: „Was wird nun gleich wieder geschehen?".
Entstehen *große Augen* (eine Mischung aus Kuller- und Obacht-Augen) erst beim Erwachsenen, handelt es sich um Männer und Frauen, die anderen, oft *ihnen bekannten* Menschen, *mehrfach bis häufig* versucht haben, mit *sexuellen* Handlungen den Partner abzuziehen. Hier gibt es in Dir die Angst, dass eines Tages alles herauskommt und mindestens eine *betrogene* Person körperliche Konsequenzen walten lässt (Prügel).

Obacht-Augen – es sind relativ große, weit auseinander gestellte Augen – etwas fern vom Nasenbein. Dieser Mensch würde am liebsten wie ein Chamäleon, zugleich in verschiedene Richtungen schauen wollen, um sich zu vergewissern, dass er in Sicherheit ist. Sein Sichtfeld ist größer als normal.

Zorn-Augen – sie sind schmal, klein und relativ nah am Nasenbein gelegen. Dieser Mensch hat schlimme Dinge gesehen und erlebt, die ihn bereits als Kind *sehr zornig* machten.

Zu den konfliktaktiven Augen zählt auch der **Hunde-** oder sogenannte „Schlafzimmer-Blick". Deine Eltern lieben Haustiere, insbesondere Hunde, mehr als Dich/ihre Kinder. Somit schaust Du in die Welt: „Liebt doch (auch) mich, ich kann genauso niedlich gucken!"

Gab es *keine* Haustiere, hast Du Dir diesen Blick selbst zugelegt: „Schaut doch, wie schön ich bin – mit mir kannst Du machen, was Du willst …" („Schafblick").

Wolltest Du jemals anders heißen, anders aussehen oder andere Eltern haben, dann nur in der Hoffnung, dass Du ENDLICH geliebt wirst, so wie Du bist. **Achtung:** Du löschst Dich jedoch aus, wenn Du ein gänzlich anderer sein möchtest!

Das Schlimmste zum Thema AUGEN zuletzt:
Grauer Star (Nebelsehen) → **Grüner Star** → **Makuladegeneration** bis hin zur **Erblindung/Blindheit** sind *echte* **Sehkonflikte** und *Folgeerkrankungen*, welche zusammengehören.

Hier kam es zu *mindestens* einem grausamen **Vorfall** als Du **unter 7 Jahre** alt warst. Dies war eine lebensbedrohliche Situation im Elternhaus, entweder zwischen Deinen Eltern oder Geschwistern und möglicherweise warst Du Zeuge einer Tat oder eines Mordes/Totschlages. Du bist aller Voraussicht nach ein Kriegs- oder Nachkriegskind *(aber nicht immer)*. Damals geschah es, dass Eltern vor den Augen ihrer kleinen Kinder erschossen, anderweitig *getötet*, *vergewaltigt* und/oder *gefoltert* wurden. Es kann sein, dass die Kinder „der Feinde" dazu **gezwungen** wurden, dabei zuzusehen, und dass sie danach weggesperrt wurden (wenn man sie überhaupt am Leben gelassen hat). Seid ihr „heil" davongekommen, frage ich nun: „WIE bitte sollen *aus euch* dermaßen beschädigten, geschändeten, seelisch **zutiefst** verletzten Menschen *normale Ehepartner* oder *normale Elternteile* geworden sein?"

Blind wirst Du **NUR** dann, wenn Du das, was Du mit *ansehen musstest,* nicht einmal über Jahrzehnte schaffst, zu **verarbeiten**. Bei Dir war es auch *gar nicht möglich*, sich zu *entschuldigen*, denn den Täter hast Du vielleicht NIE wiedergesehen.

Siehst Du „zweigleisig" in einer **Doppelspur**, hast Du **zwei** ursächliche Konflikte auf Deinen Augen – den der schlimmen Vorfälle in

Deiner eigenen Kindheit und den der schlimmen Tatsache, die Du Deinem eigenen Kind angetan hast.

Bakterien, Viren und Krankenhauskeime – Hoffnungslosigkeitskonflikt

Davon abgesehen, dass sich **Bakterien und Viren** in **allen** Lebewesen befinden und in dessen Körpern *selbständig,* je nach Bedarf, nach den „Biologischen Grundgesetzen" und den Erfordernissen, einen Körper **wieder gesund** machen zu müssen, hergestellt werden, sind Krankenhauskeime ein **Konfliktgeschehen**! Es ist, wie der **Selbstmord,** ein **Hoffnungslosigkeits-** *oder* **Ausweglosigkeitskonflikt.** Ein Krankenhaus kann schließlich keine Keime erzeugen – es ist ja kein Lebewesen! Keinen Ausweg mehr weiß der Mensch, dem es inzwischen so *dermaßen dreckig* geht, dass er <u>überhaupt keine Lust mehr zum Weiterleben</u> hat. Er setzt in sich sozusagen den letzten Prozess in Gang: Ich **WILL** sterben. Auch dem gehorcht der Körper und wird dafür sorgen. Ebenso dem Satz, der sich normalerweise in uns Menschen aufbäumt: Ich **WILL** leben! Willst Du **wirklich** aus tiefstem Herzen **sterben** und dass Dein Leid mit Deiner (vermutlich schon sehr langen, qualvollen) Krankengeschichte **endlich** ein ENDE hat, dann **wirst** Du sterben. Die sogenannten „Krankenhauskeime" würde man dann *selbstverständlich* ebenso bei *in Heimen* und *zu Hause* verstorbenen Menschen finden, auch wenn sie **nie** im Krankenhaus waren. <u>Der ganze Wahn der **Überreinlichkeit** ist damit vollkommen hinfällig.</u> Es ist nur **IN uns**, **nichts** ist im **Außen** oder **kommt** von außen → *es sei denn,* <u>jemand spritzt Dir ein Gift in **Deinen** Körper!</u> Habt also keine Furcht mehr vor dem Krankenhaus – man wird euch dort, so gut es geht, **helfen!**

Bandwurm/Würmer/Kopfläuse/Parasiten – Verschmutzungskonflikte

Wer einen *von Parasiten jeglicher Art* befallenen Körper hat, ist dermaßen verschmutzt, dass er sich in einem *selbstzerstörerischen* Prozess befindet. Hier betrifft es **misshandelte** Kinder, welche bei diversen, grausamen Geschehen **unter 7 Jahre** alt waren.

Haben kleine Kinder *weiße Würmchen* im Darmende, ist das ein <u>Warnsignal</u>, dass es ihnen in ihrem Umfeld ziemlich schlecht ergeht! Auch Kopfläuse gehen nur auf <u>innerlich beschmutzte</u> Kinder.

Den sogenannten Fuchsbandwurm gibt es nicht. Die Menschen sollen die Beeren **kaufen** und nicht (mehr) <u>kostenlos</u> aus dem Wald holen! Genießt die Waldbeeren!

Salmonellen entstehen aus einem Ekel heraus im Körper, zum Beispiel etwas zu essen, das man für verdorben **hält**. **Streptokokken** sind die Folge von Partnerkonflikten, insbesondere, wenn es größere Altersunterschiede zwischen Mann und Frau gibt. Hierbei fordert der Ältere (zu oft) das Recht ein, klüger zu sein.

Bauchspeicheldrüse – Mangelkonflikte

Du untersagst Dir den Genuss (am + im Leben), Du bist zu streng mit Dir – es fehlt die Süße.

Möglicherweise gibt es Ablehnung, Wut und Enttäuschung in **Bezug auf** eine **Erbgeschichte** (Dir wurde etwas **versprochen**, was dann leider *nicht* eingetreten ist bzw. jemand anders hat diese Sache geerbt/bekommen), auf einen **Kredit**, den Du jemandem gewährt hast und der nicht pünktlich, wie vereinbart, zurückgezahlt wurde (gebrochenes Versprechen/Vertrauensbruch)?

Hast Du etwas an *Materiellem* **erwartet** und wurdest enttäuscht, kann Dich das mit Bauchspeicheldrüsenkrebs das Leben kosten, wenn Du Dich nicht angemessen dazu äußerst oder wehrst.

Weißt Du (noch), *wie es sich anfühlt,* **schuldenfrei** zu sein? Mit einer *Verschuldung* vergrößerst Du nicht Deinen materiellen Besitz, sondern **verstärkst** *das Mangelgefühl an Reichtum!*

Behinderungen - angeboren - Beschädigungskonflikte

Behinderungen, welche nicht durch Unfälle passierten, sind Konfliktgeschehen **im Mutterleib.**
Stürzt eine **schwangere** Frau, sollten **alle** ringsum **den Mund halten** und möglichst *kein einziges* Wort von sich geben, sondern einfach helfend einwirken, mit Mimik und Gestik abklären, ob alles in Ordnung ist. Fängt einer an zu schreien oder ruft: „Um Himmels Willen, das arme Baby, hoffentlich ist ihm nichts geschehen, wenn es nun beschädigt wurde u. Ä.", dann fährt ein Konfliktschock in den Embryo, was zu **Kinderlähmung** führt. Auch die Mutter sollte sofort ihre Gedanken sammeln und nach dem Schreck dem Baby innerlich vermitteln: „Es ist alles gut, mein Kleines, es ist uns beiden/dreien (bei Zwillingen usw.) nichts passiert. Mama hat sich nur erschrocken!" Dann kann sich das Baby sofort wieder *entspannen*. Ebenso können Geräusche (Feuerwerk, Platzen eines Luftballons, Schüsse) während der Schwangerschaft, durch welche die werdende Mama **erschreckt** wird, das Baby in Mitleidenschaft ziehen. Spürst Du so etwas – einen Schreck bzgl. einer Sache, eines Geräusches u. Ä., entschuldige Dich **SOFORT** bei Deinem Baby im Bauch und sage ihm, indem Du den Bauch streichelst „Mama hat sich jetzt aber doll erschrocken, das tut mir sehr leid, denn es war nichts weiter Schlimmes und für Dich, mein Kleines, ist alles in bester Ordnung!" Damit **VERMEIDET** ihr **aktiv** körperliche und geistige Schäden an euren Kindern!
Die so gefürchtete **Toxoplasmose***ist ein **Ablehnungskonflikt** des Fötus im Mutterleib. Der *leibliche Vater* will das Kind **nicht** und ist *unaufrichtig* der werdenden Mutter gegenüber. Durch die **Gedanken**, welche der Embryo nachweislich **empfängt**, erkrankt er. Der Mama ist bewusst, dass ihr Mann das Baby ablehnt, **klärt** die Situation jedoch **nicht**.

Schrei-Kinder sind *ungewollte* Kinder – wenn auch nur für *einen Moment*, z. B. beim „Test ausführen" auf der Toilette. Erschrickt sich die Frau über das Ergebnis, dass sie schwanger ist, und denkt: „Das darf nicht wahr sein, nicht *jetzt*, ich muss das Baby *abtreiben* ...", dann reicht dies aus, um ein Schreikind zu erhalten.

Hier kommt es aufgrund entsprechender Behandlungsweisen, wenn die Einstellung „ungewollt" nach der Geburt bestehen bleibt, zu *Ablehnungskonflikten* wie Neurodermitis, vielen Erkältungen, chronischer Bronchitis bis hin zum **Asthma** (Todesangst).

Pseudokrupp** tritt bei Kleinkindern ein, wenn die Ablehnung seitens des *mit im Haushalt lebenden* Vaters extrem stark ist. Hier gibt es als Hintergrund die Unaufrichtigkeit, dass er mit *dieser* Frau *eigentlich* (noch) gar kein Kind haben wollte. Diese Erkrankung ist eine große Strafe für die <u>Unaufrichtigkeit</u> der Eltern und das von schrecklichen Hustenanfällen geplagte Kind erleidet sie.

* *Toxoplasmose ist eine durch Parasiten verursachte Infektionskrankheit. Für die Erreger ist der Mensch nur ein Zwischenwirt, der Endwirt sind Katzen. Vor allem bei Immungeschwächten sowie Schwangeren kann sie aber schwerwiegende Folgen haben.* → Diese Definition ist unwahr.

** *Pseudokrupp ist eine Atemwegserkrankung, bei der die Schleimhaut im Bereich des Kehlkopfes und der Stimmbänder entzündet und angeschwollen ist. (beides aktuell aus dem Internet)*

<u>Ein **Sonderthema** ist die **Verhaltensweise** der *werdenden* Mutti:</u>
Schaust Du Dir **während** der Schwangerschaft Horrorfilme, gruselige Serien/Arztserien, andere Filme schlechter seelischer Qualitäten mit Schock- und Schreckmomenten an, liest Bücher mit erschreckenden oder grausamen Inhalten, **wirst** Du Deinem Kind im Bauch <u>großen Schaden</u> zufügen. Es kann NICHT unterscheiden, ob es sich um Fernsehen, ein Buch oder um die Realität handelt. Es ist faktisch IMMER die *furchtbare Realität* für Deinen Säugling, weil er nur *über Deine Gefühle und das Gehörte* kombinieren kann. Deinem Kind bleibt faktisch die Luft weg, der Bauch bleibt lange klein, weil es sich nicht entwickeln kann, und der Entbindungsvorgang wird langwierig und quälend sein. Das Baby möchte NICHT auf diese Horror-Welt kommen! Als ich solch einen Konflikt löste, war das panische Schreien des

Kleinkindes für mich unerträglich (ca. 30 Minuten). Der ganze Druck, die Furcht und das Entsetzen wurden dabei mit weit aufgerissenen Augen herausgeschrien. Die entsetzlichen Bilder liefen noch einmal wie im Kino vor dem inneren Auge ab. Oft sind diese Kinder im Allgemeinen schnell am Weinen bzw. Schreikinder und werden mit hochgerollten Fußnägeln zur Welt kommen. Sprichwörtlich: „Bei dem Anblick rollten sich mir die Nägel hoch."

Im *leichtesten* Fall kommt Dein Kind mit Beschmutzungskonflikten auf die Welt und zeigt Dir dies, indem es älter wird, mit dem Verhalten, verschmutztes Wasser zu trinken (aus Pfützen, Vogeltränken, Teichen, Badeseen), Steine abzulecken, Erde oder Sand zu essen … und auf das eigene Spiegelbild zu spucken. (Dafür bekommt es auch noch Schimpfe, obwohl es die eigene Mutter verursacht hat.)

Im *schlimmsten* Fall wirst Du eine bedauernswerte „Kreatur" zur Welt bringen. Dieses Kind **wird** behindert sein, nach Dir schlagen, Dich bespucken und befremdliche Sätze zu Dir sagen. Das ist die **härteste** Strafe für den Konsum Deiner Augen in Form von Grausamkeiten. Nichts bleibt unbestraft.

Schenkt jemand Deinem Kind Kleidungsstücke oder Dinge mit „**Monstern**" darauf, ist das KEIN Zufall, sondern ein Zeichen, dass der Träger mit der Abbildung *leider* stimmig ist.

Meine Definition von Zufall: Ein Zufall passiert immer genau dann, wenn es nicht besser hätte passen können! → Zufälle gibt es **nicht**! Unternimmst Du während der Schwangerschaft waghalsige Dinge und Dir passiert etwas dabei, wird Dir Dein Kind anzeigen, *was* Du getan hast. Fällst Du von einer Leiter, wird Dein Kind Dir mit seinen behindert festgestellten Körperbewegungen zeigen, dass ihr gemeinsam von der Leiter gefallen seid. Sage dies Deinem Kind und es wird aufhören, Dir zu signalisieren, dass Du in der Schwangerschaft einen großen Fehler und euch beide in Gefahr gebracht hast. **Nichts geschieht ohne Ursache und jede Ursache hat mindestens eine Wirkung.**

Der Liliput-Effekt (dass der Oberkörper im Verhältnis zu den Beinen unproportional länger bleibt) rührt ebenso von eigenartigen Filmen her, die während der Schwangerschaft geschaut wurden. Hier ist Voraussetzung, dass das Bild solch eines Kleinwüchsigen die werdende

Mama erschreckt und geekelt hat. Der 1. Liliput kam mit Sicherheit durch einen Film zustande, in dem vom Krieg verkrüppelte Menschen gezeigt wurden.

Selbstverständlich gibt es Fehlbildungen im Mutterleib durch Medikamente und Fremdeinwirkungen, wie Ultraschall (für das Baby so laut wie Disko!) und andere (hochgefährliche) Untersuchungen, welche **in** den Bauchraum eingreifen.

Sei achtsam mit allem, was Du **tust** und **sagst** sowie **wen** Du *besuchst*, wenn Du schwanger bist! **Kein** Wort bleibt von Deinem Baby ungehört, **kein** Gefühl ungedeutet! Stehst Du als werdende Mama vor dem Spiegel und denkst, dass Du Dich hässlich findest, wird *auch das* sich auf das spätere Verhalten des Kindes *Dir gegenüber* auswirken.

Beschmutzt Du Dein Kind mit Worten, dann wird es spucken (auch in der Wohnung), es wird Fliesen ablecken und andere abnormale Dinge tun, um Dir zu zeigen, wie schmutzig es bereits **durch Dich** geworden ist. Nur Eltern können das antun, niemand sonst!

Wer denkt: „Es ist MEIN Kind, damit mache ich, was ICH will!", der wird sich in seinem eigenen Leben sehr viele, bittere Strafen zuziehen – *insbesondere* in Bezug auf die eigene Schönheit und Gesundheit.

Erzählt Dir jemand Horrorgeschichten von Entbindungen, auch, dass Babys mit Hilfsmitteln, wie Zange oder Saugglocke *herausbefördert* werden mussten, kannst Du dies getrost überhören und Deinem Kind im Bauch vermitteln: Das passiert NUR, wenn die Mama während der Schwangerschaft entweder große Fehler gemacht oder selbst einen schlimmen Satz, zum Beispiel über die Geschehnisse in einem Kreißsaal, gehört hat.

Ein **Zweifelkonflikt** erzeugt Selbstverletzung.

Verletzt Du Dich manchmal selbst, kurz nachdem Du etwas getan oder gedacht hast, was Dir selber nicht gefällt, Du an Dir zweifelst? Vielleicht tut Dir eine *gerade geschehene* Sache gleich im Anschluss **leid**, Du *sagst* jedoch *nichts*? → Hier zählt das Sprichwort: „Kleine Sünden werden *sofort* bestraft!" Du denkst etwas Schlechtes über *Dich selbst* und stößt Dich kurz darauf derb an einer Tischkante. **Ritzen** ist z. B. eine absichtliche Selbstverletzung.

Hierzu gehört die sogenannte **Nestbeschmutzung**. Reden Kinder im Außen schlecht über ihr Elternhaus, verkaufen sie ihre Eltern für

„dumm" oder bestehlen sie, pullern in Zimmerecken (aus Faulheit, Angeberei, Trotz, mutwillig), dann **beschmutzen** sie ihr **Nest**. Es kann in der Folge zu (dramatischen) Selbstverletzungen kommen, wenn das Kind seine Taten **stark bereut** (z. B. Hand *in eine Scheibe* schlagen). Nestbeschmutzung **von außen** bekommt eine Familie, wenn sich ein Besuch danebenbenimmt (Ausnutzung von Gutmütigkeit, Verschwendung von Strom, Wasser, Vorräten, mangelhaftes Benehmen, mangelnde Hygiene, ungebührliches Verhalten, Beschädigung von Einrichtungsgegenständen/Dekoration/Wertsachen). **Duldest** Du solches Benehmen **ohne Gegenwehr**, ziehst Du Dir einen Peinlichkeitskonflikt (Fremdscham/Ekel) inklusive Ablagerung von Kot im Darm zu. Auch bei Partys, die ein Jugendlicher daheim ausrichtet, wenn die Eltern außer Haus sind, können schlimme Dinge geschehen. Einen starken Schamkonflikt kann es geben, wenn ein Pärchen im Schlafzimmer Deiner Eltern verschwindet und sich im Ehebett liebt. Bleibt das Dein Geheimnis, trägst Du eine große Last in Dir.

Passieren Kindern ungebührliche, pädagogisch verwerfliche Dinge in Kindertagesstätten, in schulischen Einrichtungen (wie ein „Sitzkreis" oder harte Aussprachen **vor** der **gesamten** Klasse) und sie können mit ihren Eltern offen darüber reden, werden sie schadlos erwachsen. Werden Kinder jedoch damit *allein* gelassen, haben Ängste, sich zu Hause zu öffnen (Schimpfe/Gewalt) oder *beschützen sie ihre Eltern* **vor** diesen Nachrichten, wird man **aggressive** Jugendliche erzeugen. Sie **erweitern** ihren Frust **von Erlebnis zu Erlebnis** und haben einen *viel zu hohen Adrenalinspiegel,* da die Stresshormone *nicht* abgebaut werden. Gefühlt ist *keine Verarbeitung* der Erlebnisse möglich, wenn sie nicht gerade **viel Sport** treiben oder ihre Kräfte anderswo (sinnlos) walten lassen! Dies erzeugt mitunter Gewalt und Kriminalität, denn irgendwo muss es **ein Ventil** geben!
Ebenso entstehen aus solchen Kindern Hochleistungssportler mit ungewöhnlich zäher Ausdauer und Wahnsinnsleistungen. Der ganze Frust bekommt einen Kanal.
Ein stark berührender und kontrastreicher „Lehrfilm" der DEFA dazu ist „**IKARUS**" aus dem Jahr 1985. Sagst Du als Erwachsener Dinge einfach so dahin, ist das sehr riskant, denn Du musst immer damit rechnen, dass Kinder alles **sehr ernst** nehmen, bis sie dem 1. Betrug oder

der 1. großen Lüge auf die Schliche kommen! Der damalige Kinderdarsteller Peter Welz lieferte in „Ikarus" eine unglaublich beeindruckende Leistung ab.

Kann ein Kind einfach **nicht** mehr richtig *fröhlich* und *ausgeglichen sein*, ist **IMMER** etwas im Argen.

Haben bereits Säuglinge **Hautprobleme**, geschieht dies durch die *mentale Vermittlung* einer *wichtigen Person* im nahen Umfeld der werdenden Mutter: „Ich will dieses Baby da (im Bauch) nicht!" Es ist ein *Ablehnungskonflikt*, der nach der Geburt mit **Neurodermitis**, mehr oder minder stark, zu Tage tritt. Diese Menschen sollten sich an das Kind wenden, mit den Worten: „Liebes, es ist gut, dass Du auf der Welt bist! Du weißt es – als ich Dich noch nicht kannte, da konnte ich mir nicht vorstellen, wie es mit Dir werden würde, aber nun bin ich **sehr froh**, dass Du **da** bist und es war so dumm von mir, daran zu zweifeln, dass ich gut zu Dir sein kann!" [Es *können* (von den ELTERN unabhängig) *andere Menschen* aus dem **blutsverwandten** Umfeld sein, die ein **Problem** in der Schwangerschaft sahen.]

Die Haut wird gesunden: Umso *jünger* das Kind ist, desto schneller. Auch im *Erwachsenenleben*, egal wie alt man ist, **wird** diese Konfliktlösung funktionieren, nur ist die Heilphase der Haut etwas länger, weil die Erscheinung bereits manifest* ist!

* *eindeutig als etwas Bestimmtes zu erkennen, (z. T. sehr lange) offenkundig (Quelle: Internet)*

Dasselbe passiert bei Kontaktabbruch zur entsprechenden Person. Sind die Eltern tot oder siehst Du sie nicht mehr (**gewollter** Abstand), heilst Du aus. Manchmal finden auch Veränderungen im Verhältnis zwischen Kindern und Eltern statt, sobald Enkelkinder da sind. Das Glück über den Enkel entfacht die Liebe zum eigenen Kind (endlich oder neu), denn ohne ein eigenes Kind ist ein geliebtes Enkelkind unmöglich.

Achte auf Deine Worte gegenüber **schwangeren** Frauen und **vor** Kindern, insbesondere als Großeltern und Verwandte. Das Kind versteht **ALLES**! Es entwickelt bereits *im* Bauch Sympathien & Antipathien auf Personen im Umkreis der Mutti. Je nachdem, **wie** diese Menschen

mit ihr **reden, was** die Mutti *diesen Menschen gegenüber* **empfindet** –
alles geht <u>zeitgleich</u> in das Baby über → <u>Gutes + Schlechtes!</u>

<u>Hier zwei Beispiele über wenige Worte</u> **vor** <u>Kindern mit</u> **fataler** <u>Aus-</u>
<u>wirkung:</u>
Sagte eine Oma zu ihrer schwangeren Enkeltochter: „Ich möchte nicht
noch einmal ein neues Kind kennenlernen. Ich möchte kein Kind
mehr lieben, wo ich doch bald sterben muss", kommt es für das Kind
im Bauch zu einem starken Konflikt mit seiner Uroma. Dieses Kind
wird, auch wenn es ein *wunderbares* Elternhaus hat, sich selbst beschmutzen, weil es versucht, dem gerecht zu werden, NICHT liebenswert zu sein. Vor allem geschieht dies in Zusammenhang mit dieser
Uroma, die sich wundert und natürlich mit diesem Urenkelkind *nicht*
glücklich wird. Dieses Kind lässt sein Zimmer nicht renovieren, weil
es denkst, es habe das nicht verdient. Es *muss* in einem abgewohn-
ten Zimmer leben. Es lässt sich auch von anderen Kindern und von
Filmen beschädigen, damit es schmutzig genug ist, um nicht geliebt
werden zu müssen. Es muss die Gewissheit haben, <u>für diese Uroma,</u>
die vielleicht inzwischen schon tot ist, **nicht liebenswert** zu sein.
Solch ein Wahnsinn entsteht aus wenigen – in das gesamte neue Leben einschneidend eingreifenden – Worten. Sprecht mit diesem (erwachsenen?) Kind, wenn ihr so einen Sachverhalt aufdeckt und löst
den harten Konflikt ENDLICH auf. Wer von irgendjemandem *aus der
Blutsverwandtschaft* lernt, vor allem unter 7 Jahren: „Ich bin **nicht** liebenswert", wird diesen unterbewussten **Befehl** ausführen!
Du sagst irgendwann, wenn Dein Kind pubertiert: „War denn alles
vergebens? Ich kann mein letztes Hemd geben und trotzdem dankt
es mir mein Kind nicht!" Was ist passiert? Es nützt **nichts,** (nur) **als**
Eltern Vorbild zu sein, wenn Dein Kind <u>anderweitig, außerhalb</u> des
Elternhauses, zu Schaden kommt und beschädigt/beschmutzt wird.
ALLE müssen mitwirken!
Warst Du häufig krank und Deine Mutter ließ Dich allein zu Hause?
Hat Deine Oma vor Dir mit ihr geschimpft und gesagt: „Du kannst
das Kind doch nicht alleine lassen, es muss sich doch jemand um es
kümmern. Wenn nun etwas passiert oder es Dummheiten macht!!??"
Was wird in der logischen Folge passieren, wenn **Du** diese Worte
gehört hast? 1. Du möchtest immer jemanden um Dich haben, der

sich kümmert und 2. Du wirst Dummheiten machen, *wenn* Du alleine bist …

Die **ersten sieben Jahre** sind die einschneidendste <u>Zeit der Grundsteinlegung</u> für wunderbare Kinder, auf die man stolz sein kann, welche die Welt als *neue* Erwachsene besser und schöner machen werden!

An dieser Stelle möchte ich *dem Menschen* **sehr danken**, der **erkannt** hat, dass die schlimmsten und nachhaltigsten Vorfälle **im Alter bis 7 Jahre zu suchen** sind → **Psychiater Mr. John Bowlby** (26.02.1907 in London – 02.09.1990).

Haben bereits Säuglinge **große Angst** <u>vor</u> ihren Eltern (die sich schon **IM** Mutterleib entwickelte), wird es auf Dauer ein überaus schlechtes Vertrauensverhältnis nach sich ziehen. **Mukoviszidose** entwickelt sich durch einen Todesangstkonflikt im Bauch der Mutter. Hier ist es so, dass **vor lauter Angst** die Körpersäfte regelrecht <u>gerinnen</u>, wodurch alle Beschwerden entstehen, welche zu dieser „Krankheit" bekannt sind. Symbolik: „Mir gefriert das Blut in den Adern."

Beine – Bestrafungskonflikte

X-Beine entstehen bei einer Frau, wenn deren **Ehe**mann ungerecht zu ihr war. Deswegen würde sie *zu ihrem eigenen Leid* am liebsten ihre Beine *zusammenhalten* und ihm keinen Sex mehr schenken.

O-Beine entstehen bei einem Mann, wenn dessen **Ehe**frau ungerecht zu ihm war. Deswegen würde er ihr am liebsten *zu seinem eigenen Leid* seine Lust vorenthalten und ihr keinen Sex mehr schenken. In seltenen Fällen gibt es **O-Beine** auch bei **Frauen**. Diese sollten ein Junge werden und haben sich aus *dem Gefallen daran* (mehr Spaß!) entsprechend entwickelt, inklusive *intensiven* Fußballspiels mit Jungs. Sie haben eine eher männliche Optik, auch im Gesicht (*weniger weich* als bei Frauen normal).

Haben **Jungs** schon O-Beine, ist das ein *Nachahmungskonflikt* vom Papa oder der falsche Glaubenssatz: „Wer viel Fußball spielt, bekommt O-Beine".

Haben **junge Mädchen X-Beine**, haben sie Angst vor Sexualität und halten sich verschlossen.

Das alles ist jetzt vorbei. Deine Beine werden sich ab sofort *normalisieren* und nach einiger Zeit **gerade** sein, *wenn* Dir der entsprechende Konflikt einfällt und bitte Deinen Partner um Verzeihung, wenn er mit betroffen sein sollte.

Es kam mir *heikel* vor, darüber zu schreiben – Bitte entschuldigt! Aber ich **wünsche euch** *gerade Beine*, damit ihr so leben könnt, wie es euch *würdig* gebührt!

Mein Rat an andere: Habt **Respekt** vor diesem Sachverhalt, denn es kann JEDEN von euch treffen. *Dann werdet ihr froh sein, dass ihr meine Zeilen hier kennt!*

Ihr lieben Männer, wenn eure Frauen euch *vermeintlich* nicht „wollen", hat das oftmals einen ganz anderen Grund und *gar nichts* mit euch zu tun: Sie finden sich selbst *nicht schön genug*, um entspannten Sex zu haben. Hier fand ich heraus, dass viele Männer ihre Frauen sehr wohl wahrhaft **schön** finden – es aber leider kaum oder nie sagen/zum Ausdruck bringen. Sagst Du es und meinst es so (ehrlich), dann wird Dein Partner-Dasein einen Aufschwung erfahren. Lügen bringen jedoch keinen Erfolg.

Hattest Du als kleines Kind bereits eine **Beinfehlstellung** und läufst *„über den Onkel"* (beide Fußspitzen mehr nach innen geneigt), dann wurdest Du von Mutter *oder* Vater erniedrigt. **Dich** liebt ein Elternteil inzwischen *mehr* als seinen Ehepartner. Du bekommst viel mehr Zärtlichkeiten als er und bist ihm irgendwann ein Dorn im Auge geworden. Oft ist eine Urlaubsreise der Ursprung. Du wirst *unsportlich* sein und *weniger* attraktiv als Du **könntest**. Hier trifft es die Konstellationen *„Mutter-Sohn"* + *"Vater-Tochter"*, die *(aus Mangel)* eine **zu enge** Beziehung zu ihrem Kind aufbauen und die Liebe zum Partner vernachlässigen. Es soll dem Partner jedoch *unterbewusst* zeigen, dass an der **Paar-Liebe** etwas mangelhaft ist. Hier gibt es außerdem eine Besonderheit bei den *oberen Schneidezähnen* (lese unter Zähne). Alle auf irgendeine Weise unterdrückten Kinder haben keinen geraden, aufrechten Gang! Hattest Du auf Jugendfotos *lange Beine* und fragst Dich, was passiert ist? Durch **Erniedrigungen**, die Du im Leben über Dich ergehen lassen hast, veränderte sich das Verhältnis Deines Oberkörpers zu Deinen Beinen negativ. Die Beine sind in der Relation zum Körper zu kurz und manchmal sogar unförmig geworden. Dies wird sich jetzt wieder verschönern (innerhalb von ca. drei Monaten). Auch bei kleinen Kindern habe ich dieselbe Erscheinung beobachtet. Das Verhältnis Beine/Oberkörper verändert sich *unvorteilhaft* durch Unterdrückung seitens mindestens einem Elternteil. Dies geschieht innerhalb weniger Tage! Fazit: Hast Du im Verhältnis zum Oberkörper zu kurze Beine, hast Du Dich im Leben von Menschen unterdrücken lassen. Hier ist es unabhängig davon, ob dies innerhalb der Familie geschah, von Partnern, Freunden oder von Fremden.

Legst Du die Beine beim *seitlichen* Liegen aufeinander und spürst einen plötzlichen Schmerz im Kopf, dann hast Du eine Ader abgedrückt und solltest Dich schnell umpositionieren. Der Schmerz hört dann genauso schnell auf, wie er begann. Auch das Übereinanderschlagen von Beinen im Sitzen kann Ähnliches verursachen und ist auf Dauer in der Tat eher ungünstig.

Schmerzt Dir der linke Oberschenkel stark (Herzseite), dann wurdest Du an etwas **unfreiwillig** gehindert, wobei Du ebenso **unfähig** warst, Dich zu **wehren**, weil dies unmöglich war. Hier kann es sich um eine kurzfristig abgesagte Urlaubsreise handeln, auf die Du Dich monatelang freutest und die aus politischen Gründen buchstäblich ins Wasser fiel.

Verlierst Du im Laufe des Lebens ein oder beide Beine, willst Du unfähig sein, dort wegzugehen, wo Du dringend fortgehen solltest. Für den Beinverlust bestrafst Du Dich mit Phantomschmerzen.

Prickelt es in Deinen Beinen unerträglich wie kleine **Nadelstiche**, sind das dringende Hinweise, in Deinem Leben nach Veränderung zu schauen. Eigentlich macht Dich Deine Seele aufmerksam, fortzugehen, weiß jedoch, dass Du das einfach nicht kannst und im Grunde Deines Herzens **nicht willst**.

Früher hat man die Wut am Sägebock „zersägt" oder Holz gehackt, bis zur tiefen Erschöpfung. Es ist wichtig, dass Deine Frustrationen einen Kanal bekommen und Du Dich körperlich erschöpfst, damit Du schlafen und abschalten kannst.

Einen **Waden**- oder **Fußkrampf** ziehst Du Dir nach Feierabend oder in der Nacht zu, wenn Du Dich am Tag mit EINER Aufgabe völlig **überfordert** hast. Du sollst lernen, auf Deine Grenzen zu achten.

Bindehautentzündung – Konflikt des „Nicht-sehen-Wollens"

(für Kinder: siehe unter Kinderkrankheiten)

Ziehst Du Dir eine Bindehautentzündung zu, dann willst Du etwas in Deinem Leben gravierend nicht sehen. Das kann z. B. sein, wenn Dein Partner Dein/euer Kind schlecht behandelt und Du vermeintlich nichts dagegen tun kannst.

Leidet Dein Kind unter einer Bindehautentzündung und es tut Dir furchtbar leid, das mit ansehen zu müssen (total verkrustete Augen, die sich nur unter Mühen, Einweichen und Putzen öffnen lassen), dann wirst Du als Elternteil den Folgekonflikt haben, dass Du das Leid Deines Kindes nicht mit ansehen kannst.

Es hat mit „Ansteckung" nicht das Geringste zu tun.

Blase – Revierangstkonflikte

Wenn ein Vati sich um sein Kind oder eines seiner Kinder **besonders große Sorgen** macht, wie die Zukunft weitergehen soll, dann kommt es zu Blasenproblemen bis hin zu Krebsgeschehen. (Umso länger der Konflikt andauert, desto schlimmer trifft es die Blase – das gilt für alle Organe!)

Wer (viel) **öfter** als normal und oft in der Nacht Harn lassen muss, hat **ANGST** um den Nachwuchs (um das *Sorgenkind*). In diesem Zusammenhang kommt es ebenso zu Nachtschweiß, der Anzeige von Angst.

Beispiel: Hat Dein Kind *(unter 18)* gestohlen und Du musstest deshalb zur Polizei, kann es sein, dass sich die Angst, dass Dein Kind als Erwachsener einmal **kriminell** werden *könnte*, als **Blasenkonflikt** festsetzt. Das können auch andere Dinge sein, wobei Du *Angst um die Zukunft* Deines Kindes bekommen hast.

Stehlenden Kindern wurde ein *Mangel an Besitz* vermittelt. Sie sind im Begriff, materialistisch geprägte Menschen zu werden. Achte darauf, dies zu lösen, bevor schlimmere Dinge passieren. Dieses Kind wächst vermutlich in einem Haushalt auf, in dem sehr gespart werden muss, es ggf. durch z. B. Hausbau große Kredite gibt, wobei *alle* Familienmitglieder eingebunden werden müssen, um die Abzahlung zu gewährleisten. Setze Dich mit Deinem Kind zusammen, lasse einen **Familienrat** tagen, sage Deinem Kind beispielsweise: „Wir haben diese und jene Anschaffung vor, womit es unserer Familie in der Zukunft besser gehen wird/wir schöner leben werden. Damit wir das schaffen, müssen wir *jetzt in der nächsten Zeit* achtsam mit unserem Geld umgehen. Danach kommen bessere Zeiten, wo wir *ausreichend* Geld zur Verfügung haben und wir uns wieder Dinge leisten können." Mit solch einer Handlungsweise entsteht kein Gefühl von Mangel, sondern es werden Geduld und Hoffnung geschult. Zudem, was phantastisch ist, fühlen sich die Kinder als gewichtiges Mitglied der Familie, da mit ihm auch schwierigere Dinge *abgesprochen* werden. Bekamst Du als Kind den Eindruck vermittelt, dass Du Dinge **nie** wieder bekommen würdest, wie eine Seife (aus dem „Westpaket"), kann es den Konflikt geben, Dinge unbenutzt zu lassen und so lange aufzuheben, bis sie verdorben und nicht mehr nutzbar sind.

Haben **Kinder** Blasenprobleme, hat dies mit Angst **vor** mindestens einem Elternteil oder um das Elternhaus zu tun. Wachsen Kinder z. B. mit Sucht behafteten Eltern auf (Alkohol, Rauchen, Drogen), entwickeln sie aufgrund der negativen Erfahrungen durch den Einfluss des Suchtmittels eine Angst **um** das Leben einer oder beider Elternteile oder, was noch schlimmer ist, **vor** den Eltern. Betrifft dies Tochter und Vater, kann es dazu kommen, dass das Mädchen sich keiner Beziehung zu einem Mann richtig öffnen kann, dass es Angst hat, ebenso einen *Alkoholiker* zum Mann zu bekommen. Dieses Mädchen wird ab dem Punkt der 1. sexuellen Beziehung **Blasenprobleme** haben und diese für immer behalten – es sei denn, der Konflikt wird gelöst! Zieht sich der Konflikt ungelöst hin, kommt es im Alter ab ca. 50 Jahren zur **Blasensenkung**, oft in Verbindung mit einer **Gebärmuttersenkung**. Dies geschieht dann, wenn Du als Kind (manchmal auch bis heute) **dauerhafte Furcht vor Deiner Mutter** hattest. Dies trifft oft zu, wenn die Mutter eine sehr Respekt einflößende Person ist/war. Mit mehreren ausgetragenen Schwangerschaften hat dies nichts zu tun!

Die Blase ist das **Revierangstorgan.** Ein Körper, der in Angst sitzt, ist stets bestrebt, jeden <u>auch nur kleinsten</u> Muskel zu *entspannen!* Körper, die in Angst sitzen, haben es schwer, sich zu entspannen. Die Blase wird also *auch* bei nur **geringer** Füllung stetig aufgefordert, sich zu entleeren, damit der Körper wieder eine, <u>wenn auch noch so kleine,</u> Entlastung spürt. Der Endeffekt ist hier die **Inkontinenz!** **Wenn** Du **keine** Angst HÄTTEST, *würde* Deine Blase, auch über NACHT, eine <u>beachtliche Menge</u> an Flüssigkeit halten – ohne Harndrang! Ob Du es Dir eingestehen kannst oder nicht. Es kann nach den biologischen Gesetzen **unmöglich** anders sein.

Bei der Arbeit an Konfliktlösungen kann es zum **Aufflammen** einer alten Blasenentzündung kommen (von vor vielen Jahren), weil die Ursache *damals* NICHT vollständig gefunden wurde.

Bettnässen

Hat ein Kind Angst vor einem Elternteil und keine organischen Störungen, ist dies eine **Trotzreaktion** auf ein strenges Elternhaus. Hier muss man leider davon ausgehen, dass *beide Elternteile* im Alter **bis 7** Jahre einmal eingesperrt gewesen sind (lese bitte unter Haare/Glatze). Muss Dein Kind öfter Wasser lassen, **hat** es ANGST! Die Blase MUSS dann zwingend entspannt werden. Achtet darauf: Dann sind Konfliktgeschehen zwangsläufig prüffällig.

Manchmal hört man von **Blasen-/Harnsteinen.** Diese gibt es <u>nicht.</u> Wenn sich Steine oder Griesansammlungen in der Blase befinden, wurden diese bereits von der **Niere** *abtransportiert* und sind jetzt zur Ausscheidung vorgesehen. Der Prozess ist leider immer sehr schmerzhaft.

Blähungen – Vorstellungskonflikte

Gibt es in Deinen Gedanken Vorstellungen zu Diskussionen/Erzählungen, Filmen, Nachrichten oder Bildern, die Du nicht verdauen kannst, die für Dich praktisch *unvorstellbar* sind, löst Dein Darm Blähungen aus. Du willst etwas aus Dir herauslassen, kannst es aber nicht besprechen (Luft bildet sich innen). So hilft sich der Körper mit *unsichtbaren* Winden.

Benehmen sich Männer Frauen gegenüber schlecht (z. B. durch absichtlich herbeigeführte Körpergeräusche), wollen sie die Frau neben sich los werden bzw. ist es schwer vorstellbar, mit ihr, so wie sie ist, ein Leben lang zusammen zu sein. Frage Deinen Mann: „Willst Du mich loswerden?". Fängst Du als Frau an, Dich ebenso schlecht aufzuführen, spiegelst Du sein Verhalten.

Blinddarm – Heimlichkeitskonflikte mit der Frage: „Bist Du blind?"

Menschen mit Blinddarmbeschwerden haben diverse Befürchtungen im Leben. Sie blockieren unbewusst den Fluss des Guten und fühlen sich nicht in Sicherheit. Allgemein entstehen Entzündungen im Körper ausschließlich durch erhitztes Denken. Eine Entzündung im Blinddarm steht oft im Zusammenhang mit einer ungewollten Schwangerschaft oder einem Abort (Schwangerschaftsabbruch, Fehlgeburt). Dies trifft für Männer und Frauen gleichermaßen zu, die sich weigern, einzugestehen, dass sie das Baby nicht wollen, weil sie Angst vor der Zukunft haben.
Haben Kinder Blinddarmentzündungen bis hin zur OP, bereitet es ihnen **große** Schwierigkeiten, damit zurechtzukommen, ein (oder mehrere) Geschwisterkind(er) zu haben.
Hat ein Elternteil Blinddarmbeschwerden (bis hin zum Platzen), dann hat es große Sorgen um seine jugendliche Tochter, die schwanger geworden ist. („Warst Du blind, dass Du nicht gemerkt hast, dass Deine Tochter einen festen Freund hat?") …
„Und es kam der Tag, da das Risiko, in der Knospe zu verharren, schmerzlicher wurde als das Risiko zu erblühen" (Anais Nin)
Eine Blinddarmentzündung bekommst Du, wenn sich Deine Jugendliebe nach Jahren bei Dir meldet und Du bereits ein Kind mit einem anderen Partner hast, diese Beziehung jedoch scheiterte. Indem Du (nun endlich!), in Verbindung mit innerer Wut auf Dich selbst, spürst, dass die Jugendliebe der richtige Partner gewesen wäre, wünschst Du, das Kind wäre von ihm, sagst es aber **nicht**.

Hast Du Kenntnis über ein **Kuckuckskind** und verschweigst es, wirst Du Schwierigkeiten mit *Deinem* Blinddarm bekommen. Hier tritt die Logik ein, dass KÖRPERLICHE Symptome NUR DANN entstehen, WENN es sich um die WAHRHEIT handelt. Dies ist allgemeingültig! Der **Blinddarm** ist ein *wichtiger* **Signalgeber!**

Borreliose – Wutunterdrückungskonflikt

Alle Symptomatiken wie Abgeschlagenheit, Fieber, Muskel-, Gelenk- und Kopfschmerzen, Schweißausbrüche, Bindehautentzündungen, Magen-Darm-Beschwerden und Lymphknotenschwellungen, hängen mit Deinem inzwischen *stark belasteten* Konflikthaushalt zusammen. Dein Körper läuft praktisch über. Wenn ein Zeckenbiss als Ursache festgestellt wurde, dann verhält es sich hier ähnlich dem Rot- oder Wundlauf, mit allem, was dazugehört. Dein Körper ist durch eine Menge ungelöster Konfliktgeschehen **wutgeladen** und Dein Hirn voller **flammender** Gedanken (lese bitte auch unter Phobien und Tetanus). Die Zecke (Holzbock) hat die perfekte Symbolik für Deine Lage: Ihr Kopf steckt in Deinem Körper fest, sie saugt Dir Blut aus. Die Lehre eines Zeckenbisses ist: Du steckst in Deinem Leben so etwas von fest und lässt Dir Deine Lebenssäfte/-kräfte von anderen absaugen. Eine Zecke ziehst Du Dir ERST DANN zu, wenn die Situation in Deinem Leben dazu passt, nicht eher und nicht später! Hierbei handelt es sich um eine *energetische* Anziehung. Es kann sein, dass Nieren- und/oder Gallensteine hier in Verbindung auftreten.

Wenn bereits **Kinder** Zecken haben, wisst ihr nun warum → sie sind am Ende ihrer Kraft.

Brust/Busen – Partnerkonflikte

Einer der häufigsten sog. „Krebs-Sorten" entsteht durch Konflikte mit den **Eltern, Ehe!**-Partnern, den erwachsenen **Kindern** oder sogar **Haustieren** (vorausgesetzt, Du *liebst* dieses **Tier**). Hast Du **sehr verletzende** Worte im Zusammenhang mit einer lieblosen, drohenden oder verächtlichen Stimmlage von Deinen Eltern, Ehepartner oder eigenen Kindern aufgenommen, welche Dich sehr **erschreckt** haben (**Konfliktschock**), kann sich hier Brustkrebs entwickeln, insofern Du gegen diesen Ausspruch **wehrlos** geblieben bist. Es ist ein Satz, der Dich wie ein **Pfeil** mitten **ins Herz** trifft! Brustkrebs fühlt sich brennend an, Herzschmerz inklusive. Achte darauf, boshafte Vorfälle für Dich möglichst **sofort** zu lösen.

Beim Haustier wäre es ein Zwischenfall mit einem Tierarzt, der unvermittelt und lieblos entscheidet, dass Dein Tier eingeschläfert werden muss. Im schlimmsten Fall führt er dies gleich vor Ort aus, ohne, dass Du zur Besinnung kommen kannst.

Burnout/Depression – Entscheidungskonflikte

Wenn Du vor Entscheidungen stehst, diese *zu lange* vor Dir herschiebst und Dich letztlich davor drückst, kann sich daraus eine *Depression* oder ein *Burnout* entwickeln. Die Depression zielt in den *privaten* Bereich (verlasse ich den Partner oder nicht) und das Burnout in den *beruflichen* (wechsele ich die Arbeitsstelle, den Studienplatz oder nicht). Spürst Du tiefe Hoffnungslosigkeit im privaten **und** beruflichen Bereich, ist es möglich, dass Dein Körper aussetzt.

Liebst Du Deinen Mann sehr und er übt einen **gefährlichen** Beruf aus, kann es passieren, dass Du Deine tiefe Liebe zu ihm verschließt, damit Du es überleben kannst, falls ihm etwas zustößt. Hier gibt es, falls es Dich (über viele Jahre) betrifft, (starke) Altkotablösungen aufgrund der *unterschwellig* festsitzenden, übermächtigen Angst. Du hättest ihm davon erzählen sollen, denn so ein Sachverhalt deprimiert und nimmt Dir Lebensfreude.

Ziehst Du mit Deiner Familie um und ein Teil davon möchte den Umzug **nicht**, kann es zu Depressionen kommen. „Überfährst" Du **Kinder**, egal wie alt, mit wichtigen Planungen und Entscheidungen ihr Lebensumfeld betreffend (stellst sie vor *vollendete* Tatsachen), wirst Du in Bezug auf die _Gesundheit des Kindes_ Folgen erleben müssen. Werden Kinder gut in die Planung und Vorfreude einbezogen, indem Du ihnen gewichtige Fragen stellst und Hilfe anbietest, sollten sie von Konsequenzen verschont bleiben. In dem Zusammenhang: Es ist wichtig, bei der _Einrichtung_ von Kinderzimmern die Kinder (ab **2** Jahre) in Bezug auf Möbel und deren Aufstellung mitbestimmen zu lassen (Wohlgefühl in den *eigenen* vier Wänden).

Die sogenannte „Wochenbettdepression" tritt dann ein, wenn sich die frischgebackene Mama vollkommen unklar ist, wie das Leben nach der Geburt weitergehen soll. Sie fürchtet sich davor, mit ihrem Säugling in _Eigenverantwortung_ aus dem Krankenhaus nach Hause zu gehen. Sie fühlt sich alleingelassen.

Charakter – Persönlichkeitsentwicklungskonflikte

Gier, Neid, Eifersucht, Gehässigkeit, Missgunst sind erlernte Charaktereigenschaften. Empfundener **Mangel** an Macht, Eigentum/Besitz, Geld, Schönheit, Erfolg usw. erzeugen diese *bedenklichen* Charaktereigenschaften, die Dir persönlich *mehr Schaden* als Nutzen bringen. **Choleriker** haben **Enttäuschungskonflikte**. Du bist in Deinem Leben von klein auf durch Deine Familie **so oft** enttäuscht worden, dass Du am liebsten nur noch herumbrüllen würdest. Du gehst Sportarten nach, die Dich auspowern, damit das ganze Adrenalin einen Kanal erhält. Zu Dir gehört die „**Borderline**-Persönlichkeitsstörung" und Du reagierst *empfindlich* auf Worte wie: „dauernd, immer, schon wieder, ewig" sowie auf *vorwurfsvolle* Andeutungen. Man muss Dir **klare, eindeutige** Formulierungen zukommen lassen, denn *Doppeldeutigkeiten* erzeugen Unsicherheit. Ein Bedürfnis, das Dir gegenüber geäußert wird, kannst Du besser nachvollziehen, wenn **Gefühle** dazu mitgeteilt werden. Gemeinheiten, Zorn, Verbitterung und Wut beziehen sich **auf Deine** _unerfüllten_ Bedürfnisse. Es handelt sich praktisch **NIE** um die Person, der Du die _Verantwortung_ für Deine eigenen gefühlten Schmerzen überträgst. Du bist leider **unfähig**, hinter Deinen Gefühlen ein **Bedürfnis** wahrzunehmen und zuzuordnen. Du bist in der Kindheit **unter 7 Jahren** in Deinem Elternhaus definitiv **stark beschädigt** worden und hast ein „Nähe-Distanz-Problem". Das bedeutet, dass Du fortgeschickt wurdest, als Du dringend Nähe brauchtest. Über die Temperamente **Sanguiniker** _und_ **Phlegmatiker** weiß ich, dass es sich um **Wunschkinder** handelt. Sie sind eher unspektakulär und die entsprechenden Mütter haben eine sehr langweilige Schwangerschaft verlebt.

Der **Melancholiker** hat einen **Vergangenheitskonflikt.** Du bist so melancholisch, weil Du Dich an den (eher _wenigen,)_ schönen Dingen aus Deiner Vergangenheit festhältst, die vermeintlich nicht wiederkommen können. Dies sind in der Regel Erlebnisse _außerhalb_ des Elternhauses, wie Ferienlager. Auch hier gab es im Elternhaus **schwerwiegende Zwischenfälle** im Alter **unter 7 Jahren!** Melancholie ist in aller Regel ein Dauerliebeskummer, welcher durch Mutlosigkeit aufgrund der kindheitlichen Beschädigungen entstanden ist!

Legastheniker* haben einen **Selbstaufgabenkonflikt.** Du lernst schwer, weil Dir niemand die Gelegenheit dazu gegeben hat, richtig **selbständig** zu sein. Dir wurde zu viel abgenommen und erleichtert. Du hast (durch Überbehütung) _nicht_ gelernt, Dich anstrengen zu müssen.

*_Lese- und Rechtschreibstörung_

Diabetes – Selbstvorwurfskonflikte

Sehnsucht nach dem, was _gewesen sein könnte_ – Du lebst in einer vorwurfsvollen Vergangenheit und hast ein großes Bedürfnis nach _gütiger_ Kontrolle (dass es Kindern und Enkeln gut geht, kannst sie aber _nicht immer_ beschützen). Es wohnt ein **tiefer Kummer** in Dir, weil Du vielleicht sogar ein **Kind, Geschwister** oder ein _Dir liebgewonnenes_

Schwiegerkind beerdigen musstest, das **von Dir** gegangen ist. Das Leben hat nichts Süßes mehr, was bedeutet: Dein Leben hat an Süße verloren, es gibt (viel zu) wenig Freude. Hier wird es zutreffend sein, dass Du Deine Kinder nicht immer angemessen behandelt, ihnen vielleicht auch Unrecht zugefügt hast. Du bereust dies sehr und warst bis heute nicht in der Lage, Dich zu **entschuldigen**. Wenn Du **das** fertig bringst, **wirst Du FREI sein** von Deiner Diabetes, egal wie schlimm sie schon ist! Auch mache Dich frei von Gedanken, dass Du jemanden hättest retten müssen. Es war Dir unmöglich und Du bist schuldlos. Jeder Mensch ist dabei eigenverantwortlich, wenn es um *sein* Leben und *seinen* Tod geht.

Haben bereits **Kinder Diabetes** und müssen sich spritzen, dann hat derjenige mit **angesehen**, wie seine Mutti **verprügelt** wurde! Du wirst ein *romantischer* Mensch sein (künstlerisch und sprachbegabt), aber zu **schwach**, um anderen zu helfen. Es sind immer **Jungs! Mädchen** *bekämen von solchen Zwischenfällen* **Blasen**probleme! Lese bitte dort.

Drehschwindel – Durchdrehkonflikte

Drehschwindel entsteht durch flüchtige, zerstreute Gedanken, einer Weigerung, der Realität ins Auge zu blicken, und des Gefühls, seines Lebens nicht (mehr) sicher zu sein! Die Annahme, dass es sich um den *Heilprozess* nach einem Sturz oder Unfall handelt, bei dem Du *umgekippt* bist oder Dich *überschlagen* hast, blieb mir unbestätigt. Hier ist es so, dass Du nach einem **nervenaufreibenden Gespräch** mit einem oder mehreren Familienmitglied(ern) **durchdrehst** und Dir *keinen Rat* mehr weißt. Es ist ein unüberwindbarer Vorfall, der Dein Leben verändert. Anstatt ENDLICH die **Wahrheit** über frühere Geschehnisse **aufzudecken**, hüllst Du Dich in **Schweigen** und wirst hart bestraft. Der Drehschwindel lässt Dich immer weiter durchdrehen, Du wirst dadurch fallen und könntest Dich lebensgefährlich verletzen. Drehschwindel zeigt sich ebenso, wenn Du Dir über **eine Sache** so viele verwirrende Gedanken machst (unzuordnendes Durcheinander), weil Du nicht richtig Bescheid weißt, was und wie Du darüber denken sollst und/oder wie Du aus einer Sache, in die Du unbescholten hineingeraten bist, wieder heil herauskommen sollst. Der Drehschwindel beweist Dir Deine **wahrhafte** Unschuld!

Zum Handy/Telefon gibt es ebenso den Nebeneffekt des Durchdrehens, sollte es **zu häufig** klingeln: Das Klingelzeichen kann bei Übermaß <u>im Ohr verbleiben</u>. Du hörst es, obwohl es nicht mehr klingelt, auch nachts. Dies ist der Beginn eines Durchdrehkonflikts aufgrund von Stalking oder eines allgemeinen Übermaßes an Anrufen (Megastress, der starke Angst verursacht). Kleiner Nebenhinweis: Bist Du Vieltelefonierer, gibt es für Dich Mitesser auf den Ohrläppchen und in den Ohrmuscheln, wenn sich die Person am anderen Ende der Leitung ungebührlich benimmt, inklusive Lügen, welchen Du **nicht** wehrhaft genug entgegen wirkst (Beschmutzung).

Zu einem **Durchdrehkonflikt** kann es ebenso kommen, wenn das Schwiegerkind *intrigant* einen Keil zwischen den Partner und seine Eltern bzw. ein Elternteil treibt, weil das Verhältnis <u>beneidenswert</u> ist. Hier kann es sogar dazu führen, dass Eltern sich aufgrund dessen das Leben nehmen oder sterben, wenn das Kind der eigentliche Lebenszweck ist. Für die meisten ist sicherlich vorstellbar, **wie sehr** insbesondere Mütter, die ihr Kind innig **lieben**, darunter leiden.

Ist das Band der Mutterliebe <u>zum Sohn</u> durch Intrigen, Rache und Boshaftigkeit zerrissen, verschwindet die *sichtbare Mutterliebe* in Form der Schönheit aus den Gesichtszügen des erwachsenen Sohnes. Die Schönheit kommt erst dann zu ihm zurück, wenn er eine gütige Frau gefunden hat, die ihn so liebt, wie er ist, *inklusive* der ursprünglichen Liebe zu seiner Mutter. Dies kann auch die *bestehende* Frau sein, welche durch das Buch **gesundet**.

Einen leichten Drehschwindel kann es auch geben, *nachdem* Konflikte in der Liebe gelöst wurden. Dieser verschwindet kurze Zeit später wieder.

Epilepsie – Gerechtigkeitskonflikt

Wenn Kinder spüren, dass sie ihren Geschwistern gegenüber von den Eltern *ungerechterweise* stark bevorzugt werden, kommt es zu **Epilepsie**. Sie sehen nicht, *warum* sie besser sein sollen als ihre Geschwister und wollen diese Bevorzugung gar nicht bzw. hätten eine Gleichbehandlung durch die Eltern aller Geschwisterkinder viel lieber. Frei äußern können sie sich dazu aufgrund vorherrschender, bis eisiger Strenge jedoch nicht. Dies trifft Familien, wo Mädchen *wesentlich weniger* gefördert werden als Jungen oder andersherum. Diese *gerechtigkeitsbezogenen* Kinder vermitteln ihren Eltern mit ihren Anfällen: *„Hier schaut, ich bin nicht besser, sondern schlimmer als meine Geschwister. Lasst mich links liegen und kümmert euch endlich auch gebührend um SIE!!!"*
Das ist ein wahnsinnig intelligentes Kind mit einer überaus *hohen* sozialen Kompetenz, welches dieses Verhalten an den Tag legt.

Tyrannische Frauen, die immer nur fordern, über viele Dinge in der Familie machtvoll bestimmen (wollen), sich verletzend und respektlos gegenüber ihren eigenen (erwachsenen) Kindern verhalten, werden im Leben hart bestraft. Oft verlieren sie ihr(e) Kind(er) vor der Zeit an den Tod und müssen selbst noch lange qualvoll weiterleben. Manchmal erblinden diese Frauen, in jedem Fall haben sie starke Augenleiden, wie die Makuladegeneration. Hier gibt es einen starken Selbstwertkonflikt. Sie stammen aus gutbürgerlichem Haus, wurden jedoch gegenüber männlichen Geschwistern in Bezug auf Hobbys, Förderung der Talente und Ausbildung verletzend stark benachteiligt. Dies zieht eine Härte nach sich, die nicht einmal ein geliebtes Enkelkind vollständig auflösen kann. Solche Frauen sind Schwestern von Brüdern mit Epilepsie, *wenn* der Bruder die Schwester(n) sehr liebt. **Die Mutter** einer solchen Frau war wiederum selbst als junges Mädchen starken Schicksalsschlägen unterworfen und vereiste davon in ihren Gefühlen. Alles setzt sich bitter fort.

Essstörungen – Bulimie – Konflikt des Entsetzens

Menschen mit Bulimie spüren ein hoffnungsloses Entsetzen und beginnen sich, nach einer sogenannten <u>Hiobsbotschaft</u>*, selbst zu hassen. Dies ist in aller Regel die Mitteilung Deiner Eltern, dass sie sich trennen **werden**. Voraussetzung für eine Essstörung ist, dass Du als Kind _vollkommen ahnungslos_ warst, dass in Deiner Familie etwas nicht stimmt oder es jemals möglich wäre, dass diese zerbricht. Ein furchtbarer Schock, mit der Folge zwanghafter Essstörungen und dauerhafter Appetitlosigkeit in der Folgezeit zeigen Dir ein **immer** egal werdenderes Lebens an!

*_Eine Hiobsbotschaft ist eine Nachricht mit niederschmetterndem, katastrophalem Inhalt._

Finger (Hände, Fingernägel) – Ermahnungs- oder Warnkonflikte

Einzelne, sich **versteifende** oder **schief** werdende Finger sollen Dich ermahnen. Versteift sich z. B. der Mittelfinger Deiner linken Hand, wolltest Du Deinen Partner in Bezug auf euer Intimleben schelten, hast es jedoch unterlassen. Hüftprobleme gehören früher oder später zu Dir. (Die _linke_ Seite ist Deine <u>Herzseite</u>, der Mittelfinger steht für Wut und Sexualität.) Ein schiefer, linker Mittelfinger (bei dem sich der obere Teil mehr _nach links_ neigt) entsteht, wenn Du selbst im Wandel bezüglich Deiner Beziehung bist und Dich aufgrund empfundenem Zärtlichkeitsmangels entfernst. Eingerissene <u>Mittelfinger</u>kuppen (beide) bekommt ein Mann, der betrogen wurde und es herausfand. Die Sexualität wurde sinnbildlich „gespalten".
Eingerissene Daumenkuppen sind ein **Selbstbestrafungskonflikt**. Der Daumen steht für Intellekt und Sorge. Du möchtest Dich hier für etwas bestrafen, wo Du _vermeintlich_ **nicht** effektiv **handlungsfähig** gewesen bist. Dies trifft _verantwortungsvolle_ Menschen, die (z. B. im

Rettungsdienst) bestimmte Geschehnisse nicht gut verarbeitet haben und sich nach einem Einsatz *unterbewusst* die **Schuld** des Versagens geben → ich konnte den Menschen/das Tier mit <u>meinen Fingern/Händen</u> **nicht** retten! Es trifft genauso Ärzte mit bestimmten Kompetenzen, wie *beispielsweise* Chirurgen. Dasselbe gilt für Angehörige, die ihre Verwandten **pflegen** und **Sterbebegleitung** machen. Gibst Du Dir die <u>Schuld</u> für das Ableben, weil Du nichts (mehr) tun konntest, wirst Du eingerissene Daumenkuppen haben. Einrisse treffen ebenso andere Finger, z. B. wie oben genannt, den mittleren, wenn es um intime Sachverhalte geht.

Viele Rettungskräfte denken, sie hätten Probleme mit den verwendeten Schutzhandschuhen oder vom Radfahren in der Kälte oder, oder, aber der **wahre** Grund ist ein **Konflikt!** Löse es auf und die *schmerzhaften* Kuppen (egal, wie lange das besteht) heilen binnen weniger Tage zu.

Eingerissene/gespaltene Fingernägel zeigen Dir an, dass Du Dich innerlich vollkommen **schutzlos** fühlst, denn Nägel stehen für Schutz.

Wächst die **Nagelhaut** zu und ist der **Nagelmond** nicht mehr sichtbar, dann ist das ein **Konflikt der Selbstaufgabe.** Du hast Dich, umso weiter die Haut den Nagel *hinaufwächst*, immer mehr aufgegeben (Nagelmond verschwindet). Das nennt man *Defätismus*. Dazu gehört, dass Du z. B. eine schwache Konstitution hast, nicht *besonders gut* schwimmen oder sonst irgendeinen Sport *richtig gut* ausüben kannst. Du hast Angst, Radschlag zu erlernen, und gibst *schnell* auf, wenn etwas *nicht gleich* funktioniert.

KALTE Hände zeigen *begründete* ANGST vor einem noch eintretenden Ereignis an.

Kaust und **knabberst** Du an Deinen Fingernägeln, hast Du eine **Frustration.** Du nagst „das Selbst" ab und trotzt einem Elternteil. Du fühlst *unterschwellig*, dass mit *Deinen* Eltern plötzlich irgendetwas nicht mehr stimmt. Es gibt einen *(unsichtbaren)* Eindringling – Mutti oder Vati haben sich neu verliebt und es besteht **Gefahr,** dass derjenige Elternteil die Familie verlässt, die doch immer so gut funktioniert hat! Kaust Du als Erwachsener stark am Daumennagel (der für Intellekt & Sorge steht), ist es so, dass Du um die Sicherheit Deines eigenen Kindes fürchtest.

Knabberst Du als Erwachsener an **allen** Nägeln, dann zeigt es Deine Verzweiflung über Deine Partnerschaft/eingegangene Ehe. Jeder Finger hat eine Bedeutung, von Sorge/Intellekt, über Ego/Angst, Vereinigungen/Trauer, Familie/Rollenspiel und Wut/Sexualität. Die Frustrationskonflikte **überlagern** einander – deshalb hast Du erst dann alle aufgelöst, wenn Du tatsächlich ganz von selbst aufhörst, an den Nägeln zu knabbern.

Quer- und Längsrillen in den Fingernägeln zeigen an, wie Du Dein Leben gestaltest:

Querrillen bedeuten, dass sich die Lebenszeit für Dich hinzieht wie Kaugummi. Du bist oft einsam und das nicht gerne. Du fühlst immer mehr *Langeweile* und immer *weniger* Freude. Das ist ein **Sinnlosigkeitskonflikt**.

Längsrillen bedeuten, Du wünschst, Dein Leben würde *schneller* vorangehen, Dinge sollen *schneller* eintreten, die Du *endlich* erleben möchtest! Das kann ein Kind/Enkelkind, eine neue Liebe, mehr Erfüllung in Deinem Leben durch *bisher unterdrückte* Bedürfnisse sein. Es ist ein **Ungeduldskonflikt**.

Jetzt werden Deine Nägel in der nächsten Zeit wieder **glatt** und gesund, denn Du hast **ERKANNT**, was der *Grund* von den stattgefundenen Veränderungen ist. Tritt etwas Neues auf, musst Du erneut lösen. So ist es bei allen Konflikten.

Weiße Flecken auf den **Fingernägeln** zeigen, dass Du die Krallen ausfährst. Es ist ähnlich wie bei den weißen Flecken auf den *Zähnen*: Du **musst** Dich **wehren**, sonst wirst Du *untergebuttert*! Die Flecken gelten als Warnung an die Umwelt! Lese mehr dazu unter dem Thema Zähne.

Allgemeingültig zu **Händen** ist, dass Männer mit langen, schmalen Fingern und schmalen Daumen (oft auch schmalen Nasen) *feminine* Züge haben, welche durch den starken Einfluss der *Mutter* entstehen. (Dies muss *nicht* zwingend *positiv* gewesen sein.) Andersherum verhält es sich bei Frauen mit eher *markanten* Fingern und Daumen. Hier drückt es etwas Maskulines aus. Jetzt, wo ihr das *wisst*, werdet ihr die Fingerformen erhalten, die zu euch passen.

Füße, Knie, Beine – u. a. Hallux Valgus/ Hornhaut/Krampfadern – Zukunftskonflikte

Ein Mensch mit Zukunftskonflikten zieht sich **Verletzungen** oder **Verformungen** zu. Hallux Valgus, das im Volksmund genannte **Überbein**, tritt ein, wenn Du seit **langem** Schwierigkeiten mit Deinem Partner hast und <u>über viele Jahre</u> *unschlüssig* bleibst, ob Du ihn verlassen solltest oder nicht. Hier steht das **rechte** Überbein für den *Partner* und das **linke** für *Dich* selbst – je nachdem, wo sich der Hallux zeigt, wird die *Unentschlossenheit* angemahnt. Erst <u>nach ca. 10 Jahren</u> der *Entscheidungsunsicherheit* beginnt diese Verformung! Es zeigt sich an *dem* Partner, den es **stört**, dass der andere nicht endlich eine Entscheidung trifft und natürlich, wenn es Dich **selbst** stört, dass DU keine Entscheidung triffst, an Dir selbst. Es ist also möglich, dass sich der Hallux links **und** rechts bildet.

Falls Du noch bei *Deinen Eltern* wohnst, möchtest jedoch *eigentlich* alleine leben bzw. Dir ein *eigenes* Leben aufbauen, dann bleibst Du *nur aus Rücksichtnahme* zu Hause. Dir wird diese *Unentschiedenheit* an Deinem **linken** Überbein angezeigt. Das **linke** Überbein wird *auch* entstehen, wenn Du Dein **erwachsenes** Kind (ab 14 Jahre) innerlich verlassen hast. Hierbei gab es große Enttäuschungen über dessen Entwicklung. Bei mehreren Kindern wirst Du selbst wissen, wie Du das zuordnest.

Die **2. Variante** zu diesem Problem sind die **Knie** – je nachdem, ob Du lieber **läufst** oder lieber **sitzt**.

Entweder zeigt es sich am Fuß („Läufer") oder in Form von Knie-Problemen („Sitzer"), dass Du von Deinem Partner oder Kind fortgehen möchtest.

Ein **Fersensporn** entsteht als noch *eindrücklicheres* Merkmal, dass Du Deinem Drang, „am liebsten in Windeseile davonzureiten", **nicht** nachkommst.

Blase reiben/laufen – Überlastungskonflikt

Beim langen Unterwegssein mit Lauf- oder Wanderschuhen kommt es zum Reiben von Blasen <u>ab dem Zeitpunkt</u>, wo Du <u>denkst</u>, Du kannst Deinen *Dir bevorstehenden Rückweg* nicht mehr *ohne* größeren Kraftaufwand schaffen. Es ist praktisch ein <u>Warnzeichen</u>, Deine Kräfte *realistisch* einzuschätzen! Das ist auch der Hintergrund, warum sich Menschen bei „Dauerwanderwegen", wie dem „Jakobsweg" (nach Santiago de Compostela) und dem „Malerweg" (in der Sächsischen Schweiz) ziemlich viele und auch starke Blasen laufen. Bereite den Körper das nächste Mal *mental* darauf vor, z. B. dass es (sehr) lange Strecken werden und ein Heimweg tageweise mitunter *gar nicht möglich* ist. Dann ersparst Du Dir jede Blase an Deinen herausgeforderten Füßen, es sei denn, Du trägst **unpassendes** oder minderwertiges Schuhwerk.

„In neuen Schuhen reibe ich mir zwangsläufig Blasen", ist ein Glaubenssatz, den Du abstellen solltest.

Bist Du mit *Absatzschuhen* unterwegs, geht es eine Weile gut, bis Du plötzlich denkst „Ich werde mir Blasen reiben, wenn ich <u>so weit</u> mit diesen Dingern laufe …", dann geht es los. Zieh an, was Du möchtest, und vertraue, dass Du darin heil bis ans Ziel kommst. Auch: Tanze Dich satt! ❤

Spielst Du Fußball *über* Deine Kräfte hinaus: „<u>Ab jetzt</u> *nervt* es mich, das Spiel könnte zu *Ende* sein", dann *wirst* Du Dir Blasen laufen.

Genauso wirst Du Dir **an** Deinen **Händen** Blasen reiben, wenn Du Dinge tust wie z. B. Gartenarbeit und sie Dir keinen Spaß machen bzw. wenn Du *übertreibst* und Deine Erschöpfung *ignorierst* – <u>ab dem Zeitpunkt</u> **entsteht** eine Blase.

Ebenso kannst Du Dir vorstellen, dass Du Dir **auf der SEELE** Blasen reibst, wenn Du *andauernd* Dinge tust, die Dir <u>keine Freude</u> bringen: Achtung, vor allem bei der Berufswahl.

In diesem Zusammenhang schreibe ich über das **Seitenstechen** als **Erzwingungskonflikt**.

Du hast Dich innerlich aufgeregt *oder gestritten* und dabei Deinen Bauchraum durch *mangelhafte* Atmung verspannt, was sich nun in diesem Stechen zeigt. Wenn Dir Seitenstechen beim <u>Spazieren, Laufen, Joggen</u> passiert, hat Dich jemand oder Du selbst dazu *gezwungen*,

z. B. beim Schulsport oder weil Du vermeintlich abnehmen musst. Du **musstest** etwas tun, was Du *nicht wolltest* und kannst nicht mehr richtig in den Bauchraum hineinatmen.

Unverhältnismäßige **Fußgrößen** im *Verhältnis* zum Körperbau zeigen Deinen Lebensstandard als Kind:
Wer **kleine** Füße hat, musste als Kind eher darben/verzichten – derjenige lebt(e) auf kleinem Fuß.

Wer **große** Füße hat, wurde als Kind verwöhnt/hatte Überfluss – derjenige lebt(e) auf großem Fuß.

Wenn ihr das lest und ihr habt *nicht* die zu eurem Körper *stimmige* Schuhgröße, wird es sein, dass sie sich nun verändert/proportional angleicht.

Wer **Schuh-Einlagen** zur Korrektur der Beinlängen tragen muss, hat als Ursprung keine Hüftprobleme. Der Grund dafür ist, dass die Seite, wo das Bein länger ist, Dir zeigt, wer ungebührlich an Dir herumgezerrt hat (links = Mutter, rechts = Vater). Herumzerren heißt in diesem Zusammenhang das Ausnutzen z. B. der **Arbeitskraft** des eigenen Kindes, so zeitig dies nur möglich war. „Es ist **mein** Kind, damit mache ich, was ich will!" Kein Lebewesen ist Besitz.

Fußverletzungen gibt es, wenn Du „**NULL Bock**" mehr auf die **Zukunft** hast, die sich Dir zeigt. Das bedeutet, Du stehst in einer Situation, die Du **nicht** willst (**Krampfadern** bilden sich hier nach längerer Zeit) und bist nicht in der Lage, Dich daraus zu befreien. Du weißt auch nicht, **wen** Du um Hilfe bitten kannst, und hast nur wenig oder gar kein Vertrauen mehr in die Zukunft.

Krampfadern zeigen ebenso an, wenn Du Dich über einen langen Zeitraum überarbeitet, überlastet und entmutigt fühlst. Hast Du eine **Arbeit**, die Dich **überfordert** (bei der Du **viel laufen** musst), bei der Du denkst, den Aufgaben *nicht komplett* gewachsen zu sein oder dass Du hättest dafür studieren müssen, dann bekommst Du Krampfadern – leider zur Strafe, weil Du aus dieser Situation nicht herausgegangen bist, sondern **unbedingt** durchhalten wolltest, ohne Dir Hilfe zu erbitten.

Meine eigene Geschichte zu Füßen:
Dass ich einen **Unfall** hatte, mit einer starken Verletzung am linken Fuß, zeigte mir, wie sehr meine eigenen *Aggressionen* zum „**Thema X**" **in 2020** bereits angestiegen waren. **Ich konnte mir NICHT mehr vorstellen, in diese Zukunft**, wie sie uns in Aussicht gestellt wird, **weiter vorwärtszugehen.**

Mein zu dem, was die Medien darstellen, komplett gegenteiliges Wissen, ließ in mir die Idee reifen, dieses Buch zu schreiben, welches nun **zwangsläufig alle folgenden Maßnahmen BEENDEN WIRD:**

Mundschutzmaskenpflicht, Ausgangssperre, Besuchsverbote, völlig eingeschränktes Leben (kein Urlaub, kein Wellness, kein Abenteuer = kaum Lebensfreude), Außerkraftsetzung von Grundgesetzen **und** Menschenrechten, die Bedrohung der körperlichen Unversehrtheit, keinerlei Möglichkeiten zur Freizeitgestaltung und Kultur (Theater, Kino, Cafés, Gaststätten, Konzerte, Sportveranstaltungen, u. v. m.), das „Ausfallen" von runden Geburtstagen, Polterabenden, Hochzeiten, anderen großen Festlichkeiten und Jubiläen, wichtigen Events, keine Möglichkeit zur *angemessenen* Verabschiedung von **Verstorbenen**, die Unmenge von Kollateralschäden, welche die Masse der Menschheit, vor allem diejenigen, die im relativen Unwissen über körperlich-seelische Konfliktgeschehen stehen, ereilt hat, die verursachten Todesfälle (durch **Einsamkeit, Sinnlosigkeit**, mitunter mordsmäßige **ANGST**, GLAUBE an Ansteckung, Hypochondertum, privater/geschäftlicher Ruin und Aufgabe/Selbstmord), welche durch *sehr fragwürdige*, dem gesunden Menschenverstand und der Logik *abgehenden* Maßnahmen **verursacht** wurden!
Denkt nach! Alles, was verboten wurde, hat **Dein Lachen** eingefroren, denn Lachen tötet die Furcht! Wenn Menschen das Lachen & die Liebe komplett vergeht, bleiben sie in ihrer Angst sitzen (und sterben).

Eine **Lungenembolie** wird im Übrigen durch extrem starke, ja *übermächtige* Angst mit schlimmen Zukunftsaussichten für sich und die geliebte Familie hervorgerufen (plötzlich einsetzende Luftnot, Drehschwindel, Herzbeschwerden, Brustenge bis zum Kreislaufstillstand mit Bewusstlosigkeit).

Der **Kollaps** (ein Schwächeanfall wie aus dem Nichts, Kreislauf versagt und die Durchblutung des Gehirns ist gestört) ist ebenso eine Folge schweren Durchdrehens.

Findet das, was euch hindert, mit **FREUDE** in die Zukunft zu gehen/ weiterzulaufen. Worauf freut ihr euch **nicht**? Dann habt ihr euren Konflikt im Gangapparat!

Der Schlüssel ist immer:
Tu etwas, kommuniziere, entscheide Dich, bringe DAS, was Dir besonders wichtig ist, voran!
Das ist mein „Frau Holle-Goldmarie-Effekt": Wer fleißig ist, bekommt seinen vollen Lohn und hat Lust auf die ZUKUNFT!

Hornhaut – Unzulänglichkeitskonflikte

Du läufst Dir die **Hacken** wund/ab und kommst nicht voran, Du kommst einfach auf keinen grünen Zweig. Egal, wie viele Füße Du hättest, Du kommst einfach nicht dahin, wo Du gerne hinwillst.
Fußballen – Du möchtest (oder sollst) nach **oben**, z. B. im Beruf oder im gesellschaftlichen Bereich. Du **streckst** Dich und lernst, aber schaffst es einfach nicht, bist gefühlt _ungeeignet_, z. B. eine Führungskraft zu sein. **Löse Dich von DEN Zielen,** die **ungünstig** für Deine Entwicklung sind und nicht zu Deinem Charakter passen: Du musst es niemandem recht machen – Du musst nur _vor DIR selbst_ bestehen. Deine Hornhaut wird verschwinden und mit dem Schuhwerk hat dieses Thema nichts zu tun.

Zehen – Mahnmalkonflikte

Sind Deine **großen Zehen** *unterschiedlich* groß und im Verhältnis zu den anderen Zehen **zu** klein, dann trifft folgender Sachverhalt zu: Ist Dein großer *linker* Zeh kleiner als der nächstfolgende Zeh, bist Du als Kind unter 7 Jahren von Deiner Mutter unrechtmäßig behandelt worden; ist es der *rechte* Zeh, war es der Vater. Umso *kleiner*, desto schlimmer. Hier geht es bis hin zu folternden Maßnahmen, wo die Kinder krankenhausreif und blutig zu Schaden kamen.

Ich nenne es die „Aschenputtel-Symbolik" – es ist nicht das „richtige" Kind – wo Zehen und Ferse **abgehackt** werden. Die betroffenen Menschen haben ebenfalls eine relativ flache Ferse (Rundung ist wenig ausgeprägt). Hier verhält es sich so, dass mindestens die Mutter sich ein Kind des anderslautenden Geschlechts gewünscht hat oder das Kind im Allgemeinen ungewollt war. Hat einer der Elternteile die Missetat(en) des Ehepartners mitbekommen und war *nicht* in der Lage, etwas dagegen zu unternehmen, wird es hier im Alter zu einem starken Tinnitus (siehe dort) auf der Seite des Täters kommen (*wenn* dieses Paar noch zusammen sein sollte). Das bedeutet, die großen Zehen zeigen Dir, wer **nicht** gut zu Dir war. Auch Suchtverhalten ist in diesen Haushalten typisch, vor allem, wenn es zu Misshandlung und Folter kam.

Sind Deine Zehen **insgesamt** sehr **kurz**, hast Du als Kleinkind *aufgegeben*. Sind sie sehr **lang**, hast Du (bis zum Alter von 7 Jahren) *gekämpft*. **Nur** der **große** (Intellekt & Sorge) und der **kleine** (Familie) **Zeh** stehen für die in den Klammern vermerkten Symboliken. Wächst Dein **kleiner Zeh** immer mehr *mit Nagelhaut* zu, wird Deine Familie *gefühlt* immer kleiner. Das kann an Sterbefällen liegen oder daran, dass Du Dich im Stich gelassen fühlst.

Neigt sich *das obere* Glied Deines **rechten, neben** dem großen Zeh liegenden Zehs (Ego & Angst) nach rechts außen, ist Dein Partner leider fremdgegangen. Es muss NICHT Dein aktueller Partner gewesen sein, denn diese Symptomatik bleibt aus vorangegangenen Beziehungen bestehen.

Liegt Dein kleiner **linker** Zeh außen am Knochen *extrem tief* an und ist zudem noch recht kurz, dann wurdest Du von der Mutter auf schlimme Weisen zurückgesetzt. Ist es der **rechte** kleine Zeh, war es der

Vater. Betrifft es beide Zehen, war Deine Kindheit einfach furchtbar, egal, wie Du es aus heutiger Sicht betrachtest. Kinder suchtbehafteter Eltern(teile) sind hier besonders stark betroffen. Hier können Augenprobleme und spätere Höreinschränkungen durch die längst verjährten Erlebnisse inklusive sein.

Ist einer Deiner **kleinen** Zehen zu **dick** (wie aufgeblasen), dann hast Du die Trauer um einen Elternteil, der vor langer Zeit starb, nicht abgearbeitet. Der Zeh zeigt an, dass Du die leidvollen „Trauerrufe" in Dich „hineingeblasen" hast.

Ist Dir ein **Doppelnagel** am kleinen Zeh gewachsen, bedeutet dies: Ich *hatte* keine richtig funktionierende Familie. Ich wurde mehr oder weniger gut versorgt, ansonsten war ich ganz viel auf mich allein gestellt. Der Doppelnagel stellt sich DANN ein, sobald Du in einer guten, liebevolleren **Schwiegerfamilie** angekommen bist. Wie schön, oder? **Jetzt**, wo Du es **weißt**, wird Dein Doppelnagel allerdings wieder **verschwinden**.

Ist einer der ersten Zehen (Ego & Angst) direkt *neben* dem großen Zeh ungewöhnlich lang, wolltest Du Dich von diesem Elternteil besonders bewusst abnabeln. Die Gründe können schlecht (nichts wie weg) oder gut sein (es fällt mir aus Liebe schwer, mich abzunabeln). In die Haut eingewachsene **Fußnägel** (es trifft **immer** den *großen* **Zeh**, der für Intellekt und Sorge steht, so wie eure Daumen) bedeuten, dass Du etwas verbergen bzw. verheimlichen möchtest = **Verbergungskonflikt**. Auch **eingewachsene Haare** (Schambereich, Achseln, Bart, Augenbrauen, Beine) bedeuten dies. Der Körper zeigt Dir: **Etwas darf nicht herauskommen!** Überlege, was das sein kann (Geheimnis/Lüge). Wenn Du das Haar vorher entdeckt hast und es einfach nicht herausbekamst, egal, was Du anstelltest (Pinzette usw.), dann durfte der Sachverhalt möglichst unter KEINEN Umständen herauskommen! Löse den Konflikt auf → das Haar wird sich zeigen und fassen lassen!

Mit **eingewachsenen Fußnägeln** verhält es sich ähnlich – hier ist der Sachverhalt für Dich selbst jedoch noch *gravierender, schmerzvoller und peinlicher*. Finde das in Deinem Unterbewusstsein, was dazugehört, und der Nagel heilt ab.

Die Zehen haben faktisch die gleiche Bedeutung wie die *Finger* (von Louise L. Hay):

Großer Zeh = Intellekt & Sorge, 2. Zeh = Ego & Angst, 3. Zeh: Wut & Sexualität, 4. Zeh: Vereinigungen & Trauer, kleiner Zeh = Familie & Rollenspiel.

Macht Fotos von euren Zehen zum Beweis, denn sie werden sich verändern, da ihr die Mahnung nun erkannt und verstanden habt.

Flüchtlingskonflikte = Friedlosigkeitskonflikte

Keuchhusten, Diphtherie, Tuberkulose (TBC), Typhus, Ruhr und ähnliche schwerwiegende „Krankheiten" werden durch das Leben im **Unfrieden**, innerhalb von Kriegsgeschehen ausgelöst. Die Geschehnisse rings um diese Menschen erzeugen in ihnen **starke Gedanken der Rache** und der **Grausamkeiten**.

Wundert ihr euch, dass Körper aus Kriegsgebieten *völlig anders* reagieren als in *friedliebender* Zivilisation (vom „Krieg" in manchen Familien einmal abgesehen)?

Wundert es euch, dass die Flüchtlinge irgendwelche angeblich „längst ausgerotteten" „Krankheiten" als ihre (aus meiner Sicht) *ganz normalen* Konfliktgeschehen mit zu uns nach Hause bringen??? NICHTS davon ist ansteckend, denn es sind *ausschließlich* die Probleme der *jeweiligen* Personen, die es betrifft, die mit dem Geschehen in der Heimat nicht umgehen, dieses nicht verarbeiten können. Natürlich kommen diese starken Zeichen des Körpers in einer friedliebenden Gegend *nicht* oder *nur sehr selten* vor! **Was** würde jedoch geschehen, wenn hier in Deutschland, Europa oder Amerika wieder **Krieg** wäre; mit Verwundeten, Toten und Waffen, mit Bombeneinschlägen, Schüssen, Alarm und einer kompletten Unsicherheit, den nächsten Tag überhaupt zu erleben? **Das ist unmenschlich und grausam!!** **Das**, was *leider* **fast** ausgerottet wurde, aus unseren Köpfen, ist der gesunde Menschenverstand!

Ich **versichere** euch, alle diese Krankheiten wären in Europa **direkt wieder bei uns**! Der Körper weiß **nichts** von „ausgerotteten Krankheiten". **Er lacht sich darüber tot!** Er reagiert **IMMER** nach seinen biologischen Natur-Gesetzen → je nach Konfliktgeschehen wird er ein Organ anfassen und dann loslegen mit seinem **Warnschuss!** Den Krieg **in euch** macht ihr euch selbst!

Die o.g. Erkrankungen waren auch in Deutschland nach dem 2. Weltkrieg aufgrund der vorherrschenden Konflikte präsent. **Unsere Kinder sind an Keuchhusten gestorben wie die Fliegen!** Neben den Todesangstkonflikten auf der SCHILDDRÜSE werden auch _Darmkonflikte_ sehr aktiv sein, bis hin zum **Darmbluten**: komplett unverdauliche, grausame, für viele Menschen von uns heute **unvorstellbare** Erlebnisse können einfach **nicht verdaut** werden!

Noch einmal:
Nichts wurde ausgerottet – NUR der **Frieden** hat es **erzielt**, dass unsere Körper _solche furchtbaren_ Krankheiten nicht mehr durchstehen müssen!
Geht es dem einen Land _besser_ als einem anderen, können daraus (sehr starke) Neid- und Rachekonflikte entstehen. Diese sind komplett nutzlos und jedes Land schadet letztlich nur sich selbst in der Folge von **Ursache-Wirkung!**

Galle – Wutkonflikte

Gallensteine entstehen durch _Verbitterung_ im Leben, durch harte Gedanken (z.B.: „Wenn der andere nur **tot** wäre, dann hätte ich endlich meine Ruhe!"), durch Verdammen („Bleibt mir alle fern, ich habe euch satt!") und durch Stolz (Eigenschutz).
Wie es auch für die _Bauspeicheldrüse_ gilt: Das Leben ist nicht (mehr) besonders süß!
Menschen mit harten Gedanken verlieren ihre **Strahlkraft**, die Augen (Fenster zur Seele) können nicht mehr richtig leuchten. Bei Gallenleiden kommen dann _gelbliche_ Augen hinzu.
„Ich kann **mir** nicht mehr in die Augen sehen!" „Ich leuchte/brenne nicht mehr für **mich**!"

Treten **Gallensteinen/-gries** bei **jungen** Menschen auf, könnten diese denken: „Wieso bekomme ich Krankheiten, die sonst nur die 70-/80-Jährigen haben?" Die Antwort ist: Ihr musstet schon so viel einstecken an Schimpfe, Strafen, ungerechter Behandlung, dass es sehr früh Gallensteine in euch entstehen ließ. Wie ich oben schrieb: Diese bilden sich durch **Verbitterung** im Leben, durch **harte** Gedanken und Stolz. Man hat euch <u>bis</u> zum 7. Lebensjahr im wehrhaft versuchten Verhalten **gebrochen.**

Kommt ein Säugling mit **Kindergelbsucht** auf die Welt, ist ihm bereits im Mutterleib von allen Geschehnissen *während* der Schwangerschaft <u>die Galle übergelaufen.</u> Dieses Kind wird euch noch andere Anzeichen dafür liefern, wie es bereits im Bauch behandelt wurde. Einen Nachsatz gibt es hier zum Thema **Liebesbrief.** Wer einen schreibt und <u>keine</u> Antwort bekommt, dieser Sache auch nicht nachgeht und aufgibt, wird mit Gallengries versehen. Wer auf einen <u>ehrlichen</u> Liebesbrief *nicht reagiert*, ist ein respektloser Feigling und schadet seiner <u>eigenen</u> Schönheit in der Folgezeit. Erklärungen dazu bekommst Du … (in dem in Arbeit befindlichen Buch: **„Die Rettung der Liebe"**, welches voraussichtlich **2022** erscheinen wird).

Gebärmutter, Eierstöcke, Wechseljahre – Akzeptanzkonflikte

Bekommen schon Mädchen *unter 10 Jahren* die **Menstruation**, ist das eher <u>ungewöhnlich.</u> Hier gibt es die Begleiterscheinung, dass sich die Haut rötet und juckt, weil *vermeintlich* zu viele Hormone produziert werden. <u>Leider sage ich euch:</u> Es gibt hier **nur einen einzigen Grund** (welchen **ich** aus Konfliktlösungen KENNE) – dieses kleine Mädchen ist viel **zu früh** von einem Mann eindeutig zu <u>sexuellen Handlungen</u> *aufgefordert* worden und war doch stark genug, sich dagegen zu wehren, oder die Handlung ist *unterbrochen* worden, bevor Schlimmeres geschehen konnte, weil (glücklicherweise!) jemand hinzukam. Hier befindet sich der Täter oft im **blutsverwandten** Familienkreis (z. B. Onkel/Großonkel, Cousin/Großcousin). Das Kind MUSS diesen Täter zumindest bereits kennen und ihm vertrauen. **Diese**

rötlichen Hautstellen werden sich später zu einer *ausgewachsenen* **Neurodermitis** ausweiten (hierbei ein **Selbst**ablehnungskonflikt) und diese Mädchen, die so etwas trifft, wollen möglichst lange am liebsten „ein Baby" sein oder bleiben → behütet und geschützt! Mit **Vorsicht** ist hier zu sagen, dass Täter im Teenageralter (unter 14) entweder etwas *ausprobieren* wollten oder das Mädchen aus ihrer Verwandtschaft **tatsächlich** lieben.

Weil z. B. „Geschwisterliebe" verpönt ist und dies eine Menge Ärger nach sich ziehen kann, schlägt es nach einer intimen (vielleicht sogar von Beiden schön empfundenen) Handlung ins **Gegenteil** um und man versucht, dem Anderen Dinge anzutun, damit er einen hasst. Das ist der einzige Weg. DIESE Mädchen wollen „**RAUS aus IHRER Haut**". Sie häuten sich stetig unter Qualen wie eine Schlange, und werden doch NIE eine andere sein (nämlich *keine* Nichtverwandte!). Deswegen hört das auch nicht von alleine auf (**Scham**konflikt)! Jeder, der verschont blieb, hat keine Ahnung, wie **drastisch** so eine **starke Neurodermitis** ist. Ich habe es mehrfach gesehen und mir ist ÜBERHAUPT NICHT KLAR, wie diese tapferen Menschen DAS überhaupt aushalten! War die 1. Liebe der Bruder, kann das Mädchen keinen anderen Mann mehr lieben. Das ist ein erbarmungsloses Naturgesetz! Hinzu kommen *kleine, fast durchsichtige Warzen* an der Außenseite des **Zeigefingers** und am unteren Handballen, manchmal auf den Knöcheln. Der Zeigefinger **mahnt** und der junge Mensch wäre praktisch *kampfbereit*, wenn der andere *wehrlos genug* ist (z. B. im Rollstuhl sitzt). **ACHTUNG:** Zum Sachverhalt der *unnatürlichen* 1. Liebe zählt ebenso: Verlieben sich *kleine Mädchen* (ab 4 Jahren) in ältere, freundlich-starke Männer (ab 14 Jahre, meist aus dem engeren Umfeld), suchen sie nach einem **Beschützer** VOR ihrem Elternhaus. Auch diese Liebe vergeht ohne Konfliktlösung nicht!

Bräunliche Haut im Schambereich zeigt *Unterwürfigkeit* an (siehe auch unter „Halsbräune"). Du kannst Deine eigenen Bedürfnisse *nicht klar* äußern und lässt Dir im sexuellen Bereich *zu viel* gefallen.

Gebärmutterleiden – Mutterliebekonflikt

Musste man Dir die Gebärmutter herausnehmen, hast Du **aufgegeben**, schwerwiegende Konflikte mit Deiner Mutter zu lösen. Hast Du nach einer Konfliktlösung, bei der es um Geschwister oder Halbgeschwister ging, starke Schmerzen in der Gebärmutter, beweist es, dass Du diesem Kind durch einen Ausspruch von Dir bereits im Mutterleib einen großen Schaden zugefügt hast (und damit auch Dir selbst). Quintessenz hierbei ist meist: „Mutti, ich will dieses Kind da drin **nicht** haben, weil …" Dies erzeugt von Anbeginn unterbewusste Rachekonflikte seitens dieses ungeborenen Geschwisterkinds in Deine Richtung, solange, bis der Konflikt zwischen euch gelöst ist.

Hormone und Mineralhaushalt – Mangelkonflikte

Gefühlsmäßiges Durcheinander in Liebesdingen bringen Deine Hormonproduktion in Unordnung. Bei starker Verliebtheit bleibt zum Beispiel das Hormon Gestagen unproduziert und es kann zu Menstruationsstörungen kommen. Bestimmte Mineralmängel in Deinem Körper sind ebenfalls auf beunruhigende Zustände in Deinem Alltag zurückzuführen.

Myom – Nutzlosigkeitskonflikt

Solch ein Gewächs entsteht, *nachdem* Deine Mutter Dir **offenbarte**, dass sie Dich **nie geliebt** hat und Dich **niemals haben** wollte. Deine Gebärmutter zeigt Dir mit dem Myom: Du warst nur ein nutzloses Gewächs im Bauch Deiner Mutter. Es ist ein Beweis der Wahrheit von Mutters Worten. Weißt Du nicht, dass Du eines hast, kann es durch die Konfliktlösungen dazu kommen, dass es aufgeht. Das bedeutet, Du wirst 4–5 Tage relativ stark bluten und die Haut des Myoms wird ebenso in Fetzen abgestoßen. Bleibe ganz ruhig – Du bist NIE in Lebensgefahr. Es blutet aus, benutze Tampons, stelle Dich auf kurze Wechsel ein und VERTRAUE. Ich habe es selbst erlebt, es geht alles bestens ab.

Nesselsucht – Selbstablehnung: Konflikt der Unzulänglichkeit
Quaddeln, die *nach dem Kratzen* auf juckender Haut entstehen, zeigen Dir, dass Du Dich selbst als *nicht schön genug* für Deinen Partner empfindest. Es ist leider ein **Selbstablehnungskonflikt.**

Unfruchtbarkeit – Fortpflanzungskonflikt
Wenn es keinen Unfall zum Grund hat, bist Du leider eine *stark beschädigte* Frau. Dir hat ein Mann (**ab** 14 Jahre alt) **im Alter unter 7 Jahren** *unfreiwillig* Deine Unschuld genommen. Es muss keine „Verwandtschaft" gewesen sein, es kann jedoch.

Wechseljahre – Ablehnung der Weiblichkeit
Probleme mit den sogenannten Wechseljahren bekommen **nur** diejenigen Frauen, die ihre Weiblichkeit **nicht vollständig** annahmen und sowieso auf ein möglichst schnelles Ende der Menstruationen hofften. Wenn Du diesen Konflikt löst, *kann* es passieren, dass Deine Blutung wieder einsetzt und Du damit zu erneuerter *Schönheit und Anziehungskraft* kommst.
Fazit: Du blühst wieder wie ein Rose!

Zysten an den Eierstöcken – Demütigungsübermaßkonflikt
Diese Erscheinung gibt es von vielen *Demütigungskonflikten* in Deiner Kindheit, die sich gegen Dein Geschlecht gerichtet haben. Harmloses Beispiel: „Alle Weiber sind bescheuert!"
Du wirst es schwer haben, schwanger zu werden, und durch den Schutz, den Du Dir gegen die Außenwelt aufbauen **musstest**, dickleibig sein: „Alle prallen an Dir AB"! Zudem sage ich Dir an dieser Stelle: Wer den **optimalen** Partner an seiner Seite hat, wird stets die optimale **Figur** behalten. Verlässt Dich Deine wunderbare Figur *nach* einem Partnerwechsel, ist das der Beweis für eine Fehlentscheidung. Wenn Du andere nicht (mehr) um *ihr* Glück beneiden musst, **dann** bist Du beim *richtigen* Partner angekommen.
Wurdest Du bösartig in Bezug auf Deinen Busen geärgert, kann es sein, dass dieser überdimensional groß geworden ist.
Bauchhöhlenschwangerschaften sind eine Folge von **vielen** Zysten. Die befruchtete Eizelle findet durch diese „Streckenbehinderungen" nicht den richtigen Weg in die Gebärmutter.

Gehirn – Fluchtkonflikte

Alle psychiatrischen Erkrankungserscheinungen wie Wahnsinn, Durchdrehen, Verfolgungswahn, verrückt werden, *treffen* Menschen, die sinnbildlich auf der FLUCHT sind. Wer sich keinen Ausweg im Leben weiß, aus einer schlimmen Situation zu verschwinden, der wird **verrückt** werden. Für einen Selbstmord reicht der Mut nicht aus. Es ist die Flucht **vor** der Familie, der komplette Rückzug und eine gewaltsame Trennung vom Leben. An Dir wurde(n) *ein oder mehrere gewaltige* Fehler *seitens* für Dein Leben wichtiger Personen **verübt**, die Du nicht verkraften kannst.

Gehirnerschütterung – Aufwachkonflikt
Eine Erschütterung des Gehirns findet in Folge des Erkennens statt, eine ungeheure (manchmal großartige, Dir selbst nicht zugetraute) Sache gemacht zu haben, die Dich selbst in Lebensgefahr brachte. Du bist gerade so davongekommen!

Gehirntumor – Selbstzerstörungskonflikt
Diese Erscheinung gibt es, wenn man sich im Leben **ausgekämpft** hat. Man **kann** einfach **nicht mehr**. Die Gedanken sind *unaufhörlich entzündet* und *erhitzt*. Der Gehirntumor kommt deshalb so gut wie immer bei Krebspatienten vor, insbesondere in Verbindung mit jahrelangen, kampfreichen Leidensgeschichten. Symbolik: Es zerplatzt Dir der Kopf!

Hirnhautentzündung (Meningitis) – Fremdzerstörungskonflikt
Haben Kinder Meningitis, haben sie bereits in ihrem kurzen Leben eine *große* Wut darauf. Ihr Denken ist entzündet und erhitzt! Das vermeintliche Geschwisterkind ist in diesem Fall immer ein **Kuckuckskind**. Es weiß nichts von seiner Lage (wie teils nicht einmal die Eltern) und WILL den Eindringling *(in sein Nest)* unterbewusst über *mentale Signale* wieder LOSwerden.
Es gibt keine Hirnhautentzündung aus dem Grund, bei kühlem Wetter mit nassen Haaren im Freien gewesen zu sein.

Hirninfarkt/Hirnschlag – Gewissenskonflikte

Einen Hirnschlag erleidet der Mensch, der (viele) Menschenleben auf dem Gewissen hat. Dies können Kriegstaten sein, schlimme Verhetzung und *ungerechtfertigte* Verleumdungen (zu ungeprüften Sachverhalten), die (einen) andere(n) Menschen über die Verzweiflung bis in den Tod getrieben haben. Kam es nie zu einer Entschuldigung, kommt es eines Tages zum Hirninfarkt.

Nervenbeschädigung – Selbstbestrafungskonflikt

Klemmst Du Dir einen Nerv ein, ist das *Selbstbestrafung* für eine Deiner Handlungen, die Du im Nachgang als *fehlerhaft* empfindest. Es ist ein Beweis, dass Du *gegen* Dein Gespür gehandelt hast (1. Instinkt). Prüfe, ob Du vielleicht einem Rachegelüst nachgegangen bist. Kannst Du noch etwas wiedergutmachen?

Ohnmacht – Fluchtkonflikte

Dies ist der mächtige Zustand einer kurzfristigen Flucht aus Deiner Angst, vorwiegend um Deinen Partner, aber auch um andere, möglicherweise fremde Menschen (zum Beispiel bei einem Unfall). Du stehst einer Situation ohnmächtig und vollkommen ausgeliefert gegenüber.

Schlaganfall – Reuelosigkeitskonflikt

Hier hält die Person einem Zustand in ihrem Leben nicht mehr stand, so dass Gehirnfunktionen *aussetzen* und ein Schlaganfall die Folge ist. Es ist der **Gegenpart** von PARKINSON (wo ein Mensch **Reue** zeigt)! **Bis** zum Schlaganfall hattet ihr *praktisch die Gelegenheit*, euch bei der Person zu entschuldigen, die ihr **verprügelt** habt. Weil ihr dies jedoch **nie bereut** habt, gab es erst recht keinen Anlass, sich zu entschuldigen. Also war eure Zeit sozusagen *abgelaufen*!

Hier sieht man es am deutlichsten: **Eine AUFRICHTIGE Entschuldigung kann überlebenswichtig sein!**
Ist sie vorgespielt, nützt sie nichts, denn sie zeigt NUR DANN eine körperliche Wirkung, WENN sie ehrlich/aufrichtig IST! Ansonsten geht die Symptomatik/Erkrankung **nicht** zurück = Beweis. Die Seele erkennt JEDE Lüge, auch wenn es Dir *bewusst unklar* ist.

Brutale, sadistisch veranlagte, berechnende Kinder

Solche Kinder habt ihr mit eurer Erziehung **selbst verursacht** – hier rede ich nicht nur von den Eltern, Großeltern und anderen Verwandten, die in der Lage sind, Einfluss auszuüben, sondern von **ALLEN**, die in pädagogischen Berufen arbeiten und nicht menschlich (genug) agieren.

Wie entstehen Menschen, die anderen Menschen (*und* Tieren *und* Pflanzen) **weh tun/sie quälen** können?

„Wie Du mir, so ich Dir." Der Frust muss irgendwo abgelassen werden, und zwar möglichst dort, wobei Du *nicht erneut* zu Schaden kommst. Wer ständig gedemütigt wird, wird entweder ein *kleiner, schwacher* Charakter (wenn das Elternhaus <u>keinen</u> Rückhalt bietet, das heißt, die Demütigungen *innerhalb* des „Nestes" stattfinden) oder ein *starker, fieser* Charakter (wenn das Elternhaus hinter ihm steht und die Demütigungen *außerhalb* des „Nestes" stattfinden; oft sogenannte *Angeber*).

Prädestiniert für Kinder, die geärgert/gemobbt werden, sind unterlegene, eingeschüchterte/schüchterne Kinder, die sich *offensichtlich* alles gefallen lassen, ihren Blick schnell senken und leicht nach vorn geneigt laufen. Es handelt sich häufig um Brillenträger, eher unscheinbare, weniger attraktive Kinder, die oft hören: „Du taugst zu nichts", „Du bist ein Idiot", „Du bist zu allem zu blöd".

Die **Rache** erfolgt *unterbewusst* – manchmal sogar mit *in Brand* setzen der Wohnung (Spielen mit Streichhölzern/Feuerzeug) oder *Überflutung* der Wohnung mit Wasser (Wasser läuft, Handtuch rutscht in Badewanne und verstopft diese). Hier werden <u>riesige negative Energien</u> freigesetzt, welche das Kind tief in sich angestaut hat. Dies geschieht ebenso im Erwachsenenbereich, wenn es zwischen Ehepartnern starke, *unerwartete* Enttäuschungen gab. So kann es dazu kommen, dass Schäden am *gemeinsamen* Haus entstehen (Dach, Fassade, Wände, Strom-/Wasserleitungen) und es sogar passieren kann, falls sich Thermen oder Tanks im Haus oder in dessen Nähe befinden, dass diese explodieren. Vorsicht, wenn Wasserhähne anfangen zu tropfen, Leitungen zur Waschmaschine undicht werden oder es Schäden an Kabeln/Leitungen/Sicherungen und Kurzschlüsse gibt. Ebenso können Dinge aus Glas innerhalb der Wohnung <u>ohne Fremdeinwirkung</u>

einfach zerspringen und in 1.000 Scherben zerfallen, so wie das „Familienglück" (extrem starke Aggressionen – das „Wutfass" im Körper ist übergelaufen). Wen ein Gewitterblitz trifft, der hat sehr schlimme Dinge getan, für die er sich bestraft wissen will. Dies gilt ebenfalls für das weniger schadende, aber auch schmerzvolle Fassen an einen elektrischen Weidezaun. **Alles** hat seine URSACHE!

Achtung, wenn auch <u>sonst</u> *normale* <u>Kinder</u> **kokeln**: Dann ist ihnen im Umfeld großes Unrecht geschehen (z. B. Kritik, die überzogen, nicht gerechtfertigt/ungerecht war). Das muss nicht das Elternhaus sein, da kann alles gut laufen – es kann bei einem Gastgeber in einer fremden Umgebung passieren, der das Kind des Besuches zu Unrecht geschimpft oder gestraft hat. Es gibt hier immer wenigstens eine Übernachtung.

Unterdrückte Kinder können **große** Kräfte freisetzen, wenn sie dazu herausgefordert werden. Haben sich viele Aggressionen angestaut, kann es hier bis zu einem Totschlag führen. Die Angst stellt sich in den Hintergrund und die über (teils JAHRE) **angestaute** Wut bekommt ihren Kanalisationsweg! Bei Beschädigungen von Bekleidung innerhalb des körperlichen Kampfes kann es im Nachgang zu Erpressungen und damit viel Druck kommen, was die Spirale weiter vorantreibt. Wie wahrscheinlich es ist, dass solche Kinder ihre Eltern *vertrauensvoll* in das Geschehen einbinden, könnt ihr euch vorstellen: **nämlich gar nicht.** Rachegelüste verfolgen diese Menschen ewig. Wo auch immer die Gelegenheit kommt, diese freizulassen, geht etwas los! Wenn derjenige Glück hat, *findet* er einen Freund, der nie petzt und der ihm hilft, sich <u>endlich angemessen zu verhalten</u>! Unser *phantastischer, genialer* **DEFA-Regisseur Herman Zschoche** hat dies im schwierigen Jugendfilm **„Insel der Schwäne"** unglaublich beeindruckend verfilmt. Wer versteht, was die Musik-Band bedeutet, hat alles verstanden! **DANKE, hochverehrter Herr Zschoche, sowie <u>ALLEN</u> anderen DEFA-Regisseuren** und **Drehbuchschreibern für eure vielen, wunderbaren Filme** und **Serien! Ich bin <u>unendlich dankbar</u>** und es ist ein **Segen** für die Menschheit, dass es euch **alle** gibt oder gab!

Schlagt ihr eure Kinder, aus welchen Gründen auch immer (*sehr wahrscheinlich* ist, dass ihr ebenfalls geschlagen wurdet), bitte sie um Vergebung und **fangt NEU an!**

Brüllt ihr eure Kinder an, trifft dasselbe zu! → Je nachdem, wie <u>clever</u> euer Kind ist, wird es euch in der nächsten Zeit, **nach** <u>eurem Versprechen, **es NIE** wieder zu tun</u>, mit *seinen* Handlungen **TESTEN**, ob ihr Wort haltet! Seid achtsam, sonst geht ihr in eine **FALLE!** Schlagt oder brüllt ihr sie **DANACH** <u>noch ein einziges Mal</u> an, ist eure 2. Chance <u>auf ewig</u> verwirkt. Dann müsst ihr auf die *Enkelkinder* warten, um euren Schaden auszumerzen.

<u>Verschieden **problematische** Elternhäuser werden **DREI Sorten von Menschen** hervorbringen:</u>

1. Einen schwachen Menschen, der als Erwachsener stetig *das Gefühl hat*, **dass jeder mit ihm machen kann, was er will**, weil er *es nicht lernen <u>durfte</u>*, sich zur Wehr zu setzen. Dieses Kind wird vermutlich eine Kampfsportart erlernen, um sich wenigstens körperlich wehren zu können, *falls* es mal darauf ankommt, und wird als unterbewussten Schutz vor Gefahr einen älteren Partner haben. <u>Deine **1.** Liebe, von der Du *Deinen 1. Kuss* bekamst, wird *mindestens* 4 Jahre **älter** sein.</u>

2. Einen knallharten Menschen, der eiskalt, berechnend und abgebrüht wird, obwohl er sehr viel Potential hat. **Nur so** konnte dieses Kind sein Überleben in dieser Familie sichern.
   Bei diesen Kindern gelingt das Einsperren *nicht immer,* weil sie schon **sehr zeitig** die **Kraft haben**, um sich mit allen Mitteln **loszureißen** – <u>ab ca. 3 Jahren!</u> Du hast ein Kampfgebiss!
   <u>Deine **1.** Liebe, von der Du *Deinen 1. Kuss* bekamst, wird *mindestens* 4 Jahre **älter** sein.</u>

3. Einen gütigen, hilfsbereiten Menschen, dem es sehr schwerfällt, andere zu verletzen (verbal + körperlich!) und zu petzen, der sein Elternhaus **trotz allem** beschützt und nie schlecht macht! Das sind die **erstgeborenen** Kinder, die **ungewollt** waren! Sie sind später mutig und stellen sich vor die Schwächeren (Samaritertum = barmherziges Helfen).
   <u>Deine **1.** Liebe, von der Du *Deinen 1. Kuss* bekamst, wird **genau 1 Jahr älter** sein. Du willst zu ihm aufblicken.</u>
   Dieses Kind wird versuchen, alle **Ursachen** seines Lebens zu erforschen und nie aufgeben. Es ist ein Kämpfer! **<u>Solch einem Kind habt ihr dieses BUCH zu verdanken!</u>**

Wer gerne Kinder **quält**, wird **selbst** gequält. Wer andere Kinder kleinmacht, wird selbst klein gemacht, wer Kinder hässlich findet und beschimpft, findet sich selbst hässlich und lässt sich beschimpfen, *ohne* sich an *passender* Stelle schlagfertig zu wehren. Diese Kinder wurden auf ihrem Weg **gebrochen** – **im und/oder außerhalb** ihres Elternhauses!

Dazu meine Anmerkung: BITTE werdet nur Erzieher/Lehrer, wenn ihr es als **Berufung** empfindet. Andere Menschen sind in diesen **für unseren Nachwuchs extrem wichtigen** Berufen **schädlich**!!!
Wie entstehen bestimmte heldenhafte Berufswünsche, in denen man *Macht über andere* hat oder sogar Waffen tragen darf? Wieso möchte jemand Körper aufschneiden oder Tiere schlachten? Warum quält jemand Tiere, verletzt sie mutwillig? Wer führt in manchen Ländern die Todesstrafe aus? Wie entstehen Hochleistungssportler mit praktisch übermenschlichen Kräften? Denkt darüber nach, was **hier** im Leben unter sieben Jahren geschehen sein **muss**.
Sinn- und liebevolle Regeln und **Konsequenz** sollten in alle Elternhäuser (wieder oder endlich!) einziehen. Gebt den Kindern zwei *Auswahlmöglichkeiten* zum Entscheiden, die euch *beiden* gefallen, egal wofür das Kind sich entscheidet. Druck erzeugt Gegendruck – umso mehr Erwachsene etwas wollen, desto stärker kämpft das Kind, desto *weniger leicht* werden die Erwachsenen zu **ihrem** Ziel kommen.
Vermittelt **wichtige Werte**, wie Demut, Ehrlich- und Aufrichtigkeit → wenn Erwachsene sagen: „Das kann ich nicht", „Das weiß ich nicht", dann **ist** das aufrichtig! Erklärt euren Kindern so genau wie nur möglich, warum ihr ein **Versprechen** (momentan) *nicht* halten könnt oder verschieben müsst. Sie werden es verstehen und verzeihen! Daraus entsteht **kein** Vertrauensbruch!
Werte, wie Höflichkeit, Anstand, Güte, Nachsicht, Pünktlichkeit (*Respekt* gegenüber dem Wartenden!), Disziplin, Zuverlässigkeit, Ordnung, Fleiß, Zuvorkommenheit, Bescheidenheit, Rücksichtnahme, Wertschätzung und Achtung, sind **unheimlich wichtig** für unser menschenwürdiges Zusammenleben!! Dann lebt ihr GERNE miteinander! → Gute Kommunikation in alle Richtungen ist der **Schlüssel**.
Lehrt eure Kinder „**Bitte**" und „**Danke**" zu sagen (Höflichkeitsregeln) und auch *dankbar* zu sein.

Feiert jede Verbesserung! Mit diesem Buch habt ihr alles in der Hand! Feiert euch, feiert das Leben, seid **stolz** auf euch – ihr habt danach eine neue Politur bekommen – **alles NEU**!

Bewertungen wie dick, dünn, hübsch, hässlich, schlau, dumm, sollten immer mehr vernachlässigt werden, denn sie wirken sich beschädigend aus.

Kinder brauchen Spaß, Abenteuer und Selbsterkenntnis!

Lasst eure Kinder toben und durch Pfützen springen, auf Bäume klettern, wild sein und sich austoben. „Born to be wild!" → *Jedes Mal, wenn ein Kind vor einem Smartphone sitzt, stirbt ein Abenteuer auf einem Baum!* Nehmt nach einem Regen Wechselsachen mit nach draußen und Gummistiefel. Hört die Kinder vor Freude quietschen, wenn sie durch die Pfützen flitzen, und **freut euch mit!** Vergesst Gedanken an nasse Sachen und *„schon wieder* Wäsche", die auf euch wartet! EGAL! Von wem soll das Kind denn **Lebensfreude** lernen, wenn *nicht von uns*? Weg vom Fernseher → HINAUS ins eigene Leben!

Lasst eure Kinder selbst machen, lasst sie **ihre** Grenzen testen und ausprobieren, was sie alles schon *alleine* können. Helft **erst dann**, wenn ihr *gefragt* bzw. darum *gebeten* werdet. Dies sollte sowieso unser Grundsatz werden! Lasst sie auf der Wiese Rad schlagen, Purzelbäume machen und „Kullermäggel", ohne an die Grasflecken zu denken! Spielt Verstecken, Gummihopse und Fangen.

Früher konnten Kinder mit sechs Jahren Kartoffeln schälen, mit acht Jahren Braten kochen und backen, mit zwölf Jahren mit dem Lötkolben und anderen Werkzeugen sorgsam und bewusst umgehen, konnten beim Holzhacken ihre Kräfte stärken. Voraussetzung hierbei ist natürlich heutzutage, dass es kein Zwang ist und keine „Kinderarbeit" darstellt. Bei aufrichtigem Interesse solltet ihr die Kinder **alles** ausprobieren lassen und helfen, die Tätigkeiten frühzeitig zu erlernen. **Stolz, Selbstbewusstsein und Eigenständigkeit** werden gefördert, davon abgesehen, dass die Eltern seitens ihrer Kinder höher geachtet werden und bei wichtigen Dingen von ihnen Hilfe erwarten können. Die Natur ist zum Lernen da (siehe DEFA „Das Raubtier") und: **Ich liebe** mutige Jungs!;) Welche Kinder pflücken noch Blumen von einer Sommerwiese zu einem Strauß für ihre Mutti, wer baut noch ein Floß am See, wer macht noch Lagerfeuer mit Kindern und Jugendlichen? Das alles sind leider Seltenheiten geworden. **Schenkt euren Kindern Liebe, Zeit, Zärtlichkeit, Freude & besonders: viel Spaß am Leben!** Gebt euren Kindern **NAMEN**, mit denen sie **gerne** und gut **leben** können! Achtet dabei auf die *Harmonie mit dem Nachnamen*, auch wenn ihr noch nicht wisst, wie ihr verheiratet heißen würdet. NAMEN machen etwas mit Kindern! Sie machen sie „groß" oder „klein" (zum Hänseln geboren!).

Wer Namen lieblos *verfälscht* oder gehässig/lästernd *verhöhnt*, bekommt es auf andere Weise zurück – entweder an sich selbst, oder schlimmer noch, am *eigenen* Kind! Möchtest Du das?

Trägt Dein Kind **denselben Namen**, z. B. wie jemand, der sich in der Öffentlichkeit *daneben* benimmt, kann niemand etwas dafür! Wird Dein Kind oder Du als Elternteil mit *abfälligen* Bemerkungen damit aufgezogen, verlasse Dich auf das Prinzip der **Ursache-Wirkung.** *Namensbedeutungen* werden entweder *erfüllt* oder mit dem Gegenteil in der *jeweiligen Entwicklung* des *Menschen* versehen. → Für den Verursacher gilt: Gehässigkeit wird **immer** bestraft. Die Chance, Dich bei jemandem zu **entschuldigen**, hast Du immer und kannst es direkt HEUTE wiedergutmachen!

Anstatt zu schimpfen, stellt den Kindern *Fragen* wie: „Möchtest Du, dass Dein Zimmer so liederlich ist? Möchtest Du, dass hier alles ringsum in unserem Zuhause schmutzig ist? Möchtest Du, dass das jetzt kaputt geht und wir es in den Müll werfen müssen?" … **Immer besser** *als Vorwürfe und Forderungen* sind **FRAGEN**, die das Kind zum EIGENEN **Nach**denken anregen – auch über die Konsequenzen! Wartet auf die Antwort!

Macht etwas aus euren kleinen Familien, egal, wie ihr selbst aufgewachsen seid – einer muss **ANFANGEN**, einen neuen Familienverbund aufzubauen, **ohne Beschädigung an unseren Kindern.** Nur so kann es in Zukunft Liebe, Achtung, Respekt und Wertschätzung geben. Wenn ihr auf der Welt seid und *denkt*, niemand liebt euch – außer ihr selbst, wie ich hoffe (da die Selbstliebe ein wichtiger Aspekt in der Gesundheit ist und welche ihr durch die Arbeit mit diesem Buch in jedem Fall (zurück)erlangen werdet), dann schafft ihr es mit diesem Verhalten *wenigstens*, dass eure Kinder/Enkel **euch lieben** und **vertrauen** oder euer Neffe, eure Nichte oder wer sonst in euer Leben gehört, falls ihr nicht gänzlich einsam seid.

Wer wirklich **einsam** ist und sich *schlecht* damit fühlt, dem empfehle ich als mildernde Maßnahme: Schaffe Dir ein Haustier an – überlege Dir vorher gut, von welcher Sorte es sein soll, womit Du am besten klarkommst und ob Du es optimal unterbringen **und** versorgen kannst. Ist ein Tier für Dich nicht vorstellbar oder machbar, dann empfehle ich Dir ganz klar ein **Plüschtier** und/oder eine **Puppe**. Gehe in einen Spielzeugladen, schau Dich in den Regalen um, wer dort drin sitzt und **Dein Herz gewinnt**. Dann nimm Dein Portemonnaie und bezahle!;) Dieses Plüschtier kannst Du in den Arm nehmen, *wann immer Du willst*, es knuddeln und küssen, Du kannst mit ihm reden, ihm Dinge erzählen, Du kannst es im Bett neben Dir liegen haben! *Du bist kein Kind mehr?* **NA UND!!?** Es ist **heilsam**! Probiere es aus. Für so etwas *Harmloses* muss sich absolut niemand schämen!

Tollpatsch – Unbeholfenheitskonflikt

Sagt(e) man Dir als Kind oft: „Pass auf, gleich fällst Du hin./Das fällt gleich runter./Alles machst Du kaputt …!", dann wirst Du als Erwachsener *zwangsläufig* ein Tollpatsch werden! Dir werden im Vergleich zu Anderen unverhältnismäßig viele Dinge kaputt gehen, Du wirst Flüssigkeiten verschütten und anderen Schaden verursachen. Vielleicht wirst Du auch oft stolpern oder Dich unbeholfen anstellen. Löse es auf und Du wirst ein sicherer Mensch werden: „Ich bin in der Lage, mich und die Dinge ganz und unbeschädigt zu lassen!"

Verwahrlosung – Resignationskonflikt

Was ist hier passiert? Verwahrloste Menschen sind völlig unfähig, sich Hilfe zu holen. Selbst wenn sie *gesetzlich* ein **Recht** auf Hilfe haben, bringen sie es nicht fertig, zum Sozialamt zu gehen. Der Kreislauf in unserer <u>Gesellschaftsform</u>: **keine Wohnung – keine Arbeit, keine Arbeit – keine Wohnung**, ist hier unglaublich fatal! Es gibt *wunderbare* Menschen, die durch einen Schicksalsschlag und dessen Folgen in diese Situation aufgrund ihrer *einerseits noblen* Charaktereigenschaft, sich *nicht* **auf Kosten des Staates und der Steuerzahler** durchfüttern zu lassen, verwahrlost sind.

<u>Ursache:</u> Abgesehen davon, dass Kinder einen **Verlassenheitskonflikt** erleiden können, wenn sie **unter 7** Jahren „irgendwo" (über Nacht) gelassen werden, wo sie eventuell **nicht einmal freiwillig** sein wollen (weil sie vorher <u>überhaupt nicht gefragt</u> werden), kann es hier über die Jahre ebenso zum Verwahrlosen kommen, wenn diese Kinder ihr späteres Leben nicht in den Griff bekommen. Sie sind unfähig, sich Hilfe zu holen, weil sie als Kleinkind, *selbst wenn sie nach Hilfe schrien*, **keine** bekamen. Deine Kränkung löst sich gleich von Deiner Schilddrüse!

Geschlechtskrankheiten – Schuldkonflikte

Rückspritzer auf der Toilette werden manchmal von Ärzten als *Infektionsquelle* benannt. Dies ist praktisch <u>unmöglich</u>, egal, was da zurückgespritzt kam, auch wenn es fremder Urin ist (falls man gemeinsam eine Toilette benutzte, vor allem *nach* dem Geschlechtsverkehr) oder Reinigungsmittel für Toiletten. **Euch geschieht nichts!** Der passende Konflikt ist ein **Ekelkonflikt**, der im Kopf stattfindet. Du **GLAUBST**, im **Wasser** ist irgendetwas drin, was Dich untenherum beschädigen könnte. Daraufhin kann es passieren, dass Du **Genitalherpes** bekommst. Die Formen davon sind **Syphilis, Tripper/Gonorrhoeae**. Es ist *nichts* übertragbar. Ihr habt euch das, vielleicht <u>auch aus **Schuldgefühlen**</u> bezüglich eines intimen Kontaktes, heraufbeschworen. **AIDS** fällt ebenso in diese Kategorie. → Es **gibt** *keine* ansteckenden *Geschlechtskrankheiten*, so wie es **NULL** Ansteckung auf unserer ganzen, schönen Welt gibt!
Auch gibt es **definitiv** nichts Krankmachendes in irgendeinem See, Meer oder anderen Gewässern.

Nach dem Geschlechtsverkehr auf die Toilette zu gehen, nur „um Keime loszuwerden", ist unsinnig.

Gicht – Schamkonflikte

Gicht entsteht durch Ereignisse, die Dich im Nachgang beschämt haben, wie z. B. die *Beobachtung* einer Straftat, ohne diese zu melden bzw. ohne etwas zu **tun**, hilfreich oder verhindernd *einzugreifen*. Deshalb trifft es hier Hände und/oder Füße! → Du bist *nicht* darauf zugegangen, Du hast Deine Hände und Füße *still* gehalten!

Alle, die Gicht haben, werden jetzt heil. **Wer allerdings neuerlich** *mit diesem Wissen* **eine Straftat begeht** oder **deckt, wird in jedem Fall** (wieder) **Gicht bekommen.**

Wurdest Du als Kind (bis 14 Jahre) **gezwungen**, unrechte oder Dir unangemessene Dinge zu tun, welche Dir wie Diebstahl *vorkamen*, hast Du Dir leider diesen Schamkonflikt ebenso zugezogen.

Dinge, wie Grabraub und unberechtigte Wegnahme aus dem Besitz von Verstorbenen, werden selbstredend besonders hart bestraft (stark ausgeprägte Form von Gicht).

Das **Raynaud-Syndrom** (Morbus Raynaud) ist eine schwerere Form von Gicht – sie tritt auf, wenn Kinder unter 7 Jahren für die Eltern Dinge tun mussten, die sich wie Stehlen anfühlten oder welche die Kinder sehr geekelt haben (z. B. Gebiss aufheben, fremde Kippen aus kalter Zigarettenasche sammeln, die vom Vater dann weiter geraucht wurden, und ähnliche Dinge).

Haare/Glatze – Stresskonflikte

Denkt ihr, dass es normal ist, wenn euch am Tag *soundso* viele Haare ausfallen? Dass Haare ausgehen, ist zusätzlich ein Schönheits-**Verlustkonflikt**. Ihr steht vor dem Spiegel, schaut euch an, vergleicht euch mit anderen (auch Kinder tun das schon), sucht Makel und denkt *unterbewusst*: „Ich verliere jeden Tag etwas von meiner Schönheit" *(was sogar stimmen kann, siehe unten).* Daraufhin verabschieden sich *jeden Tag* gesunde Haare von euch. Entdeckt eure eigene Schönheit (wieder) und eure Haare werden **bei euch** bleiben. Kindern, die sich selbst schön finden und denen der ganze Sachverhalt unbekannt ist, fallen *überhaupt keine* Haare aus!

Haben Säuglinge eine *starke Körperbehaarung*, kann es mit der Jahreszeit zusammenhängen, in der sie geboren werden, wenn die Mutti schnell friert. Diese Behaarung verschwindet mit der Zeit von selbst. Falls dies **nicht** der Fall ist, handelt es sich um einen Konflikt im Mutterleib. Das Kind zeigt der Mutter, dass sie den Babybauch zu wenig beachtet und gestreichelt hat, sondern *lieber mit dem Haustier* geschmust, welches befellt ist. Das Kind denkt, **wenn** ich mir ein **Fell** zulege, werde ich **endlich** auch beachtet und gestreichelt.

Einen ähnlichen Konflikt gibt es um die Brustwarzen herum, wenn Dein Partner euer Haustier mehr streichelt und beachtet als Dich. Für Frauen ist Brustbehaarung ein schwerwiegender Einschnitt. Bei Männern zeigt sich das Streichel- und „Kraul-"Bedürfnis an der Behaarung des Oberkörpers. Gefällt es Dir, bleibt es bestehen.

Wem sich die langen Haare spalten, der betreibt durch seinen (in der Kindheit **bis 7** Jahren *erlernten*) Perfektionismus „**Haarspalterei**". Werdet euch dessen bewusst und ihr habt demnächst keine gespaltenen Haarspitzen mehr!

Fühlen sich Deine Haare uneben an, fliegen wie aufgeladen oder hast Du sogenannte Antennenhaare, hattest Du einen Stresskonflikt nach dem Motto: „Mir stehen die Haare zu Berge".

Haarausfall nach Schwangerschaft ist ein Stresskonflikt aufgrund des Entbindungsvorgangs! Löst das auf und ihr werdet eure vollen Haare behalten!

Ebenso sind **starke Hitze** und die daraus folgende Stickigkeit der Luft Stresskonflikte und können zu Haarausfall führen. Du denkst, Du bekommst jetzt „Sommerfell".

Ein „**Haar-Trauma**" inklusive Zwangsverhalten entsteht, wenn Dir jemand unter 7 Jahren **unfreiwillig** die (langen, schönen) Haare abgeschnitten hat. Dies kann innerhalb der Familie geschehen sein, mit Deiner Wehrhaftigkeit, aber auch durch Spielkameraden außerhalb des

Elternhauses aus Neid. Haben Dir dann die Eltern nicht geholfen oder Dir nicht einmal Glauben geschenkt, gibt es einen starken Vertrauenskonflikt. Zwanghaftes Verhalten äußert sich darin, mit den Händen ständig durch die Haare zu fahren, Haarsträhnen durch Finger zu ziehen oder in den Mund zu nehmen. Dies ist ein unterbewusstes Prüfverhalten: „Sind meine langen Haare noch da?". Manchmal entsteht sogar eine Phobie vor dem Friseur, vor allem, wenn es nach dem Vorfall zum *erzwungenen* Kurzhaarschnitt kam. Wenn Du Deine Haare liebst, wird jeder, der Dir daran etwas tut (Haare ziehen, im Streit ausreißen …) zu Deinem Feind!

Kreisrunder Haarausfall erfolgt *nach* einer <u>Schock-Nachricht</u>, bei der es um Familienmitglieder geht. Hier kannst Du das, was Du erfahren musstest, einfach nicht glauben und kaum verkraften. Du hast auch nicht das Gefühl, dass Du Dich jemals an diesen Gedanken gewöhnen kannst. Du möchtest am liebsten alles aufklären, bist jedoch zu gehemmt, um Dich einzumischen. Die Person(en), um die es geht, kannst Du auch nicht so einfach im Stich lassen. Hierzu gehört eine *Verspannung des Zwerchfells* (die sich ab jetzt löst, weil der Konflikt gerade an die Oberfläche gekommen ist). Auch die *kahlen Stellen* auf Deinem Kopf werden *zuwachsen*! Es kann sich um die (für Dich völlig überraschende) Trennung seitens Deines Partners handeln (Haarausfall am oberen Hinterkopf = Mönch-Symbolik) oder um schlimme Taten von engen Angehörigen, die an die Oberfläche kamen. Körperliche Symptome zeigen **immer** die **Wahrheit**, auch wenn Du es selbst **nicht** wahrhaben **willst**. Die Mönch-Symbolik bestätigt sich in der Entfernung der oberen Schneidezähne 11/21 voneinander (siehe unter Zähne), was Dir anzeigt, dass Dein Partner sich innerlich *bereits* von Dir entfernt hatte, *bevor* Du die Trennungsnachricht bekamst. Es ist eine Mahnung an Dich, Deine Partnerschaft zu <u>verschönern</u>/zu beleben. Es zeigt Dir auch, dass es die einzige Frau ist, die Du je geliebt hast, *denn nun*, da sie Dich verlassen will, kannst Du auch als Mönch <u>ins Kloster</u> gehen. Das ist das Zeichen! Stellen sich hier als <u>Hintergründe</u> der *neuen* Liebe „Vaterersatz" oder vermeintlich unüberwindbare Probleme mit der „Schwiegerfamilie" heraus, solltest Du tief vergeben, **wenn** diese Frau bei Dir geblieben ist. Die Verliebtheit entstand aus **Verzweiflung** (frühzeitiger Verlust des Vaters durch Trennung von der Familie oder Tod, **<u>mangelnde</u>** männliche, väterliche, auch großväterliche Zuwendung) und der andere Mann wurde **verklärt** betrachtet. Betrügt Dich Deine Frau und Du hast es herausgefunden, schreie sie an: **„Wo wohnt dieser Kerl, wo ist er???** **Ich schlag' ihn kurz und klein!!! ..."** Wenn Du so handeln kannst, dann BIST Du ein Mann oder wirst endlich einer! Tust Du nichts und sie bleibt bei Dir, *obwohl Du nicht* **kämpfst**, passiert Folgendes: Du wirst in ihren Augen ein Waschlappen und was zusätzlich bitter ist: **Ist sie** Deine große Liebe, beginnt die Mönch-Symbolik zu wirken. Sie blieb aus Mitleid und hat Dich im innersten dennoch verlassen. Jeder bekommt das, was er (sich) verdient. Soll doch derjenige die beste, gütigste und schönste Frau haben, der **am meisten für sie gelitten** hat!

Sind es mehrere Kreise, die auf Deinem Kopf kahl werden, kamen zur 1. Nachricht noch ein oder zwei weitere, welche Dich schockierten. Umso schockender, desto größer wird der Kreis. Getroffen werden Stellen mit Nervenarealen, die sich durch den Schock in entzündlichem Zustand befinden. Diese Stellen wiederum können dem Körperbau zugeordnet werden.

Hörst Du jemanden verzweifelt schreien, kann es passieren, dass Dir in den Folgestunden etliche Haare, vorwiegend an Nervensträngen liegend, ausgehen. Das habe ich am eigenen Leib bei Konfliktlösungen erfahren, wo vor allem Kinder bis 16 Jahre unglaublich weinten und brüllten. **Kinder sind genial** – die Seelen erkennen die Wahrheit SOFORT und entlassen den Druck unverzüglich aus dem Körper. Erwachsene können das gut unterdrücken, *wenn* sie im Laufe ihres Lebens *Meister im Verstellen* und *„anderen etwas vormachen"* geworden sind.

Tipp: Wenn Dein Kind mit dem Thema „Konfliktlösung" aufwächst, brauchst Du es nur darauf hinzuweisen, wenn es „ausflippt": „Hast Du dazu Konflikte?" und das Kind arbeitet gedanklich sofort **alles** ab, was ihm zum Thema X einfällt. Die Beruhigung setzt recht schnell ein.

Dinge, die Dich nerven, stressen und/oder entsetzen, lassen Deine Haare ausgehen („reine Nervensache"). Löst Du alle Stresskonflikte auf, kehrt Dein *volles* Haar mit der *ursprünglichen* Haarfarbe zu Dir zurück. Ist Dein Deckhaar **blond**, darunter jedoch dunkelhaarig, denkst Du von Dir: „Nach außen bin ich gut, innen jedoch schlecht!"

Der Beschmutzungsgrad durch Dein Elternhaus lässt grüßen! Blondierst Du Dein Haare und es geht dabei etwas schief, dann bist Du (noch) nicht würdig, blond zu tragen.

Die **rote** Haarfarbe ist nicht naturgegeben, sondern konfliktaktiv. Diese Kinder entstammen **1.** aus Müttern, die glaubten, Mann/Frau blond + Mann/Frau braunhaarig würden ein rothaariges Kind ergeben. **2.** entstammen sie Müttern, die in einen Schweinestall eingesperrt wurden, als der Vater dieser Frau erfuhr, dass sie schwanger ist. Alles lässt sich beweisen! Die rothaarigen Kinder bekommen in der nächsten Zeit ihre naturbelassene Haarfarbe, *es sei denn*, sie finden sich schön, so wie sie sind.

Kreisrund schlohweiß werdende **Haare** entstehen an Nervensträngen des Kopfes, wenn man sich über <u>ein und dieselbe</u> Sache zu **oft** und immer wieder **stark** aufregt. Meist sieht man diese Kreise in Richtung hinter der Schläfe, schräg über dem Ohr.

Wer unter Angst, (An-)Spannung lebt und versucht, alles unter Kontrolle zu halten, wer dem Prozess des Lebens *nicht* traut, war im Alter unter 7 Jahren eingesperrt! **Natürliche Glatze** (unrasiert!) *und* **partielle Kahlköpfigkeit** am Oberkopf sind ein **LEBENDIG-BE-GRABEN-Konflikt!**

Menschen, die fast keine Haare mehr haben *oder* eine Glatze *oder* eine extrem hohe Stirn bis an den Oberkopf (nur noch <u>eine Bahn Haare</u> in der Mitte zum Hinterkopf) waren **in ihrer Kindheit** mindestens **ein** Mal *dermaßen* im Stress *und* unter Anspannung, **WEIL** sie LEBENDIG **WEGGESPERRT** wurden.

Dies kann im harmlosesten Fall ein Karton gewesen sein, dann folgt eine Holzkiste oder Truhe (ggf. vom Krieg mit der Aufschrift „Feldwebel" o. Ä.), ein Verschlag (z. B. für Kohlen/Koks), ein enger Raum im *dunklen* Keller, eine Speisekammer, ein Schrank oder ein anderer Dich *einengender* Raum. Wer sein Kind in einen Tierstall eingesperrt hat, muss mit besonders schlimmen Auswirkungen auf die Optik des Gesichtes und der Figur *seines* Nachwuchses rechnen. Selbst die Stimme und Teile des Verhaltens können an das entsprechende Tier erinnern. Alles ist konfliktaktiv.

Es trifft hier in vielen Fällen Jungs, aber *auch Mädchen* bleiben **nicht** verschont! Sie schreien zum Herzerweichen und sind ganz außer sich. Jungs brüllen aus Leibeskräften wie am **Spieß (FOLTER!)**, <u>aber es</u>

gibt **kein Erbarmen**! Alle Kinder **brüllen**: „Lass mich raus …" (wenn sie überhaupt schon sprechen können) und **schreien** nach *dem* **Elternteil**, der **nicht** greifbar ist. Du könntest Dir in Deiner **TOTALEN Verzweiflung** die „Haare ausraufen"!! Aus diesem Grund gehen Dir in Richtung Älterwerden in der Tat immer mehr die Haare aus.

Was auch immer Du getan hast *(die Gründe **sind** unter 7 Jahren zwangsläufig banal!)*, **NIEMALS** hätte Dich jemand einsperren dürfen. *Manchmal gibt es exakt **DIESE** Kiste/Truhe noch in Deiner Familie (oder im Erbe). Unbewusst bist Du sogar **stolz** darauf. Aber es ist **nicht** wegen der Kiste oder Truhe, **sondern** WEIL Du DORT wieder herausgekommen bist – LEBEND!!! Gehst Du gerne auf Dachböden und riechst gerne Holz??? DANN aus dem Grund, dass Du FROH warst, als Du endlich aus Deiner Gefangenschaft BEFREIT wurdest!*

Wenn ihr wisst, wovon ich spreche, dann HOLT EUCH diese verdammte Holzkiste, nehmt euch eine AXT und zerstört sie! Gebt eurer Wut freien Lauf, verbrennt die Überreste danach – **feierlich**: In DIESE Kiste kann **niemals** mehr ein kleines, unschuldiges Wesen eingesperrt werden!

Auf unserem Dachboden steht eine *solche* **Holztruhe** als **Beweisstück**. In diese wurden **DREI** *verschiedene* **Kinder** aus zwei Generationen eingesperrt. Wir gehen fest davon aus, dass mit dem heutigen Stand der Wissenschaft (Forensik) anhand von alten **DNA-Spuren** sogar noch *beweisbar* wäre, **WER** dort drin „lebendig begraben" verharren musste!

Kinder, die eingesperrt waren, kann **nichts mehr** erschüttern.

Es gibt sechs Regeln, wobei der Täter **SELBST** einmal **eingesperrt** war:

1. Die **Mutter** macht es mit der **Tochter**.
2. Der **Vater** macht es mit dem **Sohn**.
3. Der **Stiefvater** macht es mit dem **Adoptivsohn/Kuckuckssohn**.
4. Der **Großvater** macht es mit dem **Enkelsohn**.
5. Kinder und Jugendliche machen es mit anderen (schwächeren) Kindern.
6. Im Krieg geschahen/geschehen diverse dieser furchtbaren Taten durch Fremde in der Fremde (Kriegsgefangenschaft).

Die Mutter *entfernt sich für gewöhnlich* eine Weile vom Geschehen und kommt wieder, wenn **sie** es für richtig hält, das Kind hinauszulassen. Die Männer bleiben dabei stehen und ergötzen sich an ihrer Handlung. Der TÄTER **verarbeitet** hierbei <u>mit</u> dieser furchtbaren Aktion am *Kind* oder *Enkelkind* entweder seine <u>eigenen, traumatischen</u> Erlebnisse **oder** er lebt seine <u>sadistische ADER</u> aus. Er hat sich damit *Erleichterung* verschafft: „Ich zahle es jemandem heim!", zu einem sehr hohen Preis. <u>Heimzahlen bedeutet:</u> Einer **MUSS** es wiederkriegen, was mir geschehen ist, DAMIT ich es endlich **LOS** bin! Aber: Wirst Du es damit wirklich los?

Solche Kinder haben NULL Vertrauen mehr und **verachten** diese Person **zutiefst – es sei denn**, der Verursacher **entschuldigte** sich bei diesem Kind hinterher <u>unter Tränen</u>. Wer so etwas fertigbrachte, kann **enorm stolz** auf sich sein, denn er hat diesem Kind <u>seine Schönheit bewahrt</u>!

Die restlichen Kinder **mussten** sich zu Menschen *entwickeln*, die anderen **die STIRN BIETEN** <u>können</u> – *deshalb* wird <u>deren Stirn</u> *vom Haarwuchs* her (über die Jahre immer mehr) *freigelegt*, damit ihnen das *besser* gelingt.

Solche Menschen haben (teils enorme) PLATZANGST oder mindestens *Beklemmungen* in engen Räumen, wie z. B. Fahrstühlen. Das <u>Ausmaß</u> hängt <u>von der Art</u> (Räumlichkeit) und <u>der **Zeit**</u> (Minuten, Stunden oder Tage) des Eingesperrtseins ab! Ebenso gehe ich davon aus, dass sich einige **MULTIPLE SKLEROSE-Patienten** hier <u>wiederfinden</u> werden! Es kann sein, dass Du *nicht einmal ein Paket* öffnen kannst, WEIL Du Dich mit aller Kraft, die Du **UNDER 7 Jahren!** aufwenden konntest, aus so einem Karton **selbst befreien** wolltest! Du kannst dann das Geräusch von *knackender, reißender* Pappe nicht ertragen. Hörst Du Kinderfingernägel an einer Tapete kratzen, aus Spaß, dann erschüttert Dich das und Du weißt nicht warum. Auch das Geräusch von Kreide an der Tafel oder Besteck auf dem Teller lässt Dich erschaudern, wenn Du z. B. an dem Holz der Kiste, in die Du eingesperrt warst, mit Deinen Fingernägelchen aus völliger Verzweiflung gekratzt und gescharrt hast. <u>Eine für Dich *lebenswichtige* Person</u> hat Dir **das kleine Herz aus der Brust gerissen**, vielleicht sogar die Frau, die Dich geboren hat und **niemand** war da, um Dir zu helfen! Kinder, die **von Blutsverwandten** eingesperrt wurden, werden im Erwachsenenalter in

ihrer linken Brust krank, wenn sich niemand für die Tat entschuldigt. Das Herz *wollte* durch die Brust heraus (Brustkrebs durch Elternteil)!

❤ Wer nicht zum Arzt gegangen ist und noch lebt, wird **jetzt** HEIL. Jeder, der hier unter 50 Jahre alt ist, hat Glück – denn im Normalfall erleben solche Menschen ihren **50.** Geburtstag **NICHT**!

❤ Alle, die eine *ärztlich begleitete* Brustkrebsheilung überstanden haben, werden durch das komplette Lesen dieses Buches (über die gefürchteten 5 Jahre hinaus) absolut heil.

❤ Ist der Täter **gestorben** *oder* hast Du Dich **komplett** von ihm **losgesagt**, BEVOR Du 50 Jahre alt warst, hattest Du ebenfalls Glück, denn dann ist der GRUND, die **UR-SACHE** für Deine Schmerzen aus Deinem Leben **verschwunden** und Deine Brust/Dein Herz konnten heilen!

Bei Punkt 1 und 3 muss euch nicht einmal *bewusst* sein, dass ihr Brustkrebs habt – ihr habt einfach immer häufiger Schmerzen in der linken Brust-/Herzseite und habt vermutet, dass es euer **Herz** ist, das schmerzt. Die ärztliche Diagnose wäre jedoch eine andere.

Nach meiner Erfahrung ist es innerhalb von **vier Tagen & vier Nächten** ausgestanden! Ihr bekommt vom Körper ein Zeichen, wenn es vollbracht ist: In dem Moment überfällt euch eine plötzliche starke Müdigkeit und ihr müsst, zumindest für einen Moment, die Augen schließen. Wenn ihr da die Möglichkeit habt, zu schlafen, macht es – ruht euch aus! Die Erklärung ist, dass eure Erfahrung des Eingesperrtseins verarbeitet wurde und ihr nun endlich *zum normalen Schlafen* die Augen **schließen** könnt.

Die *immer* dazugehörende Schilddrüsendysfunktion (Todesangstkonflikt) heilt schneller aus (1 Tag & 1 Nacht). Alles erfolgt unter *halbwegs* erträglichen Schmerzen (Brust), die Lunge spürst Du kaum – einen trockenen Husten kann es kurz geben und seltsame, unterdrückte Geräusche, die aus Deinem Mund herauswollen. Du wirst nur EINE Nacht lang ziemlich schwitzen, unruhig sein, evtl. frieren und nicht besonders gut schlafen. In der 2. Nacht ist es schon wesentlich besser und Du schläfst fest. Nach der 4. Nacht ist alles Geschichte, die Konfliktlösung ist beendet. Du wirst Dich sehr viel besser fühlen und endlich keine Schmerzen mehr in diesem Bereich haben. (Alle anderen Schilddrüsendysfunktionen heilen ebenso schnell aus, wenn Du den entsprechenden Sachverhalt gefunden hast. Das „Ritterschild" (s. u.) entlastet sich, bis die Drüse gänzlich befreit und gesund ist. Hier ist es zusätzlich empfehlenswert, den Druck über Schreien herauszulassen.)

Du bist im Allgemeinen auf **Geräusche** ÜBEREMPFINDLICH, denn überall lauert die GEFAHR! Du musst immer, wenn Du ein Geräusch hörst, PRÜFEN, woher es kommt und worum es sich handelt, sonst kommst Du *nicht* zur RUHE. Es ist ein **Zwang**, begründet in dem, was DIR **angetan** wurde! Diese Empfindlichkeit gehört allerdings zu Teilen in unsere **Urinstinkte** und bleibt bestehen, damit Gefahren schnellstmöglich erkannt werden können.

Du hast im Vergleich zum Rest Deines Körpers (Proportionen) einen verhältnismäßig **kleinen** Kopf, damit andere versucht sind, ihn in die Hände zu nehmen und zu sehen, wie beschützenswert Du bist. Dies tut jedoch KEINER, es streichelt Dir auch niemand das Gesicht oder die Haare, bis heute.

Hierzu gehört nämlich die Symptomatik der *tief in den Augenhöhlen* gelegenen Augen, die sehr traurig und ernst schauen können, auch schon auf Kinderfotos (*nach* dem Geschehnis), wenn die Höhlen noch normal aussehen.

NUR DIE, die in so einer finsteren Kiste, einem dunklen Verschlag usw. eingesperrt waren, **unter 7 Jahren!**, bekommen diese *tiefliegenden* Augen, weil sie *dem Tod ins Auge geschaut* haben, in tiefster **Dunkelheit**. Es sind **Totenkopfaugen!**

Umso **tiefer** Deine Augen mit den Jahren in den Höhlen liegen, desto **jünger** und/oder **länger** warst Du in beengter Dunkelheit eingesperrt. Man hat Dir nicht einmal Wasser und Brot gegeben. Du hast Dich praktisch vom Leben schon fast verabschiedet. Erwachsene, die eingesperrt waren, werden diese Symptome NICHT bekommen, **NUR Kinder unter 7 Jahren – die Wehrlosesten der Wehrlosen!**

Deine Kränkungen auf der **Schilddrüse** spürst Du irgendwann genau, vor allem in Stresssituationen: Du kannst einfach NICHT mehr bis unten in die Lunge durchatmen. Es geht nicht *ohne* Anstrengung! Alle, die im Laufe der Zeit Probleme haben, *richtig durchzuatmen*, wurden mindestens einmal in ihrem Leben in Todesangst versetzt! Diese Menschen atmen zwischendrin immer mal *leicht geräuschvoll* tief ein, damit sie sich etwas freier fühlen, was zum Alter hin *immer häufiger* wird, wobei sich ein trockener **Husten** hinzugesellt. Hierzu zähle ich auch Kränkungen, die über Mobbing und Schriftverkehr im Internet stattfinden, z. B. auf Seiten, wo man einander HELFEN oder seine Meinung äußern kann, es dort jedoch mitunter *unglaubliche Anfeindungen* von Menschen zu lesen gibt, die den anderen nicht einmal kennen. Du kannst denken, es geht an Dir vorbei, weil der andere **fremd** ist und dennoch sitzt es auf Deiner Schilddrüse fest, wenn Du Dich nicht angemessen zur Wehr gesetzt hast *oder setzen konntest*.

Warst Du deshalb beim Arzt, hat man Dir wahrscheinlich eine *unschöne Diagnose* gestellt, welche zu einem neuen Konfliktschock geführt hat. Leider haben Ärzte hier eine große Verantwortung, Diagnosen so schonend wie nur möglich zu vermitteln, damit der Mensch überlebt. Dadurch, dass es für Ärzte zur Normalität geworden ist, leider schlimme Dinge auszusprechen, kann es passieren, dass Patienten einen **Todesangstschock** erleiden.

Es ist **nicht die Lunge** an sich, sondern die übermächtige Kränkung, der Deine **Schilddrüse** nicht gewachsen ist. Lungenkrebs gibt es NICHT! (Raucher haben diese Probleme, welche *auf die Lunge geschoben* werden, nur, weil sie ständig gekränkt und auch in Todesangst versetzt werden.) Schwarz wird eine Lunge erst, wenn die Versorgung mit Sauerstoff immer schlechter wird, weil das Schild der Drüse *dermaßen beladen* ist, dass die Lunge nicht mehr versorgt werden kann. Versinnbildlichen möchte ich es Dir mit Schnee. Du liegst auf dem Rücken und es fällt Schnee. Ein Ritterschild hältst Du **vor** Deinem Körper. Es fallen zentimeterweise Schneeflocken und **legen** sich auf das Schild. Die Flocken sind vergleichbar mit Kränkungen, die Du **nicht** abgewehrt hast. Alles, was Du **unverteidigt** einsteckst, bleibt auf Deinem Schild liegen und die Last wird *immer schwerer*. Das geht nun solange, bis Du den Schnee vom Schild nicht mehr mit eigener Kraft herunterdrücken kannst. Es quetscht praktisch Deine Lunge und blockiert Deine Atmung immer mehr, bis es vorbei ist (COPD). Die Lösung von Kränkungen geht im Nachgang über heftiges Weinen, Schreien, Brüllen vonstatten. Auch kommt Druck heraus, mit schwallartigen Bewegungen des Oberkörpers und stumpfen Geräuschen, welche nicht beeinflussbar sind. Es kann auch sein, dass etwas zerstört oder zerschlagen wird. Die über viele Jahre angestaute Wut auf andere bekommt einen Kanal.

Lädst Du Deinen eigenen Frust auf Menschen ab, die Deinen Ärger **nicht** verursacht haben, sondern nur der Puffer sind, kränkst Du diese ebenso. Sie stecken Deine Frustration ein/fangen sie auf, obwohl der Übeltäter **ein ganz anderer** ist, dem Du nicht standhalten konntest oder wolltest.

Warst Du eingesperrt, hat die immer stickiger werdende Luft in der Kiste/dem engen Raum es **gemacht**. Stand diese Kiste im Kalten (Dachboden, Keller), wirst Du jemand sein, der **schnell** friert. Warst Du in einem Verschlag mit Kohlen oder Koks im Sommer, wirst Du IMMER niesen müssen, wenn Du in die Sonne schaust. Als Du freigelassen wurdest, hat Dich das Licht geblendet und ein Niesen *erzwungen*. Nach dem Vorfall hattest Du mehrere Geschehnisse, in denen Du Dein Leben in Gefahr gebracht hast. Du bist vielleicht von einem Klettergerüst gefallen oder mit dem Fahrrad an einen Straßenmast gefahren. Diese Unfälle zeigen an, dass Dir Dein Leben **egal geworden** ist!

Deine **Körpergröße** ist in den meisten Fällen nicht zum Ideal herausgewachsen. Frauen sind hier gewöhnlich zwischen **1,50 und 1,69 m** groß, Männer im Durchschnitt eher klein, weil der Körper unterbewusst die *Mahnung* hat: „Falls Du noch einmal eingesperrt wirst, dann **musst** Du **da REINpassen!**" Wer als Mann **größer als** 1,75 m geworden ist und eingesperrt war, der wird vermutlich in einem *langen, schmalen* Kasten gelegen oder in einem dunklen *Schrank* gestanden haben und Rückenschläfer sein. Selbst, wenn er aufgegeben hat, sich zu wehren, hat er **nur** auf dem Rücken gelegen oder eben gestanden und sich **nicht** gedreht. Derjenige hat seine *normale* Größe erreicht und wird sein ganzes Leben lang schlank bleiben. Er kann essen, was er will, und wird kaum zunehmen. *Dennoch* hat dieser Mensch **Kotablagerungen**!

Deshalb finden Pathologen **bis zu 12 kg** Altkot im Darm verstorbener Menschen (von **allen** im Leben **angesammelten** Konfliktschocks). Wundert euch gerne, ihr *kleineren* Menschen, wenn ihr jetzt noch *ein Stückchen* zu eurer natürlich vorgesehenen Größe **weiterwachst**, egal wie alt ihr seid!

Als weniger schlimm wird vielleicht das Einsperren von Kindern unter 7 Jahren aus Sicherheitsgründen in die Wohnung angesehen, wenn die Eltern ausgingen. Jedoch hat auch diese Handlung schlimme

Folgen in Bezug auf Ängste (Überängstlichkeit/Selbstvertrauen/ Zutrauen/nur **schwer** allein sein können, egal wie alt Du bist), denn bei Gefahren wie Feuer/Überschwemmung hätten diese Kinder die Wohnung nicht ohne Weiteres verlassen können und waren in der Furcht, dass die Eltern möglicherweise (durch einen Unfall) nie wieder zurückkommen. Auf die Dichte der Haare sowie die Höhe des Haaransatzes (relativ hohe Stirn) zeigt deshalb auch dieser Sachverhalt Auswirkungen auf die **Schönheit** des Menschen, der *auf jene Weise* eingesperrt wurde. Die Effekte sind jedoch nicht so stark wie bei Licht- und Lufteinschränkungen (Sauerstoffmangel).

Hat jemand ein Kind mit sich selbst gemeinsam in einen Raum eingesperrt und mit ihm getan, was er wollte, so hat derjenige diesem Kind für den Rest des Lebens **die Hölle auf Erden** geschenkt! Was aus solchen Menschen für Erwachsene werden, ist schwer vorzustellen, aber ich kannte so einen Mann. Er ist tot (unter 60), ohne dass ich jemals mit ihm sprechen konnte.

Weitere Merkmale zum Einsperren:
Deine Nase entwickelt sich darauffolgend unnatürlich, je nachdem **wie** Du **reagiert** hast:

1. zornig → **markante** Nase (**Sieger** durch Befreiung während des Vorgangs)
2. wütend → **dicke** Nase – schnaubend vor WUT! (**Sieger** durch eigene Kraft)
3. unterwürfig dem Vater → **Nasenbein** liegt zum Rest der Nase *flacher* unten – umso tiefer, desto unterwürfiger. Das Nasenende ist hier nüsternförmig – es ist symbolisch das wutschnaubende Ende. Es gibt diverse Ausführungen dieser Nasenform. Hier kann man besonders gut erkennen, dass die rechte Gesichtshälfte dem Vater und die linke der Mutter zugeordnet ist. Warst Du als Kind vom Vater regelrecht unterdrückt, wird Deine rechte Nasenhälfte schmaler sein und einen leichten Schiefstand haben. Hier gibt es leider die (teils besonders stark) ausgeprägte Birnenform (kräftige Oberschenkel/Po) als Ausdruck der extremen **Wut** auf den Vater, welche (meist erinnerungslos) der Kindheit entspringt. An Deinen Zehen und Zähnen solltest Du Weiteres erkennen können – bitte lese dort darüber.

4. unterwürfig der Mutter (**Hexen**-Effekt) → **Hakennase** – umso ausgeprägter der Haken, desto unterwürfiger. [beide unterwürfigen Nasen (3.+4.) sind **Verlierer**]

Die „zu **dicken**" Nasen sind als Sieger aus dem Vorfall herausgegangen, weil sie sich so lange gewehrt haben, bis sie aus ihrem „Gefängnis" befreit wurden. Ihr seid **Rückenschläfer** – stolz und siegreich! Aus euch werden Kämpfer und ihr habt ein **Kampfgebiss** mit den 2. Zähnen erhalten. Leider entwickeln Kinder nach solch einem Erlebnis einen erhöhten Adrenalinspiegel und später noch einen zu hohen Blutdruck. Dies löst sich jetzt praktisch **sofort** auf. Trotzdem gibt es das Problem, dass ihr (so wie **alle** anderen Kinder auch, die außer Haus zu Schaden kommen) im *Unterbewusstsein* den **Eltern** die **SCHULD** gebt, **nicht** für euch dagewesen zu sein, **FALLS** ihr von *anderen Personen* eingesperrt wurdet und **nichts** erzählt habt! Das ist der **2.** entstandene, *bisher ungelöste* Konflikt. Die Eltern konnten nichts tun (weil sie von nichts wussten!) und sind von ihrem KIND **dennoch** für **schuldig befunden** worden. Dies zeigt sich *im Laufe der Entwicklung* des Kindes in seinem **harten** Gefühlsleben. Das Kind **kann** *unmöglich* weich sein, denn **DAS** könnte **tödlich** enden! Eltern, überlegt **gut**, in **welche Hände** ihr eure Kinder gebt!!!

Die **markanten** Nasen konnten euch *erhalten* bleiben, weil der Täter dabei **ERWISCHT** wurde, als er euch einsperrte. Du bist ein **Rückenschläfer** – stolz und siegreich! Auch Du bist ein Kämpfer (Kampfgebiss) und sogar in der Lage, ein *eigenes* Unternehmen erfolgreich zu führen. Leider entwickelst Du über die Jahre ebenso einen erhöhten Adrenalinspiegel und einen zu hohen Blutdruck. Dies löst sich praktisch **sofort**.

Die **unterwürfigen** Nasen, die im oberen Bereich flacher sind und im unteren Bereich eher dick, entstammen einem *autoritären* Elternhaus mit viel Strenge seitens des Vaters. Du musstest ausharren, bis man Dich wieder hinaus ließ und hattest aufgegeben. Du bist **Seitenschläfer** auf der **rechten** Seite.
Du wirst es nicht geschafft haben, Dich vom Elternhaus komplett ablösen, und wohnst vermutlich noch recht nah dran. Du fühlst Dich

kontrolliert und erkennst die *Herausforderung* des Vaters immer mehr, indem Du aufwachst. Du **musst** Dich ihm eines Tages entgegenstellen. Baue Dich auf! Hier stellte ich außerdem fest, dass es unter euch Kuckuckskinder (lese dort) geben kann, von denen niemand (außer Mutter) etwas weiß oder ahnt!

Du leidest unter *Defätismus** und musst aufpassen, dass Du Deine Lebensziele *noch gut* verfolgst. Dazu gehören ein *niedriger* Blutdruck und ein *zu hoher* Puls, was sich JETZT auflöst – Du wirst es sehr schnell spüren, dass sich der Blutdruck verändert.

Durch die Überzeugung, keine Aussicht auf Sieg oder Erfolg zu haben, hast Du eine starke Neigung zum Aufgeben.

Diese Kinder empfinden seit dem Erlebnis keine wahre LIEBE mehr, was sich auf ihr ganzes Leben negativ auswirkt. Alle Beziehungen werden scheitern, so lange, BIS der Konflikt gelöst ist.

Eine **Haken**nase stammt aus einem *brutalen* Elternhaus (je *ausgeprägter* der Haken, desto *schlimmer*). Ihr seid **Seitenschläfer** auf der **linken Seite** und liegt eingerollt im Schutz der **Embryo-Stellung** (Du willst wieder in den Mutterleib, da ging das Leben *noch gerade so* zu ertragen). Du hattest während der Zeit des Eingesperrtseins **aufgegeben**.

Bist Du als Mann von dieser Nasenform betroffen und ist die Nase zusätzlich optisch auch noch zu schmal, hast Du Deine Kämpfe gegenüber dem Elternhaus *aufgegeben* (Realist). Bei der Hakennase kann sich der Effekt bis ins Alter potenzieren, wenn leider auch die Schwester bösartig zu Dir war (aus Gründen der Eifersucht und eigener Unrechtsbehandlung im Elternhaus) und ebenso Deine spätere Frau, welche den Lerneffekt fortsetzt, bis Du zur Gegenwehr antrittst. Die *unnatürlichen* Nasenformen werden sich in der nächsten Zeit *normalisieren*.

Die ansprechende, markante Nase bleibt bestehen.

Du wirst als Erwachsener nicht *definieren* können, warum Du mit **herunterhängenden Mundwinkeln** im Bett liegst (diese Symptomatik

verstärkt sich über die Jahre unabänderlich immer mehr), warum die Falten zwischen den Augenbrauen *immer tiefer* werden, Dein Gesicht nachts regelrecht *verkniffen* ist und Dir Dein Partner sagt, Du liegst im Schlaf da, als hättest Du einen *großen* Kummer. Dir werden der **linke** Brustbereich und das Herz schmerzen (**wenn** der Täter noch lebt *und* Du *regelmäßig* Kontakt hast). Du wirst **nie** einen richtig *schlanken Bauch* gehabt haben – es ist schier unmöglich – weil Du **zu viele** *Kotablagerungen* in Deinem Bauch hast, welche BIS ZU den jetzigen *Konfliktlösungen* **festsitzen**!

Je nachdem, zu welcher „Nasen-Kategorie" Du gehörst, wirst Du **sehr gütig** sein (von **Mutter** eingesperrt) und *vielleicht* versuchen „die Welt zu **retten**" oder Du wirst **eiskalt und berechnend** sein (von **Vater/Großvater** eingesperrt) und versuchen „die Welt zu **zerstören**".

Übrigens: Wer *nach einiger Zeit* plötzlich zum **Rückenschläfer** wird – ja, das ist beachtlich – der IST **zum SIEGER geworden!**

Es geht noch weiter:
Hinzu gehören immer **Schlupflider**! Diese sind *nicht vererbt*, wie Du Dir einbildest, NEIN, es gibt **KEINE** Erbkrankheiten oder erbliche Erscheinungen – **nicht EINE EINZIGE!**
Die Schlupflider sind *durch* die **Totenkopfaugen** erst *im Laufe der Zeit* entstanden! Umso länger Du gefangen und umso jünger Du warst, desto ausgeprägter sind alle Symptomatiken und das geht **nie mehr zurück** – es sei denn, **DU** liest dieses Buch!
Es wird passieren, dass sich *Familien-Streitigkeiten* anbahnen, weil Dein *Unterbewusstsein* Gründe finden **muss**, diese Person (Täter) **NICHT mehr** zu besuchen! Hast Du es *früher bereits* **geschafft**, Dich von ihr zu **lösen**, DANN wird sich Deine Nase *langsam* zu *der* Nase entfaltet haben, die zu Dir **gehört**, auch Deine Augen und alles andere wurde von Jahr zu Jahr etwas schöner. Der Prozess dauert *sehr viel* länger als eine **ECHTE** Konfliktlösung, ist jedoch ansatzweise so etwas und *funktioniert* (schaut euch alte Fotos an und vergleicht die NASEN!). Man straft die Person mit **konsequenter** Nichtachtung und es tut nicht mal weh! **Seid stolz auf euch!**

Genauso verhält es sich, wenn die entsprechende Person **stirbt** – die **URSACHE** für die *Mahnung* über Deine <u>Nasenform</u> (und andere Symptome) ist dann fort!

Eine Weile gibt die Natur dem Täter **Zeit**, etwas *wiedergutzumachen*, um **Verzeihung** zu bitten, mit DIR zu reden – *Wieso, Weshalb, Warum*! Tut er es nicht, wird derjenige **sehen, was** er <u>aus der Schönheit</u> dieses Kindes gemacht hat → es WIRD zu einem <u>Mahnmal</u>!

Habt ihr **Augen**, die *<u>zu nah am Nasenbein</u>* stehen und, im Vergleich zu anderen Menschen, relativ klein sind, schaut aus euch der **ZORN**. Euch ist <u>nicht nur einmal</u> etwas *Grausames* geschehen.

Habt ihr einen **flachen PO**, wurdet ihr häufig auf den Po gehauen und habt ihn *eingezogen*! Habt ihr **schmale Lippen**, wurdet ihr auf eure schönen, zarten, kleinen Münder gehauen und habt sie *zurückgezogen*! Ebenso bekommt *schmale* Lippen, wer immer *weniger* sagt und fragt (aufgrund Einschüchterung). Habt ihr einen **flachen Hinterkopf**, gab es Schläge darauf, egal wie wohlgeformt auf Babyfotos Dein Kopf aussieht!

Jugendlichen oder jungen Erwachsenen *unter 30* Jahren, die bereits **sichtbar** eine **hohe Stirn** und an der Front schon recht dünnes Haar haben, denen blüht es mit ca. 40 Jahren unweigerlich, nur noch diese „Bahn" Haare in Richtung Hinterkopf zu haben, **WEIL** sie <u>zwischen 0 und 7 Jahren eingesperrt waren</u>! Es wird für **ALLE** ringsum sichtbar werden, dass diesem Menschen, als er **klein und unschuldig** war, ein grausames Unrecht geschehen ist! Der Erwachsene, welcher sich **schuldig gemacht** hat, sollte sich **jetzt**, wenn er **das liest**, am besten **SOFORT** auf den Weg machen, um sich zu öffnen und zu **entschuldigen**. Erklärt, wie **DAS** passieren konnte – nämlich, dass **auch ihr eingesperrt** wart und das Verlangen, es jemandem heimzuzahlen, dem man überlegen ist, einfach **nicht aufhören wollte**! Derjenige, der diese Entschuldigung **bekommt**, wird HEIL und die Haare werden wieder voll!

Genauso wird es <u>allen BETROFFENEN</u> gehen, die nur die folgenden Zeilen lesen, selbst wenn ihr <u>keine Entschuldigung</u> bekommt oder bekommen könnt, weil der Täter schon **tot** ist! Ihr SEID danach heil, eure Haare werden wieder zu der Fülle kommen, die ihr verdient habt. Eure Schönheit wird zurückkehren, eure Augen werden aus den Höhlen hervortreten, die Schlupflider verschwinden und die

Nasen werden sich verschönern! Auch Po und Lippen werden sich normalisieren! Es hat nichts mit dem Alter zu tun. Man kann *natürlich* bis zum Tod volle Haare, tolle Lippen und einen gutaussehenden Po haben. (Hier folgen in **Buch 2** weitere Ansatzpunkte, wenn die *Konflikte in der Liebe* abgearbeitet werden, für die ihr vorher gesund sein MÜSST!) Auch der Kopf wird etwas wachsen und alles wird schmerzfrei geschehen!

Wenn ihr inzwischen auf der *Toilette* wart (vielleicht auch mehrmals) und sich euer Darm von einem nächsten Dreck aus der Kindheit befreit hat, so ist das hier der Grund: **„Ihr hättet euch vor Angst in die Hose scheißen können!"** Ja, ich schreibe das **so hart**, weil es die **Wahrheit** ist. Wer damals **nicht** eingemacht **hat**, dem ist dieser Kot **bis heute** im Darm **sitzengeblieben!** Du wirst es fühlen! Es tut mir leid, wenn ich euch jetzt *enttäuschen* muss: Keine Darmspiegelung wird „dieses Zeug" jemals finden!

Du leidest an **„restless legs"**, wenn Du in Deiner damaligen Situation zu lange mit *angezogenen* Beinen, hockend oder auf den Unterschenkeln sitzend, ausharren musstest. Schlimmstenfalls hast Du Dir dabei auch noch in die Hose gemacht.

Ein KRIEG ist nicht zu Ende, wenn er AUS ist → er WIRD *von Generation zu Generation* weitergeführt und **an den Schwächsten** gebüßt! Die Menschen, die euch **das** angetan haben, werden oft von anderen als *bemitleidenswert,* vielleicht *etwas hilflos* angesehen – aber das ist eine **MASKE!** Viele von ihnen sind bereits tot, sie stammen aus einer extrem zähen Kriegs- und Nachkriegsgeneration.

Manchmal sind die **Frauen** von diesen Männern sehr **starke** Frauen, wobei man meint *„Der arme Mann, der diese Frau aushalten muss!"* ACHTUNG: Der Sachverhalt ist **genau umgekehrt!** Ihr seid **KEINE** Hexen oder Hausdrachen, **IHR HABT** eure Kinder und Enkel, *so gut es euch nur möglich* war, **beschützt!**

Alle Männer (und auch Frauen), die im Krieg **als Jugendliche und Erwachsene** eingesperrt waren, werden im Alter *mindestens* **am Stock** laufen (und später, *falls* sie noch leben, am Rollator oder im Rollstuhl sitzen). Das ist euer Los des Krieges, in dem ihr **sinnlos** gekämpft habt, egal ob an der Front oder daheim!

BEWEISE, dass Du im Alter zwischen **0 und 7 Jahren** eingesperrt WARST, in der **Zusammenfassung**:

- **Ein Lebensmittelunverträglichkeitstest auf Aspergillus Niger wird Dir 100 %ige Unverträglichkeit bescheinigen, denn dieser Pilz befindet sich in Holz**(-kisten/-truhen), Verschlägen, in Erde/ Sand, an Steinen, im Kohlenstaub, in Pappe, in Speisekammern …
- Es hat **nichts** mit dem zu tun, WAS Du ISST!
- Kein gesunder Mensch hat Probleme mit **kalten Füßen!** Diese entstehen durch den Nierenkonflikt im Revier: **„Ich muss hier weg!", „Ich will dieses Revier verlassen!"**, dessen Erfüllung sich in einem Alter *bis 7 Jahren* sehr problematisch gestaltet. Die Nierensteine entwickeln sich bis zum Alter von 19 Jahren, Gallensteine bis 20 Jahre. Deswegen erklärte man sich den *Zusammenhang* früher oft mit einer Schwangerschaft.
- Im Falle, dass Du (in Deinem kleinen Gefängnis) *aufgegeben* hattest, entwickelst Du einen **Defätismus** und kümmerst Dich *nicht mehr ausreichend* um Dich selbst.
- Du kannst *nicht* einschlafen, *solange* Du **kalte** Füße hast, **wenn** Dir während der Zeit des Eingesperrtseins **kalt** gewesen ist.
- Wenn Du *aufgegeben* hattest und Dich die **Mutti** eingesperrt hat, liegst Du als **Seitenschläfer** auf der **linken** Seite (Herzseite = Fleisch & Blut!), wenn es der **Vati** war, auf der **rechten** Seite! Bist Du als **Sieger** aus Deinem 1. Kampf herausgegangen, bist Du ein **Rückenschläfer!**
- Du hast als *Seitenschläfer* die Angewohnheit, fast unbewusst, mit dem Becken zu *kippen*, während Du in Deiner Einschlafstellung liegst. Diese Bewegung hat Dich damals in Deinem kleinen Gefängnis davor bewahrt, einzuschlafen (und vielleicht nicht mehr aufzuwachen).
- Dieses Verhalten legen auch von der **Mutter** komplett *(nicht nur für einen Moment)* **ungewollte** Kleinkinder an den Tag: Wenn sie müde werden, **kippen** sie ihr Becken. Sie sind **nicht sicher, ob sie noch leben werden, wenn sie einschlafen.** Es sind Schrei-Kinder, die nicht besonders gut einschlafen und allgemein (im Vergleich zu Wunschkindern) eher wenig schlafen. Dieses Verhalten hatten sie bereits **im** Bauch, welches große Angst *vor der Mutter*

symbolisiert (durch *ihre* Worte, Taten, Gefühle, die das Baby **restlos** und unmaskiert aufnimmt).

- Du hast ggf. das Syndrom: „restless legs" (unruhige Beine).
- Deine (eher kleinen) **Augen** hast Du damals in Deiner prekären* Lage **offen** gehalten. Manchmal erschreckst Du Dich *unterbewusst*, kurz bevor Du einschläfst, und reißt die Augen auf: <u>Einschlafen könnte TOD bedeuten</u>! *Das* Auge, welches *zuerst nach oben* zum „Ausgang" schauen konnte (z. B. zum *Kistendeckel,* ob er denn nun **endlich** aufgeht), wird Dir bis heute manchmal nach außen wegrutschen. Andere sehen das! Ist es das *rechte* Auge, lagst Du auf der *linken* Seite (Mutter) und andersherum (Vater).

* *Schwierigkeit, richtige Maßnahmen/Entscheidungen zu treffen. Du hast keine Ahnung, wie Du aus einer schwierigen Lage wieder herausfinden kannst.*

- Du hast **Einschlafprobleme** und eine *im Alter* immer schlimmer werdende Versteifung Deiner Gelenke, die Dich dazu antreibt, <u>irgendeinen Sport</u> machen zu <u>müssen</u>! Du bist **ungelenkig, wenn** Dein „Gefängnis" den Körper sehr **eingeengt** hat (Platznot).
- Es fällt Dir schwer, mit *geschlossenem* Fenster zu schlafen, und Du magst es lieber **hell**, wenn es möglich ist. Völlig abgedunkelt kannst Du erst *nach Verarbeitung des Konfliktes* wieder schlafen. Vorher musst Du mindestens sehen, dass irgendwo LICHT einfällt!
- Du hast zu dünnes, teils schütteres **Haar**, eventuell bis hin zur **Oberkopf-Glatze**, mindestens eine hohe Stirn oder (teils sehr hohe) Geheimratsecken.
- Du hast eine von der Normalität *abweichende* **Nasenform**.
- In Abhängigkeit der Art und Dauer des Eingesperrtseins gibt es mit dem Älterwerden ein ausgeprägt *spitzes* **Kinn** mit einem immer unansehnlicheren Seitenprofil.
- Im Darmende gibt es einen **Knick**, *wenn* Du in Deinem Gefängnis *Platznot* hattest.
- Mindestens einer Deiner <u>großen</u> **Zehen** ist <u>kleiner</u> als der andere. Darauf lässt sich der Täter schließen, **falls** es ein Elternteil war. (links = Mutter, rechts = Vater) Sind die Zehen in Ordnung, ist es der Gegenbeweis! War es ein Geschwisterkind, hast Du rote

Äderchen um Deine **Nasenflügel,** falls nicht, waren es Personen außerhalb der Familie (naturgegebene Beweise). An Deinen **Zähnen** kannst Du Weiteres erkennen, lese bitte dort.

- Du hast *sichtbar* (oder sogar **weit**) in den Augenhöhlen *liegende* Augen.
- Du hast *eher* kleine **Augen,** die gütig <u>und</u> zornig blicken können, sowie **Schlupflider.**
- Du hast schmale **Lippen,** einen eher flachen **Po** und einen eher flachen **Hinterkopf.**
- Du hast **bräunliche Haut** im Schambereich *(Oberschenkelinnenseiten).*
- Du hast **Sodbrennen,** wenn Du stärkere Angst vor etwas verspürst.
- Du **naschst** gern Süßigkeiten und Kuchen, denn das IST Liebesersatz.
- Du bist ein **Seitenschläfer** <u>rechts</u> *oder* <u>links</u> *oder* ein **Rückenschläfer.**
- Du warst spätestens ab der Pubertät nie wieder richtig schlank (**Bauch**). Es befinden sich schon zu viele Kotablagerungen in Deinem Darm, die von *Konfliktgeschehen* herrühren. Zum Alter hin wirst Du einen **immer dicker werdenden Unterbauch** bekommen, *egal* wie viel Sport Du treibst, wie viele Fastenkuren oder Diäten Du machst – **NICHTS** wird das verändern (<u>außer NUN das Buch).</u>
- Du bekommst zum Alter hin – **immer sichtbarer werdend** – <u>**hängende Mundwinkel.**</u>

Alle Symptomatiken SIND **konfliktaktiv** und gehören zu stark beschädigten Seelen und damit Körpern, die NICHT gesund sind und ihre wahre Schönheit **verloren** haben, <u>bis heute</u>!

Du <u>hattest</u> nach diesem schlimmen Vorfall einen GABELWEG <u>zur Auswahl</u>:

LINKER Weg (**Herzseite = Fleisch & Blut:** von **Mutti** eingesperrt): Ich *werde* **gütig** und werde versuchen, so vielen Menschen wie möglich zu helfen.
Ich werde meine Mutti, **trotz allem,** was ich (nur noch unterbewusst) weiß, NIE verlassen, weil es die Frau ist, die mich geboren hat. Du **beschützt** Dein *eigenes* Kind und viele andere Menschen <u>vor Unrecht</u>!

RECHTER Weg (von **Vati** eingesperrt):
Ich *werde* eiskalt und berechnend und werde versuchen, **mich an so vielen Menschen wie möglich** zu **rächen**. Ich werde meinen Vater verlassen, weil er nie aufgehört hat, mir weh zu tun, und ich ihm EGAL bin! Du **beschützt** <u>niemanden</u>, nicht einmal Dich selbst!

AUSSCHLIESSLICH die 1. BLUTLINIE kann DICH so dermaßen beschädigen, dass Du KREBS bekommst. *Das sind:* Deine Eltern, Deine leiblichen Geschwister und Deine eigenen Kinder!
Sobald Du **verheiratet** bist, kommt Dein **Ehe**partner zu dieser Aufzählung hinzu.
Alle Krebsgeschehen, ob Dir bekannt oder nicht, werden ausheilen, wenn Du Deine (teils langjährigen) Konflikte anhand dieses Buches löst. (Krebs hat z. B. <u>überhaupt nichts</u> mit Asbest oder Amalgam zu tun.) ALLE unsere Krankheiten rühren insbesondere von unserer **1. Blutlinie** her: „Blut ist dicker als Wasser!" Nur *deshalb* können sie uns so *dermaßen* beschädigen. **Fremde** hätten uns das *nicht* antun können – es wäre uns nicht **ans Herz** gegangen!
NEURODERMITIS zieht man sich IMMER und ja, ich meine IMMER, **im Alter UNTER 7 Jahren** zu!!!!!!! <u>Nichts & niemand</u> kann euch heilen, außer die **Ursachenfindung** → Schleife aufziehen und Knoten öffnen. Es ist wie ein Geschenk!
Bei Neurodermitis gibt es *die Ausnahme des Schamkonfliktes* bei sexuellen Belästigungen. Hast Du Neurodermitis an den **Beinen**, möchtest Du aus Deinem Elternhaus davonlaufen.

Ich kann nur INNIGST für UNS ALLE wünschen, dass **NIE WIEDER** ein Weltkrieg geschieht, denn es sind Auswirkungen von **unmenschlichsten** Taten → sie schaden uns und unseren kleinen, unschuldigen, süßen, zarten Wesen, die uns in die Hände gelegt werden, **BIS HEUTE** und es würde sich **immer weiter** fortsetzen.
Die Sadisten *(jemand, der Freude daran hat, andere zu quälen)* – **in** uns – MÜSSEN **aussterben**!
Löst eure Konflikte und werdet <u>authentische, starke Menschen</u>, und zwar so, als hätte euch **NIEMALS** jemand auf dieser Welt etwas angetan oder euch beschädigt.
LIEBT den **Frieden** in und um euch herum!

Haare – Geheimratsecken

Wer in seiner Kindheit im Alter von **7 bis 14 Jahren** von einem *älteren* oder *stärkeren* **Geschwisterkind** (auch Halb- oder Stief-) **eingesperrt** wurde, musste ihm im Anschluss die **Stirn bieten** und bekommt sogenannte Geheimratsecken.

Je nachdem, wie *schlimm* dieser Vorfall für Dich gewesen ist, kann es sein, dass Du danach eine Kampfsportart erlernst. Der Gegenpart ist hier, dass Du dadurch ein *schwacher* Charakter wirst, der andere *nicht* verletzen kann, eher *fortlaufen* und als Erwachsener **niemals** jemanden einsperren würde ("harte Schale – weicher Kern").

Aus der wehrhaften Sorte Kinder *entstehen* Frauen + Männer, die sich Rockern, anderen Gangmitgliedern, Neo-Nazis oder Gruftis (Gothic-Szene) anschließen würden, *wenn* sich die Gelegenheit dazu bietet. Nun wisst ihr, *warum* sie so geworden sind. Es konnte gar nicht anders sein. Sie suchen **Verstärkung** unter ihresgleichen und den **Schutz der GRUPPE**: "Gemeinsam sind wir stark", *möglichst unangreifbar, weil* die Menschen dann *Angst* vor uns haben! Ihr zieht gern Tarnsachen an, fahrt schwere Maschinen (Motorräder), ausrangierte Armeefahrzeuge, habt Dinge an und bei euch, die andere abschrecken und euch stark aussehen lassen. Dazu gehören auch Tattoos und Piercings. Das ist wichtig, damit euch niemand zu nahe kommt! Euch ist schon genug Unrecht geschehen.

Hast Du *rote Äderchen um Deine Nasenflügel*, die **nie** verschwinden wollen, so ist dies der **BEWEIS**, dass Dich ein **Geschwisterkind** eingesperrt hat (*rot* = Zeichen für *blutsverwandt*)!

Haben Dich familienunabhängig andere Kinder eingesperrt, wirst Du ebenso Geheimratsecken haben. Hier macht es noch einen Unterschied, ob Dir diese Kinder/Jugendlichen fremd oder bekannt waren (Angstpotential). Waren es Dir fremde Menschen, werden die Ecken sehr hoch sein. So etwas ist **nie** nur ein Spaß!

Gefällt Dir Deine Optik mit den Geheimratsecken, wird sich **nichts** daran verändern. Falls Du Dir Deinen naturgegebenen Haaransatz jedoch zurückwünschst, wächst die Stirn bis dorthin wieder zu. Ein Anzeichen dafür, dass alles in die alte Ordnung kommen soll, sind Pickel an verschiedenen Stellen oder in der Nähe Deines jetzigen Haaransatzes.

Hat jemand (die *vermeintlich* „**niedlichen**"!) **Grübchen** in den Wangen (sichtbar <u>ohne</u> Mundbewegung), ist das eine Person, die <u>andere</u> **<u>ausgelacht</u>** <u>hat, als sie in</u> **Not** <u>waren</u>. **Ihr sieht** man nun **an**, dass sie <u>NICHT geholfen</u> und auch **noch gelacht hat**, als es einem anderen Menschen schlecht erging (Gehässigkeit)! Diese <u>Grübchen</u> sind ab sofort ein Mahnmal! Vor solchen Personen muss man sich in Acht nehmen – ihr **erkennt** sie ebenso an *weißen Flecken* oder *Streifen* auf den **Frontzähnen**! (Es sei denn, sie sind vom Zahnarzt bereits mit Verblendschalen überzogen oder es sind die 3. Zähne.)

Werden jüngere Geschwister von älteren bevormundet, beneidet, erpresst und/oder unterdrückt, können sich diese **nicht optimal** entwickeln und bleiben häufig **zu KLEIN**! Falls Dich so ein Sachverhalt betrifft, wächst Du ab jetzt zu Deiner wahren Körpergröße heran, egal wie alt Du bist!

Hals – Einschränkungskonflikte

Menschen, die eine *„Halsbräune"* anzeigen, haben in der Kindheit die starke Überzeugung vermittelt bekommen, **nicht** für *sich selbst* eintreten zu *können* und um das bitten zu *dürfen*, was sie brauchen und wollen. Du fühltest Dich als Kind stark eingeschränkt, durftest z. B. trotz so mancher Kämpfe mit Deinem Elternhaus nicht in die Disko wie alle anderen, Du bekamst Strafen, die Dich schwer trafen, und konntest in mancherlei Hinsicht im Klassenverband oder anderswo nicht mitreden. Das Sammeln *Deiner eigenen Erfahrungen* war komplett ausgebremst. Du hast gelernt, dass Du jemandem *umschmeicheln* musst, um *irgendwie* an Deine Ziele zu kommen. Ein **„brauner Hals"** bedeutet sinnbildlich das Sprichwort: „Du kriechst jemandem in den Allerwertesten!"

Halsschmerzen/Husten/Schluckbeschwerden – Wehrlosigkeitskonflikte

Du bist nicht in der Lage, auf bestimmte Verhaltensweisen und Worte, die Dir zugetragen werden und Dir NICHT gefallen, *angemessen* zu reagieren. Du denkst, der *vermeintlich* Schwächere zu **sein**, der aus dieser Situation *nicht ungeschoren* herauskommen würde! Z. B., weil Du meinst, körperlich *nicht* in der Lage zu sein, Dich zu *schlagen*, wenn es zu einer körperlichen Auseinandersetzung kommt! Deshalb *wagst* Du es **nicht**, zu sagen, was Du denkst und fühlst. Deine Wehr ist eingeschränkt. Verlassen <u>wichtige</u> Worte Deinen Hals und Deinen Mund **<u>nicht</u>**, bekommst Du **Halsweh**, **Schluckbeschwerden** (Du hast etwas „geschluckt"), oder bei Sachverhalten, die Dich noch mehr treffen, einen **Husten/ Bronchitis**. Du möchtest die Welt anschreien! **„Hört, wie ich belle!"** Du hast gelernt, in der Kindheit (0–7) *nicht* für Dich selbst sprechen zu *dürfen*! Du musstest Deinen Zorn aus Unterlegenheit <u>hinunterschlucken</u>. Deine Kreativität wurde erstickt. Dies zeigt sich z. B. daran, dass Du bei *künstlerischen* Hobbys, in denen Du **wirklich** Begabung hattest, recht schnell aufgabst.

Ab *heute* kannst Du endlich mit Leichtigkeit alles aussprechen, angemessen reagieren und Dich an Diskussionen beteiligen. Du wirst es schon in den nächsten Tagen bemerken!

Schluckauf – Stimmen Gedanken *und* Worte *nicht überein*, gibt es einen Schluckauf. Denk **nach**!

Männer, die **schnarchen**, fühlen sich ihrer Frau leider **<u>im Wege</u>** und andersherum. Die Folge sind oft getrennte Schlafzimmer, was zur neueren Bindung *vielleicht* hilfreich ist. Das Schnarchen nachts soll dem Partner zeigen: „Nimm mich wahr, hörst Du mich? Ich bin DA!" Es ist ein **Rebellionskonflikt**: Du bist für den anderen im ganzen „Alltagsgewusel" *unsichtbar* geworden.

Wollt ihr, dass eure Partner <u>*ab sofort* aufhören</u>, zu schnarchen? <u>Dann weiß ich ein geniales Mittel:</u> Macht ihn/sie glücklich und es gibt *keinen* Grund mehr zum Schnarchen. Wer **glaubt**, Sex in einer Ehe/Beziehung wäre über die Jahre hin *überbewertet*, der irrt sich gewaltig. Das Alter ist hierbei völlig <u>ohne Bedeutung</u>. Lebt eure Lust, solange es nur geht, auf <u>liebevolle Weise</u>!

Habt ihr Probleme mit der Halswirbelsäule, einen <u>starren Hals, Ge-</u><u>nickstarre oder einen steifen Nacken</u>? Alles in dieser Weise deutet darauf hin, dass *jemand* in eurem *nahen* Umfeld (**Familie**!) euch am liebsten den **Hals umdrehen** würde. Es gibt <u>keinen</u> anderen Grund! **Achtung:** Manchmal wollt ihr euch auch selbst den Hals umdrehen. Dann ist das eine Selbstbestrafung, dass ihr eine existenzielle Entscheidung, die euch supernah vor Augen gehalten wird, immer noch nicht getroffen habt!

Abschließend noch die Symboliken für einen **kurzen** Hals = Entchen und einen **langen** Hals = Schwan. Dies steht für **beschädigte** und **unbeschädigte** Seele!

Wurde als Kleinkind auf Dich eingehauen („immer drauf"), ziehst Du den Kopf ein → auf den Hals. Dieser bleibt kurz und der Kopf proportional zum Rest Deines Körpers (zu) klein! Bei Mädchen ist hier traurig, dass hübsche Ketten an ihren kurzen Hälsen *wenig* Wirkung zeigen. Euer Hals sowie auch die Kopfgröße werden nun in der nächsten Zeit stimmig!

Hämorrhoiden * – Wutkonflikte

* knotenförmig hervortretende Erweiterung der Mastdarmvenen um den After herum (Internet)

Diese Menschen haben in ihrer Kindheit *schlimme Dinge* erleben müssen, wie Schläge, schwere/harte Arbeitsaufgaben und lieblosen Umgang. Deine Eltern waren, aufgrund ihrer eigenen Erfahrungen (Konfliktgeschehen), leider *nicht* in der Lage, Dir ein liebevolles Zuhause zu bieten. Sie waren so stark beschädigt, dass sie nur auf diese Weise mit Dir klarkommen konnten.

Menschen mit Hämorrhoiden haben Angst vor dem Tödlichen, große Wut auf die Vergangenheit und dennoch Furcht loszulassen (denn es waren ja *die Eltern*). Sie fühlen sich belastet. Wenn euch alle Situationen dergleichen einfallen, seid ihr frei davon und die Hämorrhoiden heilen ab. Ähnliches gilt für *alle* Probleme mit dem **After** (siehe Buchtipp hinten, Louise L. Hay).

Hand-Fuß-Mund-Krankheit – Gruppenstreitkonflikt

Gibt es große Streitigkeiten innerhalb einer Deinem Kind oder auch Dir *wichtigen* Gruppe, kann es zu den Symptomatiken der o. g. „Krankheit" kommen. Fieber zeigt vollkommen überhitztes Denken, verminderter Appetit entsteht durch plötzliches „Egalsein" des Lebens, Halsschmerzen zeigen, dass Du Dich nicht ausreichend gut gewehrt hast, was roten Fleckchen an der Mundschleimhaut, der Zunge und am Zahnfleisch *bezeugen*, nämlich, dass Du wichtige, verteidigungsbereite Worte, die Dir **auf der Zunge lagen**, zurückgehalten hast. Es waren schwerwiegende Streitigkeiten mit Folgen für Dein weiteres Leben. Es kann auch Mobbing gewesen sein, vor allem, wenn es Erwachsene betrifft.

Haut (schlechte)/div. Hauterscheinungen/Mitesser/Pickel/ Akne – Beschmutzungskonflikte

Ein 12-jähriges Mädchen wird vom Bruder ihres Großvaters auf den Mund geküsst, mit Zunge. Sie sagt es niemandem, um den Großonkel zu schützen, weil sie ahnt, wie viel Ärger er bekommen könnte. (Heute weiß ICH, dass die dazugehörige Ehefrau Rheuma bekommen hätte – diese schlimme Krankheit hat das Mädchen ihrer Großtante **erspart**!) Sie fühlt sich dennoch beschmutzt und bekommt dafür in der nächsten Zeit und lange noch später *Mitesser* im Bereich rund um den Mund und auf dem Kinn. Diese verschwinden erst mit knapp 50 Jahren, als der Konflikt von damals gelöst wird. Die Erinnerungen waren extrem schwach/stumpf.
Jegliche kosmetischen Versuche von innen und außen waren **gescheitert**.
Hier kam noch ein 2. Beschmutzungskonflikt hinzu, indem dieser Großonkel das junge Mädchen **zwang**, mit ihm gemeinsam einen *(zum Glück leichteren)* pornografischen Film anzuschauen. *Danach* wollte er *entsprechende* Handlungen von ihr abverlangen, die sie

jedoch **tapfer** abwehren konnte! DAS gelang ihr aber NUR, weil der alte Mann im **ROLLSTUHL** saß! Als sie erwachsen war, konnte sie logischerweise NIEMALS Pornofilme schauen (zu ihrem seelischen Glück, denn diese Art Filme erzeugen mindestens Fremdschamkonflikte) und fand bis zur Konfliktlösung in 2020 Sexgeräusche von Fremden unerträglich (z. B. in Pensionen). Dies wird sich offensichtlich nicht mehr ändern.

Fälle von „Beschmutzung" sind *diverse peinliche* Dinge, bei denen man **erwischt** wurde und Schimpfe bekam (ohne sich zu wehren), im See zu baden, wobei einem „ein Stoffwechselprodukt" entgegengeschwommen kommt und man es niemandem berichtet, von dem es *verharmlost* werden könnte. Dies führt, ebenso wie Gedanken, dass andere in das Wasser *pullern* könnten, dazu, dass man nicht mehr gerne baden geht und dass sich Mitesser (Beschmutzung!) auf dem Brustbereich, dem Bauch und dem Rücken breitmachen. In schweren Fällen trifft es auch die Oberschenkel. Das Gleiche gilt, wenn Du zusammen mit Tieren badest (Wanne/Pool).

Beim Baden kann es ebenso Beschmutzung geben, wenn man sich *eigentlich* vor dem Schweiß, der Spucke sowie den Absonderungen der Sonnenmilch/-creme (die armen Fische!) ekelt.

Ähnliches gilt, wenn ein Kleinkind von jemandem mit Wasser angespritzt oder geärgert wird, wenn es **nicht** hineinmöchte (Beschmutzung, Ärger, Angst, Schreck).

Macht man als Kind *aus Versehen* das große Geschäft in die Badewanne und ist nicht gleich jemand greifbar, wird es denselben Effekt haben. Ein Konflikt wird so etwas immer <u>erst DANN</u>, wenn jemand *unangemessen* reagiert (schimpft/haut) und das betroffene Kind sich **nicht** wehrt/verteidigt.

Setzt man Geschwister (oder Kinder allgemein) <u>gemeinsam</u> in **eine** Badewanne, <u>ohne</u> vorher ihr <u>Einverständnis</u> dafür einzuholen, führt dies zu einem Beschmutzungskonflikt (unabhängig, ob einer der Kinder sein Geschäft in die Wanne macht oder nicht). Es folgen *ab der Pubertät* Mitesser und Pickel – praktisch am ganzen Körper ist das möglich. Hier trifft es sogar die *Brustwarzen*, bei allen Kindern, die mit dem *gegenteiligen* Geschlecht unfreiwillig baden mussten (Schamkonflikt), es sei denn, es wurde vorher gefragt und erklärt. Dasselbe trifft zu, wenn Dir jemand beim Baden und Waschen zuschaut, Du das jedoch nicht wünschst. Werden Badezusätze benutzt, die Dir nicht gefallen, entsteht ein Ekelkonflikt. Alles, was Du *freiwillig* machst, ob in einer Gruppe gemeinsam zu duschen oder am FKK baden zu gehen, bleibt *ohne* Schaden.

Einen recht gravierenden Beschmutzungskonflikt auf der Haut (Mitesser Nase/Kinn, inklusive Altkotablagerung) gibt es, wenn der Vater seine Tochter **wie eine Frau** betrachtet und die Mutter ihren Sohn **wie einen Mann**. Dies kann z. B. an einem Badestrand geschehen. Einerseits ist es eine Ehre und Stolz seitens der Elternteile, andererseits eine große *Verlegenheit* für die inzwischen *jugendlichen* Kinder. Berührt Dich jemand (auch ein Kind) *ungebührlich*, zum Beispiel im Brustbereich, und andere sehen das, gibt es einen Peinlichkeits- und Beschmutzungskonflikt. Machst Du Liebe mit (D)einem Partner und er ist in dem Moment eher ungepflegt, wirst Du Dir zwischen der Brust nach unten hin zum Bauchnabel zeigend Hautunreinheiten zuziehen.

Seid ihr beim **Spielen** auf der Wiese oder auf dem Spielplatz aus Versehen und aus Unachtsamkeit mit **Hundekot** in Kontakt gekommen, egal ob ihr diesen dann auf eurer Haut oder „nur" auf der Kleidung/an den Schuhen entdeckt und gerochen habt, ist euch ein Beschmutzungskonflikt passiert. Davon gibt es Pickel auf dem Rücken oder den entsprechenden damals nackten Hautstellen (möglicherweise am Hals). Eine mehrfache Konfliktlösung ist hier bei *Überlagerungen* nötig.

Wer gezwungen ist, für sein Überleben im Müll zu wühlen und teils verdorbene Ware zu essen, beschmutzt sich damit leider sehr. Dasselbe gilt für das Aufsammeln von Müll. Dessen muss man sich bewusst sein.

Hindert man Kinder, ihre eigenen Erfahrungen zu sammeln und daran, sie praktisch „wie ein freier Vogel" fliegen zu lassen, wird die Nase beschmutzt. Es gibt Mitesser auf dem Nasenbein und auf den Nasen**flügeln**, die sinnbildlich für Freiheit stehen. Die Nase beschmutzt und verformt sich praktisch durch Bevormundung und Unterdrückung. Dasselbe passiert, wenn die eigene Freiheit durch Partner und/oder Kinder unterdrückt wird und Du Dich in Deinen wahren Interessen von Dir selbst blockieren lässt.

Ebenso wird derjenige beschmutzt, der (zu jung) Filme von *schlechter,* seelischer Qualität anschaut (Ekel), was noch anderen Schaden anrichten kann, *nicht nur* auf der Haut. Das sogenannte Herpesvirus wird *erst dann* aktiv, wenn es Futter bekommt. Solche Arten von Filmen gehören dazu (Augen-Herpes), ebenso wie Gerüche, von denen man *gelernt* hat, dass sie ekelhaft sind (Herpes in der Nase), und Schreckmomente, Ekel vor Dingen (Mund rechtsseitig) oder Ekel vor Menschen/Tieren (Mund linksseitig/Herzseite). Genauso lassen *Fieber, Schüttelfrost* und totale *Überanstrengung* Herpes entstehen (über und unter der Lippe). Löst man **alle** möglichen **Gründe** auf, ist die Chance *sehr groß*, dass man sich **nie** wieder mit diesen lästigen, schmerzhaften Bläschen herumplagen muss.

Eine einfache Blase auf der Unterlippe gibt es von einer Nachricht, die Dich entsetzt hat. Meist ist es etwas, das einem anderen geschehen und für Dich unvorstellbar ist.

Stecken Kinder alles Mögliche in den Mund: alte, abgekaute Kaugummis, auf dem Gehweg herumliegende Bonbons, alte Zigarettenkippen, Sand, Erde, Steine und Schlimmeres wie Hühner- oder Hundekot, dann **sind** dies bereits **sehr stark** beschmutzte und beschädigte Kinder! Einen anderen Grund für dieses ungeheuer traurige Warnsignal gibt es **NICHT**! ACHTUNG ebenso, wenn Kinder ihre **Plüschtiere** mehr lieben und beachten als Menschen!

Manchmal kommt es dazu, dass **Tiere** (auch im Tierpark) **Kinder anpullern**. Das soll den Erwachsenen ebenso als extrem großes **Warnzeichen** dienen, wie beschädigt dieses Kind bereits ist! Für das Kind ist es allerdings ein neuer, großer Konfliktschock und das Signal bleibt seitens der Erwachsenen wohl bisher meistens unerkannt.

Der nächste **Beschmutzungskonflikt** ist eine **Entbindung**, bei der es *ungebührlich* hart zugeht, mit **Dammriss** (egal wie stark), Zange, Saugglocke und größeren Komplikationen. Fühlst Du Dich hier völlig alleingelassen/einsam, beschämt und ist das für Dich eine Tortur, kommt es, durch diverse empfundene Peinlichkeiten, zu Mitessern rings *um die* und *sogar auf* der Brustwarze, was Frauen natürlich sehr quält und wenn es nicht aufgelöst wird, für immer bestehen bleibt.

Frauen, die in so einer Situation gelassen und bei sich selbst bleiben, denen geschieht nichts. Auch bei einem Damm**schnitt** ist alles in Ordnung/sauber!

Wer meint, z. B. vom vielen Sitzen auf der Arbeit einen pickeligen Po zu haben, irrt, denn diese Annahme ist falsch. **Pickel am Po** entstehen durch den Beschmutzungskonflikt im Zusammenhang mit dem **Dammriss!**

Beschmutzungskonflikte können ebenso durch *sexuelle Handlungen* entstehen, wenn man mit den Vorgängen *nicht so richtig* (dem Partner zuliebe) oder *gar nicht* einverstanden ist. Umso unwürdiger, desto mehr Beschmutzungskonflikte hast Du bereits in Dir, denn **nur** Frauen und Männer, die schon *Beschmutzungskonflikte* **in sich** haben, *können* unanständig behandelt werden. Bei **reinen** Menschen würde der Partner das unterlassen.

Wer mit seinen intimen Erlebnissen prahlt, beschmutzt sich selbst, seinen Intimpartner (egal ob dem Gegenüber bekannt) sowie den Zuhörer. Erzählt der Zuhörer etwas davon weiter, gibt es erhabene Pickel am unteren Po. (Deshalb haben das nicht nur Frauen vom Dammschnitt.) Befinden sich diese Pickel links am Po, hast Du Dich selbst beschmutzt, würdest das Gehörte jedoch nie an Dir dulden oder ausüben. Hast Du die Pickel rechts am Po, hast Du Deinen Partner beschmutzt und solche gehörten Dinge ausprobiert. Einen eitrigen Po, ja so etwas gibt es, bekommst Du von Pornofilmen „on mass". Nimmst Du beim intim sein Praktiken in Kauf, die Dir **unangenehm** sind (Deinem Partner jedoch bevorzugt gefallen), wirst Du die darauffolgenden Aggressionen woanders freisetzen (Arbeit, Freizeit). Du *sehnst* Dich dann unbewusst nach Ärger und auch Selbstbestrafung. Ausgefallene Praktiken beim Geschlechtsverkehr entstehen durch Zwangsverhalten, welche in der Kindheit erlernt wurden, z. B. starke Unterwürfigkeit/Demut, was dazu führt, beim Partner Dominanz ausleben zu wollen oder die erstgenannten Eigenschaften fortzusetzen. Hast Du einen warzenähnlichen, größeren Pickel auf dem *linken* Oberschenkel (Herzseite), etwa 10 cm über dem Knie, dann hast Du einen Heiratsantrag angenommen, obwohl Du **nie** heiraten wolltest. Dieser Pickel mahnt Dich, dass Du gegen Deine Überzeugung gehandelt hast und diesen Schritt (deswegen auf dem Bein über dem Knie) in die Zukunft gehst, den Du *eigentlich* nicht wolltest. Dieser ewige Pickel, der nie verschwinden wollte, wird sich ab jetzt zurückziehen. Sitzt seit vielen Jahren eine harte, kleine Flechte auf Deinem linken, großen Zeh, zeigt sie Dir an, dass die Fürsorge Dir selbst gegenüber auf der Strecke geblieben ist. Du hast Dich selbst in Deinem Leben um Vieles betrogen, weil Du unaufrichtig Dir und Deinem Partner gegenüber *warst*. Die Flechte gehört in die Zukunftskonflikte, wie alles auf den Füßen. Wenn Du nie Knieprobleme oder Hallux Valgus hattest, wird es so sein, dass Du Deinen Partner **niemals freigeben** würdest, was auch immer geschieht. Du willst ihn behalten, weil Du ihn subjektiv als am schönsten von allen einschätzt, und findest den Gedanken unerträglich, dass ihn jemals ein anderer „besitzen" könnte. Du bist in aller Logik ein materialistisch geprägter Mensch, wie sie im Kapitalismus *immer häufiger* zu finden sind. Weil die Flechte in der nächsten Zeit verschwindet, weißt Du, dass es wahr ist.

Hast Du Pickelchen oder Ausschlag an den **Oberarmen**, hat Dich jemand umarmt, bei dem Du es nicht mochtest und ohne Reaktion bliebst. Hättest Du demjenigen gesagt: „Bitte unterlasse das, ich mag es nicht", wären Deine Oberarme samtig geblieben.

Pickel auf der **Stirn** sagen aus, dass Du Dir aufgrund von Dich beschmutzenden Aussagen, speziell von Deinen Eltern und/oder Geschwister(n), sinnbildlich beständig an die Stirn fasst (Vogel zeigen). Umso mehr Du Dich dieser schlimmen Worte annimmst, desto drastischer wird Deine Stirn „blühen". Ist die **Verhornung** der Haut *mit den Jahren* auf der Stirn am stärksten, hast Du die meisten Konflikte im Bereich des *Nachdenkens* über Deine Behandlung, als Du noch ein Kind gewesen bist. Ist Dein Gesicht in der Pubertät so gut wie komplett „verpickelt", wirst Du in einer Tour hart beschimpft.

Pickelchen inner- oder unterhalb der **Augenbrauen** zeigen Dir an, dass Du etwas gesehen hast, was Du verachtest oder Dir zuwider ist. Auf *fremden* **Toiletten** kann man sich, wenn diese *weniger reinlich* sind, ebenso einen Beschmutzungskonflikt zuziehen. Ähnliche Dinge fallen euch selbst ein, wie Zeltplätze (auf denen es früher oft „Plumpsklos" gegeben hat), Schwimmbäder/-hallen mit ihrem gechlorten Wasser, in dem sich zig Menschen tummeln usw.! Beschmutzungskonflikte gibt es ebenso, wenn man *mit den Zähnen* Flaschen öffnet (Kronkorken) und Verpackungen aufreißt.

Hinterlässt euer Kind (bis 16 Jahre) etwas Schmutziges an einem Ort, war **der Ort** schmutzig. Es ist ein Zeichen, dass Du mit Deinem Kind z. B. im Urlaub eine *unwürdige* Unterkunft bewohnt hast, wodurch die *gesamte* Familie beschmutzt wurde.

Wer sich für ärztliche Untersuchungen (mehr oder minder unfreiwillig) **entkleiden** muss, vor allem die Schambereiche und bei Frauen ebenso die Brust, der zieht sich Beschmutzungskonflikte zu. Zur Scham hinzu kommen Peinlichkeitskonflikte und die (teils sehr starken) Angstgefühle.

Beschmutzungskonflikte kommen über Dich, wenn Du bei etwas ertappt (Masturbation), beim Duschen oder Nacktbaden (FKK) gesehen wurdest, ohne dass Du es wolltest oder nur mitgemacht hast (Gruppenzwang) und es vor Dir selbst nicht vertreten konntest.

Pflegt ihr Angehörige oder seid in der **Altenpflege** tätig, kann es sein, dass ihr euch unterbewusst beschmutzt fühlt, wenn ihr diese Menschen baden/waschen und aus dem Waschwasser herausholen müsst. Es ist ähnlich wie beim Baden, wenn einem etwas entgegenschwimmt, was man abstoßend findet. Die Waschung einer anderen Person kann ähnliche Gefühle hervorrufen, wenn euch das Wasser nach dem Baden als *verschmutzt* erscheint.

Im Allgemeinen ist die **Körperpflege anderer** für viele Menschen eine Herausforderung. Beschmutzung geschieht *möglicherweise* (wenn ihr empfindlich seid) durch Finger-/Fußnägelschneiden, Rasieren und Haareschneiden. Umso *befremdlicher/abstoßender* ihr die Handlung *empfindet*, desto schlimmer.

Hinzu kommt erschwerend in einigen Berufen der *Rettung* und *Krankenpflege*, dass die bewundernswerten Helfer in die *Ausscheidungen* anderer Menschen fassen müssen (Urin, Kot, Erbrochenes). Wer dies nicht besonders gut wegsteckt, dem geschieht ein Beschmutzungskonflikt.

In **Zukunft** NICHT MEHR, weil es euch **bewusst** geworden ist.

Mit Beschmutzungskonflikten sind ebenso **Reinigungs-/Gaststätten-** und **Hotelfachkräfte** konfrontiert. Sie kümmern sich um alles, was andere Personen (Beschmutztes) stehen und liegen lassen. Auch das Bettenabziehen für Fremde kann einen solchen Konflikt auslösen.

Insbesondere bei Neurodermitis und Beschmutzungskonflikten auf der Haut kommt es leider zu **Überlagerungen** von Konflikten. Der Schlimmste liegt immer obenauf. Löst man einen, kommt der **nächste** zum Vorschein, *falls* es diesbezüglich mehrere gibt. Ein wichtiges Zeichen, alle Konflikte gelöst zu haben, die mit **Altkot** einhergehen, ist eine innerlich reine Nase. Alle Konflikte der **Beschmutzung** hat man gelöst, wenn die Haut äußerlich absolut rein ist und bleibt.

Spaziergänger:
Über viele Jahre schon beobachte ich, dass viele der Menschen *immer weniger* spazieren gehen.

Wie kommt das? Ich fand heraus, dass immer mehr Menschen Angst haben, sich zu zeigen (wie man ist/aussieht) und sich zu begegnen. Was denkt/redet der andere von mir? Wird mich jemand ansprechen? (Ich will nicht.) Sie haben Angst vor Menschen.

Nicht mehr hinausgehen zu wollen, ist ein **Selbstwertkonflikt** und die Folge von allen aufgezeigten **Beschmutzungskonflikten**: Ihr fühlt euch nicht mehr wohl in eurer Haut, nicht mehr vorzeigbar. Ihr lasst euch nur ungern fotografieren und seht euch auch nicht gerne auf Fotos an. Umso beschmutzter Du *innerlich* bist, desto *stärker* wird Dein Körpergeruch sein. Umso *reiner Du* mithilfe des Buches wirst, desto *besser* wirst Du *aus Dir selbst* heraus riechen (duften)!

Du wirst mit Sicherheit wieder Lust verspüren, hinauszugehen und auszugehen! ❤

Hauterscheinungen – Ekel-/Frustrations-/ Unachtsamkeitskonflikte und mehr

Kämpft jemand mit (Dorn-)**Warzen, Nagelpilz, Furunkeln, Grieskörnchen/-säckchen** u. ä. unschönen Erscheinungen, die einen Menschen leiden lassen, handelt es sich um **Ekel** vor sich *oder* anderen, vor eigenen *oder* fremden Taten, dem eigenen Aussehen *oder* dem anderer. Ebenso zählen hier falsche Glaubenssätze hinein: „In der Schwimmhalle ziehe ich mir **Warzen** zu." Dies ist falsch. Entweder **glaubt** man daran oder man hat sich *in der Tat* beim Schwimmen mit Fremden oder beim Herumlaufen auf den Fliesen, auf denen auch *andere* nackte Füße laufen, **geekelt**, was *per sofort* aufgelöst ist!
Nun die Hauterscheinungen alphabetisch geordnet:
Altersflecken entstehen durch *Inakzeptanz des Älterwerdens*, vor allem auf den **Händen**, welche das Alter des Menschen aufgrund der Hautfaltenzeichnung besonders stark anzeigen.

Bindegewebe: Schwangerschafts-/Dehnungsstreifen – **Konflikt des Nichtdurchhaltenkönnens**
Wenn der Bauch und die Brust immer größer und schwerer werden, *kann* dieser o. g. Konflikt entstehen. Wenn Du GLAUBST, *nicht mehr* durchhalten zu können, dann reißt Dir das Bindegewebe zur Entlastung der Haut. Da *komischerweise* allgemein bekannt ist, dass Bindegewebe **nie mehr heilen** würde, glauben wir Frauen das. Lösen wir jedoch *diesen* Konflikt, **wird** es heilen. Habt ihr euch manchmal gewundert, dass auch Männer, die doch *ein viel stärkeres* Bindegewebe haben sollen, Risse darin haben? Dies geschieht durch zu schnellen Muskelaufbau oder Gewichtszunahme. Auch bei diesen Männern werden diese Stellen nun heilen.
Falscher Glaubenssatz: Bindegewebe der Brust reißt durch Sport oder starke Bewegungen ein. Löse ihn!

Blutschwämmchen sind *fast* immer **angeboren**. Hier gab es einen **Unachtsamkeitskonflikt** im Mutterleib. Je nachdem, **wo** sich die Stelle des Schwämmchens befindet, gab es eine *Verletzung* während der Schwangerschaft aus *Unachtsamkeit*. Entweder ist eurer Mama etwas ins Gesicht oder auf den Kopf gefallen, sie hat sich irgendwo stark gestoßen oder ähnlich verletzt. Das ist ein **Warnzeichen** für die Mutter, dass sie während einer möglichen *nächsten* Schwangerschaft *achtsamer* mit sich umgehen soll. Erzählt *das* euren Kindern, egal wie alt sie sind, und ebenso, dass ihr das Zeichen **nun verstanden** habt. Dann kann dieses Kind, welches _für seine künftigen Geschwister_ einen **Makel** davongetragen hat, heil werden. Das Blutschwämmchen wird sich in der Folgezeit eintrocknend zurückziehen! Dies geschieht jedoch nur, wenn die <u>Mama</u> es selbst sagt. Andere Personen sind dafür leider nur hilfreich, wenn die Mutter <u>nicht mehr lebt</u>.
Blutschwämmchen auf der **Nase** (die _nicht_ angeboren sind) zeigen an, dass es durch einen Schicksalsschlag zu einer *Schiefstellung* der Nase kam. Dein Leben ist aus der Bahn geraten. Ist Deine Nase wieder <u>gerade</u>, wird das Schwämmchen <u>von selbst verschwinden</u>, weil die Ursache fort ist: Es muss kein Signal mehr geben, dass etwas mit Deiner Nase (Deinem Leben) nicht stimmt!
Wer einen Pickel auf der *Nasenspitze* bekommt, dem wird gezeigt: „Man sieht Dir etwas an der **Nasenspitze** an, was Du eigentlich verbergen

möchtest!" Überlege: Lohnt es sich, etwas für *Dich* so *Wichtiges* zu verbergen? Ist es vielleicht besser, es kommt *ans Licht* (z. B. Verliebtsein oder dass Du Deine Arbeitsstelle gekündigt hast)?

Hast Du einen hartnäckigen Pickel im **Nackenbereich**, dann heißt das, es sitzt Dir etwas im Nacken, womit Du **fertig** werden willst (länger unerledigte Aufgabe, blockiert durch **fehlende Zuarbeit** von **Dritten**!).

Cellulitis/Orangenhaut ist ein **Selbstbestrafungskonflikt** für erlittene Pein am Körper, z. B., dass „Frau" zu dämlich war, *ohne* Schwangerschaftsstreifen durch die Schwangerschaft zu kommen! Kaum eine Frau kommt *unbeschädigt* durch diese anstrengende Zeit (Brust, Bauch, Po, Oberschenkel). Diejenigen, die manchmal Glück hatten, erlebten Frühgeburten. Ein Baby zu bekommen soll doch *keine Strafe* für unsere Figur sein! Kleine rote Äderchen (*„Besenreiser"*) an den *Oberschenkeln* entstehen im *Zusammenhang* mit den Hautdellen der Cellulitis. Sie werden verschwinden. Das **Lipödem** gehört zu diesem Sachverhalt. Hier findest Du über einen langen Zeitraum mit einem gravierenden Geschehnis in Deinem Leben keine Ruhe.

Couperose gilt als Frühform (erste Anzeichen) von **Rosazea** – lese bitte dort.

Eiterpickel und **Ekzeme auf** der **Kopfhaut** zeigen an, dass ihr einer Person für ihr Benehmen am liebsten an irgendeiner Stelle eures Kopfes **einen Vogel** zeigen wollt oder ihm auf den Hinterkopf schlagen wollt (Kopfnuss), ihr dies aus Furcht/Respekt jedoch nicht tun könnt oder dürft. Es besteht ein großes, mentales Problem mit dieser Autoritätsperson. Hier sollte zwischenmenschlich angemessenes Benehmen Einzug halten, z. B. in Sportvereinen.
Ellenbogen (raue, verhornte) sind ein extremes Signal dafür, dass Du der *Überzeugung* bist, Dich nur mit Deinen Ellenbogen durchs Leben *schlagen* zu können! → Kapitalismus wie aus dem Lehrbuch!
Fingernagelpilz entsteht am **linken** Zeige- (Ego & Angst) und Ringfinger (Vereinigung & Trauer), wenn der Partner erfährt, dass sein liebster Mensch mit einem anderen intim geworden ist (*Kuss* oder *mehr*).

Nagelpilz **an allen Fingern** entsteht, wenn man sich für <u>eigene</u> Denkweisen/Handlungen verurteilt: „Ich ekele mich **vor mir** selbst!" Hier trifft es leider Menschen mit *Neigungen*, die von der Masse unverstanden bleiben. Habt **MUT**, den *Schmutz* nach *oben* zu holen und herauszulassen – in Eigenverantwortlichkeit und Selbstheilung! Geschieht jedoch erneut **eine einzige** unsittliche Handlung, wird der ekelhafte Nagelpilz euch **zeichnen** und **nie mehr** vergehen!

Fußpilz trifft die festen **Fußnägel** als ein Zeichen der besonders starken Frustration, von einer *Dir wichtigen* Person nicht akzeptiert zu werden → als der Mensch, der Du bist! Es betrifft *immer* die großen Zehen: Sie stehen für Intellekt und Sorge. Gebe Dir die Erlaubnis, leichten Schrittes voranzugehen. Es ist gut, weiterzugehen!

Gaumen (geschwollen) – Gibst Du jemandem einen **Kuss** und liebst ihn **nicht** oder gibt Dir jemand einen Kuss, den DU <u>nicht</u> liebst, dann wird <u>Dein</u> **Gaumen** Dir anzeigen, dass dies ein **Fehler** war. Du wirst Schwellungen am *vorderen* Gaumen im Bereich der Frontzähne haben oder sogar entzündete Gaumen, wenn dies öfter vorkommt (Prostitution). Hinzu zählt die Erscheinung, die man mit der Zunge am <u>hinteren</u> Gaumen als *kleine Löchlein* fühlt.

Küsse nur, wenn Du wahrhaft <u>LIEBST</u>! **Ein Mundkuss ist etwas ganz Besonderes!** Jeder Mundkuss, der nicht in Liebe geschieht, beschmutzt Dich (Mitesser Kinn). Dies gilt auch für Küsse von Elternteilen, Geschwistern und eigenen Kindern, die *nicht in Liebe* zu Dir stehen. Und: Ist der KUSS **nicht schön**, Finger weg von diesem eventuell für Dich möglichen „Partner".

Am Gaumen im Bereich *zwischen den beiden oberen großen Schneidezähnen* (knapp dahinter) wird es eine Erhebung geben (leichte Entzündung), wenn Du eine Person küsst, die **vorher** von einer *anderen* Person geküsst wurde, **falls** Du der *Annahme* bist *oder* es *gesehen* hast, dass der andere (der bekannt oder fremd sein kann) auf **dieselbe** Stelle geküsst hat.

Grieskörnchen auf *und* **unter den Augenlidern** zeigen Dir: Du hast Dir *unüberlegt* irgendeinen „Unsinn" angeschaut und kannst **Dir** danach *nicht mehr so richtig* in die Augen sehen. Hier kommt es vor, dass sogar **<u>kleine Blutergüsse</u>** <u>unter den Augen</u> entstehen, wenn Du der Meinung bist, etwas dermaßen *Beschämendes* gesehen zu haben, wofür Du Dir die Augen *ausstechen* könntest (Symbolik). **Griessäckchen** befinden sich im Nackenbereich. Hier möchte man am liebsten jemanden am „Schlafittchen*" packen. Es handelt sich um „Hahnenkämpfe" im Revier, z. B. in einem Dorf oder kleinerem Ort. Es sind zwei Männer, die aufgrund ihrer Stellung einiges zu melden haben!

* *„Jemanden fassen und zur Rechenschaft ziehen", wobei das Vergehen als eher geringfügig angesehen wird. Diese Redensart kann auch bedeuten, jemanden am Hemd- oder Jackenkragen zu packen.* (Internet)

Hautschüppchen (schwer ablösbare) im Gesicht und auch am ganzen Körper zeigen Dir, dass Du ein Mensch bist, der *schwer loslassen* kann = **Konflikt des „Nichtloslassenkönnens"**. Du wunderst Dich über raue Haut, obwohl sie sonst gesund ist. Die Haut lässt die Schüppchen wieder ganz natürlich los und wird glatt, wenn Dir bewusst wird, woran Du aus der Vergangenheit (alles) festhältst. **NUR** durch das Buch, welches Du in den Händen hältst, wird Dir **das gelingen**, denn **NUR DERJENIGE,** der **Altkot** im Darm trägt (von Beschädigungen **unter 7** Jahren), **hat** dieses Hautproblem, welches zu (vielen) Mitessern führt!

Leberflecken entstehen, wenn das Organ LEBER mit Deiner Lebensweise überlastet ist. Du machst zu viele Dinge, die Dir **keine Freude** bereiten und Du bist umgeben von Menschen, die Dir zu wenig Freude bringen. Ebenso bilden sie sich, wenn Du mit einem Merkmal Deines *Gesichtes* (Mund, Augen, Zähne, …) oder des *Körpers* (Brust, …) unglücklich bist und es wenig ansprechend findest. Magst Du Deinen „Schönheitsfleck" (wie er auch benannt wird), bleibt er Dir erhalten. Verformungen von Leberflecken finden dann statt, wenn es den Glauben daran gibt und/oder eine starke Beobachtung des Fleckes stattfindet (Angst). Bevor sich Leberflecke nach Konfliktlösung ganz zurückziehen, verschwimmen sie auf der Haut. Habt etwas Geduld. **Muttermale** (Körper) und **Feuermale/-zeichen** (Gesicht) sind **angeboren** und **Ermahnungskonflikte**, die bereits **im** Mutterleib stattfanden!

Gibt es ein Muttermal auf dem unteren **Rücken (Farbe: hellrot)**, ist Deine Mami **während der Schwangerschaft** von einem anderen

Menschen auf den Rücken **geschlagen** worden. Gibt es ein Feuerzeichen im **Gesicht (feuerrot)**, wurde Deine Mami, während Du im Bauch warst, ins Gesicht geschlagen. Ist das Feuerzeichen verschiedenfarbig (**Rot- und Blautöne**), wurde sie geschlagen und angespuckt, ist es **bläulich**, dann „nur" angespuckt. Der andere Mensch, der das getan hat, soll immer, wenn er **DICH** sieht, an seine schändliche **TAT** erinnert werden! War eure Mama zu *Kriegs- oder Nachkriegszeiten* schwanger, ist dafür z. B. manchmal ein **Soldat** verantwortlich!

Erscheint das meist **dunkelrote** Muttermal wie **gespritzt**, so war diese werdende Mutter zu Kriegszeiten schwanger und in große Gefahr geraten. Es zeugt von Blut und dessen Spritzern, wenn eine in der Nähe befindliche Person angeschossen oder erschossen wurde! Das Blut ist dieser Frau auf die Stelle gespritzt, bei der sich beim Kind das Muttermal befindet.

Ist das Feuermal **dunkel bis SCHWARZ**, was es heutzutage zum Glück nur noch ganz selten gibt, dann wurde die Mutter dieses Menschen, als sie mit ihm schwanger war, ins **Gesicht gepeitscht**. Es ist ein Peitschenhieb und sieht gefetzt aus. Deine Mutti wird vermutlich nach dem 1. Weltkrieg schwanger gewesen sein und Du bist schon sehr alt. Das Muttermal hat die **Farbe** der Peitschenschnur! Deine Mutter hatte eine entsprechende Narbe im Gesicht.

Schaut euch euer Muttermal **genau an**. Kannst Du etwas erkennen? Sieht es ähnlich aus wie ein Hund? Dann hat sich Deine Mama vor einem Hund erschrocken, weil er sie angriff, zwickte oder biss. Diese, *dabei im Bauch gewesenen Kinder* haben Angst vor Hunden, ohne einen nennbaren Grund in ihrem eigenen Leben, **nachdem** sie geboren wurden, zu wissen.

Ich habe ein Muttermal (hellrot) auf einem unteren Rücken gesehen, welches aussah wie eine „Brockenhexe" auf einem Besen. Hier ist es so gewesen, dass der werdende Vater, indem er seine schwangere Frau schlug, zu ihr rief: „Du bist so boshaft wie eine Hexe!" Daraufhin ist das Benehmen der Frau immer deutlicher dem einer Hexe geworden. Das Unterbewusstsein **hat** dafür gesorgt.

Sieht das Mal einer *Ziege* ähnlich, weißt Du, was der Schlagende zu dieser Frau gesagt hat.

Bedenkt, dass diese Frauen sich vorher ihren Männern gegenüber selbst *ungebührlich* verhalten haben. Sie haben sie herausgefordert oder provoziert. „Wie es in den Wald hineinruft, so **schallt** es heraus!" Mutter- und Feuermale zeigen **IMMER Tätlichkeiten**, NIE nur einen **Schreck!**

Auch wenn sich die Mama später *bewusst* **nur** an einen <u>Schreck</u> erinnert, **war** es eine <u>Tat</u>! Der Rest wurde im Unterbewusstsein **eingesperrt**, weil die Erinnerung daran zu schwer zu ertragen ist.

Deshalb können wir uns an manche boshafte **Taten und Worte überhaupt nicht mehr** erinnern und meinen, <u>das wäre</u> **niemals wahr** <u>gewesen</u>! DENNOCH SIND sie PASSIERT und sitzen in euren Körpern <u>fest</u> → **IN** eurem Konflikthaushalt!

Hast Du ein dunkles (Brauntöne), kreisrundes Muttermal auf der **Brustaußenseite** (ab der Pubertät), wurde die werdende Mutti damals an ihrer Brust ungebührlich berührt, z. B. gekniffen.

Hast Du ein braunes, rundes Muttermal an der Außenseite Deines **Halses**, wurde Deine Mutti während der Schwangerschaft am Hals gepackt. Dies geschah zum Beispiel, wenn sie zu einem Kuss genötigt wurde.

Zu den Muttermalen gehört ebenso die **Hasenscharte**, die auf einen Konflikt im Mutterleib zurückzuführen ist. Hier ist es so, dass der werdenden Mutter <u>mit dem Handrücken</u> kraftvoll auf den Mund geschlagen wurde. Deine Hasenscharte wird verschwinden, insofern Du unoperiert bist.

Ebenso zu den Muttermalen zähle ich den **Haarwirbel**! Er beweist, dass die schwangere Frau von jemandem an dieser Stelle fest an den Haaren gezogen wurde.

Ziehst und arbeitest Du an Deiner **Nagelhaut** (Finger), dann ist das eine Art *Selbstbestrafung*. Du <u>weißt</u> wie weh das tut, wenn sie einreißt. Es gehört zur <u>Verzweiflung</u>, etwas zu tun, was Du **nicht** möchtest. Das kann auch eine dienstliche Position sein, die Dir ein (z. B. zwischenmenschlich zu hartes) Verhalten abverlangt, welches Du *nicht* leisten kannst <u>und willst</u>.

Pickel auf dem Wangenbereich gehören u. a. zu einer Nahrungsmittelunverträglichkeit und zeigen Dir Scham an. Hier hast Du das *entsprechende* Essen, was auch ein Eis sein kann, einmal jemandem weggegessen. Aus der nachträglichen Scham entwickelte sich die

Unverträglichkeit und beschert Dir jedes Mal, wenn Du **das** isst, Pickelchen auf der Wange. Die Schampickelchen oder roten Fleckchen werden ebenfalls auftreten, wenn Du jemandem helfen wolltest, aber nicht den Mut dazu hattest, oder Vertrauen gebrochen hast und Dich im Nachgang dafür schämst.

Pünktchen (kleine rote) sind kleine Pikser als Warnzeichen des Körpers. Du schaust immer wieder auf Dein *Dekolleté* oder Deinen *Bauch* und denkst: „Es ist *immer noch nicht* so schön, wie ich es mir wünsche!" Die roten Pünktchen zeigen Dir an: „Wenn Du keine Ruhe mit dieser Hautpartie gibst, lege ich nach und packe Dir Unschönes dazu!"
Nach diesem Buch wirst Du sowieso Deine optimale Schönheit entfalten! Sobald Du Dich umschaust, in Filmen, in Zeitschriften, in der Stadt, im Kino, in der Disko UND NICHT MEHR aussehen willst wie jemand anders, SONDERN GENAUSO wie DU – DANN hast Du es geschafft, Deine wahre Schönheit ans Licht zu bringen und **DU alleine** hast Dich in die SELBSTLIEBE geführt. Großer JUBEL ist hier angesagt! ♥

Rosazea *(chronisch entzündliche Hauterkrankung, typisch die feinen Äderchen der Gesichtshaut, vor allem im Bereich von Wangen, Nase, Stirn und Kinn erweitert, entsprechende Hautpartien erscheinen gerötet)*
Dies ist ein **Schamkonflikt** in Bezug auf **schlimme Taten** dem eigenen Kind *oder* dem leiblichen Geschwisterkind gegenüber. Er tritt erst ab dem Zeitpunkt ein, wenn ihr unbewusst **tatsächlich** Reue empfindet. Schafft ihr eine Entschuldigung bei eurem Kind/dem Geschwisterkind, heilt diese ERMAHNUNG „Rosazea" von ganz alleine ab! Es ist *eine* Dornröschen-Symptomatik (Rosa = Rose, zea = Weizen, der die Haut pikst und rote Flecken hinterlässt). Du erwachst aus einem Schlaf und siehst endlich klar mit der LIEBE zu Deinem Kind und/oder Deinem Bruder/Deiner Schwester!

Sommersprossen ermahnen Dich, mit Deinem makellosen Gesicht zufrieden zu sein – dies trifft **Kinder**, die noch eine *reine Haut* haben, aber lieber so aussehen möchten wie ein anderes Kind in der Nähe, welches sie bewundern! Du bekommst die Sommersprossen (die *nun* verschwinden), weil Du **anders** aussehen möchtest. Der Körper gibt

Dir diese Pünktchen und zeigt: „**JETZT** siehst Du <u>anders</u> aus!" (Im Winter sind sie übrigens <u>nicht</u> verschwunden, nur *blasser*.)

Sonnenbrand ist ein **Bestrafungskonflikt** – ich **zeige** mehr *Haut* als ich möchte, ich zeige mich im Bikini, obwohl ich mich so eigentlich *gar nicht sehen lassen* will/kann. Das Schälen nach dem Sonnenbrand zeigt Dir an: Du möchtest **raus** aus dieser Haut, genau an <u>diesen</u> Stellen (wo Du Dir selbst <u>nicht</u> gefällst).

Kindern, denen nie gesagt wird, dass sie einen Sonnenbrand bekommen, wenn sie nackt in der Sonne spielen, werden nie einen Sonnenbrand haben! Fühlt ihr euch komplett *wohl* in eurer Haut, wird euch der Sonnenbrand erspart bleiben.

Der **Sonnenstich** ist ein **Schamkonflikt**. Bist Du am See mit anderen Menschen baden und bekommst einen sogenannten Sonnenstich, dann hast Du Dich <u>vorher definitiv mit Jemandem</u> **gestritten**. Es ist, durch die *zusätzliche Wärme* draußen, ein **über**hitztes Gemüt (Fieber) und Du schämst Dich hinterher für diesen Streit. Er war erfolglos und unnötig. Häufig gibt es diesen Vorfall in Ferien- und Jugendcamps.

Wangenloch: Wenn Kinder ihre **Wangen** aufblasen und dabei im unteren Bereich des linken Kiefers ein *erschreckendes* Gefühl haben, dass Luft nach <u>innen</u> entweicht wie durch ein Löchlein, dann ist das ein **Hilflosigkeitskonflikt**. Dieses Phänomen werden Eltern sicherlich <u>nie</u> erzählt bekommen, denn dieses Kind hat <u>keinerlei Vertrauen</u> mehr. Vielleicht ist es euch aber als Kind selbst einmal passiert? Das bedeutet: Die Luft, die durch das Sprechen nach außen getragen wird, ist **vertan**. „Niemand hört mir zu, niemand versteht mich." Also kann ich die Luft gleich (in mir) drinlassen. Schmalere Lippen, mit einem wenig ausgeprägten Amorbogen (geschwungene Einbuchtung in der Mitte der Oberlippe) sind hier eine Folgeerscheinung.

Warzen entstehen im *Glauben an Hässlichkeit*, an Veränderungen, die mit dem Altern zu tun haben, die ihr *vermeintlich* hässlich findet. Ich sehe alte Frauen mit ihren vielen Falten und Zeichnungen des Lebens – sie haben Lippenstift drauf, leuchtende Augen, sie sind gütig und freundlich. Ich habe alte Männer gesehen, mit glanzvollen Augen, in die man sich sogar noch im Alter verlieben kann. Diese Menschen sind **schööön**, egal wie alt sie sind. Wer mit **Würde** altert, kann sehr stolz auf sich sein und wird sich seine

Lebensfreude erhalten! Stress, Sorgen, Ärger und Ängste sind (neben Neidkonflikten, zu denen ich später noch komme) die größten **Falten**bildner und weil Dir mit dem Älterwerden immer mehr davon verschafft und vermittelt werden, bekommst Du diese unliebsamen Furchen immer stärker.

Haarlose Warzen im Gesicht (bis zu 7 mm) entstehen ab dem Zeitpunkt, wenn Du beginnst, eine hässliche Tat an Deinem Kind **wahrhaft** zu **bereuen**. Es ist eine Mahnung und symbolisiert eine unabwischbare, dicke Träne für längst verjährte Taten (Mutter *linksseitig*, Vater *rechtsseitig*).

Diese Art Warzen gibt es auch auf dem Philtrum (Rinne unter der Nase zur Lippe) und zeigt, dass Dir viele boshafte Worte aus der Vergangenheit inzwischen sehr leid tun. An der *Größe des Durchmessers* lässt sich erkennen, wie **alt** Dein Kind dabei war (0–7 Jahre = Millimeter). Betrifft es *mehrere* Kinder, wird die Warze so groß wie das Kind, welches bei der Tat am ältesten war (bis 7 Jahre).

Eine relativ große, *flache* Warze entsteht an Deinem **rechten** Mittelfinger, wenn Dir im subjektiven Empfinden Dein Partner beim intim sein zu ungepflegt war und Du **nichts** gesagt hast.

Ein ungewöhnlich **breites** Philtrum sieht man häufig im Zusammenhang mit dicken Oberlippen. Es sind Personen, die viel und überzeugend reden *müssen, damit* andere ihnen glauben. Hier finden sich auch große Nasenlöcher (Selbstüberschätzung) und manchmal Glubschaugen wieder (siehe unter Augenformen). Ist diese Rinne eher flach, handelt es sich um sehr ehrliche, aufrichtige, jedoch eher ruhige Menschen.

Warzen im *Kinnbereich*, die behaart sind, weisen Dich hin, **nach**zudenken, was Du Dein Kind betreffend Wichtiges verbirgst. Die **Symbolik** dahinter ist der Zeigefinger (steht für Ego & Angst), der an euer Kinn zeigt (Denkerpose). Die Behaarung vermittelt: „Ich lasse Dir keine Ruhe!"

Warzen im *Stirnbereich* zeigen, dass Du Dir inzwischen durch das **Bewusstwerden**, was Du mit Deinem Kind angerichtet hast, selbst einen dauerhaften Vogel zeigst. Dies tritt spät im Alter ein, manchmal sogar erst dann, wenn Dein Kind vor Dir bereits die Erde **verlassen** hat.

Hast Du eine Menge *ganz kleiner, heller* Warzen *unter dem Brustbereich*, ist das ein Zeichen, dass Du Deinen Busen in *Größe und Form* nicht besonders schön findest.

Zeigt sich Dein linkes **Profilbild** (Mutterseite) _schöner_ als das rechte (Vaterseite), dann WÜNSCHST Du Dir, dass Deine Mutter besser zu Dir gewesen wäre als sie war und andersherum in Bezug auf den Vater. Auch spielt es eine Rolle, ob eines Deiner Elternteile bereits jung (unter 50 Jahren) verstorben ist. Schminkt sich Deine linke Gesichtshälfte _unbewusst_ anders (schöner) als die rechte, bedeutet das: „Ich muss für meine Mutter schöner/besser sein, damit sie mich (endlich) liebt".

Herz – Versagenskonflikte

Möchte man seinen Partner im Laufe der Ehejahre **verlassen**, plant dies bereits im Bewusstsein und tut es dann _nicht_, kann es durch den Kummer in der Ehe langwährende emotionale Probleme, Mangel an Freude und Verhärtung des Herzens geben. Ebenso führt der Glaube an Stress und Spannung _innerhalb_ von zwischenmenschlichen Beziehungen zu schweren Herzerkrankungen oder Dauerschmerzen. Eure Schwachstelle ist die mangelnde, _aufrichtige_ Kommunikation miteinander!

Da das Herz das **Zentrum der Liebe** und **der Sicherheit** ist, werdet ihr die Beschädigung dieses Organs bei Konflikten in der Liebe, verbunden mit diversen Ängsten und Sorgen, sehr gut verstehen. Es entstehen Bluthochdruck, viel zu hoher Puls im Zusammenhang mit niedrigem Blutdruck (welcher aus der Kindheit herrührt/Defätismus) und Herzerkrankungen. Schlechtes Gewissen und alles, wofür ihr euch schämt, wird sich ebenfalls auf das Herz legen.

Diagnosen, die es gibt:
Ein **zu großes** Herz zeigt Dir, dass Du Dir zwar viele Dinge zu Herzen nimmst, sie jedoch in Dir drinlässt und Deinen Kummer mangels Vertrauen _nicht_ nach außen, sondern im Herzen verborgen hältst. Ein **zu schwaches** Herz zeigt Dir, dass Du Dir **über Deine Kraft hinaus** alle möglichen Dinge zu Herzen nimmst. Du hast teils extremes Mitgefühl mit anderen Menschen und kannst Leid stark nachempfinden,

vor allem aus dem Grund heraus, selbst sehr viel und großes Leid gekannt zu haben bzw. zu kennen. Empathie ist ein Talent von Dir. Ein **Loch im** Herzen zeigt Dir, dass Du bereits im Mutterbauch große Probleme mit Deinem Elternhaus sahst, bevor Du auch nur geboren wurdest.

Bluthochdruck entsteht aus *mindestens* einem langwierigen, ungelösten, emotionalen Problem.

Niedriger Blutdruck weist auf (viel) zu wenig Liebe als Kind seitens des Elternhauses hin, woraus der Defätismus entsteht: „Was solls? Es wird ohnehin nicht gehen."

Seid ihr *keine Wunschkinder* und löst dies auf, wird sich euer Blutdruck *normalisieren* und ihr werdet nicht mehr frieren, wenn anderen bisher noch warm ist.

Die Kämpferischen, die nicht wahrhaben wollen, dass die Mutterliebe als Basis fehlt

Wenn Du KEIN Wunschkind bist, fühlst Du Dich *unbestimmt* leer, weil Du *keine Mutterliebe* empfangen konntest. Obwohl Du schön bist, findest Du Dich gerade im Durchschnitt oder sogar darunter. Trotzdem vergleichst Du Dich nicht nur mit anderen, sondern arbeitest hart an Dir selbst. Dabei kannst Du auch mal Grenzen überschreiten und Dich selbst in Gefahr bringen. Prinzipiell stehst Du zu Dir! Du denkst jedoch, dass niemand Dich liebt, und bist auch selbst nicht in der Lage, Dich richtig zu lieben, egal wie viel Du über Selbstliebe weißt – das „zu lernen" ist Dir einfach nur zu anstrengend oder sowieso **sinnlos**! Du hast nämlich <u>überhaupt keine Ahnung</u> davon, was **Selbstliebe** ist und wie sich diese <u>anfühlen soll</u>. Prinzipiell bist Du eine Kämpfernatur. Bevor Du aufgibst, muss viel passieren und wenn, dann entscheidest DU! Dir hat *extrem selten* jemand gesagt, dass er Dich **liebt**, *wenn überhaupt* schon einmal. Das <u>bestätigt</u> Deinen Glaubenssatz. Glauben würdest Du es sowieso nicht, <u>egal wie oft</u> das jemand zu Dir sagt. Menschen, die <u>dauernd</u>

zu jemandem äußern: „Ich hab Dich lieb", *Geschenke* mit Sprüchen, wie „Du bist mein Lieblingsmensch" und *Kosenamen* sind Dir **zuwider**. Du kannst Liebesfilme (und Schnulzen) schwer ertragen und wenn Du mal einen schaust, könntest Du Dir vor Schmerz die Seele aus dem Leib heulen oder es kommt Dir alles total albern und übertrieben vor! Bei *melancholischen* Liedern ist es genauso – andere hören diese Lieder und spüren nichts weiter. Bei Dir treten sie *mitten ins Herz* und Du musst Dich zusammenreißen. Wenn Du dabei alleine bist und es *zulässt*, kannst Du bis zum Herzerbarmen schluchzend weinen und denkst *verklärt* an jede besonders schöne Begegnung, z. B. im Ferienlager und innige Küsse mit Menschen, die nicht mehr zu Deinem Leben gehören. Du klebst an diesen Ereignissen fest. Es ist zum Speien!

Ab und zu *brauchst* Du es, mit anderen im Streit zu sein, damit Dich *alle* in Ruhe lassen. Dann bockst Du und badest im Unrecht, in welches Du Dich gesetzt fühlst. Du hast den Glaubenssatz: „Allen, die ich verlasse, ist es sowieso **egal**, ob ich für sie da bin oder nicht". Der Konflikt gehört in den Mutterleib: Deiner Mutter war es egal, ob es Dich einmal gibt oder nicht!

Du liebst Actionfilme, in denen Menschen *zu allem* fähig sind, und bewunderst die Akteure, wirst Electro-/Techno-/House-Music mehr mögen als Schlager und gerne tanzen. Das befreit Dich irgendwie!

Obwohl Dich vermeintlich niemand liebt, (ver)liebst Du Dich zu Tode. Dir ist das Lachen schon längst vergangen und trotzdem magst Du es, Menschen zum Lachen zu bringen. Du scheust das Risiko und versagst Dir Abenteuer (wenn möglich, auch das Reisen, was Dir viel zu gefährlich und unsicher ist), weil es **nur so** möglich ist, zu überleben. Du wirst Dich vermutlich als junger Mensch bereits mit den Krankheiten der „80-Jährigen" herumgeschlagen haben, wie mit Nieren-/Gallensteinen und Herzkrankheiten und/oder Krebs. Auch Neurodermitis ist möglich.

Hast Du einen Partner und er wird Dir, möglicherweise intrigant, abgezogen, hast Du um zu überleben gar **keine andere Wahl, ja keine einzige Chance**: Du **MUSST** Dir einen neuen Partner suchen, **der DICH liebt**, sonst **musst** Du sterben. **Ohne Mutterliebe auf dieser Erde zu sein, bedeutet: TOD!**

Du machst anderen Menschen gerne *eine Freude* und magst es, jemanden zu *überraschen*, **DAMIT** er sich freut und **GUT** zu Dir sein muss (müsste!). Entsprechend *schnell* bist Du zu enttäuschen, wenn jemand entgegen Deinen Erwartungen reagiert. Du nimmst *die Schuld anderer* auf Dich, um sie zu **beschützen** – Du nimmst andere in Schutz, die eigentlich keinen Schutz verdient hätten, jedenfalls nicht Deinen! Diese Menschen leben in Deiner Familie, aber auch auf Deiner Arbeitsstelle handelst Du so. Du bist perfektionistisch, weil Du **Angst** hast, *Fehler zu machen*, für die Du **bestraft** werden könntest (so wie Du es als Kind *unter sieben* gewohnt warst)! Du hast *unverhältnismäßig* **große** Angst vor körperlicher Gewalt und es tut Dir weh, wenn Du Kinder weinen oder gar schreien hörst. Du sorgst Dich um sie, selbst wenn Du sie nicht kennst. Du lebst sorgfältig, hast kaum Laster und am liebsten *keine* Backlogs! *(Ein Backlog ist eine Liste von Aufgaben/Anforderungen, die abgearbeitet oder realisiert werden sollen. Wortwörtlich übersetzt heißt Backlog Rückstand, Rückstau, Arbeitsrückstand, Nachholbedarf oder Auftragsüberhang.)* Aus diesem Grund bist Du ein Arbeitstier! Wenn Du die Kollegen und Chefs der Firma, in der Du arbeitest, **gern hast**, dann können sie *immer* auf Dich zählen. Du wirst alles schaffen und wirst in Deiner möglichen Verantwortung so handeln, als ob **Dir** die Firma *mitgehört*.

Manchmal bist Du übereifrig/voreilig – dann *schießt Du über das Ziel* hinaus! Es hängt mit Deiner **Ungeduld** zusammen, Du willst *endlich fertig* werden. Auf Dich kann man sich zu 100 % verlassen, Du wirst niemanden „hängen" lassen. Du bist wie eine Festung – uneinnehmbar!

Du hast einen Hang zur Übertreibung. Du hast gerne Recht, vor allem, wenn Du Dir innerlich *ganz sicher* bist, dass es sich um *Unrecht* handelt! Dies wird von Dir *besonders feinsinnig* wahrgenommen, darum liegst Du hier zu 99 % richtig. Bist Du *das älteste, lebende* Geschwisterkind oder ein *ungewollter* Zwilling, wurde Dir vielmals *ungerechtfertigt* die Schuld zugeschoben und Du für Fehler anderer Geschwister in die Verantwortung genommen.

Dir fällt es extrem schwer, andere Menschen zu *enttäuschen*! Was Du versprichst, wirst Du **immer** halten und wenn man Dir die Zunge abschneiden würde. Du bist leicht zu ärgern, nimmst alles recht ernst und verstehst praktisch keinen Spaß! Grimassen sind Dir zuwider. (Davon hast Du _unter 7 Jahren_ zu viele gesehen!) Du fühlst Dich schnell peinlich berührt und diese Situationen bleiben Dir lange im Gedächtnis. Du willst besser sein als andere, weil Dir **das** Dein Überleben sichert. Du bittest nicht gerne um Hilfe, weil Du stets der Annahme bist, jemanden zu stören oder nicht willkommen zu sein (was bedeutet, dass Du als Kind mit Deinen Belangen fortgeschickt und **nicht** angehört wurdest). Du kannst auch nicht so recht glauben, dass sich jemand _auf Dich_ **freut**! Du _willst_ alleine klarkommen – das **musst Du** auch. Es ist Deine **Überzeugung**! Im Unterbewussten fürchtest Du Dich, Menschen um etwas zu bitten, weil Du als Kleinkind viel zu oft die Antwort: **NEIN!** gehört hast. **Für andere** zu bitten, fällt Dir jedoch eher leicht. Du kannst gut mit Geld umgehen (bis hin zum Geiz) und kommst sozusagen immer auf einen grünen Zweig. Du bist ehrfürchtig, dabei **aber** auf Augenhöhe mit allen Autoritäten und Respektspersonen. Du hast Dein Leben so geschafft, dass Du **ALLEN** in die Augen schauen kannst! DU **KANNST** Dich bei anderen **entschuldigen** – es fällt Dir leicht, weil Du weißt, wie WICHTIG das ist! Du bist ungeduldig und hast Längsrillen auf Deinen Fingernägeln. Du bist ein gequältes _Kind_, welches sich mit dem Satz identifizieren kann: „Wenn das ALLES bloß bald vorbei wäre!" und Du hast kaum Angst vor dem Tod. Manchmal hast Du sogar das Gefühl, dass er Dein Freund sein könnte. **Du bist ein ungewolltes Kind.** Dieser Sachverhalt gilt, wie oben schon kurz erwähnt, ebenso für **Zwillinge**, die nacheinander den Mutterleib verlassen, _falls_ die Mama ursprünglich nur **EIN** Kind haben wollte, als sie die Nachricht „Es sind Zwillinge" bekam! Der ungewollte Zwilling ist von den o. g. Sachverhalten noch stärker betroffen als ungewollte, einzeln Geborene. Hier kommt es bei der Geburt durch das Umwickeln der Nabelschnur um den Hals zu einer Zyanose. Der **ungewollte** Zwilling „erhängt sich" praktisch während des Geburtsvorganges, falls keine Rettung naht.

Zwillinge werden sich ERST DANN richtig lieben KÖNNEN, wenn sie DAS wissen und der Familienkonflikt mit **allen** Beteiligten gelöst wurde. Hat es die Mutter früher einmal vor _beiden_ Kindern _zeitgleich_ zugegeben _und erklärt_, ist alles in Ordnung! **Dann** hat sich auch der **2.** Zwilling optimal entfalten können.

Hier gibt es als weiteren naturgegebenen Beweis eine Zahnschiefstellung im Unterkiefer (lese unter Zähne).

Die Realistischen, die wissen, dass die Mutterliebe als Basis fehlt

Du fühlst Dich vom anderen Geschlecht eher dominiert und diversen Dingen/Gruppen (für Dich eher unbestimmt) **nicht** richtig zugehörig. Du bist oftmals lieber für Dich allein, weil Du eine unbestimmte, innere Unruhe fühlst. Du wirst von anderen Menschen leider oftmals ausgenutzt, bist eher labil und lässt Versuche anderer zu, über Dein Leben zu bestimmen. Dabei musst Du achtsam sein, dass Du nicht fremde Ansichten als Deine eigenen übernimmst. Schaust Du Dir Kinderbilder an, weißt Du genau, dass Du verlassen und innerlich mutterseelenallein **warst**. Daran gibt es keinen Zweifel. Deine Erinnerungen an die früheste Kindheit sind fast nichtig. Du hast Dir einen Schutz aufgebaut und so gut wie alles verdrängt. Dies zeigt deutlich, dass Deine Kindheit von Dir realistisch und nicht verklärt betrachtet wird. Du wirst Deinen Eltern gegenüber eher die Bezeichnungen „Mutter" und „Vater" wählen, anstelle von Kosenamen. Mit dem Gefühl der Liebe tust Du Dich im Allgemeinen sehr schwer. Das geht auch gar nicht anders, weil Deinen Zellen die Basisdaten fehlen.

Du hast einen eher kleinen Mund und konfliktaktive Augen (oft Zorn). Beim Lächeln sieht man häufig nur die Hälfte der Zähne. Die andere Hälfte bleibt verborgen – das Zahnfleisch sowieso.

Dein Beschädigungsgrad und die fehlende Mutterliebe lassen Dich Hardrock mit aggressiven Tönen und Texten bevorzugen. Vermutlich hast Du eine Kampfsportart erlernt und benötigst mindestens zeitweilig Möglichkeiten zum Abreagieren. Bei Dir kann es leichte bis starke Suchtverhalten geben (Trost/Liebesersatz) und auch *absichtlich* gewählte Schmerzen durch Tätowierung und Piercen. Auch färbst Du Deine Haare gerne in speziellen Farbtönen, wie lila, pink, blau und grün.

Unter Deiner eher hart wirkenden Schale bist Du sehr verletzlich – ein gefährdetes Kind, das einen absoluten Mangel an Liebe hat. Mitgefühl anzunehmen sowie Dich zu öffnen, anderen gegenüber Vertrauen zu fassen, fällt Dir unglaublich schwer.

Hattest Du als Kind das Gefühl, dass Du Deinen Eltern **egal** bist (Du wurdest praktisch fast nur *versorgt*), dann wird Dir bis heute *vieles im Leben* egal sein, auch das Schicksal oder die Gefühle anderer. Warum soll es anderen auch besser gehen als Dir? Prestige oder Status sind Dir wichtiger als Du es Dir vielleicht eingestehen möchtest. Gerne soll es Dir auch endlich einmal richtig gut gehen, so wie Du es bei anderen sehen kannst!

Heuschnupfen – Ablehnungskonflikt

Hier geht es um das Thema Liebe. *Zwingt Dich jemand* zu einem **Kuss** oder nötigt Dir einen Kuss ab und Du möchtest denjenigen gar **nicht** küssen, liebst ihn auch nicht, kommt es **DANN** zu einem Heuschnupfen, wenn Du **unaufrichtig** bist. Gibst Du in *diesem Moment* jedoch zu, dass das Geschehen für Dich **unerwünscht** ist (z. B. mit einer Ohrfeige), passiert <u>nichts</u>! Der Heuschnupfen (mit der „Allergie" gegen die Pollen, *die zu der Zeit flogen,* als es Dir <u>geschah</u>) ist eine Strafe dafür, dass Du **wehrlos** bliebst. Er tritt in den meisten Fällen im Frühling & Sommer auf, weil es sich hier *um Begegnungen* in den <u>Jahreszeiten</u> der „Gefühle" handelt. Das kann in einem Ferienlager gewesen sein, in einem Jugendcamp, bei einer Klassenfahrt oder anderen, ähnlichen Gelegenheiten. Meistens passiert es im Alter zwischen 11 und 16 Jahren zum 1. Mal. Der Heuschnupfen beginnt **ein Jahr nach** dem Geschehnis – zeitgleich entsteht ein <u>Beschmutzungskonflikt</u> *für den*, der *unfreiwillig* geküsst wurde, wenn er bis dahin *nichts* klargestellt hat (Mitesser Kinn). Geschieht Dir so etwas mehrfach im Leben, dass ein Mensch Dich ungewollt auf den Mund küsst und Du tust wieder nichts, verstärkt sich der bereits bestehende Heuschnupfen ab dem Folgejahr drastisch. Es sei denn, der Kuss hat Dir gefallen.

Homo-/Bisexualität – Zärtlichkeitsmangelkonflikt

Homosexualität entsteht aus der **ersten intimen** Berührung mit einem Menschen. Ist dies Mann zu Mann *oder* Frau zu Frau und es hat demjenigen sehr gefallen, weil er sowieso im großen Mangel an Zuneigung und körperlichen Zärtlichkeiten stand, kommt es zur Homosexualität. Die Ursache dafür ist also, dass Deine **Sehnsucht nach Zärtlichkeit** das allererste Mal vom *eigenen* Geschlecht gestillt wurde! Die Sexualitätsform entsteht unterbewusst (als Errettung aus dem Mangelempfinden) und **ist** genau JETZT aufgelöst.

Hier schließe ich an, warum kleine Jungen Mädchenkleider tragen wollen, es **Transvestiten** (Mann, der sich zum Lustgewinn wie eine Frau kleidet) und **Transgender** (*körperliches* Geschlecht stimmt zeitweise oder dauerhaft nicht mit dem *gefühlten* Geschlecht überein, was *nichts* mit der *sexuellen* Orientierung zu tun hat) gibt. Hier hat sich die werdende Mutter **besonders intensiv** das *gegenteilige* Geschlecht gewünscht und **nach** der Geburt **so** gehandelt, als **hätte** sie das Wunschgeschlecht **tatsächlich geboren**. Ihr versucht mit eurem Handeln unterbewusst eurer Mutti **absolut gerecht** zu werden. **Bisexualität** entsteht aus der Konstellation, zwei Menschen gleichzeitig lieb zu haben. Gab Dir als Mädchen ein Junge *und* ein Mädchen zeitgleich einen Wangenkuss, z. B. für ein Foto, und es sind Deine 1. Küsse von anderen Kindern, ist es passiert. Auch das löst sich auf und passiert durch das Wissen darüber in der Zukunft nicht mehr.

Hypochonder-Konflikt

Angst, Angst und nochmals Angst. Diese Menschen haben einfach eine übergroße, anerzogene Angst vor Erkrankungen und nehmen alles mit und ernst, was auch immer sie in ihrem Körper *erspüren können*. Schafft man es, die **UR-Sache** für diese übergroße, unnatürliche Angst zu lösen, dann löst sich auch das Hypochondertum in Wohlgefallen auf. Dies können vor allem *extrem erlebte Todesfälle* aufgrund von siechenden „Krankheiten" sein, welches einen wichtigen Menschen (wie Mama/Papa, Oma/Opa oder Geschwister) in dessen Leben betraf (Kriegs-/Nachkriegszeit). Dabei ist es **sehr** wahrscheinlich, dass derjenige beim Erleben eines schweren Todesfalles ein Alter **unter 7 Jahren** hatte. Sprecht in eurer Verwandtschaft darüber, versucht die Wahrheit herauszufinden und diesen bis heute leidenden Menschen von seiner unmenschlichen Angst zu befreien!

Übertriebene Reinlichkeit/Waschzwang

Du solltest Dir endlich eingestehen, ein **Hypochonder** zu sein. Lies die Zeilen unter dem dafür vorgesehenen Absatz und es ist genug mit Deinem Zwang! Was Du tust, ist komplett nutzlos.

Influenza - Massenglaubekonflikt

Ist es nicht komisch, dass die Personen mit *zigtausend* „Followern" auch so heißen: „Influencer"*****!?
Einer fängt an und alle machen mit! Mit der *Influenza* verhält es sich <u>identisch</u>. Es ist der **GLAUBE** an Masseninfektionen und nicht mit einer **Grippe**, die ca. **8 Tage** andauert, gleichzusetzen.

* *Als Influencer (von englisch to influence „**beeinflussen**") werden seit den 2000er Jahren Personen bezeichnet, die aufgrund ihrer starken Präsenz und ihres hohen Ansehens in sozialen Netzwerken als Träger für Werbung und Vermarktung in Frage kommen, sogenanntes Influencer-Marketing. (Internet)*

WER **wollt** ihr sein, meine Lieben? Wollt ihr jemand anderer **oder** <u>IHR selber</u> sein?
Entfernt euch vom Internet – macht etwas **aus euch**, eurem Leben und eurer Region! Lasst diese verfluchten Internet-Bestellungen sein

(die nur *ganz wenige* **unheimlich reich** machen), mit diesem ganzen Verpackungswahn! Geht in **EURE** Geschäfte und Läden **in euren** Straßen, bummelt an *herrlichen* Schaufensterdekorationen vorbei (sie geben sich alle solche Mühe!) und **stärkt EURE EIGENE** Heimat! Wollt ihr die *Megareichen* **noch** *reicher* machen, wollt ihr die *Unterdrückten* **noch** *unterdrückter* machen oder wollt ihr, dass **eure** *eigene* **Gegend erblüht**? **Umso** mehr es **geschafft** wird, die Menschen voneinander zu **isolieren**, nämlich indem man kaum noch vor die Tür geht/gehen *darf* oder aufgrund virtueller Erleichterungen *muss*, desto leichter sind die Massen in **Angst** und „unter Kontrolle" zu halten! Angst macht **krank** und Krankheit bedeutet Rückschritt bis hin zum **Gevatter Tod**! Ebenso wird Dein Lachen getötet!

Magst Du Shampoo und Zahncremes, die schäumen? Magst Du es, wenn Deine Wäsche sauber wird und duftet? Was hindert Dich noch daran, auf überteuerte Produkte zu verzichten, die all dies nicht erfüllen und auf faire Anbieter mit tollen Waren zuzugreifen?! Das Preis-Leistungs-Verhältnis hat sich nach meinen Beobachtungen total verschoben, denn es ist **eigentlich** ein Gesetz der Wirtschaft, **gute Ware** für gutes (viel) Geld zu bekommen! Da Du nun weißt, dass alles mit Dir (Gesundheit) zusammenhängt und **nichts mit Produkten zu tun hat**: Kaufe das, was Dir Spaß macht, was Du schön findest, was Dich zufrieden und glücklich macht! Nichts ist unwichtiger geworden, als überteuerte Produkte, die nicht viel oder nichts leisten, aber jede Menge Geld kosten – UND **vermeintlich** GESUND machen sollen! Zum Thema Preis-Leistung habe ich noch eine andere Anmerkung: Nein, der Friseur ist nicht zu teuer. Dort ist alles **besser**, als in Heimarbeit.

Mädchen, schönes Mädchen, weißt Du, was Du anrichtest, wenn Du Dein zartes Gesicht ins Internet stellst oder noch mehr? Sei weise, überlege immer **vorher**, welche Konsequenzen etwas haben könnte. Ich habe „Mädchenbilder" gegoogelt, weil ich ein schönes Bild **für** ein Mädchen herauskopieren wollte. Was sich da an Suchbegriffen auftat, hat mich echt schockiert! Ich halte mich von solchen Dingen schon immer fern, aber ich sah sofort, in welcher **Gefahr** ihr seid! Wollt ihr wirklich, dass sich irgend so ein *Drecksack* an euren schönen

Bildern ergötzt? Ich glaube, das wird demnächst wohl hinfällig sein! Passt GUT **auf euch auf**, ihr Süßen! Wer sein Baby für vermeintlich lustige Internetfilme hergibt, hat sein Kind und sich selbst unheimlich beschmutzt. Entschuldige Dich, wenn Du kannst ... und lösche das Video.

Karpaltunnelsyndrom/Armgelenke/Rotationsmanschette – Verzweiflungskonflikte

Arme stehen für die Fähigkeit und das Vermögen, die Erfahrungen des Lebens *liebevoll* festzuhalten. Wenn Du in Deinem Leben an einem Punkt angekommen bist, an dem Du am liebsten jemandem *an die Gurgel* gehen würdest, dann werden sich Deine **Handgelenke** und **Arme** versteifen, damit Du diese fatale Tat, deren Konsequenzen Du Dir *bewusst* bist, **nicht** ausführen **kannst**.

Verkleben Dir im Laufe des Erwachsenseins (ab ca. 30 Jahren) die **Faszien** im *linken Schulterblatt* (Herzseite), dann hast Du Dich im Leben zerschunden. Hier ist sehr wahrscheinlich, dass Du ohne andere Menschen, die Dich lieben, längst tot wärst. Ist es das rechte Schulterblatt, hat Dein Partner Dich zerschunden. Zu sehen ist es wie die Selbst-Geißelung im Mittelalter, deshalb zeigt sich der Konflikt auf dem Schulterblatt.

Mord – Hoffnungslosigkeitskonflikt

Demütigt ihr euren Partner in einer Tour, müsst ihr damit rechnen, dass ihr eines Tages eures Lebens nicht mehr sicher seid. Alle schlechten Charaktereigenschaften, die ihr aus einem Mangel heraus entwickelt habt und an anderen Menschen auslasst, können sie dazu bringen, euch zu **töten**. Die Gefühle, die bei Demütigung, Beleidigung,

Betrug, Eifersucht sowie Neid hervorgerufen werden, können bei Menschen, die darauf anspringen, gewaltig sein. Dann setzt der Kopf eines Tages aus und Du hast das Messer in der Brust. So einfach geht das. Überlege Dir, wie Du mit Menschen in Deinem Umfeld umgehst und ob Du so weitermachen möchtest. Manchmal gibt es für diese nämlich *keinen anderen* Ausweg, als Dich zu töten.

Hast Du das Gefühl, dass Du Deinen Partner lieber *umbringen* würdest, als ihn mit jemandem zu teilen oder einem anderen zu überlassen, hast Du den für Dich *einzig wahren* Partner gefunden.

Wunderst Du Dich darüber, dass eine Frau *eine andere* Frau tötet, weil diese ihr den Mann wegnehmen wollte? Hätte diese Frau das nicht getan, wäre sie **selbst** gestorben (Herzinfarkt – ihr zerbricht das Herz, wenn er fort ist – weißt Du, wie weh das tut?). Deshalb sagt ihr das Unterbewusstsein: Entweder stirbt SIE oder ICH. Für Männer gilt es gleichermaßen.

Warst Du **Zeuge** bei einem Mord, Selbstmord, Totschlag oder Unfall, hast Du möglicherweise Schockkonflikte davongetragen. Nimm alle Selbstvorwürfe von Dir, denn **alles** sollte genauso geschehen, wie es war.

Schleimbeutelentzündung (Ellenbogen)
In Dir sitzt unterdrückte Wut, die jemanden **treffen** soll. Deshalb ist sie am Ellenbogen sichtbar. Hier würdest Du Deinen Ellenbogen am liebsten jemandem in die Rippen stoßen. Dies kommt nach heftigen Familienstreitigkeiten vor, die nach einer Aussprache *ungelöst* blieben und sich *verschlimmert*, so gut wie aussichtslos gemacht haben.

Ähnliches gilt für das Karpaltunnelsyndrom am Ellenbogen, nur ist diese Symptomatik noch verschärfter und mit **extremer Wut** verbunden.

Kinderkrankheiten – Masern/Mumps/Röteln/Scharlach – Hilflosigkeits-/Trennungskonflikte

Die mentale Immunität des Kindes wurde beschädigt! Schutz, Geborgenheit und Liebe sind im **Mangel**. Das ist der Grund, weshalb diese Konfliktgeschehen „Kinderkrankheiten" heißen!
Gebt ihr euer Kind in die Kinderbetreuung, was völlig in Ordnung ist, weil sie dort *sehr viel mehr* lernen, sich *schneller* entwickeln, **Sozialkompetenz** live erleben und *eigene Erfahrungen* in wichtigem Ausmaß sammeln können, dann kann es in der *Eingewöhnungsphase* zu Unregelmäßigkeiten mit der Gesundheit Deines Kindes kommen. Das klärt sich jedoch in der Regel schnell! Es kann eine **Bindehautentzündung** entstehen durch die Erkenntnis: „Ich habe zwar meine Eltern den ganzen Tag über nicht gesehen, habe aber gemerkt, dass es mir hier **gut** geht." Nun ist der Konflikt gelöst. Die Augen sind einige Tage entzündet und verklebt. Sobald die Entzündung im Körper weit genug fortgeschritten ist, erzeugt er für den Heilprozess relativ hohes **Fieber**. Wird dieses künstlich unterdrückt, ist das ein Fehler. Sprichst Du **gleich im Ansatz** solch einer Entzündung mit Deinem Kind über den Sachverhalt, bleibt ihm der Verlauf erspart!
Die Angst, *ohne* die Eltern überhaupt nicht klarzukommen, hat sich nun **erledigt:** „Auch andere können **gut** für mich sorgen." Es **ist** ein Seh-**Konflikt** des „Jemanden-**aus-den-Augen**-verloren-zu-haben". **Masern** und **Röteln** zeigen an, wenn es Konflikte mit **BEZUGS-Personen** gibt! Verlässt z. B. eine *liebevolle, beliebte Erzieherin* die Kindertagesstätte, dann werden sehr viele Kinder **traurig** sein und ihr mit den *Ausschlägen im Gesicht* und *am Körper* zeigen: „Schau, wir sind doch **da** – sieh uns **an**, wir lieben und brauchen Dich! Du darfst uns nicht verlassen – wir wollen Dich behalten!"
Es ist *nichts Schlechtes*, es ist Verarbeitung im kleinen Körper. Man hilft am besten mit **Gesprächen und Trost**, dann wird alles gut. Denn die Kinder sehen, dass auch die *neue* Erzieherin ganz prima ist, und *gewöhnen sich* an diese. Das ganze Leben **ist** Veränderung und das müssen sie lernen. Besser zu zeitig als zu spät! „Der Mensch gewöhnt sich an alles, auch der ganz Kleine!" Du musst ihn nur lassen. Es ist ein **Trennungskonflikt. REDET** MIT EUREN KINDERN darüber!

Masern sind übrigens eine *schwächere Form* der Röteln, weil jedes Kind auf einen **Konflikt des Verlassenwerdens** anders reagiert (stärker ODER schwächer, bis gar nicht, je nach Zustand des *Konflikthaushaltes* und der *Charakterfestigkeit*). Sogenannte **Ringelröteln** entstehen, wenn sich ein Kind mit seinen Maßnahmen, die Liebe anderer zu gewinnen, **im Kreis** dreht! Andere Kinder haben damit nichts zu tun. Sie hören nur: „Das ist ansteckend!" und das war es bereits.

Mumps ist in diesem Zusammenhang *ähnlich* zu sehen wie *Halsweh*. Ich habe einen „dicken Hals" von dem, was mir passiert ist. Das Kind setzt sich *(noch)* nicht *angemessen* zur Wehr, wenn es mit anderen Kindern Vorfälle gibt. Das Kind **lernt es** aber **dadurch!** Es *war* ein **Hilflosigkeitskonflikt**.

Scharlach mit Symptomen wie Halsweh, Schluckbeschwerden, rötliche Wangen, Schüttelfrost/Fieber, große Erschöpfung, Übelkeit, Kopf- und auch Gliederschmerzen können nur **misshandelte** oder **gar gefolterte**, wehrlose Kleinkinder zum Vorschein bringen. Es ist ein verzweifelter **Hilflosigkeitskonflikt**.

Schüttelfrost zeigt an, dass Du Dich vor *Entsetzen* über das Geschehene/Erlebte schüttelst.

Hohes **Fieber** in Verbindung mit einem zähen Fluss *weniger, dickflüssiger* Tränen ohne tatsächliches Weinen tritt bei Kleinkindern auf, die von einem Elternteil zutiefst enttäuscht wurden (wichtiges Versprechen wurde gebrochen). Hier gibt es leider *keine Chance* mehr für einen Neuanfang. Es sind sogenannte **Krokodilstränen**. Kommen sie aus dem rechten Auge, betrifft es den Vater, aus dem linken die Mutter.

Hat Dein Kind sogenannte **„falsche" Freunde**, die ihm schaden oder noch mehr Beschädigungen und Beschmutzungskonflikte zufügen, hast Du dies verursacht! Nur beschädigte Kinder finden zu (noch) beschädigt(er)en Kindern. Hier ist dann auch gegeben, dass diese Kinder untereinander in der Lage sind, sich weh zu tun, zu verletzen, WEIL sie bereits durch Erwachsene verletzt WURDEN. Dies geschah ggf. auch **außerhalb** des Elternhauses. Wenn Du das spürst, dann gehe der Sache auf den GRUND und RETTE Dein Kind!!

Kinnveränderung – Schamkonflikte

Ein **Doppelkinn** entsteht bei Menschen, die denken, mit *gesenktem Kopf* durch die Welt laufen zu müssen. Sie denken, sich für etwas schämen zu müssen (z. B. Arbeitslosigkeit, die sie *nicht verschuldet* haben, oder eine *Fehlhandlung* des Ehepartners) und meinen, *nicht mehr so viel wert zu sein* wie vorher. Dein Doppelkinn wird nun beginnen, sich *zurückzuziehen*, sobald Dir der Konflikt dazu eingefallen ist.

Ein **spitzes** Kinn (Spieß) symbolisiert, dass Du am liebsten den Kopf in den Sand **stecken** würdest. Umso spitzer nach vorn, desto stärker. Du vermeidest Menschenmassen lieber und lässt Dich nicht besonders gerne sehen. Leute, die Dich um Dein spitzes Kinn beneiden (es schön finden), möchten gern selbst den Kopf in den Sand stecken. Zu einem spitzen Kinn bei Erwachsenen kommt es durch Eingesperrtsein unter 7 Jahren. Hier zeigt sich auch das **Seitenprofil** dieses Menschen über die Jahre immer unvorteilhafter.

Knochen, Knorpel, Sehnen, Muskeln, Knochenmark – Hilfeschreikonflikte

Alle Menschen mit *Selbsterniedrigungs*-Konflikten werden in *diesen Bereichen* Schwierigkeiten haben. Du lehnst Dich gegen Autorität auf (privat oder dienstlich), fühlst Dich jedoch aufgrund von Unterlegenheit *(körperlich oder geistig)* leider *nicht* wehrhaft genug.

Knochenmark steht für die tiefsten Überzeugungen in Bezug auf sich selbst, wie Du Dich unterstützt und versorgst. Du fühlst Dich in Deiner Umgebung *unsicher, wenig geliebt* und *wenig unterstützt*. Bist Du noch klein, fühlst Du Dich unterbewusst *nicht* willkommen (siehe Absatz „Krebs bei Kindern").

Einen Knochenbruch ziehst Du Dir zu, wenn Du jemanden auf **seine** *Fürsorgepflicht* aufmerksam machen möchtest, nachdem Du *alles andere schon* versucht hast, aber **nichts** dergleichen funktionierte!

Ist es Deine Hand, die bricht, soll sie Deinem **Ehe**partner zeigen, dass Du viel mehr Zärtlichkeiten brauchst, als Du bekommst. Hast Du einen **Oberschenkelhalsbruch**, fühlst Du Dich im Alltag _mit allem_ alleine gelassen! Es ist ein absolut _gravierender_ **Hilfeschrei** nach Unterstützung!! Ist es Dein **Fuß**, der **bricht**, hast Du gravierende Probleme mit der Zukunft, die sich Dir zeigt. Länger anhaltende Probleme, die jedoch noch überschaubar sind, führen zu Zerrungen (auch bei Überlastung) oder Prellungen.

Achtung bei Kindern, die **betonen**: „Mir geht es zu Hause gut, meine Eltern sind _immer_ gut zu mir und ich habe _alles_, was ich brauche!" und „Ohne mein Kuschelkissen kann ich nicht leben!" (Exakt diese Aussagen habe ich von einem Kind gehört.) Hier **ist** etwas _unstimmig_. Du kannst Deinen Partnern und Kindern z. B. teure Geschenke machen, es wird Dir IMMER misslingen, _damit_ etwas _wiedergutzumachen_, denn: **Liebe & Zeit sind unkäuflich.**
Bist Du total **ungelenkig** (Spagat ist im Normalfall ein hoffnungsloses Unterfangen), musst _für Gelenkigkeit_ **anstrengend trainieren** und darfst dabei _kaum_ nachlassen, kannst Du davon ausgehen, dass Du _unter 7 Jahren_ den Körper **einengend** eingesperrt warst!

Armbruch
Brichst Du Dir einen Arm, wird Deiner Familie damit _besonders heftig_ angezeigt, dass Du einen starken Mangel an Unterstützung empfindest. Geschieht dies bereits als Kind, dann zeigt der rechte Armbruch den Mangel in Bezug auf den Papa und der linke Armbruch in Bezug auf die Mama (Herzseite) an.
Brechen sogar einoperierte Metallplatten, kannst Du sehen, mit welcher Energie sich Dein Konflikt immer wieder äußert.
Kugelst Du Dir einen Arm oder ein anderes Gelenk aus, bist Du mit Deinen Kräften und den Dir zur _Verfügung_ stehenden Mitteln am Ende. Symbolik: „Du hast Dich ausgerudert."

Bandscheibenvorfall
Solch eine schmerzhafte, langwierige Symptomatik erzeugt der Körper, wenn Du sehr viele Jahre ein absolutes **Übermaß an Verantwortung** übernimmst. Es ist Dir sehr hoch anzurechnen, aber die

Wertschätzung erfolgt eher mäßig und wenn vielleicht doch einmal etwas schiefgeht, gibt es auch noch Stress, anstatt anzuerkennen, was Du da (teils aufopfernd) tust! Es kann somit auch zu Selbstwerteinbrüchen durch Worte (höher gestellter) Vorgesetzter kommen. Dies kann Menschen treffen, die bei der Bundeswehr angestellt sind oder auch Mitarbeiter von Firmen, die glauben, wenn sie den Betrieb, welchen sie *nicht mehr* lieben, verlassen, alles zusammenbricht (was sogar stimmen mag!).

Beinbruch
Brichst Du Dir das Bein, will Dein Körper Dir sagen: „Du bist **genug** herumgerannt, JETZT ist Feierabend!" und wirst dadurch eine Weile aus dem Verkehr gezogen, um Dich *tatsächlich* einmal ausruhen **zu können**. Du hast Dich im Alltag **komplett überfordert**.
Probleme mit **Sehnen, Knorpeln** und **Muskeln** bekommst Du, wenn Du **als Kind unter 7 Jahren eingesperrt** war. Es gibt keinen anderen Grund dafür! Wer *in diesem jungen* Alter in eine *aussichtslose Lage* gebracht wurde, KANN sich nur mit verkürzten Sehnen und Muskeln retten, denn die Knorpel durften **damals** auch kaum bewegt werden. Solche Menschen MÜSSEN einen Lebtag lang Sport treiben und dürfen nie aufgeben, wenn sie ihre Form behalten wollen, *sonst* versteifen sich die Glieder wieder. Dies begründet, warum gymnastische Sportmöglichkeiten immer *gefragter* werden. **Jetzt** liegt die Konfliktlösung *in Deiner* Hand (lese bitte unter Haare/Glatze).
Fällst Du eine **Treppe hinunter** oder es wäre Dir *fast* einmal passiert, hat Dir Dein Leben schon ziemlich arg mitgespielt. Du **warst** als Kind eingesperrt! Hier ist es so, dass Du auch Träume kennst, die Dich fallen ließen oder große Treppenabsätze springen! MAN HAT DICH unter 7 Jahren fallen gelassen/aufgegeben!
Möglicherweise wirst Du auch real Angst haben, aus dem Bett oder irgendwo hinabzufallen.
Fallen Kinder **aus dem Bett**, bedeutet das symbolisch, dass ein Elternteil das andere aus dem Zuhause schmeißen soll, nämlich denjenigen, der dem Kind mit seinem unbeherrschten Verhalten zu viel Schaden zufügt (von dem sich das Kind unterdrückt fühlt). Leider muss der Partner davon bewusst gar nichts wissen, weil es nur passiert, wenn er *nicht zu Hause* ist … Das Kind steht oft so in seiner **Angst**, dass es

nichts sagt! Kinder, die jammernd besonders an *einem* Elternteil hängen, biedern sich dort an und wollen damit unterschwellig für Sanftmut sorgen. Das gelingt jedoch immer nur zeitweise!

Halswirbelbruch/Wirbelbrüche

Brichst Du Dir diesen wichtigen Teil in Deiner Wirbelsäule, hast Du das Leben zu Deinem Feind erklärt. Folgt aus irgendwelchen Wirbelbrüchen eine Lähmung, bist Du wie gelähmt von den Ereignissen in Deinem Leben.

Knochenschmerzen

„Mir tun alle Knochen weh." Du siehst Dich nicht als Autorität in Deinem eigenen Leben und lehnst Dich gegen andere Autoritäten unterbewusst auf. Du hast den Anschein, dass andere für Dich denken und Du Dein Leben gar nicht in der Lage bist, frei zu bestimmen und zu gestalten.

Leistenbruch

Du bist mit den Dingen, die in Dein Leben strömen, stark überlastet. Kindern passiert ein Leistenbruch als Zuschauer- und Wehrlosigkeitskonflikt, wenn Geschwister unrechtmäßig behandelt werden und sie das nicht aushalten können. Erwachsene sollten über Dinge nachdenken, die den täglichen Umgang mit ihrem Partner betreffen. Auch ein **verbal kalter** (beständig boshafter) Umgangston kann zum Leistenbruch führen. Hier gibt es eine Erklärung dafür, warum es *häufiger* das männliche Geschlecht trifft, da *solche* Frauen verbal überlegen sind.

Loch im Kopf/Beule

Nur Kindern widerfährt dieses Missgeschick, und zwar dann, wenn sie sich praktisch töten möchten. Es ist derselbe Effekt wie, wenn sie ins Wasser fallen und ein Ertrinken verursachen könnten. Eine Beule am Kopf ist der Vorbote für den nächsten schlimmen Vorfall, wenn sich im Umfeld nichts verändert oder *mindestens* eine Konfliktlösung stattfindet, welche im Kind die Todessehnsucht **löscht**.

Muskelkater
Dieser entsteht in der Kombination von (vermeintlich) etwas tun zu MÜSSEN und Überlastung.

Muskelzucken
Das ist ein Zeichen von Unruhe und Ungeduld, die länger als Du es eigentlich aushalten kannst, von Dir ertragen werden muss. Hier stresst es Dich, dass Du **auf Dritte** angewiesen bist, um selbst voranzukommen. Je nachdem, wo es zuckt (Augenlid/Schläfe, Mund, äußerer Oberarm/Oberschenkel, Schulterblatt), möchtest Du jemanden ganz scharf ansehen, eine Äußerung machen oder am liebsten schlagen/treten, damit derjenige endlich aus der Hüfte kommt.

Rippenbruch
Brichst Du Dir Rippen, dann schlägst Du selbst nach Dir. Überlege, **wofür** Du in die Rippen gehauen werden möchtest, und löse den Konflikt.

Schlüsselbeinbruch
Brichst Du Dir das Schlüsselbein, bist Du zu schnell „hoch gestiegen" und dann „tief gefallen". Du fühlst es ganz genau in Deinem Unterbewusstsein und Dein Körper drückt es damit aus.

Sehnenriss
Reißt Dir z. B. an einem Finger die Sehne, zeigt es Dir, wie unflexibel Du aus Gründen der von Dir zugelassenen Überforderung geworden bist. Reißt Dir eine Sehne im Bauchbereich, hast Du Dich in eine knifflige Lage gebracht und es ist eine Art Selbstbestrafung. Zu Sehnen solltet ihr euer Leben nach Überlastung/Überforderung und auch nach *irgendwie* unerfüllbar gewordenen Wünschen und Sehnsüchten überprüfen.
Reißt Dir eine Sehne im Fuß, wurde in *Beziehungsfragen* der Bogen überspannt (rechter Fuß = Partner, linker Fuß = Du selbst/Kinder/ Schwiegerkinder).
Das Einklemmen von Sehnen im Rückenbereich geschieht durch Selbsterniedrigung. Du hast etwas sehr Mutiges gewagt und zweifelst hinterher an Dir, ob es richtig war.

Ein schlaffer, rechter Arm bei der **Ehe**frau zeigt an, dass ihr Mann nicht mehr zum Zuge kommt (ausgeprägter Mangel an Intimitäten, von ihrer Seite ausgehend).

Die Sehnen leiden, wenn Du den Hang hast, **perfektionistisch** zu sein. Löse Deine Konflikte in diesem Bereich. Du bist ein Mensch, der im Alter <u>unter 7 Jahren</u> gelernt hat, es **allen** recht machen zu müssen und **niemanden** enttäuschen zu dürfen. Du willst (wenigstens) dafür **GELIEBT** werden, perfekt zu sein – das ist der *einzige* Grund!

Steißbeinbruch

Brichst Du Dir das Steißbein, hattest Du einen schlimmen Vorfall in Deinem Leben, der Dich auf Deine Sitzfläche **schmettert**. (Das haut mich um, jetzt muss ich mich setzen!)

Überbein Hand

Ein Überbein an der Hand entsteht (genauso wie am Fuß), wobei wieder die Seitigkeit (rechts = Vater/links = Mutter) zu beachten ist, durch *unerwünschte* Lebenssituationen. Du hast es „über" (satt), bevormundet zu werden. Diese Symptomatik trifft oft erwachsene Menschen, die noch lange im Elternhaus verbleiben (müssen), obwohl sie auf eigenen Beinen stehen könnten.

Alle <u>Heilprozesse</u> eurer Verletzungen/Brüche werden durch die entsprechende Konfliktlösung nun absolut <u>beschleunigt</u>.

Kopfjucken – im schlimmsten Fall: Krätze – Selbsthasskonflikt

Es entsteht durch Ablehnung Deiner eigenen Körpersäfte, des Talges, den Dein Körper produziert. Du schwitzt nicht gerne, weil Du das *abstoßend* findest. Wenn Du **Krätze** hast, bist Du Dir komplett zuwider geworden und hast *aufgegeben*, Dich zu pflegen. „Jeden Tag dasselbe, es stinkt mich an!" Wenn Du keinen Partner hast, lohnt sich für Dich die Körperpflege sowieso nicht.

Dein Signal ist: „Fasst mich nicht an!" Dabei müsstest **gerade DU** umarmt werden.

Kopfschmerzen – Anspannungskonflikte

Kopfschmerzen entstehen aus Angst durch Anspannung, Angst, etwas nicht zu schaffen/etwas nicht zu können, Angst vor Strafen (eine *Symptomatik* ebenfalls bei „Multipler Sklerose"). Die tägliche Trinkmenge ist hierbei weniger wichtig, als Du denkst ... Am wichtigsten ist die Konfliktlösung.

Kopfweh gibt es, wenn Du Angst hast, dass etwas, was Du *über Dritte* gesagt hast, herauskommt – Negatives, das KEINE Lüge war (dann hast Du auch Angst vor dem Menschen, über den Du sprachst). Natürlich gibt es ebenso die Angst, dass Lügen herauskommen: „Lügen haben kurze Beine."

Kopfschmerzen ergeben sich ebenfalls aus alten Konflikten, wenn dieselbe Situation wieder eintritt. Als Beispiel benenne ich den *Zwang zum Mittagsschlaf* als Kind. War Dir das zuwider, wirst Du im Erwachsenenalter keinen Mittagsschlaf halten können, ohne danach Kopfweh zu haben und vermutlich bei dieser Art Schlaf *nie richtig* einschlafen, geschweige denn Erholung finden.

Hast Du Kopfweh, kurze Zeit bevor die Menstruation eintritt, hast Du Angst vor dem Bluten, immer wieder. Dies geschieht, weil Dich Deine 1. Blutung in der Pubertät ziemlich erschreckt hat, vielleicht sogar obwohl Du aufgeklärt warst.

Hast Du Angst vor dem Mitarbeitergespräch beim Chef, wirst Du davor, dabei und/oder danach Kopfschmerzen haben.

Zum Thema Kopf möchte ich den **Wasserkopf** und überhaupt große, **stark ausgeprägte Hinterköpfe** von Säuglingen erwähnen. Es ist ein Konflikt im Mutterleib und bedeutet, dass sich Deine Mutter *unterbewusst* wünschte, dass Du **unglaublich klug** wirst, weil sie selbst ihr Leben durch ihre Erfahrungen im Elternhaus und ihre (nach ihrer Meinung mangelhafte) Ausbildung nur unzureichend im Griff hat. Hat man „einen Kopf wie ein Pferd", kann man sich **einfach alles** merken! Du wirst aller Voraussicht nach in der Tat besonders klug werden oder sein. Das Gegenteil tritt ein, wenn Deine Mutter während der Schwangerschaft einer (erzwungenen) Fortbildung, z. B. in einer Fremdsprache, ablehnend gegenüberstand. Hier wirst Du beim Lernen Blockaden haben, sobald es sich um diese Sprache handelt.

Migräne – Entwöhnungskonflikt

Du fühlst Dich innerlich getrieben und wehrst diesen Zustand vehement ab. Du stehst im *Widerstand zum Fluss des Lebens* und hast aufgrund *unschöner* Erfahrungen festsitzende, sexuelle Ängste. Hier wird Dir jede einzelne Konfliktlösung aus dem Buch sehr viel Erleichterung bringen. Nur das weibliche Geschlecht ist davon betroffen. Migräne setzt genau dann ein, wenn Du Dich **unterbewusst** durch etwas an das schlimme Ereignis (wo im Geist oft der bewusste Rückblick fehlt) **erinnert** fühlst. Das können ein Geruch, eine Farbe, ein Stoff, Bekleidungsstücke (Schal, Schlips, Mütze), Verhaltensweisen an anderen (auch im Fernseher/Internet), Worte, Handlungen (wie das Anzünden einer Zigarette), ein Wetterumschwung sein und natürlich, wenn Du die Person von damals siehst oder sprichst. Bewusst weißt Du **nichts** mehr. So gibt es Menschen, die sich **nicht berühren** lassen *können*. Sie gehen praktisch nicht einmal mehr auf „Tuchfühlung". Kommen zur **Migräne** zusätzlich Ängste, nach draußen zu gehen (z. B. zum Einkaufen), kam es zwischen 0 und 7 Jahren zum Zwang, bei einer *sexuell-unwürdigen* Handlung **zuschauen** zu **müssen**.
Diese Bilder werden vom Kindesbewusstsein als unerträglich, ja tödlich eingestuft und weggesperrt. **Eine bewusste Erinnerung** ist also praktisch **unmöglich!** Es war etwas, was das Kind dachte, **niemals durchzuhalten!** Die Migräne setzt *immer* erst im Erwachsenenalter (ab 14 Jahre) ein – die *ungelöste* Sache von damals bereitet Dir inzwischen **Kopfzerbrechen**, obwohl Du *nicht mehr* weißt, worum es sich handelt. *Deshalb* sind die Schmerzen hierbei nahezu unerträglich!

Kannst/konntest Du nachts nur mit Licht schlafen? Riechst Du oft an Deinen Fingern? Erzeugst Du bestimmte Geräusche und Gerüche *absichtlich*, wie das *Anzünden* und *Auspusten* von *Streichhölzern*? Das ist zwanghaftes Verhalten und ein **Hinweis** darauf, dass Du im Alter **unter 7 Jahren** zu etwas *genötigt* wurdest, was Du **nicht** wolltest. Hinzu gehören häufiges Duschen (mindestens 2x am Tag) und tägliches Haare waschen als Reinigungszwang. (Das mit den *Streichhölzern* wäre ein Beweis dafür, dass dabei in irgendeiner Weise geraucht wurde.) Riechst Du den Streichholz-Rauch allerdings **gerne**, dann hat diese Person, die *nach dem Vorfall* geraucht hat, Dich **GERETTET**. Zu dieser Person wirst Du immer eine enge, positive Verbindung spüren, auch wenn Du das nicht zuordnen kannst.

Nehmt eure Kinder beiseite, wenn sie euch eines Tages *völlig verändert* und *verstört* vorkommen. Hier ist etwas im Argen – immer – *und* diese Kinder erzählen leider **NICHTS** aus freien Stücken (große Scham)! Deshalb mein ernst gemeinter Rat:

Entschuldigt euch für alles, was ihr euren Kindern jemals angetan habt, und sagt ihnen, dass ihr **alles tun werdet**, um das Geschehene *aufzuklären*, wenn sie EUCH doch nur die WAHRHEIT sagen! **Fleht sie an** und **rehabilitiert*** eure Kinder! *Jemandes oder sein eigenes [soziales] Ansehen wiederherstellen, jemanden in frühere [Ehren]rechte wieder einsetzen. (Internet)*

Schlimme **Augenerkrankungen** sind im zunehmenden Alter bei dieser Art Konflikt leider ebenso eine logische Folge, denn es ist *unmöglich* für ein Kleinkind, so etwas mit anzuschauen. Eure verblendeten Augen werden jetzt heilen und ihr werdet Altkot aus eurem Darm befreien.

Meine tiefe Warnung: **Vergesst das Thema RACHE!** Es bringt euch nur NEUES *Unglück*! Wenn ihr das Glück und den Mut habt, könnt ihr euch mit dem, der euch das antat, aussprechen. Das wäre am *heilsamsten*. Seid dann aufrichtig und authentisch. (**Bestenfalls lest ihr das Buch vorher komplett durch und lasst es wirken!**) Falls eine Aussprache oder Begegnung nicht möglich ist, **übt euch in Vergebung**! *Bedenkt IMMER:* Wer zu solchen schlimmen Taten fähig ist, dem ist **DEFINITIV** ebenso etwas Furchtbares als Kleinkind geschehen! Die Weitergabe an andere ist eine *unbewusste Verarbeitung* und gibt dieser Person *Erleichterung*. Die Entwicklung eurer Figur, indem ihr *erwachsen* wurdet, ist leider ebenso *nicht optimal* gelaufen. Ihr habt Körper, die das andere Geschlecht *nicht besonders anziehend* finden (sollen!), zu eurem <u>eigenen Schutz</u>! Es ist die sogenannte „*Birnenform*", die euch betrifft – Po und Oberschenkel. Hier könnt ihr diäten bis zum Umfallen, es wird euch nichts nützen. Sind eure Augen **un**beschädigt, handelte es sich *nur* um **Petting*** zwischen Geschwistern, was ihr eher als *angenehm* empfandet, weil es euch Zuwendung und Zärtlichkeit gab. Die Wahrheit dazu ist, dass es dann eure **1.** sexuelle Handlung war und ihr **unterbewusst** *euer Geschwisterkind* liebt wie einen Partner. In dem Fall hat <u>immer</u> das Geschwisterkind die Handlung *begonnen*. So ist die Regel.

* „*liebkosen"; sexuelle Handlungen zwischen Menschen, die jede Art von sexueller Stimulation ohne Vollzug des Geschlechtsverkehrs umfassen. (Internet)*

Als Teenager denkt man, es sind Spielchen, man probiert etwas aus, aber die Auswirkungen sind fatal. Wie es aussieht, kann man sich neuen Partnern durch die Handlung zwischen Geschwistern nicht richtig öffnen und keiner Liebe den ehrlichen Lauf lassen.
Werden Geschwister dabei <u>erwischt</u> und ernten Missverständnis <u>anstatt Aufklärung</u>, wird dieser Konfliktschock mit Altkot im Darm bestraft. Nach Lösung kommt dieser in ca. 5–6 Stunden aus euch heraus. Hier kann es sein, dass euer Magen noch leicht reagiert, mit üblem Empfinden, weil es zum Speien war, dass ihr dabei ertappt wurdet (auf den Magen geschlagen). Zudem gab es einen Beschmutzungs- und Peinlichkeitskonflikt in Kombination.
Hören, sehen, „erwischen" <u>minderjährige</u> Kinder ihre Eltern beim Geschlechtsverkehr, gibt es einen Ekelkonflikt sowie einen Angstkonflikt *um* die Mutter. Wird die Situation von den Beteiligten so aufgeklärt, dass sich alle **erleichtert** fühlen, bleiben *alle* <u>unbeschädigt</u>. Wird dies *nicht* geschafft, ist es in der Folge so, dass die Mutter **Migräne** bekommt und das Kind, welche seine Mutter/seinen Vater damals als schön empfand, einen wesentlich älteren Partner wählen wird. Die Väter bzw. Männer tragen in der Regel keinen Schaden davon. Das ist naturgegeben.

Sprechen Kinder nicht darüber, bleibt es also unbemerkt, dass *minderjährige* Kinder solch eine Situation für sich erlebt haben, werden sie mit *ungezwungenen intimen* Verhältnissen Probleme haben, das heißt gehemmt/verklemmt oder das Gegenteil davon, hemmungslos sein. Werden von Kleinkindern **Fremde** bei sexuellen Handlungen beobachtet, führt es leider zu sehr gehemmtem Verhalten, wenn das Kind erwachsen ist. Es hätte seinen Eltern davon erzählen müssen, mit anschließend guter Aufklärungsarbeit, um konfliktfrei zu bleiben.

Hat ein Kind eine Begegnung mit einem Exhibitionisten (Entblößer), kommt es auf die Altersklassen 0–7 und 7–14 Jahre an, wie schockierend dies erscheint und wie gut die Reaktionsfähigkeit ausgebildet ist. Hier habe ich als wirkungsvollsten Satz inklusive Gelächter die Äußerung: „Und das soll **alles** sein?" kennengelernt.

Wichtig ist, dass euch die Kinder davon erzählen und ihr es gut aufklärt, bis die Erleichterung eintritt, dass sie nicht in wirklicher Gefahr waren: Diese Menschen wollen nur erschrecken, sind zu Taten jedoch weitestgehend unfähig.

Körper allgemein – Unzulänglichkeitskonflikte

Dicksein hat etwas mit **Schutz** vor dem Elternhaus/Geschwistern zu tun oder vor dem Partner oder sogar vor sich selbst. Es ist ein **Schutzkonflikt** – Du fühlst Dich (nicht mehr) beschützt genug und/oder bedroht. Du musst **Dir selbst** mit immer mehr Masse am Körper **ein Schutzpolster** aufbauen! Auch wenn Du Dir bedrohliche Dinge von anderen „auflädst", wie hohe Schulden, kannst Du davon *sehr viel an Gewicht zunehmen*. Sobald Du die missliche Lage erkennst, fallen die Pfunde nur so von Dir ab. Legst Du dann noch *sämtliche, spekulative* Glaubenssätze über das Dicksein **ab**, wirst Du äußerlich (wieder) ganz normal. Redet mit dicken Kindern und löst den Konflikt im Gespräch, dann wird sich deren Gewicht normalisieren! Können sie lesen, zeigt ihnen das Buch. Sagt ihnen, sie **müssen** sich öffnen, wenn sie wieder schlank werden wollen! Alles, was man mit Kindern lösen kann, geht ungewöhnlich **schnell** in der Abheilung!

Der Schutz **vor sich selbst** hat etwas mit eigener, erkannter und verabscheuter Brutalität zu tun, die im Kindesalter erzeugt wurde. Diese unterbewusste Einstellung kann sogar dazu führen, dass Du dick geworden bist, um Deinen Partner VOR DIR zu schützen (mit dem Ziel, dass er Dich **verlässt**, weil er zu gutmütig für Deinen wahren Charakter ist). Steigert sich das Körpergewicht *beider* im Laufe einer Partnerschaft/Ehe bis hin zur Unattraktivität, heißt das jeweils: „Lasse die Finger von mir, ich bin nicht der/die Richtige für Dich". Dies wird zusätzlich in Rachekonflikten sichtbar, die sich in der Art und Häufigkeit *von Zärtlichkeiten* äußern, im Vergleich zu den guten Zeiten, die ihr hattet.

Unverhältnismäßig **große** Menschen wurden von ihren Eltern sprichwörtlich in den Himmel gehoben.

Unverhältnismäßig **kleine** Menschen waren unter sehr eingeengten Bedingungen **unter 3** Jahren eingesperrt.

Ist ein Mensch extrem groß, gibt es auch noch den „**Riese**-Effekt", wenn extrem klein (sonst jedoch normal aussehend), den „**Däumling**-Effekt". Dies ist jeweils ein Konflikt im Mutterleib. Empfindet der Fötus, dass seine Mutter extremen Schutz benötigt, wird er zu einem Riesen heranwachsen. Empfindet der Fötus, dass seine Mutter am allerliebsten möchte, dass das Baby immer so klein und niedlich bleibt, wird er im gravierendsten Fall zu einem Däumling (unter 1 Meter), ansonsten für sein Geschlecht im Verhältnis sehr klein bleiben. Diese Sehnsüchte der Mutter müssen extrem stark und **aufrichtig** sein. Ein Spiel damit zu betreiben, ist schier **unmöglich**.

Hat Deine Mutter Dir *während Deiner Kindheit* von solchen Sehnsüchten berichtet, wurde der Konflikt unterbewusst aufgelöst und Du konntest (zumindest relativ) normal groß werden. Symbolisch beim Wunsch-Däumling bleiben kleine Ohren. Diese normalisieren sich nach der Konfliktlösung, wenn sie Dir nicht gefallen.

Krebs – Erschütterungskonflikt

Dr. Hamer erklärte **bereits ANFANG der 1980er Jahre** für **alle Krebssorten** ausführlich die Abläufe, ansatzweise die Konfliktgeschehen und dazugehörigen Organe. Es war für mich beeindruckend, dass **100 %** der *über einhundert* Geschichten, welche ich erfahren durfte, **eineindeutig*** mit Dr. Hamers Erkenntnissen übereinstimmten. EGAL, *was* ihr im Internet über ihn lest – er ist **verehrungswürdig**. Seine Forschungen bestätigen **absolut und präzise**** meine gefundenen Wahrheiten über „Körper-Seele-Geist" in uns.

* *eineindeutig = eindeutig, exakt, präzise (Internet)*
** *bis ins Einzelne gehend, genau (Internet)*

Menschen, die stetig *unter Schmerzen* leben, weil sie schwer krank sind, können nicht gelassen handeln. Sie werden schneller schimpfen, schneller Strafen verteilen als gesunde Eltern. Nehmt Rücksicht und vergebt euren Eltern, wenn es (bisher) kranke Eltern sind/waren.

Was ist mit **Kindern** los, die **KREBS** haben?

Sie stecken in der Zwickmühle, ob sie nun leben oder sterben sollen. Oft handelt es sich hier um Leukämie *(bösartige Erkrankung mit einer Überproduktion an weißen Blutkörperchen/Blutkrebs)*. Es ist eine „**Ja-Aber-Haltung**", mit viel Angst vor dem Leben und einem großen *Mangelgefühl* an **Freude**. Das Kind fühlt sich aus Gründen, welche die Eltern wissen müssen, nicht gut genug! Auch Inspirationen und Ideen des Kindes werden hierbei *nicht ernst* genommen.
Ihr solltet in euren Familien schauen, wie es dazu kommen konnte, und mit eurem Kind aufrichtig sprechen, damit sich SOFORT gegenteiliges Denken aufbauen kann. Spürt euer Kind, dass ihr es **aufrichtig behalten** wollt, dann wird es gesunden.

Kuckuckskinder – Sonderthema – Konflikt der Unzugehörigkeit
(„Ich passe hier nicht her!")

Es kommt vor, dass Mütter nicht wissen, **wer der Vater eines Kindes** ist, weil das „Aus" mit *dem* Einen und der „Beginn" mit *dem* Anderen *recht nahtlos* verliefen (oder eine Zeitlang überlappten). Da der Kinderwunsch in diesen Fällen meist stark ist, wird auch bei *Unsicherheit*, **wer** der Vater ist, zum Glück, nicht abgetrieben. Ist das Kind vom „Vorgänger" des jetzigen Vaters, wird es in der Familie mehrere Ablehnungskonflikte geben, die völlig *unterbewusst* stattfinden. Niemand kann, solange es ungetestet bleibt (vor allem, wenn das Kind nach *Mutters* Linie schlägt), ahnen, dass dieses *nicht vollständig* zur Familie gehört.

Hierbei fand ich sehr erschwerend heraus, dass eine Schwangerschaft tatsächlich **12** Monate im Körper andauert, inklusive des Einzugs der Seele, und es noch drei Monate lang die Menstruation gibt.

Da dieser Sachverhalt unglaublich klingt, begründe ich ihn:
Hierzu möchte ich auf die Erkenntnisse des jungen, von mir (aufgrund eigener Erfahrungen) sehr geschätzten Schweizers **Pascal Voggenhuber** zurückgreifen, der anhand der Aura einer jeden Frau SEHEN kann, **wann** die kleine Seele Einzug hält. Diese Seele begleitet die Mutter ca. drei Monate lang, bevor die bereits **befruchtete** Eizelle aktiv wird. Dies geschieht *erst*, wenn sich die Seele entschließt, **zu bleiben**, nach allem, was sie im Leben der *potentiellen* Mutter gesehen hat. Bisher haben Frauen den Zeitpunkt der Befruchtung anhand des ungefähren Geburtstermins und ihrer letzten Menstruation zurückgerechnet. Jedoch gab es hier teils (große) Unstimmigkeiten, vor allem bei jenen, die nur unregelmäßig Geschlechtsverkehr hatten, so dass sich die neun Monate *nicht immer* nachweisen ließen.

Falls jemand denkt, an der **Nase** könnte man etwas erkennen (durch „Erblichkeit"), dann lest bitte unter den „unnatürlichen Nasenformen" (z. B. Haken), dass dies ein *Konfliktgeschehen* ist und niemals erblich! Ist eine Schwangerschaft aus einem *Ehebruch* entstanden, wobei die Mutter den anderen Mann sehr liebt, wird sie dieses Kind mit aller Wahrscheinlichkeit zur Welt bringen, auch wenn sie ihren Ehemann nicht verlässt.

Werden später **Geschwister** geboren, die dann _vollständig_ zur Familie gehören, wird es sehr kritisch, wenn das Kuckuckskind seine Lage NICHT kennt! Es kristallisiert sich der kleine „Kuckuck" immer mehr zum _Störenfried_ der Familie heraus. Dieses Kind kann nichts dafür und hat erst recht keine Ahnung, dass seine großen Probleme einen **anderen** VATER zum _Ursprung_ haben! _Manche_ Familien, in denen es solch einen Fall gibt, wissen von **nichts**. Seid ihr _unsicher_ geworden, nehmt bitte all euren Mut zusammen und lasst es testen. **Nur so** kann eure Familie **gerettet** werden! Andernfalls werdet ihr die **„Kuckuckskinder"** verlieren – sie werden die Familie im Stich lassen, sobald sie erwachsen sind und, was noch viel schlimmer ist, ihr bringt die leiblichen Geschwister in **Lebensgefahr**!

Durch unterbewusste Ablehnung _durch_ das Kuckuckskinds wird das Geschwisterkind, welches sein Halbgeschwisterkind **SEHR liebt**, krank! Es handelt sich hier z. B. um die gefährliche Meningitis, Magen-Darm- und Kehlkopfprobleme, was bis hin zum **Krebsgeschehen** führen kann. Auch wird das Geschwisterkind an Gewicht zulegen, sobald es das Gefühl bekommt, sich vor dem geliebten „Kuckuck" schützen zu müssen.

Befindet das Kuckuckskind, welches in der Regel eine _unterwürfige_ Nase (Nasenbein tiefer gelegen und sogenannte Wut-Nüstern am Ende) oder dickere Wutnase hat, dann in der Pubertät, dass plötzlich **nur noch** die Beine in die **Höhe** wachsen, hat es sich über sein (halbes!) Elternhaus erhoben und gegen ungerechte Behandlung erfolgreich gewehrt. (Eine tolle Leistung!) **Fazit:** Sind Deine Beine also unverhältnismäßig _lang_ zum Rest Deines Körpers, bedeutet dies biologisch: Du bekommst **Stelzen**, um **über Dein Nest** _hinaussehen_ zu können, **WO** Dein **leiblicher Vater** ist! Der 2. Beweis ist, dass Du _keine Weitsichtigkeit_ bekommen _kannst_, falls „Dein Vater" Dich schlägt, denn er ist NICHT Dein **leiblicher** Vater – somit gibt es seitens des Körpers _keine Reaktion_ in Deinen _Augen_. Bei Dir tritt ab ca. dem 10./11. Lebensjahr (Beginn der Pubertät) erstmalige **Kurzsichtigkeit** ein, weil sich das unbekannte Elternteil „Dir **immer noch nicht** gezeigt hat". Jetzt wird es allerhöchste Zeit für die Wahrheit seitens der Mutter, die es weiß oder unterbewusst all die Jahre im Zweifel war. Diese

Mutter, die sich vor der Wahrheit, meist aus Angst, gedrückt hat, bekam von der Natur *etwas Zeit*, um ihre Lage aufzudecken. Tat sie es nicht, wird sie es an ihren Zähnen und ihrer Schönheit gebüßt haben. Die Zähne werden ihr große Probleme bereiten, denn sie trägt eine gewaltige Lüge mit sich herum.

Der **linke**, kleine Zeh („Familie" – Mutterseite) des Kuckuckskinds zeigt von Geburt an nach **außen** und der rechte kleine Zeh beginnt, sich ab dem 14. Lebensjahr nach außen zu drehen, wobei sich der „Mutterzeh" langsam in die **gerade** Stellung begibt. Das bedeutet, bis 14 Jahre ist die Mutter in der Pflicht, dem Kind zu sagen, dass es von seinem leiblichen Vater noch nichts weiß. Geschieht dies nicht, zeigt Stück für Stück der **rechte**, kleine Zeh mit seiner immer ausgeprägter stattfindenden Seitwärts-Neigung an, dass sich der leibliche Vater **im Außen** befindet (außerhalb der bekannten Familie).

Es gibt Familien, in denen sich *nicht nur ein* Kuckuckskind befindet. Hier ist es möglich, dass die Mutter gern schwanger sein wollte, es der eigene Mann jedoch (eventuell aus Zeugungsunfähigkeit, von der er nichts weiß) nicht leisten kann. Die Frau erfüllt also ihre Kinderwünsche im Außen, ohne zu wissen, dass der Stiefvater, der *denkt*, der leibliche Vater zu sein, unterbewusst die Kinder unangemessen behandelt, weil seine Seele weiß → es **ist** das Kind eines **anderen**!

Diese Kinder werden oft krank sein, verletzen sich sogar unverhältnismäßig stark und haben insgesamt eine Lebenserwartung von ca. **50** Jahren, wenn es keine medizinischen Eingriffe/Rettungsmaßnahmen gäbe. Sie können ihre eigentliche Leistungsfähigkeit nie komplett erreichen oder sich optimal entfalten. Finden solche Kinder gute Liebesbeziehungen, haben sie bessere Chancen auf Entwicklung und Gesundheit, vor allem dann, wenn sie ihr Elternhaus (nicht umsonst) komplett verlassen haben.

Von *beiden Eltern leibliche* Geschwister werden höchstens **10** Jahre alt (ohne medizinische Eingriffe, wie OPs), es sei denn der Altersunterschied ist so groß, dass das Kuckuckskind von zu Hause auszieht, *bevor* das andere Kind 10 Jahre alt ist. So ist das Schicksal eines Geschwisterkindes, wenn es **ungewusst** mit einem „Kuckuck" lebt und um dessen Liebe (relativ hoffnungs- und erfolglos) kämpft. Bei ihm kommt es in sehr jungen Jahren zum „Schwarzsehen" (tiefliegende, dunkle Augenringe) unter oft angstvoll oder leidend schauenden Augen.

Gibt es Konstellationen mit *mehreren leiblichen* Kindern und **einem** Kuckuckskind *zwischendrin* (kein **Erst**geborenes!), stellen sich die Geschwisterbeziehungen allgemein als schwierig und anstrengend dar. Das erstgeborene, leibliche Kind wird den Eindringling unterbewusst beschädigen, wann immer das möglich ist und das *nach dem* Kuckuckskind geborene Kind muss um beide Geschwister kämpfen. Das Älteste ist misstrauisch und das Kuckuckskind unsicher. Es kristallisierte sich sogar heraus, dass Kuckuckskinder **Namen** erhalten, die *weniger attraktiv* sind, vergleichbar mit in Märchen vergebenen Namen für Diener oder in Armut lebenden Menschen. Nur das **1.** Kuckuckskind, welches ich heilen durfte, hatte einen erhabenen Namen (Kämpfer). Namen haben einen tiefen Sinn (Namensbedeutung). Wer stets mit einem *verkürzten oder verfälschenden* **Spitznamen** angesprochen wird, erreicht **nicht** die volle Entwicklung seiner Persönlichkeit. Schlimmstenfalls nennt man Dich gar nicht beim Namen, was ein großer Fehler ist.

Setzt sich für einen erwachsenen Mann, der als Kuckuckskind geboren wurde und davon nichts weiß, in seinem Leben die Schwachstelle fort, wird auch er einen Kuckuck in sein Haus bekommen, damit die Sachlage endlich aufgedeckt werden kann!

Der Körper des Kuckuckskinds wird sich jetzt, da es alles weiß, regulieren, falls es die „Stelzenbeine" gab und alle anderen Proportionen anpassen. Dies dauert jedoch ca. 18 Monate. Eine **Änderung** in **Verhaltensweisen/Reaktionen** wird es bereits am **Folgetag** der Konfliktlösung geben. Es wird mutiger, tatkräftiger und kommt über die Zeit in die Lage, sein Leben ganz neu und viel besser zu gestalten.

Sobald die Mutter alles löst, werden ihre Zähne Frieden geben. Nur die WAHRHEIT macht euch alle heil!

Hat die Mutter an ihrer Schönheit nichts eingebüßt, holt sie sich immer noch ihr Glück im Außen.

Würde man diesen Konflikt bei einem Kind versuchen zu lösen, welches **kein** Kuckuckskind *ist*, bliebe jegliche Reaktion aus, weil es für die Seele **unlogisch** ist. Löst man ihn bei einem **echten** Kuckuckskind, gibt es einen *dramatischen Gefühlsausbruch*, mit *lautem* Weinen und Schreien!

Warnt man jemanden vor, kann diese starke Reaktion im Gefühl leider scheitern, **dennoch weiß** die Seele zu 100 %, was wahr und was unwahr ist.

Alle Symptomatiken werden **verhindert**, wenn die Kinder, so schnell es nur geht bzw. sobald es feststeht, dass sie ein Kuckuckskind sind, behutsam **eingeweiht** werden. Hier dürft ihr frei berichten (egal, wie alt das Kind ist), woher es stammt und welche Zusammenhänge dazu führten. Es ist alles menschlich.

Beweise, dass Du ein Kuckuckskind bist:

Ich benenne sie 50 %-Kinder und weiß, dass alle Symptomatiken mit dem Alter immer eindringlicher werden:

- schmale Statur, wenn keine Nierenkonflikte oder Schutzbedarf bestehen (sonst wird auch ein Kuckuckskind kräftig),
- schlanke Beine, oft im Verhältnis zum Rest des Körpers zu lang,
- kaum ausgeprägte Waden, schmale Füße mit der beschriebenen Zehensymbolik (**kleiner Zeh**),
- wenig Po, was leider **sehr** spezifisch ist, da es eine gewisse Mutlosigkeit symbolisiert,
- eher längere, schmale, muttergeprägte Finger,
- schmale Augenbrauen (zart besaitet),
- oft konfliktaktive Augenformen, wie Zorn- oder Chamäleon-Augen,
- oft konfliktaktiv **unterwürfige** Nasentypen, jedoch im unteren Bereich (mit den Jahren **ab 25** immer) **kantiger** geartet als diejenigen, welche vom *leiblichen* Vater unterdrückt wurden. → Dein Leben hat (bisher) unbestimmte Ecken und Kanten!
- Auch gibt es hier manchmal die dickere Wutnase (leider ohne die Kanten) oder gar eine Knollennase in Verbindung mit den Kanten. Bei der Wutnase habe ich die Vermutung, dass nach Auflösung die Kanten zum Vorschein kommen, weil sich diese Nase erst verschlanken muss.
- Kuckuckskinder haben befremdliche Gebissformen und sehen im Seitenprofil mit dem Älterwerden leider immer mehr Vogelartig aus. Die Nasenform kommt nach Auflösung aller diesbezüglichen Konflikte schnabelartig zum Vorschein. Sagte jemand über Dich „Was ist denn das für ein Vogel!", wundere Dich nicht, wenn Du wahrhaftig ein Kuckuckskind bist …

- Bei starker Erniedrigung kann es bei jungen Männern sogar zu X-Beinen kommen.
- Du hast im Allgemeinen wenig Mut, vor allem, was Veränderungen betrifft, musst Dich stets überwinden und (durch-)kämpfen.
- Dein Partner, den Du Dir unterbewusst wählst, ist selbst ein stark beschädigtes Kind, denn ihm gegenüber hast Du zumindest einen gewissen Durchsatz und fühlst Dich nicht gänzlich unterlegen.
- Bisher kenne ich ausschließlich **männliche** Kuckuckskinder, vermutlich weil Töchter (sogar) von (Stief-)Vätern immer liebevoller behandelt werden als Söhne. Wer **Liebe** erfahren hat, wird seine Lebenserwartung **uneingeschränkt** behalten.
- Das wichtigste Merkmal ist jedoch: **Alle** Kuckuckskinder liegen vor der Geburt mit dem **Steiß** nach unten – *verkehrtherum* in der Gebärmutter – denn sie kommen in eine verkehrte Welt: Mein leiblicher Vater befindet sich **außerhalb** dieser Familie, in die ich geboren werde. Gab es keine überaus anstrengende Steiß-Geburt, dann sind Kuckuckskinder **immer** per **Kaiserschnitt** auf die Welt gekommen.
- Kinder, bei denen **beide Elternteile** zusammen leben, kommen für gewöhnlich den **natürlichen** Geburtsweg mit dem Kopf voran aus dem Mutterleib. Lag das Kind mit dem **Kopf nach unten** (KEIN Kuckuck!) und es kam *dennoch* zu einem Kaiserschnitt, gab es einen *Folgekonflikt* der Mutter, die als Erstgeburt ein Kuckuckskind gebar und daraufhin *glaubt*, dass sie „normal" <u>nicht</u> entbinden <u>kann</u>. Solche Kinder sind mit ihrer Gesundheit weitaus mehr gefährdet, weil sie den natürlichen Weg nicht nehmen konnten (Lebenserwartung ohne OPs/Eingriffe ca. 10 Jahre). Kaiserschnitte gibt es auch bei normal liegenden Kindern aus stärksten Angstgefühlen der Mutter vor der **1.** Geburt.
- Ist die Mama **Single**, gibt es die Bezeichnung Kuckuckskind <u>nicht</u> – doch auch hier *kann es* zu einem Kaiserschnitt kommen – denn es **mangelt** am Papa!

Wer sich (eventuell schon als Kind) in einen „Kuckuck" verliebt oder auf diesen Typ Mensch steht, der wünscht sich **in ein** ANDERES Nest! Kuckuckskind-Effekt = FREMDES Nest. Du möchtest selbst frei sein wie ein Vogel. Solche Menschen werden **Vögel** gerne haben,

Kindergeschichten über Vögel kennen, Vogelmotive auf Tassen/Geschirr lieben und gerne zusehen, wie Vögel (egal welcher Art) flattern, fliegen, kreisen und an Futterstellen/Wassertränken kommen. Phantastischer Film des DFF von 1991: „**Sprache der Vögel**" mit **Kurt Böwe**, der **Kinder** mit Sicherheit wesentlich mehr **liebte** als Erwachsene & meiner verehrten **Ursula Karusseit** (Märkische Chronik/1983 und vieles mehr).

Angst vor **Mäusen** ist ebenso eine weit verbreitete Angst, vor allem beim weiblichen Geschlecht. Diese stammt aus der Zeit als es noch keine sicheren, festen Behausungen gab, und die nachtaktiven Mäuse unter die Röcke krochen. Das sitzt fest, vor allem, wenn man keine Unterwäsche besaß.

Es gibt für alles einen Grund und ich würde **alle** Gründe herausfinden, mit dem logischen Menschenverstand. Im Allgemeinen gilt: **übertriebene Tierliebe = enttäuschte Menschenliebe.**

Menschen, die **Angst** oder **Abscheu** vor **Vögeln** empfinden, haben als Kleinkind unter 7 Jahren einmal Vogelkot auf die nackte Haut abbekommen. Das hat Dich sehr erschreckt, wobei ziemlich viele Tiere für Kleinkinder eine bedrohliche Gefahr darstellen können (Frage der Erziehung und des Vorbilds). Vögel sind durch ihre Erdunabhängigkeit besonders unberechenbar. Bei Deinem Erlebnis war eine unangemessene Reaktion seitens Erwachsener das entscheidende Kriterium, die Angst vor Vögeln bis heute zu behalten.

→ Jeder Fehler, den Dein Kind aufgrund *Deiner* Behandlungsmethoden und Erziehungsfehler begeht, bleibt in Deinem Körper in Form von Altkot sitzen. Dabei ist es vollkommen egal, ob Du vom Fehler Kenntnis hast oder nicht. Diese (zum Teil vielen), kleinen Altkot-Stückchen kommen erst zu Tage, wenn Du Deine eigenen Konflikte *komplett* gelöst hast und Deinem Kind bei der Aufarbeitung (bezogen auf die Erinnerungen) hilfst = Wiedergutmachung. ALLES baut aufeinander auf – **Ursache-Wirkung** – wenn Du die Fehler Deiner eigenen Eltern an *Deinen* Kindern wiederholst!

Etwas Interessantes zwischendurch:
Der sogenannte Vintage- und Shabby-Look konnte sich nur deshalb so erfolgreich durchsetzen, weil es inzwischen **so viele**, zum Teil sehr stark **beschädigte** Menschen gibt, dass diese wiederum beschädigt

wirkende oder ganz alte Möbel und (teils rostige) Dekorationen für sich als passend empfinden.

LEBER - Ermüdungskonflikte

Müdigkeit ist der **Schrei** der Leber. Wenn Du Dinge tust/tun musst, die Dir keine Freude machen, wird Dich das auf Dauer stark **ermüden**, denn es zieht nur Energie aus Dir heraus und gibt Dir nichts zurück. Kennst Du Menschen, nach deren Besuch Du **ausgelaugt** und müde bist? Sie ziehen Deine Energie nur so ab und geben Dir *nichts*! Prüfe bei Verabredungen: Wie geht es mir davor **und** danach?
Ordne Dein Leben, befreie Deine Schränke von „Krimskrams", von überflüssigen Dingen, die Du nicht mehr brauchst, die Dir eventuell sogar schaden. Es **ist** nur noch unnützer **Ballast**, der Dir Kräfte raubt und Dich unbewusst ermüdet. Nehme etwas in die Hand, schaue darauf: „Brauche ich Dich (noch?), machst Du mich glücklich?" Bei einem **NEIN** sei **konsequent**! *Verschenke* Sachen und Dinge („Kost-nix-Laden" oder Kleidersammlung), gebe sie an Nachbarn, Kollegen weiter, die es gebrauchen/noch nutzen können. Lass Dir etwas einfallen, oder es muss in den Müll. Weg damit! Befreie Dich – verschaffe Dir Leichtigkeit, denn viel Besitz *kann* eine große Last sein!
Gelbsucht entstammt der Leber als Zeichen von Überlastung Deiner Seele im Bereich des absoluten Mangels an *liebevollen* Gefühlen von außen. Symbolik: „Du bist **gelb** vor Neid auf die anderen."
Sekundenschlaf/Tagesmüdigkeit/Narkolepsie sind auf Konfliktgeschehen in der Kindheit unter 7 Jahren zurückzuführen. Hier kam es zu einem traumatischen Erlebnis, wobei Du (damals als Kind) **unter keinen Umständen** einschlafen durftest. Dies kann das Mitlaufen in einem **Flüchtlingstreck** gewesen sein, bei dem alle zusammenbleiben mussten. Erst als eine Rast möglich war (in relativer Sicherheit!), konntet ihr eurer vollkommenen Übermüdung freien Lauf lassen, egal ob es dunkel oder heller lichter Tag war. Andernfalls hätte es vermutlich Deinen sicheren Tod bedeutet, denn Du warst von den Erwachsenen noch komplett abhängig und allein nicht überlebensfähig.

Der Sekundenschlaf kommt *dann* über Dich, wenn Dich irgendetwas an die damalige Situation, an die Du Dich bewusst nicht oder nur ganz dunkel entsinnen kannst, erinnert. Dies kann ein Geruch sein, verschiedene Geräusche (z. B. ein Knallen, wie beim Bombardieren *oder* Wasserrauschen, wie beim Löschen von Feuer) oder angestrengte Ruhe (z. B. in Meetings), weil Du Dich damals erzwungen still verhalten musstest. Es kann auch Geplapper sein, wenn alle aufgeregt durcheinander reden, was Dich direkt einschlafen lässt …

LIEBE – die Erste!

Unsere Jugend ist heutzutage schon dermaßen beschädigt, wenn sie in die Geschlechtsreife kommt, dass ich trauern muss um die zarten Erfahrungen der 1. Liebe – mit ihrer Scheu, ihrer Unbedarftheit, der Neugier auf den Anderen (ohne vorher schmutzige Filme gesehen zu haben), unbefangen und voller lieblicher Gefühle auf den Partner zuzugehen.

Dahingehend einfach unbeschädigt zu sein, ist heute kaum noch vorstellbar; vielleicht am ehesten in ländlichen Gegenden, wo Kinder teils noch viel draußen spielen und weniger in die virtuellen Versuchungen kommen.

In diesem Zusammenhang möchte ich Dir einen unterbewussten Glaubenssatz vermitteln:

Verliebst Du Dich das 1. Mal und dieser Junge möchte Dich **nicht** zur Liebsten und dann kommt ein Zweiter, der Dich **möchte**, Du ihn aber nicht, wird sich daraus Folgendes entwickeln:

„Den Menschen, den *ich* haben will, den kriege ich *nicht* und der *mich* wollte, den will ich *nicht*!"

Wenn sich **das** festbrennt, wirst Du es schwer haben, jemanden zu finden, den Du WIRKLICH **willst**. Löse den Satz in Dir auf, **jetzt** und sage: „Ich bekomme den Liebsten, der am besten zu mir passt!" Und meine Süßen: Gebt NIEMALS einen Liebesbrief über Dritte ab! Das kann unheimlich schief gehen. Hier passiert es vielleicht, dass der Brief **nie** abgegeben wird oder in falsche Hände gerät oder ihr die

Antwort nie erhaltet, weil dieser Brief ebenfalls einen Umweg erfährt und aus Eifersucht verborgen wird. Seid mutig, macht es allein – Mut wird immer belohnt! ♥ Bleibt ein *ehrlicher* Brief unbeantwortet, bekommt der Absender nach ca. 3 Tagen eine Erkältung, Nasenbluten (Tränen der Seele) und Rückenschmerzen im Bereich der Lendenwirbelsäule als Selbstwerteinbruch. Nicht zu antworten, ist nicht nur unfair, sondern respektlos! Hier tritt das Gesetz der „Ursache-Wirkung" ein: Wer die Liebe missachtet, wird hart bestraft! Bemerkung: Treibst Du ein Baby ab, was Du *eigentlich gewollt* hättest, weil Du den leiblichen Vater dazu liebst, wirst Du einen starken Selbstwerteinbruch erleben (Schmerzen im Lendenwirbelsäulenbereich).

Ebenso bleibe unerpressbar: Wenn Du ein Mädchen **liebst**, halte daran fest, egal, ob ein stärkerer Junge Dir droht, dass es „seins" *wird* und Du die Finger von ihr lassen sollst. Handel Dir lieber ein blaues Auge ein, als dieses Mädchen gehen zu lassen, DENN es *könnte* Deine Traumfrau sein... Der Altersunterschied sollte zweitrangig betrachtet werden, was bedeutet: Bist Du 15 und das Mädchen 12 und Du fühlst Dich in der Lage, zu warten, dann gestehe Deine starken Gefühle und warte! Beweise Deine Liebe unerschütterlich und sei mutig! Löst es sich *nach Jahrzehnten* auf, dass Dich ein Mensch in der Tat geliebt hat, von dem Du Dich aus einem Zwang heraus abwenden musstest, erleidest Du einen **Herzinfarkt**, weil Deine Seele die **Wahrheit** erkennt. Dafür MUSS es jedoch zwingend einen **Mundkuss** gegeben haben = Schneeköniginnen-Konflikt → „Wenn Du nicht erkennst, WER Deine große Liebe ist, wird Dir in der Zukunft das Herz gefrieren!" Die Symbolik dahinter, inklusive **naturgegebenem Beweis** (Infarkt), lautet: „Diese eine Liebe hat Dir das Herz **zer**brochen!" **Alle** Herzinfarkte sind Jugendlieben geschuldet, mit 13/14 Jahren, die (aus Feigheit) unerfüllt blieben. Bis Du höchstens 50 Jahre alt bist, wirst Du an dem Druck, den Dein Herz über die Jahre immer unmissverständlicher aufgebaut hat, sterben, wenn Du keine schulmedizinische Hilfe bekommst. **Liebeskummer schadet**, wenn Du zu feige bist, **wahre Liebe** zu gestehen, egal wem, wie alt, wann und wo. Fallen Dir solche Konflikte ein, dann wird Dir eine Kontaktaufnahme **sehr nützlich sein**, indem Du diesem Menschen Deine Liebe (von damals) *nachträglich* **aufrichtig** gestehst. „Wahre Liebe hat die Angewohnheit zurückzukommen." Keine Angst, deshalb muss Dein jetziges Leben nicht darunter leiden – im Gegenteil! Die Lieben reihen sich danach in Deinem Herzen ein, so wie sie erlebt wurden.

Hast Du keinen Kontakt, lohnt sich die Suche über Einwohnermeldeämter, ehemalige Klassenkameraden, Schulfreunde usw. Wer seine Liebe **gesteht** und dies beim Empfänger als WAHR in der Seele ankommt, **wird**, vor allem, wenn Du damals aus einer <u>Intrige/Drohung</u> heraus den Kürzeren gezogen hast, **grippeähnliche** Erscheinungen bekommen (naturgegebener Beweis: Schreikonflikt = Entsetzen über die Erkenntnis, dass eine herrliche Liebe *vereitelt* wurde). Dem einen zerreißt es das Herz (Beginner der Liebe), den anderen streckt es nieder (Zulasser der Liebe)! → Hierbei ist es völlig egal, wie viele Kilometer zwischen euch liegen und ob Du eine Antwort bekommst – die Körperreaktionen (Grippe, Herzschmerzen, Nierenschmerzen, Brustenge, Sodbrennen/trockener Husten bei Todesangst um die alte Liebe oder gar eine Depression) **setzen** als **Beweis der Wahrheit** ein. Fühlen Männer nach dieser Konfliktlösung ein Rippenstechen unterhalb der linken Brust, dann **war es** <u>DIE Traumfrau</u>. Es versinnbildlicht die Erdolchung aufgrund einer unerfüllten, <u>fremd vereitelten</u> oder <u>nicht gestandenen</u> wahren Liebe. Einen „Korb", den Du erhältst, welcher sich NICHT stimmig anfühlt, wird als Konfliktschock in Dir empfunden und geht mit Altkot einher, *wenn* Du die Sachlage einfach *hinnimmst*, ohne den Versuch, aufzuklären, was geschehen ist (Intrige). Kam es nach solch einem Erlebnis Deinerseits zur Erkenntnis: „Wäre ich nur ein Junge, eiskalt und abgebrüht!", kommt es im Rahmen der Konfliktlösung zum Aufflammen des Pilzes „Candida albicans" (Beweis der Ablehnung der Weiblichkeit) und ist somit (eventuell erneut) zu lösen. Der Altkot kommt nach der Lösung *schmerzlich, teils wässrig*, wie ein kleiner Krampf – eben so, wie Du den Korb damals empfunden hast. (Gefühl der Ausscheidungskonsistenz ist ein *Kirschkern* = „Das ist meine „Kirsche"/mein Mädchen!") Dies ist der naturgegebene Beweis, dass der Junge Dich belügen musste, weil er selbst große Angst um seine Unversehrtheit hatte.

Fühlst Du Nierenschmerzen nach der Lösung eines solchen Konfliktes, kommt es auf die Seitigkeit an: *links* = **Du** hast einen Revierentscheidungskonflikt, *rechts* = **diese** Jugendliebe hat einen Revierentscheidungskonflikt *und will zu Dir* (Beweis der Seele über die Wahrheit)! Diese Erscheinung gibt es erst, *wenn* Du <u>in Kontakt</u> gegangen bist.

Schmerzen beide Nieren, weißt Du Bescheid: Ihr wärt ein Traumpaar gewesen!

Oft gewinnt der „Intrigant", der das Mädchen dem anderen „stahl", ihr Herz, weil er der **Stärkere** war, auch wenn sie nichts von diesem „Kampf" weiß. Er wird zur „Ersatz-Großen-Liebe".

Macht Dein Partner „wie aus heiterem Himmel" mit Dir Schluss und hat selbst *keinen neuen* Partner, gibt es einen **starken Eifersuchtskonflikt** bei einem Menschen, der euch auseinander bringen will. Wenn das funktioniert und Du durch eine **LÜGE** Deinen (Traum-)Partner verlierst, wirst Du große Probleme im Bereich der Lendenwirbelsäule bekommen (Selbstwerteinbruch). Dies signalisiert Dir die **Unwahrheit** der „Schluss-Nachricht" und sollte Dich in Wallung setzen, die Intrige aufzuklären! Bist Du als Frau im Mangel **genau dieser** körperlichen Liebe, wirst Du durchsichtigen Ausfluss (Scheide) haben und ist genau **er** der Mann, von dem Du Dir ein **Baby** wünschst, wirst Du Zwischenblutungen und andere geschlechtlich ungünstige Erscheinungen bekommen. Es ist **NIE** zu spät für eine Klärung – sei mutig! Bei Konfliktlösung liefert Dir Dein Gehirn ein Bild desjenigen, der dazu gehört. Erlittest Du **ca. 1 Jahr nach einer Trennung** einen **Herzinfarkt**, ist dies der Heilprozess inklusive dem Beweis für eine <u>unaufrichtige</u> Liebe von Seiten des entsprechenden Partners (siehe auch unter Heuschnupfen!).

<u>Allgemeingültig ist:</u> **ALLE** körperlichen Reaktionen **BEWEISEN** die **Wahrheit**! Dabei ist es vollkommen gleichgültig, ob Du die Wahrheit wahrhaben möchtest oder nicht.

Findet Dich z. B. der 1. Junge, der Dir gefiel, *unterbewusst* <u>zu dünn</u>, dann *verstärkt* er <u>in Dir</u>, dass Du „zu dünn" **bleibst**. Das ist ein <u>Negativeffekt</u>, damit sich **Dein** Glaubenssatz <u>erfüllt</u>.
Genauso passiert es, wenn Deine 1. Liebe dunkelhaarig war und Dich ablehnte, Dein neuer Typ hellhaarig sein wird, weil Du *glaubst*, alle dunkelhaarigen Jungs wollen nichts von Dir.
Trau Dich, wenn Dir jemand gefällt, auf ihn <u>zuzugehen</u>! Rede mit ihm, **gebe zu**, dass Du verliebt bist. Küsse ihn, wenn Du *spürst*, dass es der andere <u>mögen</u> würde. Du fühlst es **instinktiv** ganz genau – vertraue Dir! Es ist **wichtig** für Deine Entwicklung und Deine Gesundheit.

Menschen, die so etwas **nicht zugeben** können, egal, wie alt sie sind, begeben sich in die Gefahr, an Liebeskummer zu **sterben**. Dein Blutdruck *oder* Dein Puls können mit den Jahren viel zu hoch werden, wenn Du nicht in der Lage bist, aufzulösen, **ob** Dich die andere Person *auch* gut findet und vielleicht sogar schon sehr verliebt in Dich ist. Umso mehr Zeit ins Land geht, desto schlechter wird es Dir gehen. **Das gilt für Jungen + Mädchen!** Bringst Du <u>gleich am Anfang den Mut auf</u> und musst *vielleicht* ein **Nein** einstecken, kannst Du <u>weiter in die Zukunft</u> blicken, **ohne** entmutigt zu sein. Denn, wer Dich *nicht* wollte, <u>war **nicht für Dich** bestimmt</u>. Du hast nun die **GEWISSHEIT** und nur diese hält Dich **gesund**!

Sei **IMMER enorm <u>STOLZ</u>**, wenn Du es geschafft hast, jemandem Deine Gefühle zu gestehen – **egal**, wie es ausgeht. <u>Das ist etwas ganz Großes und Besonderes!</u> Dein Körper wird es Dir danken.

❤ Die Liebe ist der Sinn des Lebens. ❤

Liebende Pärchen gibt es so viele, wie Schmetterlinge auf der Erde leben (das wurde von Alten und Weisen übertragen). Wen wundert es da, wenn es über die Jahre immer weniger Schmetterlinge und auch Sortenvielfalt gibt? Wunderst Du Dich, dass es immer mehr zänkische, graue Spatzen gibt, dass diverse Tiere aussterben oder davon bedroht sind, wie der Tiger? Dann sage ich Dir, dass es **ursächlich** *immer weniger* charakterlich schillernde, schöne und stolze Menschen gibt. Wo gibt es noch singende, pfeifende oder von Herzen lachende Menschen? Alles hängt zusammen.

Schaue auch nach der Bedeutung Deiner **Lieblingsblume** und Du wirst etwas über Dich erfahren.

Aufgrund von **Angstmache** im Elternhaus, speziell Väter an ihre Töchter, gibt es Teenager, die total kindlich bleiben, obwohl sie „ausgewachsen" sind. Sie scheuen sich vor dem anderen Geschlecht und behalten lieber ihre *piepsige Stimme* und ein *kindisches Verhalten*, damit nur ja kein Junge ihnen zu nahe kommt. Wenn solche Mädchen Pech haben, bekommen sie bereits **vor** der 1. Partnerschaft X-Beine. Es ist ein **Behütungskonflikt**, besser gesagt ein Überbehütungskonflikt. Schaut euch Kinderfilme aus der DDR an, wie man mit 12 bis 16 Jahren die ersten Lieben erlebt. Mit Erschrecken habe ich festgestellt, dass es so etwas Schönes heute gar nicht mehr gibt.

Hast Du **Zwischenblutungen** (ca. in der Halbzeit zur Menstruation), hast Du eine vergangene Beziehung nicht gut verkraftet und nicht verarbeitet. Hierbei ist die Zwischenblutung als Tränen der Seele aus dem Unterleib anzusehen (auch Endometriose). Es kann passieren, dass Du in der Zukunft **nicht schwanger** wirst, weil der Mann, der Dich verließ, unterbewusst für Dich **der Einzige** war, mit dem Du ein Baby haben wolltest. Dasselbe gilt für Männer, die sich (manchmal unterbewusst) mit einer *anderen* Frau fortpflanzen **wollten**. Hier gibt es **ab** der *nächstfolgenden* Partnerin Probleme mit der Struktur, Geschwindigkeit und Drehung der Samen sowie einen gestörten Samenerguss. Seid mutig, denn dieser Konflikt MUSS zwingend mit dem betreffenden, vorangegangenen Partner aktiv geklärt werden, damit die Symptomatik der Zwischenblutung und ausbleibenden Schwangerschaft verschwindet. Hier war das Ende der Beziehung intrigant.

Ein Filmtipp von mir ist der Jugendfilm „**Marta, Marta**" von **Manfred Mosblech**. Hier kann man so viel lernen, dass euch *etliche Lichter* aufgehen werden. **Claus & Wera Küchenmeister** möchte ich hier ebenso unbedingt *namentlich* aufführen sowie **Karola Hattop, Horst Zaeske, Iris Gusner** „Alle meine Mädchen" ♥ & **Rolf Losansky.** *DANKE* für alle *wunderbaren* und *lehrreichen* Filme, wie „Wir kaufen eine Feuerwehr", „Philipp, der Kleine", „Konzert für Bratpfanne und Orchester", „Der Untergang der Emma", „Das Schulgespenst", „Die dicke Tilla", „Drache Daniel", „Der Junge mit dem großen schwarzen Hund", „Ich – dann eine Weile nichts", „Nachhilfe für Vati", „Weiße Wolke Carolin", „Feriengewitter", „ … und ich dachte, Du magst mich", „Kolumbus auf der Havel", „Trampen nach Norden", „Der blaue Helm", „Jan Oppen", „Ich liebe Viktor", „ … verdammt, ich bin erwachsen", „Geschwister", „Für die Liebe noch zu mager?", „Verbotene Liebe", „Dach über'm Kopf", „Die Julia von nebenan", „Über sieben Brücken musst Du gehn", „Suse, liebe Suse", „Heißer Sommer", „Der rasende Roland", „Camping, Camping", „Der Direktor", „Der Dritte", „Broddi", „Daniel Druskat", „Gib acht auf Susi", „Die Alleinseglerin", „Ein altes Modell", „Die Weihnachtsklempner", „Die Weihnachtsgans Auguste", „Der Meisterdieb", „Gevatter Tod",

„Jorinde und Joringel", „Der kleine und der große Klaus"; viele weitere, wunderbare Märchenfilme, unsere *herrlichen* Familienserien, wie „Ein Zimmer mit Ausblick" (**grandios!**), „Fridolin" (eine **Perle** *mit* der Perle Regina Beyer), „**Jockey Monika**" und „Johanna" (Ich **liebe** sie BEIDE!), „Barfuß ins Bett", „Bereitschaft Dr. Federau" (mit der sanftmütigen, schönen Uta Schorn & Wilfried Pucher), „Tierparkgeschichten", „Rund um die Uhr", „Geschichten über'n Gartenzaun", „Mensch Hermann", „Unser Mann ist König", „Rita von Falkenhain", „Zahn um Zahn" (mit unserer wundervoll *menschlichen* Helga Piur & einem überaus charismatischen Alfred Struwe), „Familie Neumann", „Aus dem Tagebuch eines Minderjährigen" (schwarz/weiß, aber unglaublich herzerfrischend), „Spreewaldfamilie", „Flugstaffel Meinecke", „Rentner haben niemals Zeit", „Spuk unter'm Riesenrad" (alle „Spuk's"), „Alfons Zitterbacke" (von 1986!), „Bei Hausers zu Hause" (pädagogisch wertvoll), „Hochhausgeschichten", „Kiezgeschichten", „Einzug ins Paradies" (*beeindruckend* & schwierig zu ertragen), „Aber Vati" usw.!

Ihr alle seid meine Bildschirm-Helden. Ich lebe durch euch immer noch **im Frieden** und lerne praktisch **jeden Tag** von euch, ihr **brillanten** Schauspieler!

Was auch immer ihr persönlich von euren Rollen gehalten habt (ich weiß es nicht), ihr habt es **phantastisch** hinbekommen, den **wahren Charakter** des Sozialismus aufzuzeigen – es ist gelungen!

Dazu gehören die einprägsamen, passenden und geliebten **Film- und Serien-MUSIKEN!** ♥

Ihr DEFA-**KINDER-** und **JUGEND-Schauspieler** – ihr wart die **HELDEN** unserer „Flimmerstunde" (und seid nun die **neuen** Helden kleiner Kinder, die in den **Genuss** eurer DVDs kommen!) – ich habe euch bewundert, mich als Kind sogar ab und zu verliebt. ;) NIE hätte ich geglaubt, dass man euch **beschädigen** würde, aber es **ist** geschehen! „**Sieben Sommersprossen**" – bis heute einer meiner *Lieblingsfilme*: **Kareen**, was ist mit Dir geschehen? Du warst **so mutig** *und* **so zauberhaft** in diesem Film, einfach nur bewundernswert. ♥ Einige Filme später sieht man Dir schon an, dass Du diesen Film nicht verkraften konntest.

Unser Walter Plathe & unser Jaecki Schwarz, ihr ehemals **schönen** Männer! Was ist mit euch geschehen? Ihr wurdet von Frauen möglicherweise zu viel umschwärmt und auch benutzt. Das ist nur meine Vermutung, wenn ich euch sehe, was ihr für einen **Schutzmantel** um euch herum aufgebaut habt. Auch unser „Fränki" – Frank Schöbel! Ich **weiß**, er könnte heute *viel schöner* aussehen, *ohne* seine Konfliktgeschehen. Ich hoffe, euch bald in neuer Gestalt auf dem Bildschirm wiederzuerkennen.

HEILT euch aus – kommt in euren damaligen Formen zurück! Ich bin **sicher**, dass es möglich ist!

„Die dicke Tilla" – **Carmen** hat ihre **schwierige** Rolle **mit Bravour** gemeistert und dann? Es hat mich sehr erschrocken, als ich sie viele Jahre später in einem Interview wiedersah. Manche Kinder wurden durch ihre Schauspielrollen *erhoben* und andere *erniedrigt*, sogar stark beschädigt und das **zu Unrecht**!

Alles, was euch zu Schaden kommen ließ, war der **NEID**!

Ich wünsche mir **so sehr für euch**, dass ihr jetzt einen **neuen** Lohn bekommt → für eure wunderbaren, lehrreichen, filmischen Leistungen und für euren damaligen, manchmal gewaltigen **MUT**!

Meine **Lieblinge** im Erwachsenenbereich möchte ich hier **unbedingt erwähnen** und euch **so sehr danken**, dass es euch gibt/gab: **Manfred Krug** (*Ich liebe Dich, Manne!* Du bist für mich der Größte! Filmrollen, speziell „Feuer unter Deck" & Schallplatten 1-4, insbesondere mit dem Komponisten **Günther Fischer**), **Renate Krößner** (Inbrunst pur! „Solo Sunny" u. v. m.), **Marijam Agischewa** (mein absolutes Vorbild in Sachen jugendlicher **Authentizität**), **Ursula Werner** (immer herzerfrischend) **& Peter Reusse** („Ein irrer Duft von frischem Heu" u. v. a. tolle Filme), **Renate Geißler** (die **schönste** „Lache" der DEFA, z. B. „Dach über'm Kopf") **Walter Plathe** (u. a. Mädchenschwarm in „Das Puppenheim in Pinnow" & Copilot in „Treffpunkt Flughafen"), **Jaecki Schwarz** (herrlich als junger, schöner Mann in „Du und ich und Klein-Paris"), **Barbara Dittus** (ein *großes* Talent! – z. B. „Plantagenstraße 19"/„Einfach Blumen auf's Dach"/„Der Dritte" – hol Dir Deine **wahre** Schönheit zurück, Barbara!), **Ute Lubosch** [bezaubernd in „Glück im Hinterhaus" (Ich glaube, dieser beeindruckende Film hat Dich leider sehr beschädigt.) und genial in: „JOHANNA"], die unverwechselbare **Walfriede Schmidt**, die ich für ihre *resolute Offenheit* immer wieder auf's Neue bewundern kann, z. B. in „Rund um die Uhr"/„Die Weihnachtsklempner", **Jutta Wachowiak** für ihre *meisterhaft gespielten*, *oft schwierigeren* Rollen (→ viele, wunderschöne, kluge und starke Frauen hat die DDR hervorgebracht!), **Erwin Geschonnek** („Benno macht Geschichten") und **Agnes Kraus** (**Konfliktlösungs-Lehrer** 1. Güte! Deshalb mein Pseudonym „Lautenschläger" nach „Die Gäste der Mathilde Lautenschläger" – ein absoluter **Lehrfilm** in zwischenmenschlichen Befindlichkeiten, „Schwester Agnes", „Viecherein", …) Vielleicht waren die beiden, zusammen mit unserem kleinen Liebling **Helga Göring** und dem Parade-Vater **Herbert Köfer**, die einzig wahren Kommunisten. Was für eine innerliche Leistung und Geisteshaltung! Es kam mir so vor und zollt mir respektvolle Hochachtung ab! Auch **Marianne Wünscher** hat viele prägnante, wichtige Rollen verkörpert, wie in „Ach du meine Liebe" mit Jaecki Schwarz als Muttersöhnchen, welcher zum Gigolo „aufsteigt".

Anhand vieler *unbequemer* Filme aus den Reihen „Der **Staatsanwalt** hat das Wort" (Dank an **Käthe Riemann**, die leider im Jahr 2000 verstorben ist, für diese grandiose Idee!) und „**Polizeiruf** 110" (diverse hochgradige Regisseure) konnte ich unglaublich viel lernen. Es war mir oft unheimlich, was so alles im wahren Leben geschehen kann und die Schauspieler gaben **beachtlichste** Leistungen ab! *Endlich* kann ich euch allen meine tiefste **Hommage** geben – es brannte mir so auf der Seele: **DANKE!** ❤

Glaubt **NIE**, dass ihr vergessen seid! Ihr „steht" in vielen, schönen Regalen und Schränken (DVDs)!

Ebenso möchte ich **einige wunderbare Werke** unserer *tschechischen, polnischen und russischen Freunde* erwähnen, wie: „Ein Haus mit tausend Gesichtern", „Die Frau hinter'm Ladentisch", „Die Märchenbraut", „Eine Hauptrolle für Rosmaryna", „Unsere Geister sollen leben", „Jankos Spielzeug", „Des Wassermanns traurige Liebe", „Der dritte Prinz" (**Antonín Moskalyk, Ota Hofman**/1983), „Falkner Thomas/Král sokolu" (hochverehrt: **Václav Vorlícek**/2000), „Die zwölf Monate" (Tschechische Republik, neu von 2012), jede Menge *zauberhafter* Märchen. Dabei sind die tschechischen Versionen „Die kleine **Meerjungfrau**" (1976) sowie „Der **Salzprinz**" (1983) mit den hinreißend *bezaubernden* Šafránková-Schwestern Miroslava & Libuše **unübertroffen**. Petr Svojtka, Gábor Nagy und Pavel Trávníček („Drei Haselnüsse für **Aschenbrödel**") müssen als *wunderschöne, charismatische*

Prinzen dadurch **unglaubliche Neidkonflikte** davongetragen haben, von den „Mädchen" möchte ich gar nicht erst schreiben!!!, „Die Kinder vom Mühlental", „Janna", „Klemens und Klementinchen", **„Der Lehrling des Medicus"**, „Vogelscheuche", „Die Abenteuer von Petrow und Wassetschkin". Alles **hochkarätige** Kinder-/Jugendfilme/-Serien, von denen ihr **LERNEN** könnt! ♥ Auch **„La Boum – Die Fete"** ist natürlich *insbesondere für das Aufzeigen der 1. Liebe* ein ganz phantastischer Film aus Frankreich (1980) sowie anrührende Filme aus skandinavischen Ländern, insbesondere „Wunder einer Winternacht – Die Weihnachtsgeschichte", sowie viele Filme über **besonders mutige** Kinder. Leider bin ich mit Werken *weiterer Länder* nicht sehr vertraut, denke jedoch mit Sicherheit, dass auch ihr *wundervolle* Kinder- und Familienfilme/-Serien verfügbar habt!

Hervorheben möchte ich zudem den herausragenden, schwarz/weißen Kinderfilm **„Die Jagd nach dem Stiefel"** (DEFA/1962), den sich **jedes Kind ab 12 Jahren** vergleichsweise zum heutigen Leben, Alltag und der zur Zeit bestehenden, lächerlich machenden Angst und Feigheit ansehen kann. **Mutige** Menschen mit **gesundem** Menschenverstand **müssen** durch die Lösung aller in Körper/Seele/Geist bestehenden Konflikte **NEU entstehen**!

Genauso **DANKE** ich hier von ganzem ♥ en den **Autoren des „Kinderbuchverlags Berlin"**! Was **IHR** zu DDR-Zeiten an **Lesestoff für KINDER** & **JUGENDLICHE** geschaffen habt, ist einen **Riesen-GOLD-POKAL** ♥ wert! *Namentlich benennen möchte ich* **unbedingt**: Christa Grasmeyer, Günter Görlich, Peter Abraham, Gisela Richter-Rostalski, Hildegard & Siegfried Schumacher, Klaus Meyer, Werner Bauer, Eckhard Rösler, Wolf Spillner und Jürgen Leskien.
EURE Bücher haben, so wie die **DEFA**, zu meiner Entwicklung beigetragen. **Durch EUCH** alle bin ich *ein Mensch* geworden, der solch ein Buch schreiben **kann**. Ich liebe & lese eure Bücher **bis HEUTE** und das wird *immer* so bleiben! Ich halte sie in **allen EHREN** und vererbe sie weiter.
Meine beiden Liebsten sind: „Liebesperlen" und „Wasseramsel".

Für mein Buch beweisträchtige Filme sind **„Pugowitza"** (1981) und **„Kindheit"** (1986). Auch **„Wege über's Land"** und **„Märkische Chronik"**, beides *hochkarätig* besetzte Serien, kann heute kaum noch jemand ertragen, sich anzuschauen, weil sie die Realität **wahrer** Geschehnisse im und nach dem Krieg deutlichst aufzeigen. Hinzu zählt der eindrucksvolle Film „**Die Abenteuer des Werner Holt**" (1964/1965), inklusive der *zärtlich, sensibel* dargestellten Thematik „Liebe".

Erwähnen möchte ich ebenso eine **wunderschöne**, extrem sinnreiche Neuverfilmung von Rübezahl: „**Rübezahls Schatz**" (Deutschland 2017), welche meinen Buchinhalt einwandfrei bestärkt. Die Darsteller waren wunderbar, mit sehr viel Gefühl!

Aufgefallen ist mir bei nahezu allen Filmen aus der weiteren Vergangenheit die **perfekte Wahl** der Darsteller, auch der Kinder, für ihre Rollen samt Symptomatiken und Merkmalen des Körpers für charakteristische Eigenschaften. Beobachtet habe ich, dass sich innerhalb der Drehzeit Schauspieler DURCH ihre Rollen verändern! Das betrifft Zahnstellungen, Nasen-, Augen-, Kinn-, Gesichtsformen und Charakter, **ohne** dass es geschauspielert ist. Ich sehe **sofort**, wenn ein Schauspieler ungeeignet und ggf. durch *Bevorteilung* an seine Rolle gekommen ist. Wichtig für ehemalige Baby- und Kleinkinderdarsteller (bis 7 Jahre) ist in der Tat das Erkennen der Konflikte, welche aus einer **Filmhandlung** heraus entstanden sind, zum Beispiel bei Szenen mit Streit oder Sätzen, welche diesem Kind in seiner Entwicklung (stark) geschadet **haben**. Falls ihr einmal solch ein kleiner, mutiger Darsteller gewesen seid, dann löst das in eurem Körper damit, dass es nur ein Film war und mit eurem wahren Leben nichts zu tun hat. Ebenso trifft der Sachverhalt auf **schwangere Darstellerinnen** zu, die es möglicherweise zur Drehzeit noch nicht einmal wussten. Schau, ob Du mit diesem Kind, das damals in Dir wuchs, eine Konfliktlösung machen musst. Das Gleiche gilt für **Tierdarsteller**, falls diese in stressige Situationen gebracht wurden und noch leben.

„**Die Eiskönigin I und II**" (Elsa & Anna) – Als ich den 1. Teil vor wenigen Tagen und den **2. Teil** heute (**31.01.2021** mit Schnee und Sonnenschein) sah – meine Enkeltochter brachte ihn mir, ohne die ich im Übrigen dieses ganze Buch *nicht begonnen, nicht geschafft* und auch *nicht überlebt* hätte – war ich schockiert, dass es auf mich wirkte, **wie die Verfilmung** von diesem **Buch**.

Ich **danke „Walt Disney" von ganzem Herzen** für göttlich wahr-haftige Filme, zu denen auch „**Coco**" gehört. ❤
An dieser Stelle DANKE ich meiner bewundernswerten kleinen Fami-lie, inklusive meiner schönen und starken Schwiegertochter. Es ist un-heimlich, was wir gemeinsam für dieses Buch alles ausgehalten haben. Mit dem Großelternsein erlischt die Notwendigkeit der Mutterliebe *Deiner eigenen* Mutter. Für Dein Enkelkind bist Du direkt am Tag des Erfahrens der Schwangerschaft ein neu entstandener **Quell der Lie-be**. So bist Du in der Tat *von Anfang an* in der Lage, das Leben Deines Enkelkindes mit Deiner **durch es** aufgeflammten Liebe zu retten!

Lunge/Schilddrüse – COPD, Atemwegserkrankungen – Todesangstkonflikte

Atemnot (nicht richtig Luft zu bekommen/durchatmen zu können) ist für den Menschen, neben Herz-/Brustschmerzen (was oft im Zusam-menhang auftritt), der quälendste/qualvollste Zustand. **Alle Vorfäl-le** und **Sätze**, die euch **persönlich** betreffen und euch bewusst oder unbewusst Todesangst einflößen, führen zu dieser Art Konflikt. Hinzu kommen Todesangst und Existenzängste **um** Deinen Partner, Dein(e) Kind(er), Deine(n) Enkel, um andere liebgewonnene Menschen aus der engeren Familie (z. B. Nichte/Neffe/Schwiegerkinder) sowie um Dein Haustier (vor allem, wenn es sich um Hund und Pferd handelt). Es beginnt im Mutterleib, wenn die Mutter an Abtreibung denkt, setzt sich im **Kleinkindalter** *damit* fort, durch Erwachsenenhände **stark durchgeschüttelt** zu werden, in Gewässer zu fallen (fast ertrinkend) oder in andere lebensbedrohliche Situationen zu geraten und im Al-ter (ab 14 aufwärts) sind es grausame Worte und Geschehnisse von und mit Menschen aus Deiner **1.** Blutlinie oder auch eines zuständi-gen Arztes, der Diagnosen ausspricht, die Dich zu Tode erschrecken. Dazu zählt auch die chronische Pneumonie.
Durch mich selbst löste ich den Konflikt, während des **Entbindungs-vorgangs** Todesangst gehabt zu haben: um mich und mein Kind. Hier

gibt es Kränkungen auf der Schilddrüse, wenn Du mangelhaft, teils schändlich behandelt wurdest, und Dich so gut wie gar nicht unterstützt fühltest. Wenn es Dich betrifft, wirst Du es spüren, indem Du nach dem Lesen meiner Zeilen einige Mal kurz, heftig und trocken aufhustest. Die *festgehaltene Luft* von damals: „Es schnürt mir die Luft ab!" wird herausgestoßen. In 24 Stunden ist die Lösung abgeschlossen und Deine Lunge davon heil.

Ob die Schilddrüse eine Unter- oder Überfunktion davongetragen hat, ist charakterabhängig und für die Lösung vollkommen unbedeutend. Eine Entbindung kann durch *zu viele Infos* vorab, welche *Deine Ängste* schüren, stark konfliktaktiv ablaufen, was den Muttermund viel zu schnell öffnen lässt und die Wehen enorm stark macht. Möchte das Kind aufgrund der Erfahrungen **lieber im** Bauch „drin bleiben", gibt es einen Kampf. Dieser führt z. B. zum Einsatz einer Saugglocke und schlimmstenfalls zu Beschädigungen am Kind. Wozu es hier meist kam, sind Muttermundeinrisse und Dammrisse, wenn der rechtzeitige Schnitt versäumt wurde. Vertraut eurem Körper voll und bleibt bitte ohne fremde Einflüsse. Alles ist von der Natur bestens geregelt. Was mir nicht klar ist, da unbekannt, ob auch Menschen, die im **Hospiz** arbeiten, Todesangst um einen liebgewonnenen Patienten haben können, und sich somit selbst beschädigen. Falls das der Fall ist, wird viel Altkot Deinen Darm verlassen, nämlich *für jeden* dieser Patienten etwas.

Magen-Darm – Verdauungs-/Vermeidungskonflikte

Wer aus Gründen von Unsicherheit sowie einem konfliktbeladenem Körper Prüfungsängste hat und das Zusammentreffen mit unliebsamen Personen oder gefürchteten Gegebenheiten lieber vermeidet (ungelöste Konflikte/**Vermeidungstaktik**), der wird Magen-Darm-Probleme haben. Führt Dich das Leben in *ungewollte* Situationen, wirst Du ziemlich direkt bei der Ankündigung oder dem Eintreten einer solchen *recht plötzlich* die Toilette aufsuchen **müssen**. Der Stuhlgang ist sofort dünner und will aus dem Darm hinaus. Ist die

Situation bereits *vorausschauend* für Dich <u>unerträglich</u> und möchtest Du diese am liebsten *unter keinen Umständen* erleben, wirst Du Magenschmerzen („Das schlägt mir auf den Magen.") und einen *unglaublichen* Durchfall mit Krämpfen bekommen. Es gibt **KEINEN** Magen-Darm-Virus, der um sich greift – so wie es <u>keinerlei</u> Ansteckung gibt, weil **JEDER** in <u>seinem</u> Leben <u>andere</u> *Dinge* <u>erlebt</u>. Diese <u>Reaktion des Körpers</u> auf **Deine** Gefühle geschieht **zu Deinem** eigenen **SCHUTZ!** Du *vermeidest* damit, dass Du Dich einer bestimmten Situation oder Person stellen musst. Dein Körper <u>macht</u> Dich **unfähig,** <u>damit</u> Du im Bett liegen bleiben **darfst.** Zeitgleich lässt er den „Dreck" los, der sich durch die *ungeliebte* Situation, den *unliebsamen* Menschen im Darm <u>festgehalten</u> hat! Löse es stets *direkt im Anflug* auf und es wird Dir gut gehen. Du wirst diese Situationen in Zukunft meistern!

Darmkonflikte gibt es bei *langwierigen* Enttäuschungen, welche für Dich *nicht aufgelöst* werden konnten. Das kann den Familien-, Freundes- oder Kollegenkreis (vorher Kindergarten, Schule, Lehrstelle) betreffen. **Alle vollendeten Tatsachen, vor die Du ungefragt gestellt wurdest**, können in Dir einen Konfliktschock ausgelöst haben. Dich hat diese Nachricht dann sehr getroffen und Du warst *aus verschiedenen Gründen* <u>wehrlos</u>!

Wenn es im **Darm pikst** – im linken, unteren Bauchbereich – dann pikst Dich jemand an. (Es handelt sich dabei <u>immer</u> um einen Menschen, der Dir **nah** steht.) *Derjenige* hat *unterbewusst* <u>gemerkt,</u> dass Du *etwas Wichtiges* vor ihm verbirgst bzw. zu verbergen versuchst. Das kann etwas sein, das noch nicht spruchreif ist, oder aber ein Geheimnis. Was da pikst, ist der Blinddarm.

Wenn Dein Darm so etwas wie **jammernde** *Geräusche* von sich gibt, dann möchtest Du am liebsten klagevoll jammern, unterdrückst es jedoch!

Eine **Darmverstopfung** wird durch das Festhalten von falschen Dingen oder Personen in Deinem Leben erzeugt, die Dir nicht gut tun.

Polypen im Darm entstehen meistens bei Scheidungskindern, wenn es mit mindestens einem Elternteil gravierende Probleme in der Anerkennung Deiner Person gibt.

Liegst Du bei Deiner Lieblingskosmetikerin (wie auch beim Masseur) auf der Liege und entspannst Dich, wird Dein *Lymphfluss* gluckernd aktiviert. Du fühlst Dich **wohl.** DANKE an alle Menschen, die uns so **verwöhnen!**

Es gibt keine „**Reisekrankheit**":
Wird Dir beim Auto-/Busfahren oder Fliegen schlecht, weil es Dich
rüttelt und Dir „fast <u>den Magen umdreht</u>", **dann** bist Du im Alter **bis
7 Jahren** einmal sehr wütend *durchgeschüttelt* worden. Dies bringen
Erwachsene meistens nur **1 Mal** fertig, weil sie den *Gesichtsausdruck*
dieses Kindes nicht mehr vergessen können. Das Kind hat *lebensbedrohliche* Gefühle, es kann danach *kaum noch atmen* und ist *völlig
außer der Fassung*. <u>Es steht unter **Schock**</u>! Seid ihr jemand, der bei
den eigenen Kindern auf den Gedanken kommt, wenn es ungezo-
gen ist: *„Jetzt könnte ich Dich gleich an die Wand schmeißen!"*, **dann**
ist **GENAU DAS** *damals* <u>fast</u> mit euch selbst passiert, durch die eigenen Eltern! Gibt es *keine* Beherrschung, *fliegt* das Kind an die Wand,
aus dem Fenster oder *in eine* Mülltonne. **Es gibt das alles!** → Grausame Taten erzeugen grausame Taten!
Wenn Dir jetzt mulmig ist, dann hast Du diesen *Konflikt* in Dir gelöst.
Du wirst spüren, wie schwallartige *Wellen aus der Lunge* herauswollen. Es ist der <u>damals festgehaltene Atem</u>, als Du **durchgeschüttelt**
wurdest. Es *würde* Dir als <u>Schilddrüsendysfunktion</u> diagnostiziert
werden, *wenn* Du zum Arzt gehst. Das ist nun sehr schnell vorbei:
Die Todesangst aus der Lunge verabschiedet sich mit <u>mehrmaligem,
trockenem Aufhusten</u>. Das dauert so lange wie die Zeit, die Du durchgeschüttelt wurdest, vermutlich 60 Sekunden. **Dann** <u>ist</u> dieser Konflikt aus Deinem Körper **verschwunden**! Der Magen zieht sich noch
einige Momente lang zusammen und gibt die Kontraktionen (das
„Sichzusammenziehen") von damals ab. Vielleicht empfindest Du
dabei eine leichte Übelkeit. Danach bist Du zu *diesem* Konflikt heil.
<u>Der Täter dachte unterbewusst</u>: „So ein *kleines* Kind vergisst **das so-
wieso** wieder. Mit ihm kann ich alles machen, was **ich** will und *wenn*
es etwas erzählen würde, glaubt ihm **sowieso keiner!**"
ABER: Diese KINDER werden durch **naturgegebene Beweise** zu
Mahnmalen für euch! Sagt ihr außerdem bei dieser Tätlichkeit <u>bos-
hafte</u> *Worte*, kommt es noch schlimmer → **Worte können töten!** Wir
beschädigen uns <u>gegenseitig</u> auf die schlimmste Art und Weise. Wer
hört: „Du bist der letzte Dreck!", der wird versucht sein, DRECK zu **essen**.
Wenn Dein Kind *im Anschluss* an so ein Geschehen z. B. **ins Wasser
fällt** und **fast** ertrinkt, wundere Dich nicht! <u>Es WILL sich aus DIESEM
Leben nehmen!</u> Es fühlt sich **im Wege!** Werden solche Kinder *gerettet*

und bekommen danach auch noch Schimpfe, könnt ihr abwarten, was sonst noch so passiert → **Leukämie** und Schilddrüsendysfunktion „blühen" diesen KINDERN als Minimum!

In jedem Fall haben sie Todesangst vor den **eigenen** Eltern. Schlimmeres ist für mich unvorstellbar.

Höhenangst entsteht, wenn Dich im Säuglings- oder Kleinkindalter jemand **fallen ließ** und zwar aus mehr als einem Meter. Du weißt nicht, **ob** Du aufkommst, **wie** und **worauf**. Das ist ein unheimliches Gefühl und führt mit zunehmendem Alter und ausbleibender Entschuldigung zu verschieden starker Höhenangst. Die Intensität hängt mit der Höhe zusammen, aus der Du damals **ungewollt** „geflogen" bist.

Empfindest Du Übelkeit und Ekel vor *Zigarettenqualm* (Zigarre + Pfeife zählen ebenso dazu); bist ein notorischer Nichtraucher, **dann** hat man Dich als Kind **unter 7** Jahren mit dem Qualm geärgert und Dich damit angeblasen, so dass Du kleines Menschlein **husten** musstest. Es ist ein Art **Qual** und **Folter**!

Wer bei Reisen **oft** auf die Toilette muss, hat Angst vor einem Unfall! Wer auf Reisen Herzschmerzen hat, hat große Sorge, dass seinen Lieben während der Fahrt/des Fluges etwas passieren könnte!

Sodbrennen = Angst! Du vertraust dem Prozess des Lebens nicht (mehr). Es trifft hier oft ältere Menschen, die der Annahme sind, dass Kaffee & Kuchen (gemeinsam verspeist), Sodbrennen verursachen. Aber nein – es **ist** die Angst vor dem lauernden „**Gevatter Tod**".

Genießt Kaffee & Kuchen, **vertraut** dem Prozess des Lebens und es wird euch sehr viel besser gehen. Alles hat seine Zeit. Wenn Familienbande eng sind, können auch Kinder **beim nahenden Tod eines Elternteils** Sodbrennen bekommen.

Übelkeit – Leidest Du während den *ersten drei* Schwangerschaftsmonaten an Übelkeit und Erbrechen, ist das ein Mahnzeichen dafür, dass Du unsicher bist, ob der werdende Vater passend ist. Es kann hierbei sein, dass der Mann, den Du **liebst**, auf Montage, bei der Armee oder im Krieg ist und als Vater eurem Kind zwangsläufig (oft) fehlen würde (Angstkonflikt).

Haben kleine Kinder **Bauchweh**, bedeutet das immer: **Ich habe Angst!** Ich habe Angst **vor** meiner Mama, meinem Papa, Geschwistern, Oma, Opa, weil geschimpft, gebrüllt, grob angepackt, gehauen oder sogar geschlagen wird! Diese Menschen sind als Kind *selbst ähnlich* behandelt worden. Es setzt sich im Erwachsenenalter in der Weise fort, dass Du bei *jeder Regung* von größerer Angst und Aufregung den Darm leeren musst, wobei der Stuhlgang deutlich dünner ist als normal. Aus einem *wahrhaft gesunden* Darm kommen die Stoffwechselprodukte sauber umhüllt und praktisch geruchlos heraus. Der Stuhlgang muss nicht (durch Pressen, Massieren und andere Maßnahmen) angeregt oder gar erzwungen werden.

Haben bereits <u>Kleinkinder</u> **Geschwüre** im Darm, gibt es von Beginn der Schwangerschaft an einen Verdauungskonflikt, der mit einem Geschwisterkind zusammenhängt. Hier liegt die Ursache <u>bei den Eltern</u> (siehe Thema Kuckuckskinder), oftmals ausschließlich bei der Mutter. Haben kleine Kinder **häufig** Erkältungen, ist dies der **Beweis** dafür, dass sie viel Geschimpftes **bekommen** – sie haben sozusagen **die Nase voll** vom Elternhaus! Bekommen sie oft Halsweh oder Husten, können sie sich verbal gegen ungerechte Worte (noch) nicht wehren, egal wo und von wem sie ihnen entgegenschlugen (Konfliktschock). Werden Kinder **ständig** kontrolliert, vor Einflüssen geschützt bzw. <u>über die Maßen</u> behütet, hemmt man die Entwicklung der Selbständigkeit, das Vertrauen in die eigenen Fähigkeiten und schadet dem Kind sehr. Überlege Dir gut, dass **in Deiner Hand** eine Kinderseele liegt, für die Du die volle, liebevolle **Verantwortung** trägst! Wenn Dein Kind Vertrauen zu Dir aufbauen kann, wird es Dir **alles** erzählen, was es bewegt und <u>Du hast es in der Hand, Konflikte von</u> **vornherein** zu lösen, **ohne** dass sich **schlimme Erkrankungen** manifestieren können! Indem Du **kommunizierst**, lernt Dein Kind, die Erlebnisse zu <u>verarbeiten</u>. Das bedeutet, wenn Dein Kind Dir etwas erzählt, vor allem etwas, das für es **unangenehm, schamhaft** und **unbequem** war, **LOBE** es dafür, schätze und belohne seinen Mut, seine Ehrlich-/Aufrichtigkeit! Gebe ihm folgend die besten Dir möglichen, hilfreichen Antworten zum angesprochenen Thema. Lasse Dein Kind **ALLES** fragen, was es wissen möchte, und gebe Deine bestmöglichen Antworten. Sage auch: „Momentan weiß Papa das nicht so genau. Ich mache mich schlau darüber und sage Dir morgen wie sich das verhält!" **Sage es** <u>und</u> **tue es!** Kinder, die mit falschen Versprechungen aufwachsen, werden misstrauische Erwachsene! Verspreche nur das, was Du halten kannst und womit Du Dir *selbst* einen <u>Gefallen</u> tust.

Kinder, die abgespeist oder schlimmstenfalls fortgeschickt werden, wenn sie ihre Eltern/Bezugspersonen **brauchen**, werden kaum (erneutes) Vertrauen entgegenbringen, wenn ihre Überwindung, sich den Eltern zu öffnen, **unbelohnt** blieb!

Wenn Du einem Kind sagst – <u>egal</u> wie es <u>momentan</u> ist oder ausschaut – **dass** es schön, mutig, tapfer und klug ist, dann hast Du <u>keine Chance</u> auf ein hässliches, schwaches und dummes Kind!!

Hat Dein Kind einen „unsichtbaren Freund", mit dem es reden und bei dem es Frust ablassen kann, **freue** Dich! Solche Kinder werden nie besonders viele Konfliktgeschehen in ihren Körpern ansammeln, bis sie erwachsen sind, weil sie ihre Probleme und Erlebnisse **zerreden**. Dies können in sichtbarer Form ebenso Plüschtiere oder Puppen sein. Nehme das **ernst** und **lobe** Dein Kind, wenn es sagt: „Ich erzähle das meinem „Kumpel" – ich sehe ihn zwar nicht, aber er hört mir <u>immer</u> zu! Für euer Kind ist **das** die Wahrheit und extrem wichtig!

Kein Kind sollte mit schlimmen Dingen **alleine** fertig werden müssen – andernfalls besteht allerhöchstes Konfliktpotential!

Lüge Dein Kind **niemals** an! Angelogen zu werden und dies danach herauszufinden, das weiß vermutlich jeder Erwachsene, ist ein ganz und gar *schreckliches* Gefühl! Das Vertrauen danach wieder aufzubauen, wird eine fast unüberwindbare Brücke sein, vor allem, wenn Du Dich bei einem Kind für Deine Lüge **nicht** entschuldigst. <u>Sage dem Kind:</u> „Ich habe Dich (mehrfach) angeschwindelt. Ich dachte, es wäre zu Deinem Schutz, aber ich habe eingesehen, dass dies *ganz schlecht* für Dich war. Bitte **verzeihe mir**, dass ich Dich angelogen habe – ich werde das **niemals** wieder tun."

Eine Entschuldigung ist immer NUR dann gültig, wenn sie **aufrichtigen Herzens** erfolgt. Belügt ihr auch hier euer Kind, wissen es die Seelen und eure Lage wird sich **nicht** verändern → im Gegenteil!

<u>Halte **danach alles** ein, was Du versprichst, und Dein Kind wird Dir neues Vertrauen schenken.</u> Hältst Du Dein *nächstes* Versprechen nicht, wirst Du es in der Zukunft *immer schwerer* mit Deinem Nachwuchs haben. Gibst Du in der Familie, Freunden, Kollegen, Geschäftspartnern, wem auch immer, ein **Versprechen**, dann **halte** es: „<u>Mache das, was Du sagst und Du wirst geschätzt!</u>" Dies gilt ebenso, wenn Du **Dir selbst** ein Versprechen gegeben hast!

Hältst Du Deine Versprechungen nicht, wirst Du andere enttäuschen. Beispielsweise werden Freundschaften dadurch *stark beschädigt* oder *zerbrechen* daran. [Oft ist es so, dass der, dem das Versprechen gegeben wurde, *nicht nachfragt* und der das Versprechen gegeben hat und es *nicht (mehr)* halten will oder kann, den anderen *darauf nicht (mehr)* anspricht. So nehmen die Dinge ihren Lauf.] Entschuldigen hilft *immer*, natürlich **nur**, wenn es **keine** „Masche" ist/wird! **Sprecht an**, wenn ihr etwas nicht schaffen/leisten/einhalten könnt, was ihr versprochen habt.

Wenn Kinder sich nach einem Vorfall **direkt** bei Dir entschuldigen wollen, nimm diese Entschuldigung **SOFORT** an! Bücke Dich hinunter, nimm das Kind in den Arm und zeige ihm, dass Du vergibst, **egal** wie schlimm der Vorfall war. Sonst erziehst Du einen *nachtragenden* Menschen.

Wenn Freunde Dich fallen lassen wie eine heiße Kartoffel, weil sie nicht in der Lage **sind**, **wahre** Freunde zu sein, dann wird Dich das stark beschädigen. Wenn Du einen *vermeintlich wichtigen* Freund verlierst, aus einem Grund, der *nicht menschlich* ist (z. B. aus *Besitzdenken* heraus: Eine Freundin ist **mein** Besitz, Du bekommst sie **nicht**!) und Du keine Gelegenheit für eine Aussprache bekommst, Deine Entschuldigungen nicht angenommen werden und Du keine Chance der Klärung mehr für Dich siehst, **wirst Du** das Vertrauen verlieren, neue Freundschaften aufzubauen. Du wirst sehr unsicher und denkst, wenn Du jemandem schreibst und er sich nicht recht zügig darauf meldet, dass Du etwas falsch gemacht hättest. Du hast sofort unterbewusst immer wieder die Befürchtung, jemanden zu *verlieren*, weil Du etwas Falsches gesagt haben *könntest*. Du wurdest stark beschädigt von jemandem, der bereits weit vor dem Geschehnis **selbst** extrem stark beschädigt war (unter 7 Jahren).

Wie werden aus schlanken Kleinkindern übergewichtige Jugendliche und schlimmstenfalls dickleibige Erwachsene? Diese Kinder haben gelernt, dass sie sich über ihr Gewicht vor der Außenwelt **schützen** müssen, vor verbalen oder tätlichen Attacken oder auch vor ihrer eigenen Brutalität, die inzwischen durch die Erlebnisse entstanden ist.

Wer der Meinung ist, dass Schwierigkeiten mit Menschen am besten zu lösen wären, wenn derjenige verstirbt bzw. tot wäre, ist mit 99 %iger Sicherheit ein **NICHT** gewolltes **Kind**. Die **Mama** wollte

Dich **nicht** haben und Du hast diese Lösung <u>bereits im Bauch</u> erfahren: „Damit es keine Probleme gibt, ist es das Beste, wenn der (kleine) Mensch (in mir) stirbt!!"

Hast Du zusätzlich ein Empfinden Deiner Mutti gegenüber, als würde sie zwar zur Familie gehören, aber eher wie eine Katze (sie ist da, aber es ist nicht so wichtig), dann hat sie **dabeigestanden** und hilflos **zugeschaut**, wie DIR Unrecht angetan wurde. (Du **<u>wurdest</u>** verhauen, ob Du Dich daran erinnern kannst oder nicht!) Bei diesem Menschen wird die Liebe zum Vater groß sein, vorausgesetzt, **er** <u>wollte</u> das Kind und hat sich so geäußert, als Du noch im Bauch warst (verbal oder mental ist dabei EGAL).

Die Konfliktgeschehen **beginnen** im Mutterleib, **SOFORT,** wenn **das neue Leben** dort **eingezogen ist!**

<u>Wichtig:</u>
BITTE verübelt es euren Eltern nicht – sie konnten in ihrer damaligen Lage nicht anders denken oder handeln. Sie haben es *zugelassen,* dass ihr <u>trotz aller Umstände/Widrigkeiten</u> **auf** diese Welt gekommen seid und als sie über eine *Abtreibung* nachdachten, da <u>kannten sie euch noch nicht</u>. Sie haben das liebliche Babygesicht noch nicht gesehen und euren kleinen Körper noch nicht im Arm gehabt …
Übt das **Verzeihen** an euren **Eltern, Geschwistern** und in eure Familie wird der **Frieden** einziehen.

Mütter, achtet auf eure **Töchter** – denn nur Mädchen mit einem **schönen,** gesunden **Verhältnis** zu ihren Müttern können selbst <u>gute</u> Partnerinnen/Ehefrauen und Mütter werden.
Dasselbe gilt für **Väter** und **Söhne!**
Schlechte Verhältnisse innerhalb der Familiengemeinschaften führen zwangsläufig zu einem *problematischen* Beziehungsleben der Kinder, wenn diese erwachsen sind. Das ist ein Naturgesetz.

Mandelentzündung – Zuschauer-Konflikt

Wer zuhört *und* zulässt, dass Kinder angebrüllt und geschlagen werden, ist mitschuldig und wird das an seiner eigenen Gesundheit und Schönheit büßen – **zwangsläufig!** Hast Du nur dabeigestanden und nichts gesagt oder getan, bekommst Du je nach Ausmaß *mindestens* Halsschmerzen, Husten oder eine Mandelentzündung! Einen Schnupfen, Husten oder Angina bekommt das *angebrüllte* oder *geschlagene* Kind, für das sich *niemand* einsetzte. (*Es sei denn*, die Familie ist mit Konfliktlösung vertraut!) Bei *liebenden* Geschwistern, die ihrem Geschwisterkind *nicht* in der Lage sind, zu helfen, wird es dazu kommen, dass nach häufigeren Vorfällen die **Mandeln chronisch entzündet** sind und **operiert** werden.
Es gibt KEINEN anderen GRUND für Angina und **Mandelentzündung:** Das auf grobe Weise beschädigte Kind bekommt Angina, das Geschwisterkind und/oder Erwachsener, welches(r) zuschauen muss, die Mandelentzündung!

Auch wenn Du Dich an Deine Kindheit *nicht mehr richtig* erinnern kannst, außer, dass Du **viel** krank gewesen bist, so weißt Du ab HEUTE Bescheid und genauso die Erwachsenen, die DAS **vergessen** wollten: Euer **Unterbewusstsein** und eure **Seelen** werden es **NIEMALS** vergessen, *egal wie wenig* ihr euch erinnern **könnt**. **FEIGHEIT** wird IMMER bestraft, so wie **MUT** hoffentlich immer belohnt wird!

Welche Mutti wird von ihren Kindern noch **innig geliebt**, die **tatenlos** dabeisteht oder „übersieht", dass den *aus ihrem Leib* gekommenen Kindern **Unrecht** geschieht? Sie wird als Strafe **an ihrer Schönheit** unheimlich einbüßen!

Multiple Sklerose - Lähmungskonflikt

Multiple Sklerose fällt unter eine *ähnliche* Kategorie wie **ADHS** – WICHTIG: siehe ebenfalls unter „Haare/Glatze". Hier habe ich erforscht, dass auch diese Menschen einmal auf eine Art **eingesperrt** waren, nur unter **härteren** Bedingungen. Dies bedeutet, Menschen mit der genannten Diagnose wurden z. B. **verschüttet** oder mussten **länger als zumutbar**, eingesperrt sein oder in einer *eingeengten* Lage verharren. Das hat **kein** Zappeln zur Auswirkung (wie bei ADHS), weil dies die Überlebenschance *verringert* hätte, sondern ein **Stillhalten aller Muskeln**, was im Laufe der Jahre dazu führt, *trotz dem* man aus der schlimmen Lage befreit wurde, dass der Körper sich nach und nach lähmt/versteift. Aus meiner Umgebung wurde ein *im 2. Weltkrieg* durch Verschüttung gelähmter Mann von einem Heiler, der damals *vermutlich unbewusst* Konfliktlösung machte, in einem *halbstündigen* Gespräch geheilt, so dass er **auf Krücken** aus dem Raum gelaufen kam – zur Überraschung aller Anwesenden – und er seinen Lebtag wieder **laufen** konnte!!! Es war ein Wunder!

Hat sich ein Kind beim Spielen auf dem Spielplatz oder einer Baustelle eingeklemmt (in einem Rohr, einem Schacht) und kann sich aus *eigenen* Kräften nicht befreien, ist auch *so schnell* niemand greifbar und muss das Kind eine Weile in dieser *unglaublich misslichen*, irgendwann hoffnungslosen Lage verharren, ohne Hilfe, dann ist **Multiple Sklerose** die Auswirkung!

Deshalb sterben mitunter **junge, sportive, total gesunde Männer** an einer solchen „Erkrankung"! Hätte man den Konflikt *nach dem Vorfall* auf dem Spielplatz oder einer Baustelle **aufgelöst**, wäre an dem Kind gesundheitlich **nichts** hängengeblieben.

Genauso verhält es sich, wenn sich Kinder gegenseitig fesseln (Seil) oder anketten, vielleicht beim „Indianer spielen" und dann auseinanderlaufen, weil sie gestört wurden. Der eine verbleibt in seiner heiklen Lage und hofft nun auf Hilfe.

Hier trifft es wieder Kinder, die zu wenig oder kein Vertrauen haben, die fest glauben, beim **Zugeben** des Geschehens *Schimpfe* oder *Prügel* zu beziehen, **was sie da schon wieder angestellt haben**, ob sie zu blöd wären, dort stecken zu bleiben, sich fesseln zu lassen usw.

Nicht vertrauen heißt, Du wurdest **enttäuscht**. Je nachdem wie alt Du bist, wurdest Du vermutlich unzählige Male enttäuscht! Dann bist Du kaum noch in der Lage, Dich jemandem zu öffnen.

Menschen, die diesen Absatz durchgelesen und **IHR eigenes Konfliktgeschehen** erkannt haben, sind praktisch von ihrer **Multiplen Sklerose** SOFORT geheilt. Es geht jetzt jeden Tag aufwärts!

Denselben Konflikt zieht man sich im „Rotlichtgewerbe" zu, wenn man **gefesselt** oder **angekettet** ist (möglicherweise sogar ungewollt) und dabei etwas schiefläuft.

Hier noch ein Hinweis für alle, die einmal in die Lage kommen, solch einem Kind oder Erwachsenem **helfen** zu können: Redet **SOFORT** mit diesem Menschen, sagt: „Ich bin da, ich habe Dich **rechtzeitig** gefunden, alles wird gut! Deine Muskeln müssen ab sofort nicht mehr still halten, Du bist **befreit** und kannst Dich wieder **entspannen**! Alles ist gut!"

Schreit ein Kind nach seiner **Mutti** oder dem **Vati**, beide sind jedoch **nicht** greifbar, dann sagt dem Kind zuerst: „Deine Mutti ist nicht hier, sie **konnte Dich nicht** hören, aber **ich** bin jetzt **da** und **helfe Dir hinaus**. Du kannst Dich jetzt wieder *entspannen*. Ich bin *rechtzeitig* gekommen. Es ist alles gut!"

Geschieht diese Art von Gespräch **nicht**, gibt es den Eltern-Kind-Konflikt: Meine Eltern waren **nicht** für mich da, als ich sie **ganz dringend** gebraucht habe! Ihr Eltern könnt **nichts** dafür, denn es war euch **unmöglich**, zu helfen und **dennoch** wird euch dieser Sachverhalt mit der ganzen Härte treffen, denn daraus ergibt sich ein **Rache-Konflikt**!

Die Eltern werden das in der Folgezeit mit Verhaltensänderungen ihres Kindes *zu spüren* bekommen und den Grund **nie** lösen, *wenn das Kind mangels Vertrauen* von diesem Vorfall überhaupt nichts erzählt. Derselbe Sachverhalt tritt ein, wenn das Kind sich aus der misslichen, lebensbedrohlichen Lage **selbst** befreien konnte und *niemandem* etwas davon berichtete – es sein Geheimnis bleibt – was trotz der eigenen Rettung eine *tödliche Folge* durch **Multiple Sklerose** haben wird. → Was für ein Drama!

Seht ihr, wie **lebenswichtig uneingeschränktes Vertrauen** seitens eurer Kinder zu euch Eltern ist?

Durch diverse, medizinische Behandlungsmethoden konnten diese Menschenleben schon sehr verlängert werden. *Danke dafür!*

Rache-Konflikte ergeben sich im Übrigen aus *verschiedenen Konstellationen* heraus. Dies kann schon im Kleinkindalter passieren, wenn die (noch junge) Mutter des Kindes ihre eigene Oma (die im Leben eine gewichtige Rolle spielt) in wenigen Fällen dem Kind merklich vorzog. Das Kind definiert: Uroma ist **wichtiger** als ich und rächt sich dafür *vollkommen unterbewusst* – und zwar so lange, BIS der oder die Konflikte gelöst sind! Auch wenn Du den gewählten Partner Deines erwachsenen Kindes (ab 14) **nicht** akzeptierst/respektierst, setzt dies *unterbewusst* einen Rachekonflikt frei.

Du kannst **alles** für Dein Kind tun, das Gefühl haben, dass Du das letzte Hemd hingeben könntest und würdest doch **nie** die volle, Dir verdiente Liebe Deines Kindes erhalten? DANN habt ihr einen oder mehrere **Rache**- und/oder **Eifersuchts**-Konflikte zu suchen! Schafft ihr das, wird eure Beziehung so schön wie noch nie!

Rachekonflikte gibt es auch, wenn Du jemanden prima findest und demjenigen tut einer Unrecht. Das nennt sich sympathisieren. Du positionierst Dich auf die Seite dessen, den Du lieber hast, wenn es Streitigkeiten gibt und rächst Deine beliebte Person auf Deine Weise mit.

Verstehen sich Vater und erwachsener Sohn nicht immer, gibt es hier **Diskussionskonflikte**, bevorzugt aus der Zeit der Pubertät des Sohnes. Das Gleiche gilt für die Frauen der Familie.

Eifersuchtskonflikte entstehen dann, wenn ihr **vor** eurem Kind **andere** Kinder vorgezogen habt (in Bezug auf Kuscheln, Unterhaltungen, Hilfe ...). Ebenso gibt es diese Art Konflikt unter „Kumpels" oder Arbeitskollegen, wenn es zu Aussagen über Intimitäten kommt und einer den anderen um die Frau beneidet. Es entsteht bereits am Folgetag des Gesprächs eine neurodermitisartige Erscheinung an einem oder beiden Oberschenkeln in der Nähe des Geschlechtsteils (streifenartig nach oben ziehend), die zeigt, dass Deine *wahre* Erzählung beim Zuhörer große Eifersucht erzeugt hat. Neid auf Beziehungen finden sich auch *zwischen Frauenbeinen* wieder (neurodermitisartige Streifen), wenn es Erzählungen über intime Dinge gab.

Enttäuschungskonflikte entstehen aus Erwartungen auf eine Feierlichkeit, in einen Ausflug, ein besonderes Essen, eine Party, ein Rendezvous usw. – schlimmstenfalls wurde die Vorfreude zerstört.

Neidkonflikte ergeben sich, wenn andere Kinder oder Erwachsene Dich um Dein Aussehen, Haare, körperliche Merkmale, Deine Fähigkeiten, Charaktereigenschaften, Dinge (Spielsachen, Bekleidung), Dein Fahrrad (später Moped/Motorrad/Auto), Deine Wohnung/Dein Haus/ Dein Boot, Deinen Partner, Deine Eltern, Großeltern, … **beneiden**. Dies fühlt die Seele als unangenehm (ohne dass jemand Worte spricht!), wenn Du eher bescheiden bist, und kann zum Bruch von *vermeintlichen* Freundschaften führen. Ebenso gibt es leider Eltern, die ihre **eigenen Kinder** um deren Lebensglück beneiden, was sich als besonders fatal im Leben darstellen wird. Aber auch der Umkehrschluss, dass Kinder ihre Eltern um das Lebensglück beneiden, ist möglich. Neidkonflikte sind von der Seele sogar über das Telefon spürbar! Hinzu kommen die Sichtung von Zeitschriften, Katalogen, Werbung, Filmen/Serien, in denen Menschen dargestellt werden. **Sie alle** sind von Neidkonflikten durch Fremde zumindest bedroht, weil die entsprechenden Seelenenergien fließen und die Konsequenzen am dargestellten Menschen stattfinden lassen. Hier handelt es sich vorwiegend um *optische und finanzielle* Aspekte des Neides sowie Neid **auf** den Partner. Durch die zerstörerischen Energien *häufiger*, starker Neidkonflikte können in Deinem Zuhause sogar Dinge beschädigt werden. So zerbarst ein wunderschöner Kerzenhalter, lösten sich Tapeten von den Wänden ab, sprangen Fliesen und es knickten am Folgetag des Besuchs (bewunderte) Blumen ab, die vorher noch fröhlich in der Vase standen. Dies geschieht vor allem im Zusammenhang mit *Schlafgästen*, die Dir seelisch nicht gut tun.

Einen **Schuldkonflikt** lädst Du Dir auf, wenn Du Dir die Schuld für eine Sache gibst, bei der Du durch aufrichtiges Verhalten im Recht warst, andere jedoch (ungewollt) verletzt hast. Eine Entschuldigung Deinerseits hat bisher nicht stattgefunden.

Stolzkonflikte gibt es, wenn Du für etwas hoch gelobt wurdest, was Du dachtest, nicht überstehen zu können, z. B. ein Haustier zu begleiten, wenn es stirbt. Es gibt noch andere Arten von Konflikten *in Bezug auf* Charaktereigenschaften. Denke nach, wenn Dich etwas betreffen könnte, was leider nicht geschrieben steht. Etwas **nicht vergessen können** bedeutet, es **nicht verarbeitet** zu haben.

Unzulänglichkeitskonflikte entstehen, wenn Du etwas besser oder schlechter kannst, als Du es von Dir *denkst*. Überhaupt solltest Du Dir merken: Zu einem Konflikt kommt es dann, wenn Du die Realität überspielst: Entweder kannst Du es besser oder schlechter, als Du vorgibst. Du machst **Dir** etwas vor.

Mund – Sprechkonflikte

Eingerissene Mundwinkel entstehen durch das **Zurückhalten** von sehr wichtigem Wissen, Informationen, neuer sinnhafter Ideen *für die Umgebung* – entweder um zwischenmenschliche Probleme zu lösen oder auf der Arbeitsstelle einen Fortschritt erwirken zu können. Es ist der **einzige** Konflikt, den ich kenne, der **nicht von selbst** verschwindet.

Er wird sich *erst dann* lösen, **wenn** Du die *gewichtige* Sache **von Dir gegeben hast** → dorthin, wo sie hingehört! Es sei denn, es war ein Versprechen zur Geheimhaltung – dann wird es recht schnell wieder heil! Denn Versprechen **MUSS** man zwingend halten! Fällt Dir etwas Gutes ein und Du weißt *nicht*, ob Du *richtig* darüber denkst, bekommst Du den **Beweis** über die gerissenen Mundwinkel. Reißt Dir der rechte ein, handelt es sich um Dinge, die verbessert werden *können* (Deine Gedanken entsprechen der Wahrheit!) und die linke Seite zeigt Veränderungen für Menschen an.

Empfindest Du manchmal, dass Deine **Stimme** und/oder **Lache** irgendwie seltsam klingen, sind sie aller Wahrscheinlichkeit nach **konfliktaktiv**. Dies geschieht durch *erzwungenes* Sprechen vor der gesamten Schulklasse (auswendig gelernte Gedichte, Liedsingen, Vorträge …, inklusive Furcht davor), durch Zank und Streit (angstvolle Situationen mit ungünstigen Veränderungen der Stimmlage) sowie Peinlichkeitskonflikte. Auch Schreiattacken verändern Deine Stimme. Es ist jetzt gelöst. Ebenso kann sich Deine *Schriftführung* im Laufe aller Lösungen verändern, wenn diese *konfliktaktiv* war und dadurch *schöner* werden.

Wer beim Sprechen **lispelt** oder **zischt**, ist durch Vorkommnisse im Elternhaus *und* mit älteren Geschwistern *unsicher* geworden. Hier gibt es im Zusammenhang kleine Nasen und durch die <u>Wunsch</u>-Außenwirkung „mehr Schein als Sein".

Kennst Du den Geburtstag desjenigen Menschen, welcher Dir zum 1. Mal in Deinem Leben, als Du noch jung warst, **ernsthaft geschadet** hat, dann wundere Dich nicht, wenn Dein Todestag auf das gleiche Datum fällt – nur eben, hoffentlich – viele Jahre später.

Probleme mit den **Speicheldrüsen** stellen sich ein, wenn Du zu *unnachsichtig* mit Deiner Familie umgehst. Du sorgst so gut wie täglich vorwurfsvoll-mahnend dafür, dass alles seinen geordneten Gang geht. Lasse Deine Lieben ein bisschen los und sei tolerant dem gegenüber, wie sie ihr eigenes Leben gestalten. Du kannst *unmöglich* alles unter Kontrolle halten, auch wenn Du es **gut** meinst.

Der *salzige* Geschmack von den *beim Ausheilen sich öffnenden* Speicheldrüsensäckchen zeigt Dir an, dass *die Süße* in Deinem <u>eigenen</u> Leben fehlt.

Beißt Du Dich beim Essen *innerhalb* des Mundes auf die Lippen- oder die Wangeninnenseite, dann ist das eine <u>Selbstbestrafung</u> für etwas, das Du *gerade* <u>gedacht</u> hast. Es kann *auch* einfach der Gedanke sein, dass das, was Du soeben isst, <u>vermeintlich</u> *ungesund* für Dich ist.

Hast Du einen entzündlich wirkenden, äußeren Zungenrand, dann durftest Du **nicht** das sagen, was Du **dachtest**. Es würde Dir zum Schaden gereicht (siehe auch bei Scharlach).

Redet Dein *Kleinkind* nicht über Probleme, kann dies auf einen Konflikt im Mutterleib zurückzuführen sein. Hier verhält es sich so, dass die werdende Mutter ihre Schwangerschaft über einen längeren Zeitraum <u>innerhalb der Familie</u> verschwieg und das Kind somit lernte: „Du darfst nichts sagen, wenn das herauskommt, gibt es Ärger!"

Haben Kinder oder Erwachsene **Soor/Mundfäule, Bläschen** im Mund (Gaumen, Zunge, Zahnfleisch), dann liegt das immer <u>an heftigem</u> **Streit** oder unter Umständen an **falschen** <u>Glaubenssätzen</u>, wie:

„Ich habe etwas in den Mund genommen/gegessen, was schmutzig war" (Finger, Obst usw.). „Stecke Deine dreckigen Finger nicht in den Mund.", „Du darfst kein ungewaschenes Obst essen." Hätte Dir Oma nicht gesagt, dass Du Dich _ohne Mütze_ erkälten würdest oder von _kalten Füßen_ einen Schnupfen bekommst, Du im Winter _immer eine Grippe hast_, dass Du Dich _ansteckst_, wenn jemand _niest_ und viele ähnliche solcher Sätze, **DANN** hättest Du es **nicht** gewusst und es wäre Dir vieles **erspart** geblieben. Der gehörten **falschen** Glaubenssätze gibt es jede Menge, wie Dir bestimmt Deine eigenen gleich einfallen werden. Die (besorgte) Oma musste kurz als _mein Sündenbock_ herhalten – verzeiht – denn alle wissen, Omas haben es **immer** gut gemeint! **Großmütter** sind die liebsten Wesen auf der Welt. Sie **retten** Leben, auch wenn ihnen das _nicht immer_ bewusst ist! ♥ In diesem Zusammenhang sage ich Dir: **LIEBE rettet Leben und ist stärker als der Tod** – egal, ob 1. Kuss in sehr jungen Jahren vom anderen Geschlecht, ob mindestens ein Elternteil, Großeltern, Partner, Kinder, Enkel … Dich aufrichtig lieben → all diese Menschen sind in der Lage, mit IHRER Liebe **Dein** Leben zu retten/zu verlängern, _wenn_ Du _ungewollt_ bist!

Falsch erlernte, **Dir schadende** Glaubenssätze → Lässt Du Dich beirren von?:
Körper/Ernährung:
• Ich bin so dick geworden, weil mein Vater/meine Mutter so dick ist.
• Ich bin hässlich, weil meine Eltern hässlich sind.
• Wenn ich mich zu wenig bewege, werde ich dick.
• Ich muss weniger essen, sonst werde ich dick./Essen macht dick./ Alleine essen macht dick.
• Ich muss gesünder essen, sonst werde ich krank/sonst habe ich schlechte Haut/sonst werde ich zu dick.
• Wenn ich zu viele Süßigkeiten esse, werde ich krank. (Hätte Dir niemand gesagt, dass es schlecht ist, Süßes zu essen, würdest Du davon _nichts_ wissen und es einfach genießen.)
• Zahnbelag entsteht durch Essen und Süßes.
• Ich darf nicht naschen, weil das ungesund für meinen Darm _und_ meine Zähne ist und sowieso: für meine Figur. → Wer es wissen möchte: Naschen IST Liebes-**Ersatz**!
• Ersatzbefriedigung: „Essen ist die Erotik des Alters!"

- Dieses und jenes ist schlecht/ungesund für mich.
- Kirschen essen macht Bauchweh oder Durchfall, vor allem, wenn ich danach Wasser trinke.
- Ich vertrage kein Obst.
- Ich werde/bleibe nur schlank, wenn ich Diäten mache, Trennkost esse, faste …
- Ich habe nichts zuzusetzen, weil ich so dünn bin. „Iss nicht so viel, sonst wirst Du mir zu dick." Sagt das ein Junge zu einem Mädchen, kann es dadurch passieren, dass es immerwährend schmal bleibt.
- Es wird gegessen, was auf den Tisch kommt.
- (Rosen-)Kohl verursacht Blähungen …
- Alle Frauen haben kalte Füße. (Die kalten Füße wirst Du solange haben, bis Du alle Deine Nierenkonflikte als URSACHE **gelöst** hast.)
- Ich brauche jeden Tag ein frisches Handtuch, sonst …
- Ich brauche für jedes Körperteil ein anderes Handtuch, sonst …
- Ich sehe nur *oder* erst richtig schön aus, wenn ich mich schminke/mich um mich kümmere.
- Die Haut gewöhnt sich daran, wenn ich das und das mache und braucht es.
- Vor der Menstruation muss ich unreine Haut/Kopfweh … bekommen, das gehört dazu.
- Frauen haben allgemein ein schwaches Bindegewebe.
- Meine Mutti hatte Schwangerschaftsstreifen/-risse, dann werde ich ebenso welche bekommen.
- Nach der Schwangerschaft werde ich nie wieder richtig schlank bzw. „figurmäßig" nie mehr so sein können, wie vorher.
- Durch das Stillen entstehen große Brustwarzen und/oder es bleibt eine unschöne Brustform zurück.
- Falten/Hautkrebs entstehen durch Sonneneinstrahlung.
- Wenn ich meine Augen oft zusammenkneife/die Stirn krausziehe, macht das Falten.
- Falten kommen vom Denken und vom sich Ärgern.
- Mit dem Alter muss ich faltig, krank, gebrechlich (und hässlich?) werden.
- Ich bekomme Falten, weil alle Menschen im Alter Falten bekommen (müssen).
- Wenig Schlaf macht Falten. (Falten haben ganz andere Ursachen, wie Dir das Buch vermitteln wird.)

- Ich **muss** so alt aussehen, wie ich **bin**. (Ich denke ja nicht dran …)
- Ohren und Nasen wachsen bis ins Alter. (**Nein**, bei Veränderungen sind es Konflikte!)
- Jedes Jahr kommt ein „Zipperlein" (Gebrechen/Wehwehchen) hinzu.
- Sterben ist qualvoll.
- Ich *muss* sterben.

Haut/Haare:
- Mitesser entspringen Haarfollikeln. (Sie entstehen ausschließlich durch Verhornung der Hautoberfläche = Darm ist belastet!)
- Wenn ich Mitesser/Pickel ausdrücke, bleiben Narben zurück.
- Ich habe schlechte Haut, weil ich in der Pubertät bin.
- Immer, wenn es darauf ankommt, sehe ich nicht gut genug aus/ bekomme ich Pickel usw.
- Ich muss mich eincremen, weil ich sonst zu trockene Haut bekomme/nicht schön genug bleibe.
- Von Kälte wird die Haut trocken und fahl (dies geschieht nur in Verbindung mit Konflikten).
- Ich muss meine Haare täglich mit 100 Bürstenstrichen kämmen, damit es glänzend ist (am besten mit einer Bürste für 100 €).
- Ich habe *auch* schon mit 25 Jahren das 1. graue Haar, weil mein Vater/meine Mutter/meine Oma, … so zeitig begann, grau zu werden.
- Ich bekomme Geheimratsecken, Glatze, einen lichten Hinterkopf, weil meine Vorfahren das auch haben/hatten.
- Wenn ich oft Hut, Mütze oder Basecap trage, gehen mir die Haare aus (völliger Unsinn!).
- Jeden Tag fallen mir ca. 100 Haare aus, das ist normal.
- Beim und nach dem Haarewaschen fallen mir immer Haare aus, das ist normal.
- Ich muss die Haare zwei Mal waschen (oder täglich), damit sie richtig sauber werden/sind.
- Vom Föhnen bekomme ich fettige Kopfhaut, spalten sich die Haare oder sie werden trocken.
- Haare werden trocken, spröde und spalten sich wenn sie auf der Kleidung aufsetzen.
- Bei Hitze fallen mir Haare aus (ich bekomme „Sommerfell").
- Im Winter werden blonde Haare dunkler, weil die Sonne „fehlt".

- Nur südländische Frauen haben prachtvolles Haar.
- Meine Haare werden nur „soundso" lang, weil …
- Nie gelingen mir meine Frisuren beim 1. Mal. → <u>Löse es auf und es klappt</u> beim **1.** Mal. ;)
- Nie gelingen mir meine Frisuren, wenn es richtig *wichtig* ist (siehe oben).
- Lange Haare spalten sich oder brechen, wenn ich den Zopfgummi zu fest binde … (die Symbolik ist „Haarspalterei" zu betreiben)
- Schminke ich Wimperntusche nicht ab, brechen die Wimpern oder fallen aus.
- Durch das ständige Wimpernabschminken bekomme ich Falten unter den Augen.
- Weil meine Mutti/Oma einen Damenbart hat, bekomme ich auch einen.

<u>Zwischenmenschliche Beziehungen:</u>
- Wer Glück in der Liebe hat, hat Pech im Spiel (Gunstkonflikt).
- Eine Beziehung ist nur am Anfang richtig schön.
- Ich bin zu alt/zu jung, um … (das und jenes zu tun).
- Ich bin zu alt/zu jung für … (Name).
- Alles muss perfekt sein, damit „es" klappt.
- Männer sind das Letzte.
- Alle Frauen sind zickig.
- … immer diese verdammte Küsserei./Küssen ist eklig.
- Tanzen ist unmännlich.
- Frauen müssen sich erst „stundenlang" aufhübschen, damit sie schön aussehen.
- Nichts gesagt, ist Lob genug.
- Wenn ich gelobt werde, geht es mir beim nächsten Mal schief.
- Wie man's macht, macht man's falsch.
- Nichts funktioniert, wie es soll!
- Nichts hält ewig (gilt für die Liebe und alles, was angeschafft wird).
- Schlimmer geht's immer!
- Wer keine Arbeit hat, macht sich welche.
- Das schaffe ich kein 2. Mal.
- Nichts klappt beim 1. Mal.
- Ich bin zu blöd dafür, um …! → Bist Du **NICHT** – es hat Dir nur mal jemand gesagt, der <u>gemein zu Dir</u> war, weil er <u>mit sich selbst unzufrieden</u> ist!

- Ich kann nicht zielen/nicht gut werfen/nicht gut fangen.
- Ich bin dumm, weil Lehrer oder Eltern mir das andauernd sagen.
- Ich muss alles so machen, wie Mutti/Vati/meine Frau/mein Mann/ mein Kind … es mir sagt, dann kann mir nichts schief gehen.
- Mehr als drei Dinge kann ich mir nicht merken.
- Ich kann mehrere Dinge nicht auf einmal erledigen.
- Ich muss mich immer und zu allem absichern.
- Wie's der Teufel will …/Wenn es der Teufel will, wird … (das und das) passieren.
- Ich bin nicht sprachbegabt (Fremdsprachen).
- Unser Land ist fremdenfeindlich.
- Mit Fremden darf ich nicht reden. (Das könnte manchmal *sehr nützlich* sein!!)
- Ich darf *jetzt* nicht lachen, nicht husten, nicht niesen …

Gesundheit:

- Ich habe diese und jene „Krankheit", weil sie in unserer Familie (mehrfach) vorkommt. → Die **Logik** ist: Alle leben im selben Konflikt-Haushalt.
- Ich muss dieses und jenes Mittel benutzen, um **wirklich** schön, schlank, attraktiv zu sein.
- Ich muss zum Arzt gehen, wenn es mir schlecht geht.
- Mit dieser oder jener Medizin, Salbe, Nahrungsmittelergänzung etc. werde ich **geheilt**.
- Ich muss mich operieren lassen, damit mein Körper wieder funktioniert/schöner wird.
- Ich muss mich impfen lassen, sonst passieren mir schlimme Dinge.
- Wenn ich keine Mütze aufsetze, wenn ich kalte Füße habe, …, werde ich mich erkälten.
- Wenn ich keine Mütze aufsetze, werde ich bei Kälte und Wind Ohrenschmerzen bekommen.
- Wenn ich keinen Schal ummache, bekomme ich Halsweh.
- Wenn ich schwitze und danach in Zugluft komme, werde ich krank.
- Wenn ich im Auto sitze und es zieht, bekomme ich einen steifen Nacken.
- Wenn ich zu spät ins Bett gehe, dann schade ich meinem Immunsystem.

- Der gesündeste Schlaf ist der vor Mitternacht. – Das hat sich wahrscheinlich eine Omi ausgedacht, die wollte, dass ihre Enkel nicht so lange in der Disko bleiben! ;)
- Wenn ich auf kalten Steinen sitze, ziehe ich mir eine Blasenentzündung zu.
- Wenn mir kalt ist, werde ich krank.
- Wenn ich zu viel Alkohol trinke, muss ich mich übergeben (dies geschieht *nur in Verbindung mit* einem Konflikt).
- Wenn ich (lange) mit Absatzschuhen laufe oder tanze, reibe ich mir Blasen am Ballen oder bekomme Hornhaut.
- Ohne Unterhemd erkälte ich mir die Nieren/die Blase.
- Wenn ich etwas aufkratze, entzündet es sich und heilt schwer ab … (nur die Wut macht das!)

ACHTUNG, wem nützen diese Glaubenssätze? → Nützen sie DIR???
→ **NEIN!** Sie machen Dein Leben **unsicher, angstvoll** und **traurig**.

Glaubenssätze erlernt man, wie gesagt, *jede Menge* im Laufe des Lebens – am prägendsten sind die **aus der Kinderzeit, denn da** haben wir den *Erwachsenen* **so ziemlich alles geglaubt**. Sie dienten Eltern und Großeltern vor allem, *das muss ich rücksichtsvoll eingestehen*, zum *vermeintlich* Besten und *zum Schutz* des Kindes. Sie wussten es nicht anders. Wichtig ist, dass nun **aufgedeckt** wird, **warum** Du wirklich „krank" wirst, Dich erkältest, einen steifen Nacken, Rückenschmerzen, Blasenentzündungen usw. bekommst!
Kannst Du Dir vorstellen, wie **viele unwahre Glaubenssätze** Du im Laufe Deines Lebens in Dir *gesammelt* hast → durch Verwandte, Freunde, Kollegen, Dein Dich umgebendes Umfeld, Deine Erzieher, Lehrer, die Zeitschriften, die Du gelesen, die Werbung, die Du geschaut hast?
Sicher sind auch sehr gute Dinge dabei gewesen, die Du verankert lässt. Aber es ist ein großer Teil, der Dich mental beeinflusst/belastet hat, Dinge zu tun/zu glauben, die **vollkommen nutzlos** für Dein Leben waren.
→ ACHTE auf **alles, was** Du mit Deinen Augen und Ohren „konsumierst", und sortiere nach dem gesunden, logischen Menschenverstand in **sinnlos/unwahr** und in **nützlich**.
Löse diese o.g. und viele andere Sätze, die Dir einfallen, für Dich auf, einfach indem Du Dir **bewusst** wirst → Alles, was Du beiläufig – **ohne**

mit- und **nachzudenken** – gehört, gelesen und **GEGLAUBT** hast, ist für Dich **eingetreten.**
Manche Glaubenssätze müssen *mehrfach* aufgelöst werden, wie z. B. über das Dickwerden. Isst Du Schokolade und denkst, dass es dick macht, dann löse es auf. Das nächste Mal dann bei Gummibärchen, Keksen, Waffeln, Kuchen, Lebkuchen, Christstollen und überhaupt bei allem, was Du gerne naschst. Irgendwann hast Du **alles** erfasst und bist frei von diesem Glaubenssatz! Er ist unwahr!

Das kleine Wörtchen „**nicht**" und seine Tücken:
Denke nicht an einen *rosaroten Luftballon*! Was siehst Du gerade vor Deinem inneren Auge? Vielleicht kennen viele Menschen diesen Sachverhalt aus der Psychologie bereits: Das Wort „nicht" wird vom Unterbewusstsein *bisher* bei den meisten Menschen konsequent ignoriert.
Ich nehme gleich das gravierendste Beispiel: Sagt sich ein alter Mensch, er möchte *nicht* qualvoll sterben – was wird dann passieren? Er wird aller Voraussicht nach **qualvoll** sterben.
Wenn Du **Angst vor dem Sterbeprozess** hast, sage oder wünsche Dir: „Ich werde ganz sanft und ruhig einschlafen." Das ist alles, was Du tun musst, um Deine Ängste dahingehend zu beseitigen. Es wird Deine **Wahrheit** werden!
Formuliere Deine Wünsche bewusst mit positiven Worten. Sobald negative Worte enthalten sind, könnte es schiefgehen. Ich habe das Buch leider **nicht** <u>ohne</u> das Wort „**nicht**" schreiben können, aber da es euch jetzt **bewusst** ist, ist dies vollkommen problemlos!

Mund, die Zweite – Unsicherheitskonflikte

Aufstoßen + Mundgeruch ergeben sich, wenn Du *Wut-* und *Rachegedanken* hegst. Erlebnisse stoßen auf, weil man die Vergangenheit nicht loslassen kann, egal ob von „vor Jahren" oder „von gestern". Es ist ein **Rachekonflikt**! Beim Mundgeruch ist *vorausgesetzt*, dass dieser <u>nichts</u> mit Speiseresten zwischen Deinen Zähnen zu tun hat, sondern aus der Magengrube und letztlich aus dem Darm kommt. →

Alles hängt als ein Schlauch zusammen. Hast Du einen *immer schlechter* werdenden Geruchs- und Geschmackssinn, dann zeigt dies deutlich den Verschmutzungsgrad Deines Darms mit Altkot an. Hier kann es bis hin zur sichtbaren „Zungenspaltung" kommen. Das sieht aus wie Neurodermitis auf der Zunge und erscheint bei *sehr kräftigen* Menschen, die eine Menge konfliktaktiven Kot in sich tragen. Verständlich kann ich dies besonders denen machen, die Erfahrung mit professionellem *Fasten* haben: Nach einer stattgefundenen Ausreinigung gibt es **immer** eine starke Verbesserung des Geruchs- und Geschmacksempfindens. Ist der Darm von JEGLICHEM Altkot befreit, ist der **Mundgeruch** (*ebenso* wie starker Schweißgeruch, wie auch Talgüberproduktion) Geschichte! Überstarke **Angst** an sich wird **immer** durch Altkot ausgelöst!

Wurde Dein Mund einmal geknebelt, hattest Du einen Erstickungskonflikt. Von dieser Todesangst hast Du eine Schilddrüsendysfunktion davongetragen.

Ein **Ekelkonflikt im Mund** ist das Abbeißen vom *selben* Brot, das Trinken aus *demselben* Glas mit anderen Menschen. Wer an Ansteckung oder übertragbare Dinge **glaubt**, wird dies immer vermeiden wollen. Wenn es jedoch einmal passiert, gibt es mindestens Pickel auf der Zungenspitze und/oder Lippenherpes. Genauso wer daran **glaubt**, dass er ungewaschenes Obst nicht essen soll, wird kleine Pickelchen auf der Zunge bekommen. Löse es auf und Du kannst alles essen, so wie Du es für appetitlich hältst.

Ekelst Du Dich vor dem **Speichel** eines anderen und küsst z. B. ein *besabbertes* Kind oder einen Jungen, den Du *nicht wirklich* küssen wolltest (um es auszuprobieren), kann es sein, dass im *Innenbereich Deiner Lippe* eine **Erhebung** entsteht. Diese verschwindet meistens von selbst, ist jedoch eine **Ermahnung**, nicht zu tun, was Du *nicht so richtig* möchtest.

In diesem Zusammenhang: Mache *nichts* für Deinen Partner, was Du selber *nicht wirklich* möchtest, sonst kann es passieren, dass Du Dir einen **Ekelkonflikt** zuziehst und **Dich** selbst beschädigst!

Lippenherpes unten rechts kann bei einem Kleinkind dann ausbrechen, wenn die Mutter aufgrund vieler negativer Geschehnisse nicht (mehr) als Mutter respektiert wird, sondern als „Sache". Küsst diese Mutter das Kind nach einem Streit *ungewollt* auf den Mund, kommt es zum Ekelkonflikt inklusive großer Herpesblase.

Führst Du **Selbstgespräche** (was die besten Gespräche des Tages sein können!), ist dies jedoch krankhaft. Dann hast Du einen Konflikt des Sprechverbotes aus der **Kindheit** davongetragen. Andauernd wurde Dir der Mund verboten, so dass Du am Ende nur noch erfolgreich *mit Dir selbst* reden konntest. Wann dieser Effekt eintritt, ist von Mensch zu Mensch unterschiedlich. An Intelligenz mangelt es Dir nicht! **Stotternden** Menschen wurde in frühester Kindheit das **Schreien** verboten! Heißt, ein Baby fängt an zu schreien, wird durch Schimpfen unterbrochen, fängt jedoch wieder an zu schreien und wird erneut durch Schimpfe oder Schlimmeres unterbrochen. So entsteht ein Stotterer! Ebenso kann ein *erwachsener* Mensch zum Stotterer werden – wer spricht/schimpft und von seinem Gegenüber dabei oft unterbrochen wird, kann solch einen **Unsicherheitskonflikt** davontragen. Löse es jetzt auf und Dein Stottern ist sofort Geschichte!

Stumm wirst Du aufgrund eines extremen Schockerlebnisses unter sieben Jahren, dies gilt ebenso als Konflikt *im* Mutterleib, wenn ein Kind stumm geboren wird. Hier handelt es sich um Mord, Totschlag und/oder Ächtung [fangt ihn (z. B. **Deinen** Vater): tot oder lebendig!].

Verschluckst Du Dich, findest Du etwas objektiv unglaublich dämlich. Beobachte das einmal …

Kleine, seltsame *Bröckchen* kommen aus der *Speiseröhre* in Deinen Mund. Sie schmecken *ekelhaft*, wie der dazu *passende* Mundgeruch. Die Konsistenz ist ähnlich alten Nudelstückchen. Es ist ein „**Wiederkäuer-Konflikt**". Du hältst ein oder mehrere Dinge aus der Vergangenheit **dermaßen** in Dir fest und kaust die Situationen immer wieder in Deinem Gedächtnis durch, quälst Dich sondergleichen, dass die Seele Dir über den Körper zeigt: „Was soll dieser Unsinn? Merkst Du nicht?: Es **schmeckt** mir **nicht**!!" Versuchst Du, Dich selbst zu belügen, andere zu manipulieren oder zu betrügen? Spare es Dir. Durch die Seelenkommunikation weiß **jeder** Beteiligte unterbewusst **sofort**, was Du gesagt oder getan hast. Die Beweise anhand Deiner Reaktionen (die Du vielleicht gar nicht verstehst: „Wo kommt jetzt plötzlich diese WUT auf … her??") und an Deinem Körper werden nicht allzu lange auf sich warten lassen, wenn es konfliktaktiv bleibt.

Zungenbelag entsteht durch <u>Verdauungskonflikte</u> im gesamten Bereich des Verdauungstraktes. Löse diese Konflikte auf, indem sie Dir einfallen, dann **reduziert** er sich oder **verschwindet** ganz (lese bitte unter Magen/Darm).

Nase und Nasenbluten – Riech-/Stinkekonflikte

Welche Situationen stinken Dich an? Hier kommt es zu einer ziemlich schnellen Reaktion nach dem Erlebnis, nämlich dem harmlosen, aber doch unangenehmen **Schnupfen**. Dieser kann die üblich bekannten 9 Tage dauern („3 kommt er + 3 bleibt er + 3 geht er"), oder im Ansatz gestoppt werden, indem man den Konflikt *erkennt* und sich die Nase *sofort* wieder *beruhigt*.

Geschmackssinn – Geschmacklosigkeitskonflikt

Kommt zum Schnupfen die Geschmacklosigkeit hinzu (oder auch unabhängig davon), hast Du genau selbige in Deinem Leben gerade erfahren: Du empfindest etwas als geschmacklos oder es ist jemand geschmacklos mit Dir umgegangen, der Dir wichtig ist.

Gerüche – Riechkonflikte

Der Sinn für *unangenehme* Gerüche muss dann aufgelöst werden, wenn es in Deiner Vergangenheit eine Verbindung mit Konfliktgeschehen, heimlichen oder negativen Ereignissen gibt.
Sind Dir Gerüche *besonders angenehm*, hast Du sie das 1. Mal in einer Situation gerochen, in der Du mit einem oder mehreren Menschen zusammen warst, der/die **Dich** liebt/lieben.

Nasenbluten bezeichnet man als „<u>**Tränen der Seele**</u>"= Elternhaus-**Lieblosigkeit**! Menschen mit häufigem Nasenbluten barmen nach Liebe, Anerkennung und darum, gesehen zu werden! Du fühlst Dich im Familienverband als **zu kurz** gekommen. Löse diesen Sachverhalt und Deine Nase wird aufhören, andauernd (stark) zu bluten.

Polypen entwickeln sich in Babynasen, wenn es Spannungen und Streit in der Familie gibt und der Nachwuchs sich *unwillkommen* oder *überflüssig* fühlt. Wer meint, den Eltern im Wege zu stehen, wird auf diese Weise durch das *Schniefgeräusch* auf sich aufmerksam machen: „Hört ihr mich?? Ich bin DA!! Kümmert euch um mich!" Löst das auf! **Polypen** können sich auch im Verlauf des Lebens durch einen *ähnlichen* Sachverhalt in Partnerschaften entwickeln (siehe unter Schnarchen).

Pickel in der **Nase:** Du bestrafst Dich für das „in der Nase bohren".

Popeln ist ein **Konflikt der Unzulänglichkeit:** Ich kann mich waschen/reinigen, so oft und viel ich will, ich bin **nie** ganz sauber, ich bin nie sauber genug. Durch die in Deinem Leben stattgefundenen *Beschmutzungskonflikte* ist es praktisch unmöglich, sich **sauber** zu *fühlen*! Das *musst* Du dazu wissen, denn ich denke, es schämen sich etliche Menschen, die z. T. unbewusst in der Nase bohren. Die Nase zeigt **nur dann** innere Verkrustungen, **wenn** der Darm **Altkot** in sich trägt!

Ein Kind wird erst dann „bohren", nachdem es sich den *1. Beschmutzungskonflikt* zugezogen **hat.** Auch ganz kleine Kinder haben sehr schnell Beschmutzungskonflikte, und zwar dann, wenn sie in die Windeln machen, später auf das Töpfchen und Erwachsene *Kommentare* abgeben, die beim Kind hinterlassen *müssen*, dass sie schmutzig, unrein und stinkend sind. **Vorsicht** vor der analen Phase (*nach Freud*, was bitte wenn unbekannt, in Büchern oder im Internet nachzulesen ist). Hier kannst Du **sehr viel Schaden** anrichten. Mache alles ganz ruhig, auch wenn es Dir bei manchen Gerüchen noch so schwerfällt: Sage kein Wort, außer **Lob**! Dann hast Du *außerdem gute Chancen*, dass Dein Kind bald die große Toilette benutzt.

Hier gilt für Eltern: Wem es *schwerfällt*, die Hinterlassenschaften ihrer Kinder wegzuschütten, auszuwaschen (Töpfchen), der kann sich einen *Beschmutzungskonflikt* einfangen. Löst es auf und eure Hautunreinheiten, die dadurch entstanden sind, werden wieder verschwinden. Dies gilt ebenso für **ErzieherInnen** in den Kindergärten.

Wenn Du *nicht mehr* in der Nase „werkeln" musst, dann ist es das Zeichen, dass Du Deine Beschmutzungskonflikte **im Griff** hast. Fängt es wieder an, hast Du Dir **etwas Neues** zugezogen, was Du anhand des Buches IMMER lösen wirst. *Sauberer Darm = saubere Nase* – alles hängt zusammen.

Frauen sollten <u>während der Schwangerschaft</u> darauf achten, so <u>wenig</u> wie möglich unangenehme Gerüche in ihre Nase zu bekommen. Es würde sonst das Ekelempfinden des Kindes <u>übersensibilisieren.</u>

Wacht ein Mann jede Nacht auf, muss kurz niesen und schnauben, dann hat er einen kleinen allergischen Konflikt auf das „Haare ziehen" **in** seiner Nase. Seine Frau liebt es so, aber es tut weh. Durch die Reizung der äußeren Nasenwand kommt es nachts in der Zeit ca. 4 Uhr, wenn die Nase in der Regenerationsphase an der Reihe ist, zu dieser Reaktion. (Der Körper hat nachts eine bewusste Reihenfolge in der Regeneration der Organe und der Haut.)

Nasenverformungen – Kannst Du Dich gut riechen? Kannst Du Deinen Partner gut riechen? **Verschieden** große Nasenlöcher entstehen durch den Konflikt, <u>keinen gleichwertigen</u> Partner zu haben bzw. <u>selbst</u> der falsche Partner für die jeweilige Person zu sein. Der **linke** Nasenflügel (Herzseite) zeigt an: „Ich kann **mich** selbst gut riechen." Der **rechte** Nasenflügel zeigt an: „Ich kann den Partner gut riechen." In dieser Konstellation ist alles korrekt, die Nasenflügel sind <u>gleich groß</u>! Ist einer der genannten Nasenflügel **enger,** dann ist Deine Beziehung im <u>Ungleichgewicht.</u> Die **engere** Seite ist der **Unterlegene! Links** bist **Du** das, **rechts** der **Partner!**
Die engere Seite, welche <u>Deine Frau</u> bezeichnet, kann auch aus dem Grund enger sein, weil Du es schade findest, dass sie weder gut kochen noch gut backen kann (altes Frauenklischee).
Sind *beide* Deiner Nasenlöcher *sehr* groß, überschätzt Du Deine Außenwirkung.
Hast Du eine **Kerbe** in Deiner Nasenspitze, ist das der Beweis, dass Du als Kind **an der Nase gezogen** wurdest. Die **Einkerbung** zeigt den harten Griff der Nasenspitze mit Zeige- und Mittelfinger, deren Zug vom **Daumen** gehalten wurde, beweishaft an.
Sind die **Nasenflügel** sehr groß (in die Länge ausgeprägt) und sogar nach oben außen offener werdend, heißt das: „Ich rieche es, dass Du fremdgehst." Umso *höher* der Außenbogen, desto *mehr* fremde Intimpartner riechst Du. Dies geschieht *instinktiv*, <u>**ohne**</u> dass Du es bewusst oder „per Beichte" weißt. Ist die Nase einer Frau nur rechts im Bogen

erhaben, hat ihr Mann sie mit einem Mann betrogen. Ist sie beim Mann nur links erhaben, hat seine Frau ihn mit einer Frau betrogen. Ist Deine Nase, wenn Du sie optisch in der Mitte „teilst", rechts (Vater) oder links (Mutter) breiter/anders geformt (z. B. durch Wutschnauben) als die 2. Hälfte, war das entsprechende Elternteil <u>ungerecht</u> zu Dir. Wenn es um Deinen Partner ginge, wäre es die rechte Hälfte (Du bist links), die Du als <u>verformt</u> (unnatürlich, eher unschön) erkennen könntest. Es gibt Varianten von Nasen, die regelrecht schief und verformt sind, wenn auch nur auf einer Seite.

Zu unnatürlichen **Nasenformen** lest bitte unter „Haare/Glatze" nach.

Unabhängig davon erwähne ich hier noch vier andere Formen: Die <u>Knollennase</u> entsteht bei Menschen, die <u>gezwungen</u> wurden, ekelhafte Gerüche aufzunehmen – zum Beispiel wurde ihr Gesicht in *Stoffwechselprodukte* von Tieren oder Menschen gedrückt. Es ist eine Art von Folter und geschah diesem Menschen schrecklicherweise, als er **unter 7** Jahre alt war. Hier kommt es mit zunehmendem Alter zu spitzen Einkerbungen an den Nasenflügeln Nasenflügeln (= ätzend!).

Nasen mit einer <u>ungewöhnlich langen Spitze</u> zeigen, dass derjenige als Kind an „Pinocchio" glaubte, der vom Lügen eine lange Nase bekam. Bei Dir sind durch dieses Verhalten also nicht nur die **Zähne** unglücklich betroffen (lese auch dort). Erschwerend gibt es hierzu den Sachverhalt, dass es Zeiten (Krieg), Situationen und Lebenslagen gibt, in denen es NUR dann gelingt, zu überleben, WENN man lügt!

<u>Zu kleine Nasen</u>, die nicht optimal zum Gesicht passen, entstehen durch das **Kleinhalten** von jugendlich werdenden Kindern. Hier wurden Aufgaben abgenommen, die für das Kind als zu schwierig empfunden wurden, es jedoch entsprechend *herausgefordert* <u>hätten</u>.

<u>Stupsnasen</u> sind recht harmlos. Diese Kinder wurden von mindestens einem Elternteil sehr verwöhnt.

Bei diversen Nasentypen können sich Konflikte **überlagern**. Zum Beispiel kann eine *Knollennase* nach Auflösung zu einer leichten *Stupsnase* werden, denn oft wurden bevorzugte Kinder von älteren Geschwistern aus Eifersucht mit ihrem Gesicht (meist nur sehr kurz) in Tierkot gedrückt. (Das kann z. B. auf einer Weide oder auf einem Misthaufen geschehen sein.)

Die Stupsnase wandelt sich nach deren Auflösung in DEINE Nase, so wie sie **am besten** in Dein Gesicht gehört.

Nieren (Zwillingsorgan) – Revier-Entscheidungskonflikte

Probleme mit den **Nieren** zeigen, wie viel Kritik Du in Deinem Leben schon eingesteckt hast, ohne Dich *angemessen* wehren zu können (z. B. weil die anderen überlegen *schienen*), sie zeigen Enttäuschung (manchmal auf der ganzen Linie), auch Scham und (vermeintliches) Versagen. Durch die Folgen der Erziehung als Kind kann man im Erwachsenenalter die Vergangenheit *einfach nicht loslassen* (vergessen) und reagiert dadurch in bestimmten Situationen wie ein kleines Kind.

Nierensteine sind Brocken *unaufgelöster Wut* (siehe auch Gallensteine) und **kalte Füße** kommen immer von *Nierenkonflikten*. Es sind Revier-Entscheidungskonflikte. Revier = Familie, auch die „Berufliche"! Nieren- und Gallensteine lösen sich nach der Konfliktlösung innerhalb von ca. 3 Wochen **selbständig** auf. Die Reste werden über die Gänge abgeführt.

Wer viel **ausschleimen** muss, hat Nierenprobleme! Heile Deine Nieren, indem Dir alle Revier-Entscheidungskonflikte einfallen und das Ausschleimen wird rückläufig, bis es gänzlich aufhört. Hierbei ist es *instinktiv* besser, den Schleim auszuspucken.

Schmeckt Dein vom Körper produzierter Schleim **nach Blut**, hattest Du am Vortag Rachegedanken „bis aufs Blut". Der Schleim an sich zeigt die dazu beigetragene „Stinke-Situation" an und ein Schnupfen könnte nahen. Schmeckt der Schleim **metallisch**, denkst Du im Untergrund Deines Bewusstseins oft ans Töten – es schmeckt nach „Messers Schneide". Es ist für Dich der einfachste Weg, damit sich Dein Leben ruhiger fortsetzen kann, wenn ein Mensch, der Dich stark verletzt, aus der Welt genommen wird. Du bist jedoch klug genug, das Morden zu lassen.

Wolltest Du lieber bei Deinen **Großeltern** als bei Deinen Eltern leben, ist dies ein (für Kinder oft *unlösbarer*) Revierkonflikt. Sie können ja nicht einfach ihr Köfferchen packen und zur Oma ziehen! Solche Kinder werden bereits im jugendlichen Alter **Nierensteine** haben (ab ca. 16 Jahre), wenn der Konflikt im Vorfeld ungelöst bleibt!

Wassereinlagerungen gibt es ebenso durch Nierenkonflikte. Hier kann es bis zu einem dramatischen Überlaufen in Deinem Körper kommen, wenn Du **stetig** auf **alle Menschen um Dich herum** Rücksicht nimmst, nur auf Dich selbst und Deine eigenen Bedürfnisse

nicht. Du läufst innerlich über und kannst nicht loslassen. Du bist ein „Kümmerer" und vernachlässigst Dich selbst sträflich aus Verantwortungsgefühl oder Gründen der Wiedergutmachung alter, ungebührlicher Taten.

Heimatverlassenheit (unfreiwilliger Revierwechsel) – Schutzlosigkeitskonflikte

Nierenkonflikte (Revier) + Dickleibigkeit (Schutz *vor der Fremde* oder Schutz *vor sich selbst,* vor *eigener* erlebter *Brutalität*) gehören bei diesem Konflikt zusammen. Als Beispiel fallen mir DDR-Umsiedler ein, die aufgrund Arbeitssuche u. a. triftigen Gründen auswandern mussten. Dir kann es so ergangen sein, dass Du *leider* eine Dick- oder Fettleibigkeit **bis heute** ertragen musst. Die vertraute Umgebung und vertraute Menschen zu verlassen, ggf. unfreiwillig, führt zu starken Konfliktgeschehen im Körper und einem starken VERLANGEN nach **SCHUTZ!**

Das Leid sitzt im Bauch: Umso dicker der Bauch, desto größer das Leid. Dickleibigkeit entsteht ebenso als Schutz vor dem anderen Geschlecht, wenn Du im Ursprung das EIGENE Geschlecht bevorzugst/liebst und es NICHT zugibst. Das bedeutet, bist Du ein Mann und liebst einen Mann, gestehst es (Dir und dem anderen) **nicht** ein, gründest trotz allem eine Familie, heiratest eine Frau, bekommst mit ihr Kinder, wirst Du leider sehr viel an Körpermasse zulegen, obwohl Du vormals ein schöner, junger Mann gewesen bist. Das ist die Strafe dafür, dass Du Dein wahres Ich verleugnet hast. JETZT darfst Du wieder schlank werden.

Niesen + die schwächere Form davon:
Gähnen = Loslasskonflikte

Wenn Du niesen musst, ist das ein **Reflex**, welchen Du nach einem *für Dich* schrecklichen Erlebnis schon einmal hattest. Du *schleuderst* das **Entsetzen** mit ca. 900 km/h explosionsartig aus Dir **heraus**! Wer z. B. eingesperrt war (lese bitte unter Haare/Glatze) und *danach* die Sonne wiedergesehen hat (im wahrsten Sinne des Wortes), der wird stetig niesen, wenn er in die Sonne schaut. Ähnlich ist es, wenn Staub/Milben oder Kohlenstaub eine Rolle gespielt haben, dann niest Du allemal bei Staub ("Milbenallergie"). Bei Kälte ist es so, dass Dir kalt geworden ist, als Du eingesperrt warst. Das lässt Dich bei Kälte, Zugluft und kalten Füßen **niesen**! Es gibt keine andere Begründung dafür und Niesen ist selbstredend unansteckend.
Bei jedem neuen Schnupfen **niest** man **logischerweise**, weil es nach solchen *grausamen* Vorfällen **IMMER** *einmalig* ein Pfeiffersches Drüsenfieber mit **grippeähnlichen** Symptomen gibt (z. B. nach dem Einsperren)! Ein Beweis findet sich hier an Deiner Leber. Auf ihr ist eine kleine, beim Ultraschall sichtbare, Vernarbung entstanden. Diese Menschen sind sehr anfällig für Erkältungskrankheiten!

Gähnen ist eine *schwächere Form* des Loslassens – man atmet sich frei von einer Vorstellung, die nicht allzu schön war. Man gähnt *weder*, weil man *müde* ist, *noch* weil man *zu wenig Sauerstoff* bekommt – man gähnt, weil man sich im Laufe des Tages mit Energie zehrenden, freudlosen Aufgaben erschöpft hat.
Wer mit anderen *harmlos* mitgähnt, hat den falschen Glaubenssatz: "Gähnen ist eine soziale Handlung!" Aber das ist ja nicht weiter schlimm … ;)
In dem Zusammenhang schreibe ich über das eher banale **Aufstoßen**/Rülpsen. Hier verhält es sich ebenso, dass unschöne Vorstellungen als laute Luft herausgebracht werden. Praktisch ist ein "Trinkgelage" z. B. schon alleine eine unschöne Vorstellung.

Ohren – Hörkonflikte

Wird ein Kind ständig von seinen Eltern angeschrien, traktiert und/oder muss mit anhören, wie die Eltern lautstark streiten, wird sich im Alter eine Höreinschränkung, bis hin zur Schwerhörigkeit, einstellen. Dies gilt ebenso im Zusammenhang mit lauten, erschreckenden Geräuschen in der Wohnung (Türen knallen, Geschirr schmeißen …). Bei Lösung solcher Konflikte kommen nach ca. 3 Wochen oft auch Blut und Schleim aus den Ohren, weil diese vom Körper **gesäubert** werden. Bleibt ruhig dabei und seid dankbar! Eure Hörqualität wird sich immer mehr verbessern.

Das Hören von boshaften oder ekelhaften Worten erzeugt **Beschmutzung** in Dir, und zwar immer, wenn das ohne Gegenwehr bleibt. Unter anderem stammen davon Mitesser/Pickel **in** den Ohrmuscheln und/oder auf den Ohrläppchen! Auch Pickel auf den oberen Pobacken können entstehen.

Wem die Ohren im Alter wachsen, der zeigt an, dass er dadurch besser hören will und auf ein Hörgerät verzichten möchte. Gestehe Dir Deine Hörschäden ein.

Die Größe Deiner Ohren und Ohrläppchen sagen etwas über Dein Leben aus. Hast Du sehr kleine Ohren, gehört dies zum Däumlingeffekt und Deine Körpergröße ist oft unter dem Durchschnitt. Hast Du sehr große Ohren, bist Du ein neugieriger Mensch und würdest gern durch Wände hören können. Liegen Deine Ohren hinten am oberen Ende sehr nah am Kopf, hörtest Du in Deiner Kindheit viele beeindruckende Dinge: „Da legst Du die Ohren an!" Dies geschieht oft durch dem Enkelkind *besonders* zugewandte Großeltern. Seid stolz, dass ihr so viel Lebenserfahrung erzählt bekamt!

Wächst Männern mit vielen, derben **Haaren** der Ohreneingang zu, bekommen sie täglich ungewollt die Ohren „besäumt". Umso stärker, desto schlimmer. Dies kann nur die eigene Frau anrichten.

Befinden sich die Enden Deiner **Ohrläppchen** auf geradem Wege am Kopf, ist alles in Ordnung. Sind die Ohrläppchen lang (umso länger, desto mehr), wurdest Du als Kleinkind an den Ohren **gezogen**.

Ohrlöcher machen keinerlei Schäden, egal wie klein Kinder noch sind: Wenn sie Ohrringe WOLLEN (absolutes Einverständnis des Kindes ist zwingend!), ist der Durchstich beim Juwelier ertragbar. Bereitet das Kind auf den leichten, ganz kurzen Schmerz gut vor. Schöner Schmuck ist etwas Tolles!

Segelohren - Hörkonflikt der werdenden Mutter

Ein neugeborenes Kind wird Segelohren haben, wenn die *werdende* Mutti einen Hörschaden hat und das Kind deshalb die Stimmen über Muttis Ohren im Bauch nur *sehr stumpf* vernahm. Dies prägt am Säugling „Tuten", aus, um besser hören zu können bzw. die Schallwellen im Bauch gezielter aufzunehmen. Es hörte sich so an, als hättest Du **Watte** in Deine Ohren gestopft.
Viele Kinder haben in jungen Jahren *Schönheitsoperationen* erfahren. Falls diese misslungen sind, gibt es wenig Chancen. Alle „unbehandelten" Ohren dieser Art werden im Laufe der nächsten Zeit in ihren naturgegebenen Stand zurücktreten.
Unterschiedlich abstehende Ohren zeigen, dass beide Ohren *der Mutter* verschieden gut hören. Zu dieser Thematik gibt es jedoch *auch* den **Lauscher-Konflikt**. Verändern sich Deine Ohren im oberen Drittel und ziehen nach außen, möchtest Du Dinge erfahren, die wichtig für Dich sein könnten, hörst sie aber nur, wenn Du andere belauschst. Dies passiert vorwiegend auf Arbeitsstellen, bei denen es einen schlechten Kommunikationsstil gibt, wobei die Mitarbeiter zu wichtigen Dingen unverständlicherweise außen vorgelassen werden, jedoch auch im häuslichen Bereich.
Unterschiedlich große Ohren erklären, dass Du **im** und/oder **nach** einem Krieg groß geworden bist und Dein Vater überhaupt nicht präsent war, um mit Dir zu reden (Soldat) bzw. dass er nicht mehr reden konnte, aufgrund der grausamen Erlebnisse, die er hatte. Ebenso stellen sich die Ohren so dar, wenn einer der Elternteile in der Tat stumm ist und wenn Du nur bei **einem** Elternteil aufgewachsen bist.

Mittelohrentzündung

Gibt es Streit mit anderen Kindern, insbesondere einen Konkurrenzkampf im jugendlichen Alter (bezüglich Sport/Spiel/anderem Geschlecht), kommt es zu einer Mittelohrentzündung.

TAUBHEIT wird *denjenigen* Menschen ereilen, der andere **gequält** und/oder dabei **zugehört** hat, *ohne* einzuschreiten. Es gibt keinen anderen Grund, denn HIERMIT soll der Menschheit gezeigt werden, wie TAUB diese Person in ihrem **Gefühlsleben** ist.

Tinnitus (bis hin zum Hörsturz) - Stresskonflikt

Das unerträglich fiepsende Geräusch in Deinem Ohr **warnt** Dich sirenenartig (Gefahr!) *vor einer* Person in Deinem näheren Umfeld, die Dich **hasst**. Dein Unterbewusstsein spürt dies **ganz genau**, auch wenn Du es selbst im *Wachleben* **nicht** wahrhaben willst! Die **Ursache** dafür wirst Du *ergründen*. Es kann **tiefer Neid** der anderen Person Dir gegenüber sein oder aber schlimme Taten, bei denen Du beobachtet, jedoch nie zur Rede gestellt wurdest. Für so etwas könnte Dich eine Dir nahestehende Person über die Jahre immer stärker hassen. Stirbt die Person, die Dich hasst, bleibt der Tinnitus dennoch bestehen, da der Konflikt *bis jetzt* ungelöst ist.

Denke nach: Wer fletscht *Dir gegenüber* die Zähne?

In Partnerschaften/Ehen kommt es vor, dass ein Partner die Lebenswünsche des anderen nicht erfüllen konnte und dafür im Laufe der Jahre verachtet wird. Das bedeutet, Du musst jemandem nicht einmal etwas Schlimmes angetan haben, um gehasst zu werden. Die Trennung wäre eine aufrichtige Lösung gewesen – bevorzugt wurde die Qual.

Nach einer Trennung/Scheidung *kann* es jedoch auch zu einem Hörsturz und Tinnitus kommen, *wenn* die Liebe dabei in **Hass** umschlägt. Ebenfalls passiert das, wenn Du jemanden verletzt hast, indem Du ihn mit einer unausweichlichen Wahrheit konfrontiertest - eine, die niemand hören wollte. Obwohl oder gerade weil es **wahr** ist, wirst Du gehasst, denn Du hast die Sache auf den Tisch gepackt. Bewundere Deinen Mut – das ist alles, was für Dich zu tun ist. Die Hauptsache für **Deine Gesundheit** ist, dass Du **authentisch** bist – was Dein Gegenüber damit macht, ist sein Problem.

Leichtere Ohrgeräusche (intervallartig auftretendes Rauschen, leichtes Fiepen) entstehen durch dauerhaften Stress und Überlastung. Dazu gehören auch überlange Telefonate.

Schüttelt eine Mutter ihr **Kleinkind (unter 3)** *wütend* durch, weil sie (aus **ganz anderen** Gründen!) mit den Nerven *am Ende* ist und schreit es an „**Ich hasse Dich!!**", dann wird dieses Kind in Mutters Nähe (oder wenn es nur an sie denkt!) ab sofort Ohrgeräusche sowie Schilddrüsendysfunktionen und Herzrhythmusstörungen haben. Ein

Weilchen nach einer derartigen *(an alle Grenzen führenden)* Konfliktlösung verlässt den kleinen Darm ein <u>großer</u>, sämiger Haufen. Haben Kleinkinder einen **Kullerbauch**, ist das immer ein **ALARM-Zei-
chen** für Konfliktaktivitäten.

Sagt diesem Kind, dass die Mama, wenn sie <u>schlimme Dinge</u> zu ihm
sagt, dabei stets **SICH selber** meint. Kinder werden nach solchen
Vorfällen manchmal **erpresst** oder **bedroht**: „Wenn Du **DAS** jemandem erzählst, passiert *das und das* mit Dir <u>oder</u> darfst Du dies und
jenes nicht mehr tun!" Diese Mutti sollte sich eingestehen, dass sie
NIE ein Kind haben wollte. Eine Entschuldigung an das Kind würde
nur mit <u>ehrlichen TRÄNEN</u> der Mutter *hilfreich* sein.

<u>Kennt ihr solche Mütter und es **gab** schon drastische Vorfälle?</u>?:
Achtsame, liebende Großeltern werden davon einen **„Es-zerreißt-
mir-das Herz-Konflikt"** davontragen, wenn sie **NICHTS** unternehmen! (Ihr könntet dann selbst daran sterben: Herzinfarkt!) Hier **muss
zwingend** mit den Eltern gesprochen oder auch ein **AMT** einge-
schaltet werden, sonst habt ihr das Leben eines Kindes auf dem Gewissen! **Großeltern:** Holt diese Kinder zu EUCH, auf Biegen und Brechen, falls sich nichts verändern sollte!

Solche Kleinkinder sind <u>*urplötzlich*</u> unruhig, nervös, benötigen eventuell mehrere Nuckel, die sie aufgeregt im Mund hin und her tauschen
und lieben Plüschtiere. Sie brauchen diese zum Daranfesthalten. Sie
können ihre Gedanken nicht mehr richtig sortieren, wollen erst dies,
dann das und machen einen stark fahrigen Eindruck → komplettes
Durcheinander → sie verstehen die Welt nicht mehr!!!

Zu **schlimmen Angstzuständen** bei **Großeltern** kann es ebenso
kommen, wenn sie das Enkelkind in schlechte Hände gegeben wissen und sich unheimlich sorgen. Sind Enkel bei **geliebten** Großeltern zu Besuch und wollen **nicht mehr** nach Hause, ist das ein großes Alarmzeichen. Es ist lebensgefährlich für Enkel und Großeltern,
wenn es Szenen gibt, bei denen das Enkelkind beim Abholen durch
ein Elternteil weint und nach Oma/Opa ruft, weil es **dort** bleiben
WILL („Es-reißt-mir-das Herz-aus-der-Brust-Konflikt" mit plötzlichem
Tod durch Herzinfarkt). Juristisch sind diesen Großeltern **NOCH** die
Hände gebunden – sie müssen das Kind in den meisten Fällen wieder dorthin abgeben, wo es ihm schlimm ergeht.

Derselbe Konflikt kann Großelternteilen geschehen, *kurze Zeit*, nachdem ein geliebtes Enkelkind verstarb, weil dieser **Schmerz** schier **unerträglich ist.**

Unbegründete Aufforderungen seitens des Enkelkindes, wie „Geh weg", „Lass mich", obwohl Du diesem Kind nichts getan hast, sind zur Schutzreaktion geworden und konfliktaktiv. Auch diese Sätze können Dich als Konfliktschock auf der Schilddrüse und/oder dem Herzen treffen, wie ein Pfeil.

Der *genannte* **Satz** „Ich hasse Dich" ist der Schlimmste, der einem Kinde gesagt werden kann, denn: „Was bitte **soll** es auf dieser Welt, wenn seine Mutter es hasst?" Im Allgemeinen gilt hier, dass das **heftige Durchschütteln** von Kindern, selbst ohne Worte, zu **Todesangst** führt (Schilddrüsendysfunktion mit zunehmendem Alter) sowie zur sogenannten Reisekrankheit (siehe Magen/Darm). Bei einer Konfliktlösung kommt hier die *geballte* Todesangst in einer *fürchterlichen* Schreiattacke zutage (ca. 30 Minuten, die man geduldig durchstehen muss), mit anschließender Darmentleerung (Altkot).
Wer an einer **Überproduktion** von **Ohrenschmalz** leidet, der musste **als Kind** *hilflos* mit **anhören,** wie sein(e) Geschwister geschrien haben, während sie von einem Elternteil verhauen wurden.
Wer **trockene Ohren** hat und vielleicht *Flechten in den Ohrmuscheln,* der musste **als Kind** *hilflos* mit **anhören,** wie seine Mutter geschrien hat, während sie von ihrem Mann verhauen wurden. Diesen Konflikt gab es bereits im MUTTERLEIB, als die *werdende* Mama verhauen wurde! Wenn *das* passiert ist, gibt es einen Beweis: das **Muttermal** (siehe dort).

Parkinson – tiefer Reuekonflikt

Das *immer stärker werdende Zittern* zeigt an, dass Du einer Person gegenüber **nach** einer stattgefundenen, **sehr starken Provokation** einmal **sehr handgreiflich** geworden bist. Du konntest es *weder* gutmachen, noch hast Du je eine *Entschuldigung* über Deine Lippen bekommen. Genau DARUM hast Du Dir Parkinson **als Strafe selbst** auferlegt. Es IST die *schlimmere* Version von **Arthrose** und *zeigt*, dass Du jemanden furchtbar verprügelt, es hinterher allerdings stark **bereut** hast + es ist die *mildere* Version vom **Schlaganfall**, bei dem die Tat **nicht bereut** wurde (lese bitte auch dort nach).

Hat eine Frau ihren Mann verprügelt, wird dieser große Herzprobleme haben (bis hin zum **Herzinfarkt**). Hier wird die **Frau**, <u>wenn</u> sie bereut, Parkinson haben. Hat ein Mann seine Frau verprügelt, wird sie mindestens an **Brustkrebs** erkranken (Partnerkonflikt).

Das **Kopfschütteln**, welches Parkinson stetig begleitet, vermittelt Dir: „Ich kann über mein schlimmes Verhalten nur noch mit dem Kopf schütteln!"

Entschuldige Dich **aufrichtig**, damit Du gesund bleibst oder wirst! Bereust Du **nicht**, befindet Du Dich in der Gefahr des anstehenden Schlaganfalls. Leider sind auch *Frauen* zu solchen Taten fähig, <u>ohne</u> zu bereuen, und erleiden Schlaganfälle. Willst Du das Gefühl von Reue empfinden, arbeite das Buch durch.

Läufst Du in einem sogenannten (den Körper sehr anstrengenden) **Roboter-Gang** – stockend, abgehackt, auch zitternd, dann wurdest Du <u>nicht nur ein Mal</u> unter **furchtbarer** Angst, mit Versuchen, <u>wegzulaufen</u> und danach wieder <u>eingefangen</u> zu werden, stark verprügelt. Da die Symptomatik (die oft Parkinson zugeordnet wird) **so stark** ist, muss es Dir mit **unter 7** Jahren passiert sein (vergleichbar mit dem „Stotterer", wo ebenso etwas *unterbrochen* wurde wie bei Dir das Fortlaufen). Nur **Täter** aus der **1. Blutlinie** können solch eine schlimme „Erkrankung" verursachen. Ich wünsche euch allen von Herzen **schnellste** Heilung!

Pfeiffersches Drüsenfieber – Verzweiflungskonflikt

Die dazugehörigen Symptome, sich müde, erschöpft und abgeschlagen zu fühlen, appetitlos zu sein, mit teils hohem Fieber Kopf- und Gliederschmerzen zu haben, finden sich bei ALLEN Kindern und Jugendlichen wieder, die einen schockierenden Vorgang des Einsperrens durch ein Elternteil, Geschwister oder Großelternteil erlebt haben. Das ist die Ursache.

Phobien vor Spinnen, Käfern, Schlangen & Co. – Schreckkonflikte

Jemand aus Deinem Umfeld hat Dir im Alter **unter 7 Jahren** große Angst mit Kleintieren, wie etwa (harmlosen) Schlangen (Blindschleiche/Ringelnatter), Schnecken, Spinnen und Käfern eingejagt. Derjenige hat Dich damals **sehr** damit *erschreckt* und z. B. dabei gesagt: „Der wird Dich jetzt gleich fressen, beißen…" oder etwas Ähnliches. Für das Kleinkind ist es solch ein **Konfliktschock**, dass eine Kotablagerung im Darm stattfindet!

Natürlich wird DIESES Kind beim weiteren Aufwachsen solche Insekten fürchten und schreien, wenn sie sich auch nur annähern oder bereits auf dem Körper/der Kleidung sitzen. Das kann in **Panik** ausarten! Außerdem gilt zu diesem Konflikt die Vorbildwirkung der Erwachsenen – wie benimmst Du Dich, wenn eine Wespe an den Tisch kommt!? Bricht dann Panik aus? Wenn ja, wird Dein Kind es *genauso* lernen. Hier gilt: **Wissen ist Macht!** Deshalb gehört es **in** den Schullehrplan, welche Tiere und Pflanzen in Wahrheit eine **Gefahr** für uns darstellen *würden* (Heimatkunde)! **Liebe** alle Tiere, interessiere Dich für sie und schütze ihre manchmal ganz zarten Leben! Das allein schon wird Dich davor retten, z. B. gestochen zu werden. Es sei denn, Du **willst**, dass Dich jemand pikst, weil Du denkst, es **verdient** zu haben! Umso größer die Auswirkung der Stiche (rote Fladen), desto stärker wolltest Du Dich bestraft wissen! Entzündungen dabei entstehen **ausschließlich** durch erhitztes Denken!

Hierzu gehört der **Rotlauf/Wundlauf**. Ziehst Du Dir eine kleine Verletzung oder einen Insektenstich zu und die rote Hautstelle erweitert und entzündet sich bis fast hin zum Umlauf (um das Bein, den Arm), dann hattest Du vorher *mindestens* **ein** Erlebnis, bei dem Du Deine Meinung nicht ausreichend äußern konntest und die (starke)

Wut <u>unterdrücktest</u>. Diese setzt sich dann in Deinem Körper fest und sorgt für <u>erhitztes Denken</u>/<u>entzündende Gedanken</u>, so dass sich dieser Rotlauf bilden kann. Löst Du es auf, wird der Rotlauf **sofort** gestoppt und rückläufig. Eine **Gürtel-/Kopf-** oder **Gesichtsrose** (Herpes Zoster) sind identisch zu betrachten, nur dass die Erstverletzung an einem anderen Körperteil stattfand. Hier kommt es darauf an, wie **sichtbar** es für andere werden sollte oder ob Du Deine Wut weiterhin **verstecken** willst. Schließt sich solch ein Wundlauf, kann das tödlich enden (Blutvergiftung/Sepsis).

Man hört manchmal von kleinen Insekten, wie Käferchen und Spinnchen, die in Münder oder andere Körperöffnungen kriechen, z. B. beim Zelten oder Boven. Dies geschieht jedoch nur Menschen mit vermehrten Beschmutzungskonflikten.

Sonderthema **MÜCKE**! Reagierst Du besonders anfällig auf das <u>Surren</u> von Mücken, so dass Du schnell geneigt bist, diese zu töten, *und* flößt Dir das Surren eine *seltsame* Angst ein, die sich *nicht zuordnen* lässt und Dich *irre* macht, **dann** befand sich *eine Mücke* in Deinem kleinen <u>Gefängnis</u>, z. B. in einer Holzkiste (lese bitte unter Haare/Glatze).

Zu diesem Thema habe ich einen <u>Sonderpunkt</u>:
Phobie vor **Krankenwagen** und **Krankenhaus**.
Hier ist es so, dass Du ein Erlebnis hattest (bis 7 Jahre), bei dem Du selbst oder ein Mensch, der Dir am Herzen liegt, einen (für Dich *gefühlt* dramatischen) Vorfall hatte, zu dem ein Krankenwagen geholt wurde oder Du selbst ins Krankenhaus geschafft werden musstest. Um eine Phobie zu entwickeln (ewiger Schrecken vor Krankenwagen und Krankenhaus), *muss* der Fall **für Dich selbst** dramatisch gewesen sein (ob real oder nicht!) und Deine Eltern konnten Dir auch im Nachhinein diese Angst nicht mehr nehmen.

Platzangst – Fahrstuhl, enge Räume

Lese bitte unter Haare/Glatze.

PLÖTZLICHER KINDSTOD – Tötungskonflikt

Betroffene Kinder sterben vermeintlich plötzlich. Die einzige, aufrichtige Wahrheit ist, dass dies **tödliche Impfschäden** sind. Es gibt keinen anderen Grund! Hier verhält es sich so, dass für viele Kinder bereits der **STICH der Spritze in die Haut** einen großen Konfliktschock auslöst (Todesangst = Schilddrüsendysfunktion). Hier liegt im **UR-Instinkt**, erstochen und/oder mit Flüssigkeiten vergiftet zu werden! Trösten Eltern ihre Kinder liebevoll, überstehen sie das Erlebte *leidend* innerhalb von einigen Tagen, in denen sie leider völlig verändert erscheinen (lethargisch) – alle anderen **versterben** innerhalb von Stunden bis wenigen Tagen und **schocken** ihre Familien zutiefst und herzzerreißend.

Selbstredend sind **ebenfalls** bei **Erwachsenen** sowie auch bei **Tieren** alle Impfungen **vollkommen sinnfrei!**

Die Inhaltsstoffe mögen verbessert worden sein (aufgrund der vielen Gegner – es sind viel mehr, als vermutet wird!), aber wie Du gelesen hast, ist das Problem ein **gänzlich anderes!**

Das Thema **Trisomie** (Down Syndrom) passt für mich zum Impfen, denn dieser Schockkonflikt entsteht beim Fötus während einer Fruchtwasseruntersuchung (Amniozentese), wobei er mit der **Einstichnadel getroffen** wurde. Je nachdem, **wie stark der Stich** war und wie sehr sich das Baby durch den *unerwarteten, plötzlichen* **Schmerz erschrak**, bilden sich die *verschiedenen Arten* der Trisomie. Der Schock über die Verletzung lässt das Baby **zusammenfahren** – es zieht die Schultern noch oben (Nackenfaltenbildung) und verbleibt in seinem Schockgesicht sowie der verzogenen Körperhaltung, wenn der Konflikt ungelöst bleibt (heißt, NIEMAND kommuniziert mit dem Kind darüber auf irgendeine Weise).

Ich selbst war bisher nicht in der Situation, solch einen Konflikt zu heilen, bin jedoch überzeugt, wenn man mit diesen Kindern über den Sachverhalt spricht, dass es mindestens Verbesserungen, wenn nicht gar Heilung geben wird.

Vielleicht prüft hier jemand, *wann* es *zum ersten Mal* zu einer Trisomie kam und *wann* die Fruchtwasseruntersuchung „erfunden" wurde. Hier wäre ein Zusammenhang die klare Logik.

Bei **Autismus** wäre ein Impfschaden ebenso denkbar, es ist jedoch ein Konflikt, der bereits **im Mutterleib** stattfindet. Ist die werdende Mutter **fixiert**, sich ständig mit speziellen Themen zu befassen – wie zum Beispiel bei einem **STUDIUM**, dann kommt es zur **Spezialisierung des Säuglings auf genau diese Dinge**! Dadurch, dass eine Studierende andauernd sitzt und durch das intensive Lernen sicher wenig entspannt sein kann und zudem auch noch Prüfungsängste hat, gibt es diverse behinderungsähnliche Anzeichen am Baby, obwohl es kerngesund sein sollte. Zu den Prüfungsängsten kommt hinzu, dass die Schwangere keine Sache 100 %ig erledigen kann – weder ihre Schwangerschaft noch ihr Studium.

Sehr junge **Genies** in Bezug auf Instrumente, wie Klavier, entstehen, wenn die Frau während ihrer Schwangerschaft selbst sehr viel und leidenschaftlich Klavier spielt. Einen ähnlichen Effekt gibt es, wenn sehr viel klassische Musik gehört wird. Das gilt für alle Aktivitäten während der Zeit, in der sich das Baby noch im Bauch befindet, die im **Übermaß** betrieben werden und **FREUDE** machen!

Formen des Autismus werden ebenso durch das **Abschnüren** des immer dicker werdenden, schwangeren Bauches verursacht, wenn die Mutter ihre Schwangerschaft so lange wie möglich *verbergen* will. **Asperger-Syndrom** – ist die Schwangere sehr bequem (faul), lässt sich viel bedienen und beschäftigt sich nur mit *Belanglosem*, wird das Baby an allen möglichen Dingen eher desinteressiert und gleichgültig sein.

Im Umkehrschluss bedeutet das:

Mache in der Schwangerschaft nützliche, sinnvolle Dinge, gehe auch noch eine gute Weile Deiner Arbeit nach (schwanger zu sein, ist keine Krankheit!), lese schöne, interessante, auch lehrreiche Bücher wie *dieses* hier. Kinder, die **das** Buch bereits im Mutterbauch kennen, können ein **sehr viel besseres** Leben führen. Willst Du Begabungen fördern, dann beginne es während der Schwangerschaft. So kannst Du als werdende Mutti bereits im Vorfeld dafür sorgen, ein **kluges, vielseitig interessiertes** Kind zu HABEN! ❤

Prostata – Selbstbestrafungskonflikt

Du bist im sexuellen Bereich <u>völlig ungesättigt</u>, egal wie alt Du bist. Du wolltest Deine (vielleicht kranke) Ehefrau vielleicht sogar *aus diesem Grund* verlassen, **ohne** eine neue Liebe im Außen bereit zu haben, und hast es nicht getan. Prostatakrebs ist ein Selbstbestrafungskonflikt, weil Du Dir vor vielen Jahren eine **neue Liebe** (mit Erfüllung) zu finden **verwehrt** und dies **bereut** hast.

Wenn Söhne als Männerersatz herhalten sollen, wird das ihrer Entwicklung über die Pubertät hinaus sehr schaden. Aus ihnen können alte „Junggesellen" werden, völlig unattraktiv für das andere Geschlecht. Auch hier kann es zu Prostata-Erkrankungen kommen.

Pocken – Ekelübermaßkonflikt

Sie entstehen durch katastrophale hygienische Zustände, wie es sie heutzutage wohl kaum noch gibt. So wie sich die Herpesblase *vereinzelt* an Körperstellen durch einen Ekelkonflikt zeigt, sind es hier hunderte Bläschen, wenn Dein **Verstand** diese Lebenszustände absolut **verabscheut**.

Da mit Pocken betroffene Gesichter und Körper <u>dermaßen ekelerregend aussehen</u>, kann es bei jedem, **der es nur sieht**, ebenfalls zu solch einer starken Ablehnung kommen, dass ihn gleichermaßen der oben genannte Konflikt **selbst** trifft. Daraus folgte der **Irrglaube** an Ansteckung, obwohl es bei dem anderen Menschen sein **ganz eigener, neuer** Konflikt war.

„Ausgerottet" gelten Pocken faktisch nur Dank der immer besser gewordenen Lebensbedingungen und der Zivilisation, wobei die *Psyche* aufgrund viel besserer Umstände *beruhigt* werden konnte.

Rheuma – Schikanekonflikt

Wer an Rheuma leidet, der fühlt sich schikaniert, spürt einen Mangel an Liebe, leidet an chronischer Verbitterung (in meinem Leben ist **etwas** gründlich schiefgelaufen) und an Groll, weil die *Lösung* der Umstände so viel Kraftaufwand und Unmengen an Mut erfordert. Wenn Familien durch seltsame Vorfälle **getrennt** werden (Kind ist bei Verwandten/Bekannten zu Besuch und kommt *danach* stark verändert/**verstört** zurück), dann kann es so viel Schieflage in das eigene Leben bringen, dass es über die Jahre des Kampfes zu **Rheuma** kommt (Alter ab 30). In dem Fall **verschließt** sich das Kind **komplett**, die besuchten Menschen geben vor, es wäre <u>nichts</u> gewesen und die Familie zerbricht an <u>gravierenden</u> Unstimmigkeiten. Hier kommt es teils zur „Täter-Opfer-Empathie" (aus Mit**leid** – nicht Mitgefühl – seitens des Opfers) und zu Fällen von **Erpressung** und **Drohungen** seitens des Täters, was die Lage weiter erschwert und die Wahrheitsfindung komplett blockiert. Hier kannst Du das Buch zur Hilfe nehmen, indem Du **optische Merkmale** findest, die zu Verhaltensweisen gehören, welche verwerflich sind (naturgegebene Beweise, wie Nagelpilz).

Rücken, Schultern, Nacken – Selbstwerteinbruchskonflikte
(auch stellvertretend für andere!)

Der Rücken steht für die Unterstützung, den Rückhalt in Deinem Leben. **Wie viel Last** hast Du Dir aufgeladen – damit meine ich *nicht nur* von Dir selbst, sondern auch **von anderen**, die Du **angehört** und denen Du Dein Ohr „geschenkt" **hast**? Wie viele Selbstwerteinbrüche hast Du in Deinem Leben bisher erlebt/zugelassen? Was hast Du von anderen schon Schlimmes **erfahren** <u>UND</u> **gesehen**?
Es gibt **Berufsstände**, bei denen sich viele der dort arbeitenden Menschen durch die Aufnahme *fremder Last* (und *grausamer* Bilder) Rückenprobleme zugezogen haben. Das gilt für alle Ärzte, Pathologen, Heilpraktiker, Kriminalisten (Polizei), Pflegeberufe, Hospiz-,

Rettungs- und Bestattungswesen, aber auch für Friseure, Kosmetiker, Masseure, Bardamen und Prostituierte, praktisch **alle**, die *vertrauensvolle, manchmal* erschütternde Dinge von anderen *erzählt/ zu sehen* bekommen und danach theoretisch zum Schweigen verpflichtet sind. Durch die Erzählungen der Patienten/Kunden über ihr Leid und ihr schweres Los wird es bei sehr *mitfühlenden, empathischen* Menschen dazu kommen, dass sie sich die **Last anderer** auf ihren **eigenen Rücken laden** und/oder sich **Beschmutzungskonflikte** zuziehen.

Blockaden im unteren Rücken – Selbstaufgabekonflikt

Wenn Du *bereits* mit dem Tod konfrontiert **warst** (eingesperrt unter 7 Jahren) und es stirbt jemand aus dem Kreis Deiner Lieben, wirst Du Dich unbewusst wieder genauso zusammenkauern oder rebellieren, wie Du es getan hast, als Du dachtest, **Du** musst sterben. Du wirst Dich **verzweifelt** im Vierfüßlerstand auf den Boden werfen und auf ihm herumtrommeln (wie in einer Kiste) oder mit dem Kopf auf den Tisch schlagen (wie an den Truhenrand) oder Du wirst eine **Blockade** in der Lendenwirbelsäule bekommen, wenn Du damals aufgegeben hattest und mit gekrümmtem Rücken da lagst (lese bitte unter Haare/Glatze). Hast Du über die Jahre einen sichtbaren **Buckel** bekommen, warst Du im Alter unter drei Jahren eingesperrt und hast dabei mit einer Buckelhaltung in *dem Behältnis* gesessen. Es gibt keinen anderen Grund. Du bist gegenüber *dem Durchschnitt* der Menschen **sehr klein!** Auch sind hier *drastische Verformungen* der **Wirbelsäule** typisch, die *im Alter* immer **deutlicher** zu Tage treten! Das wird sich jetzt, da Du es weißt, regenerieren. Bekamst Du diese **S-Wirbelsäule** als junger Mensch (unter 20) diagnostiziert, dann warst Du im Alter **unter einem Jahr** eingesperrt. Hast Du eine gute Körpergröße erreicht, war es eher eine Truhe oder ein Kasten, wo Du ausreichend Platz hattest, aber dennoch gekrümmt darinnen lagst.
Wer Rückenprobleme hat, glaubt, dass „das Leben einen **verlassen** hat". Er fühlt sich schnell schutzlos. Lehnt Dein Partner Intimitäten mit

Dir ab, obwohl Du es Dir wünschst, kann es am Folgetag zum Selbstwerteinbruch mit Schmerzen im Bereich der Lendenwirbelsäule kommen. *Wird der Konflikt nicht aufgelöst, bleiben diese Schmerzen bestehen, insbesondere dann, wenn dieser Sachverhalt öfter eintritt.* Wem Wirbel herausspringen oder sich entzünden, der bekommt klare Zeichen, was im Leben schiefläuft. Hierfür ist mein (am Ende des Buches) genannter Tipp unheimlich hilfreich. Die *Aufschlüsselung in die Wirbelsäulenbereiche* und viele exakte Problemdefinitionen im Buch von **Louise L. Hay**! Meine bevorzugte Ausgabe ist die <u>Deutsche Erstausgabe von 1983</u> (ISBN 978-3-89901-256-9, Cover in Rosafarben).

Scheide/Penis – Ausfluss/Weißfluss/Candida – Ablehnungskonflikt der Geschlechtlichkeit

Frauen, die mit diesen Störungen zu tun haben, haben Schwierigkeiten, <u>ihre Weiblichkeit</u> vollständig <u>anzuerkennen</u>. Die Benutzung von Tampons oder sogenannte „Schmierinfektionen" (von hinten nach vorn: Kot an Scheide) haben damit <u>nicht das Geringste</u> zu tun. Selbst wenn Tampons *verschmutzt* eingeführt werden, was recht *unwahrscheinlich* ist, passiert **nichts**. Dazu kursierte ein Gerücht im Internet, *eventuell* mit dem ZIEL, statt Tampons mehr Binden umzusetzen (berechnende „Angstmache"). Spürst Du ein Unwohlsein bezüglich der Nutzung von Tampons, hast Du den Glaubenssatz, dass etwas in die Scheide *einzuführen* unnatürlich ist. **TAMPONS** sind der <u>sauberste und sicherste Weg</u>, durch die <u>Menstruationstage</u> zu kommen. Hiermit gibt es auch keinerlei Schwierigkeiten, wenn es nach problematischen Geburtsvorgängen zu Beschädigungen am Muttermund kam. <u>HOCH LEBE **o.b.**!!</u> **DANKE** an den **Erfinder!** ♥ Nahrungsmittelunverträglichkeiten haben damit *nichts* zu tun, was ich früher selbst einmal annahm.

Betroffene *Frauen* sind prädestiniert für **schmerzvoll**ste **Menstruationen** (wo sich der Unterleibschmerz bis <u>zu den Knien</u> hinunterzieht) und wünschen sich insgeheim oder unterbewusst ein **Junge**/Mann zu sein, weil dieses Geschlecht es *vornehmlich leichter* im Leben hat oder zu haben scheint. Möchten Mädchen lieber ein Junge sein, **innig**, dann wird es dazu kommen, dass das Hormon Östrogen zurückgehalten und mehr Testosteron erzeugt **wird**. Das bedeutet, dass diese Mädchen immer etwas jungenhaft/burschikos (wenig Busen, schmale Figur, mit stärkerer Körperbehaarung und leichtem Frauenbart an Oberlippe/Kinn) **oder** maskulin/stark (wenig Busen, sportive Figur mit *ausgeprägter* Schulterpartie) aussehen werden und unter dem „Prämenstruellen Syndrom" (PMS) leiden. Der gleiche Sachverhalt tritt ein, wenn Du ein Junge werden **solltest** (nach Wunsch Deiner Eltern). Dann ist es Dir bisher *unbewusst*. Auch gibt es diesen Effekt manchmal erst, *nachdem* Dir ein Busen gewachsen ist. Du würdest lieber ein Junge sein, damit „das" nicht gekommen wäre. So wirst Du, obwohl Du ein Junge sein wolltest, eine schöne, ausgewachsene Brust haben.

Löst Du den Sachverhalt des „Junge-sein-wollen/sollen" auf (was zur Zeit direkt in Dir geschieht), gehen die Begleiterscheinungen in den nächsten Monaten zurück: Die Brust wächst, so wie sie zu Dir **Mädchen** gehört *hätte*, die Behaarungen, auch die der Augenbrauen, werden sich verändern und die Figur wird allgemein *weiblicher* werden, da der Grund für eine knabenhafte *oder* maskuline Figur aufgelöst ist. Diese Frauen haben durch den *unterbewussten* Wunsch nach einem Penis eine (meist nur leicht) **vergrößerte Klitoris**, die sich nun normalisieren wird. Wenn Du Dir so gefällst wie Du bist, und Du Dich **genauso** von ganzem Herzen **liebst**, werden **keinerlei** Veränderungen an Deinem Körper stattfinden, denn es gibt dann **keinen Anlass** dazu. Vertraue! Du hattest vor der Schwangerschaft normale **Brustwarzen** und nach dem Abstillen sind sie unverhältnismäßig *groß* geblieben? Dann hattest Du einen **Still-Konflikt**. Dadurch, dass Du Deine Weiblichkeit *unbewusst* ablehnst, ist natürlich das Stillen für Dich mehr ein notwendiges Übel gewesen als eine pure Freude. So hat Dir der Körper mit den größeren Warzen gezeigt: „Nun schau doch endlich richtig hin – Du **bist** eine FRAU, ob Du es wahrhaben willst oder nicht!" Natürlich haben sich diese Frauen sicher noch mehr geärgert, Frau zu sein, anstatt die Botschaft zu verstehen und ihre Warzen wieder normal werden zu lassen.

Sind Deine Brüste nach der Schwangerschaft relativ groß geblieben (obwohl Du den alten Konflikt hast, ein **Junge** sein zu wollen), fandest Du es möglicherweise <u>schön</u> so *oder* Du hattest den entsprechenden Glaubenssatz: „Nach der Schwangerschaft bleibe ich kräftig" *oder* Du wurdest während der Stillzeit in Bezug auf die Brustgröße und/oder -form geärgert/beleidigt und **bliebst wehrlos** dagegen. Dann ist es eine Art Selbstbestrafung.

Hängebrüste und ähnliche, für uns Europäer eher befremdliche, Brustformen bzw. Verformungen kommen durch Selbstablehnungskonflikte zustande oder **falsche Glaubenssätze** bezüglich Vererbung oder durch Fernsehfilme/Reportagen (Fremdschamkonflikt), wie z. B. über Urvölker, wo Frauen oberhalb nackt gezeigt wurden. Im Alter zwischen **7 und 14** Jahren hast Du dann so etwas gesehen, nämlich als sich Deine Weiblichkeit ausbildete.

Ist eine Frau **vollkommen gesund** und von **Altkot komplett befreit**, wird sie, wenn sie den alten Glaubenssatz *„Eine Frau MUSS jeden Monat einmal bluten"* ablegt, am Tag ihrer Menstruation nur noch ein mit einem Häutchen umhülltes Ei „gebären" und somit aller Sorgen diesbezüglich entledigt sein.

Haben **Männer eine weibliche Brust**, haben sie *nicht* zu viel Bier getrunken! Es ist ein **Wehrlosigkeitskonflikt**. Diese Männer fühlen sich *wehrlos* gegenüber ihrer **Ehe**frau, sie sind weicher und gutmütiger als die Frau, mit der sie zusammenleben, was bedeutet: Du hast eine maskuline, mental überlegene Frau. (Dies hat nicht zwingend etwas mit dem Intellekt zu tun!)

Ein Mann, dessen Frau ihn betrog und er sie wieder zurücknimmt, wird an **Charisma verlieren**, der Haarwuchs an Beinen und im Gesicht wird schwächer, stellenweise kahl werden. Sein Weltbild ist durch die Verletzung seiner Treue verschoben. Er wird eine <u>schiefe</u> Nase bekommen (ggf. inklusive eines Blutschwämmchens) und sich im Laufe der Jahre *unterwürfig* verhalten, wenn er diese Frau nicht gehen lassen will. Das bedeutet, er büßt leider an Attraktivität möglicherweise so viel ein, dass er die Frau erneut animiert, fremdzugehen bzw. sich einen anderen, ansprechenderen Partner zu suchen. In Deinen Haaren könnte sich ebenso die Mönch-Symbolik wiederfinden (siehe unter Haare).

Schilddrüse – Kränkungs-/Todesangstkonflikte – siehe auch unter LUNGE

Fühlst Du Dich von jemandem **beleidigt/gekränkt** und weißt Dich nicht angemessen zu wehren bzw. konntest es nicht, z. B. aufgrund von Unterlegenheit, dann trifft es Deine Schilddrüsenfunktionen. Die Bemerkungen, die fallen, handeln von Deinem Intellekt, Deiner Herkunft, Deiner Figur, Deinem Aussehen oder Geschlecht und werden dabei immer *persönlich* genommen.

Es handelt sich um Menschen, die in ihrer Kindheit so gut wie **JEDEN Tag** ein Erlebnis hatten, welches sie zum **Weinen** brachte. Sie haben mit 18 Jahren ca. 7.500 Konfliktgeschehen in ihren jungen Körpern angesammelt. Eine unvorstellbare LAST! Sie ziehen meistens direkt mit der Volljährigkeit von zu Hause aus und müssen oft schon in jungen Jahren *Schilddrüsenmedikamente* nehmen; bei Mädchen genau in dem Jahr, in dem die 1. Menstruation eintritt, bei Jungen mit Beginn der Pubertät.

Tipp: Als Übergang zur Tablettenablösung hatte eine Schwangere erfolgreich die **AFA-Alge** verwendet.

Die Schilddrüse ist vergleichbar mit dem Abwehrschild bei Rittern! Umso beladener das Schild, desto schwerer liegt die Last auf der Lunge. Hier gilt es, sich auszuweinen, zu schreien, zu brüllen und/oder auszurasten. Wenn es geht, für sich allein. Der DRUCK MUSS zwingend **hinaus**. Knötchen werden danach verschwinden.

Schlaflosigkeit – Lebensbedrohlichkeitskonflikt

Wenn Du schlecht schläfst, misstraust Du dem Fluss des Lebens, Du traust dem nächsten Tag nicht, dass er ohne Komplikationen vorübergehen würde. Es kann sein, dass Du unbewusst **wach bleiben** möchtest, weil Du dann weißt: „ICH LEBE NOCH!" Wach bleiben heißt also: Ich habe Angst, zu sterben, *wenn* ich einschlafe. Vielleicht wache ich dann später **nicht mehr auf**? Du warst zu **100 %** im Alter von **0 bis 7**

Jahren **eingesperrt.** Das ist die **URSACHE** für **alle** Deine Einschlafprobleme, für unruhiges Schlafen und auch für eine im Alter *immer
schlimmer* werdende Versteifung Deiner Gelenke, die Dich dazu antreibt, irgendeinen Sport zu machen (lese bitte unter Haare/Glatze).

Schönheit – eingebüßte

War jemand zu Kinder- und Jugendzeiten ein sehr schöner Mensch
und büßt es dann ein, wie man es an manchen Schauspielern (als *für
uns alle* am besten sichtbares Beispiel) betrachten kann, dann erzähle ich euch jetzt hierfür die **UR-Sachen:**
Ich habe gelernt, dass attraktive, *heterosexuelle* Männer an Schönheit
verlieren, nachdem ihnen ein *homosexueller* Mann offenbarte, z. B. in
der Sauna, dass er seinen Körper wunderschön finde. Über die Fol-
gejahre veränderte der mit dem Kompliment bedachte Mann sein
Aussehen *unbewusst* zu seinem Nachteil, weil er (natürlich) **Männern**
nicht gefallen wollte! Nach Auflösung des Konfliktes bekam dieser
mir bekannte Mann in den nächsten drei Monaten sein altes, mar-
kantes Aussehen zurück. Die Gesichtskonturen änderten sich wieder
zu seinem Vorteil sowie vor allem die Figur im Bereich seiner masku-
linen, vormals sehr attraktiven Brust. Es kam alles zurück!
An Schönheit büßen Kinder **schnell** ein, wenn man sie **schlecht** behandelt, sozusagen hässlich zu ihnen ist. Eltern *spiegeln* ihren Kindern dann **das**, was sie von sich selbst denken.
Für Erwachsene gilt deshalb: Man ist nur gemein und verletzend zu
anderen (auch den eigenen Kindern), wenn man unzufrieden mit
sich selbst ist.
Werden Kinder durch *andere* Kinder mit Wahrheiten konfrontiert:
„Du bist hässlich!", „Du bist fett!", dann verstärkt es die Entwicklung
des Körpers in die unerwünschte Richtung.
Schauspieler und andere Berühmtheiten sind sehr starkem **Einfluss**
ausgesetzt, denn beständig sind sie auf die Meinung des Publikums
angewiesen. Nur wenige von ihnen haben eine Privatsphäre und
Fernsehauftritte können schaden *oder* nutzen. Steht ein Schauspieler

stringent zu **einer Sache**, welche die meisten Menschen befremdlich oder verachtenswert finden (der Wahrheitsgehalt bleibt dabei jedoch unerforscht), kann ihn das in der Tat hässlich werden lassen, auch wenn er vorher ein **wunderschöner** Mensch war. Es ist sicher **enorm schwer**, den Einfluss der Massen in Bezug auf die Meinung zur eigenen Person vollkommen von sich abwenden/fernhalten zu können. Manche Schauspieler schaffen es, indem sie sich selbst immer treu bleiben und feste Familienbande haben, andere stehen **so stark im Fokus**, dass sie kaum eine Wahl haben (es aussichtslos ist) und sie leider den entsprechenden Schaden davontragen.

Neid- und Eifersuchtskonflikte Fremder beschädigen schöne Menschen in ihrem Aussehen, sie machen Falten und ziehen sogar Gesichts- und körperliche Verformungen nach sich. „Ich wünschte, „die/der" wäre mal genauso hässlich wie ich!" → Wer so etwas einem anderen wünscht, wird in der Folge – natürlich!! – **selbst noch** hässlicher (Bestrafungskonflikt durch Missgunst).

Durchschaut ihr das, ihr geschätzten Berühmtheiten, dann erlangt ihr die **euch zustehende** Schönheit wieder **zurück**, egal wie alt ihr seid – ihr werdet gebührend hübsch sein, so wie es die Natur wollte, **bevor** euch die *Beeinflussung von außen* **beschädigt** hat!

Auch eure Kino-Rollen prägen euch. Müsst ihr dabei Dinge tun, die ihr persönlich verwerflich findet, wird das eurer *späteren* Ausstrahlung voraussichtlich *schaden* (Beschmutzungskonflikt). Handelt **bewusst** und löst das im Vorfeld auf, so bleibt ihr unbeschädigt und rein!

In *Fernsehformaten*, in denen berühmte Menschen sich mutwillig *beschädigen* lassen (vielleicht um ihren Bekanntheitsgrad wieder zu erhöhen), können sie sich eine Menge *Konfliktgeschehen* im Körper zuziehen! Denkt BITTE daran, **bevor** ihr so einen Vertrag unterschreibt.

Du hast jemandem Gutes getan, wolltest nur Freude bringen, hast Dein Bestes gegeben? Keinen Dank bekommen? Neid gespürt? Hast Du Deine alten Neidkonflikte erkannt und gelöst, vor allem als berühmte(r) Schauspieler(in), kann es passieren, dass es in Dir einen starken Kränkungskonflikt aufgrund der *plötzlich objektiv* empfundenen Ungerechtigkeit und des „Geben-Nehmen-Verhältnisses" gibt, der sich auf Deine Schilddrüse legt. Jedoch wurde er beim Lesen dieser Zeilen bereits sofort gelöst!

Schreibt noch jemand einem Schauspieler, Sänger ... einen althergebrachten Fan-Brief, mit Zeilen der Bewunderung und Wertschätzung?

Musstest Du jemanden gewinnen lassen, **obwohl Du** der **Stärkere** warst? Dies ist bereits im Vorfeld <u>unlogisch</u> und kommt sicher nur in Filmen vor. War dieser Sachverhalt für eine Filmhandlung notwendig und wurde <u>im Nachhinein NICHT aufgeklärt</u>, nämlich, dass der eigentliche Sieger **gezwungen** war, zu verlieren, gibt dies eine Blockade bei allen nachfolgenden Wettkämpfen. Der eigentliche, *objektiv logische* Sieger kann ab diesem Zeitpunkt *nicht mehr* gewinnen (Trauma). Er KANN besiegt werden → alle haben es gesehen! Dabei war er <u>in aller Logik</u> **unbesiegbar**!!!

Musstest Du diesbezüglich etwas unterschreiben und hast viel Geld für die Rolle (welche unter Deiner Würde war) bekommen, weißt Du jetzt, nach der Lösung des Konfliktes, *was wichtiger gewesen wäre.* Deine Schilddrüse wird nun frei von dieser **harten** Kränkung, brülle es heraus! Denke ebenfalls daran: Das Leid sitzt im Bauch (Altkot). Als *naturgegebener* **Beweis der Wahrheit** gibt es hier beim Gegenspieler eine starke Einbuße der Schönheit sowie negative Veränderungen von vormals schönen Charaktereigenschaften.

Respektlosigkeit, Provokation, Eitelkeit, Heuchelei, Oberflächlichkeit, Angeberei, Arroganz, Selbstherrlichkeit, Unbescheidenheit, Egoismus, Blendung (Vorgabe falscher Tatsachen) sowie Übermut werden von der Natur hart bestraft.

Schuppen – Warnsignalkonflikt

Je nachdem, **wie stark** der Schuppenbefall auf Deinem Kopf ist, bist Du *mehr oder minder* in Deinem Darm <u>mit Altkot</u> **belastet**. Umso **mehr** Schuppen Du hast, desto **mehr** Konfliktgeschehen gibt es in Deinem (manchmal noch sehr jungem) Körper, die durch mangelnde Aussprache/Vertrauen, fehlende aufrichtige Entschuldigungen oder anderweitige Lösungen **ungeklärt** blieben. Der Darm zeigt seine *immer* *größer* werdende *Verunreinigung* über die Kopfhaut an. Zur Schuppen**flechte** auf dem Kopf gehört ein starker Ablehnungskonflikt seitens Deines Vaters. Arbeite dieses Buch durch und werde gesund.

Hast Du eine Art krustige Schuppenflechte hinter dem Ohr, bezieht sich das auf Deinen Ehepartner, der Dir häufig (wahre) Dinge sagt, die Du jedoch *nicht hören* möchtest. Die Kruste ist der <u>Beweis</u> der <u>Wahrheit</u>. Du hast *die Wahrheit* in der Symbolik mehrfach „um die Ohren gehauen" bekommen (z. B. über für Deinen Partner schwer erträgliche Charaktereigenschaften, die er erst im Laufe der Jahre an Dir kennengelernt hat), willst es jedoch *weder hören noch einsehen.*

Wer altkotbelastet ist (durch diverse, gravierende Konfliktgeschehen) und keinen Schuppenbefall (mehr) verzeichnen kann, der ist in jedem Fall bereits **über 50 Jahre** alt und die Darmzotten sind so belastet, dass sie diesbezüglich keine Signale mehr abgeben. Hier zeigt sich die Überfrachtung im Darm durch andere Symptomatiken, wie z. B. **Darmkrebs**, an. Bei Menschen mit wenig Haar (dünn) oder Glatze können sich die Schuppen nicht anzeigen, weil sie keinen Halt finden. Bei jungen Kindern rieselt es nur so aus dem dichten Haar und wirkt sich *als Minimum* extrem störend, ja nervend, auf das Selbstbewusstsein aus (ab ca. 10 Jahren).

Schwangerschaftsvergiftung (Gestose), Präeklampsie, HELLP-Syndrom – Ablehnungskonflikt der körperlichen Veränderung durch eine Schwangerschaft

Alle im Internet nachlesbaren Symptome entstehen ursächlich aufgrund der oben genannten Ablehnung, dass die werdende Mutter, vormals eine schöne Frau mit Topfigur, immer unansehnlicher und/oder gefühlt unattraktiver, insbesondere für die Männerwelt, wird. Zudem kann sie ihren liebsten Hobbys oder gar ihrer Arbeit, wie z. B. in einem Sportstudio oder als Modell, in dieser Zeit nur sehr eingeschränkt oder gar nicht nachgehen. Dies trifft *auch dann* zu, wenn diese Frau das Kind in der Tat haben möchte.

Schweiß/Schweißgeruch – Bedrohungskonflikte

Es gibt nur eine **einzige** Sorte von Schweißabsonderung <u>mit Geruch</u>: Angstschweiß.

Hast Du Angst <u>vor oder um</u> andere **Menschen** *oder* **Tiere**, wird vor allem Deine **linke** Achsel (Herzseite) *besonders stark riechenden* Schweiß absondern. Hast Du Angst <u>vor oder um</u> **Dinge**, vor Räumen (wie Fahrstuhl), dem Fliegen/Reisen, davor, dass etwas kaputt gehen/beschädigt werden könnte usw., wird die **rechte** Achsel *besonders stark riechenden* Schweiß absondern. Hast Du **Angst** vor beidem oder um beides, werden beide Achseln stark riechen. In den allermeisten Fällen ist es <u>links</u> jedoch <u>schlimmer</u> als <u>rechts</u>.

Riecht Dein Schweiß *besonders stark* bei einem Zusammentreffen mit anderen Menschen, warnt Dich Deine Seele, **dass** Du Dich in *problematische* „Hände"/Gesellschaft begibst.

Umso *mehr* Konflikte Du löst, desto neutraler wird Dein Schweiß riechen, *egal* ob Du behaarte oder haarlose Achselhöhlen vorziehst.

Auch der **Kopfschweiß** wird nachlassen und verschwinden. Dieser entstand durch einen Einsperrvorgang in der Kindheit mit **zusätzlich** starken Angstgefühlen <u>vor</u> Tieren und ist ein **Panik**angstkonflikt. Die Lösungen, welche ich vornahm, hingen mit Tierställen zusammen, was bedeutet, dass Du **zusätzlich** zum Einsperren, welches schon allein starke Angstgefühle auslöste, auch noch die <u>Bedrohung</u> hattest, dass Dir die Tiere weh tun/Dich verletzen, weil sie sich vielleicht durch Dich bedrängt fühlten (Hühner, Enten, Gänse, Schweine, Schafe, Kühe, Pferde). Ihr habt manchmal leider optisch ein wenig, speziell im Gesicht, den Konflikt fortgesetzt, indem ihr diesen Tieren eine gewisse Ähnlichkeit abgewinnt. Das ist ein grausamer Effekt davon und löst sich jetzt.

Nachtschweiß entsteht, wenn sich der Körper in einer *harten, unerträglichen* Situation befindet. Das kann starker *Liebeskummer* sein oder die *Angst* um das *eigene* Leben (Bedrohung!) aufgrund einer *schwerwiegenden* Erkrankung mit ungewissem Ausgang. Diese Menschen sind bereits sehr gezeichnet von ihrer Krankheit und versuchen krampfhaft, optimistisch zu bleiben. In Wahrheit sind sie jedoch völlig verzweifelt.

Wenn die *allermeisten* Menschen starken Schweißgeruch haben, insbesondere wenn sie auf Deodorant verzichten, DANN bedeutet das: Fast **ALLE** Menschen haben Angst!! Derjenige, welcher einen gesunden Konflikt-Haushalt hat und damit authentisch lebt, ist **angstfrei.**

Selbstmord - Ausweglosigkeitskonflikt

Wer sich absichtlich das Leben nimmt, hat komplett aufgegeben. Es ist eine Stufe des Wahnsinns, an der das Gehirn aussetzt (Flucht aus dem Leben), denn sonst wäre man dazu kaum in der Lage. Hier trifft es meines Erachtens nach ausschließlich Menschen, die **keine** Wunschkinder waren. Sie haben all diese Gefühle und Probleme, von denen ich in diesem Buch ausführlich berichte. *Hämorrhoiden* sind Deine Begleiter.

Todesangst, die nie vergeht: Ein EIN Mal geplanter Selbstmord, der *nicht* ausgeführt wurde, stammt möglicherweise aus einer **unverschuldeten Notsituation** in Deinem Leben. Dein *ganzes weiteres Leben,* egal wie gut es inzwischen geworden ist, fühlst Du eine unbegründete, unnatürliche Angst vor dem Altern und dem Sterben. Du kannst keine Todesanzeigen lesen, willst mit Bestattungshäusern nichts zu tun haben und findest alles, was zum Thema TOD gehört, unerträglich. *Hämorrhoiden* sind auch Deine Begleiter.

Allgemein ist zu sagen, dass *Hämorrhoiden* **NUR DIE** Menschen haben, **die** zwischen **0 bis 7 Jahren** in irgendeiner Weise stark beschädigt wurden.

Stimmbänder/Kehlkopf – Selbstwerteinbruchskonflikte

Man könnte annehmen, dass derjenige, der Schwierigkeiten mit Stimmbändern und Kehlkopf hat, **viel zu viel** spricht. **Banale Gründe** für **schwere Krankheiten** gibt es jedoch **NICHT!**
Hier ist der wahre **Grund** für einen sich entwickelnden Kehlkopfkrebs: Eine **Aussage** (es reicht EIN einziger Satz!) Deines Partners kann Dich **so tief** treffen, dass Du komplett sprachlos bist und es misslingt Dir in der Folgezeit, das Thema zu bereinigen bzw. zu einer echten Klärung zu führen. Es sind Aussagen des Partners, die Dich zu der Erkenntnis kommen lassen, dass Du von der anderen Person **nicht geliebt** wirst. Es ist ein **Schock** für Dich, weil Du für genau diesen Menschen einmal **alles aufgegeben hast**: Deine Heimat, Deine Familie, Deine Arbeit. Du hast Dir etwas **vorgemacht** und sagst immer noch **nichts**. Auch **Kinder** ab **ca. 10 Jahren** können von solch einer schwerwiegenden Erkrankung betroffen sein. Es sind **die** Kinder, welche die magische Grenze überschritten haben, aufgrund ihres Elternhauses bis zum 10. Lebensjahr (**ohne** OPs oder Konfliktlösung) „eigentlich" tot zu sein! Es handelt sich um die ahnungslosen Geschwister von Kuckuckskindern (lese bitte dort).

Süchte (Drogen/Rauschmittel, Alkohol, Rauchen, übermäßiger Verzehr von Süßigkeiten, Kaufsucht) – Verzweiflungskonflikte

Diese Menschen brauchen **ERSATZ-Liebe** und/oder **Betäubung**. Sie haben das Empfinden der Sinnlosigkeit, fühlen sich in irgendeiner Sache schuldig (dies kann auch die **TRENNUNG** der Eltern oder der Tod eines Verwandten sein), unzulänglich, und lehnen **sich** aus den Gründen des oder der Konflikte(s) selbst ab. Es sind selbstzerstörerische Maßnahmen. **Wisset**, dass KINDER **niemals** schuldig sind, denn damit fing es an: **Jemand oder ihr selbst** habt euch als Kind **für schuldig befunden.**

Kinder machen nur das, was man ihnen **vorlebt**. So sind im Stadium der Entwicklung **von 0 bis 14 Jahren** STETS die **Erwachsenen** im Umfeld mitschuldig, was auch immer das Kind tut!

Mache Dich **frei** von Deinen **nutzlosen** Schuldgefühlen und fange ein **neues** Leben an! JEDE Sucht ist auf der Stelle besiegbar, wenn Du die **UR-Sache** dafür kennst!

Denkst Du, die von Dir geforderten Leistungen **nur** unter Einnahme von Medikamenten/Drogen schaffen zu können, dann bitte ich Dich, **einzusehen**, dass Du Dich am falschen Platz befindest.

Der Führungsposten, die Vereinstätigkeit, Deine politische Gesinnung usw. widersprechen Deinem **wahren** Grundcharakter. Wärst Du **von Natur aus** in der Lage zu führen, bräuchtest Du keinerlei Drogen anzuwenden.

Kaufst Du zu viele Dinge, die Du gar nicht brauchst, dann wünschst Du Dir das **Gefühl der Freude**. Da diese nach einem Kauf *sehr schnell* **verfliegt**, musst Du immer wieder **neue** Dinge kaufen.

ALLES, was Du bist, ist durch die Schuld anderer im Umfeld entstanden, als Du **klein und hilflos** warst. Arbeite das Buch durch und werde gesund!

Körperliche Schäden durch Missbrauch von Drogen, Medikamenten, chemisch hergestellten Mitteln im Allgemeinen und Operationen sind nicht konfliktaktiv und leider nicht mehr zu heilen.

Zum Suchtthema gehört ebenso: **Spielsucht (Lotto, Casino, Wetten** u. a.)

Du bist *im Laufe Deines Lebens* zu der Annahme gekommen, dass BESITZ Dich als Mensch **aufwertet**. Je mehr, desto besser. Viele von uns haben gelernt: „Wer ein teures Auto fährt, bekommt die schönere Frau." – Mein Haus, mein Auto, mein Boot. – In Wirklichkeit weißt Du, dass Besitz in 1. Linie *blendet* und dass man wahre Liebe und auch ehrliche Freunde *nie kaufen* kann. Deshalb ist Deine Sucht nach mehr Geld vollkommen nutzlos. Ist es **erfüllend**, viel Geld/Besitz als Statussymbol in der Gesellschaft zu haben oder einfach nichts mehr für sein Leben und seine Ziele tun zu müssen – auf der faulen Haut zu liegen?

Von ehrlichen Prominenten gab es früher die Aussage: „Ich weiß nicht, ob sie um *meiner selbst Willen* oder *des Geldes* wegen meine Freunde sind!" Genauso gibt es Frauen, die Geld und Wohlstand **mehr** lieben, als (ihre) Männer. So schön sie auch sein mögen – täte Dir **DAS** gut?

Tetanus/Wundstarrkrampf – extremer Wutkonflikt

Im Vorfeld wurde sich eine Wunde inklusive Dreck/Schmutz (Dorn, Splitter) zugezogen und der Sachverhalt ist ähnlich dem des „Rotlaufs" (siehe auf Seite 209). Auch da entzündet sich eine kleine, verletzte Stelle. Um Deinen Körper in solch einen Krampfzustand versetzen zu können, musst Du **sehr viele** Auseinandersetzungen in Deinem Leben gehabt haben, bei denen Du unterlegen warst, Du Deine immer stärker werdende Wut, ärgerliche und krankmachende Rache-Gedanken immer mehr unterdrücken musstest. Nur **extrem stark** in Deinem Körper **festsitzende WUT** kann solch einen Krampfzustand hervorrufen. Dein „Wutfass" ist damit **komplett übergelaufen** und **außer jeglicher Kontrolle**. Eine Impfung ist in aller Logik <u>lächerlich</u>!

„Tics" (Tourette-Syndrom) kurze Muskelzuckungen, die sich unrhythmisch wiederholen – Bestrafungskonflikt

Zwingt jemand kleine Kinder (unter 7 Jahren) dazu, bei seinen sexuellen Handlungen **zuzuschauen**, bekommt er als körperliche Strafe „Tics" (spontane Bewegungen, Worte/Laute, die ohne den eigenen Willen angezeigt werden). <u>Hintergrund:</u> Du hast Angst, **von** anderen **DABEI** <u>erwischt</u> zu werden. Das hat man nur, wenn man <u>unrechte</u> Dinge tut! Wenn Du dann spontan und unkontrolliert „Drecksack" sagst oder andere verwerfliche Ausdrücke, zeigst Du **Dich selbst** an. Tics sollen dem Umfeld **zeigen:** Diese Person **hat** eine schwerwiegende STRAFE für seine Untaten bekommen, <u>wie von unsichtbarer Hand</u>! Statt der Schimpfwörter kann es während des Sprechens auch

234

nur zu **befremdlichen Geräuschen** kommen sowie unregelmäßigen Bewegungen mit dem Gesicht (als Art „Hin- und Herschauen", ob jemand in der Nähe ist). Wenn Säuglinge bereits Tics haben, befanden sie sich bei so einer Tat im Mutterleib.

Ebenso verhält es sich, wenn Kleinkinder befremdliche Sätze zu ihren Müttern sagen (das fiel mir sehr schwer, zu lernen): Dann wurden während der Schwangerschaft Horrorfilme angesehen. Auch „Chorea Huntington" gehört in diesen Bereich der Konfliktgeschehen.

Tollwut – Ausgrenzungskonflikt

Haben Tiere Tollwut, haben sie *sich selbst* als zu schwach empfunden und zum Sterben von ihrer Gruppe/Sippe abgesondert. Es ist der eigens gewählte Weg der Selbstaufgabe in den Tod.

Nur solche (lebensmüden) Menschen kommen mit Tollwut in Berührung, die sich gesellschaftlich selbst **stark** ins Abseits gestellt haben, weil sie sich von der Gemeinschaft NICHT getragen sehen. Ob das der Wahrheit entspricht oder nicht, ist dabei irrelevant. Hier trifft dieselbe energetische Anziehung zu, wie bei der Zecke (lese unter Borreliose).

Trauerarbeit (speziell in Deutschland)

Emotionen zu verbergen, erzeugt **sehr viel Druck** in Deinem Körper sowie Tränensäcke.

Mit dem Buch „**Drei Liter Tod**" (Juliane Uhl) wird es Dir um einiges besser mit diesem Thema gehen – ISBN: 9783466371310.

Ist ein Kind zu Besuch bei den Großeltern und schläft nachts neben der kranken Oma und sie stirbt währenddessen, gibt es einen **Hilflosigkeitskonflikt**. Umso jünger, desto schlimmer. Hier **müssen** die Eltern oder andere Verwandte (wenn möglich *keine* Fremden!)

zwingend aufklären, dass das Kind keinerlei Verantwortung trägt, wenn es Omas Zustand nicht rechtzeitig bemerkte und Hilfe holen konnte. Dies ist ein **traumatisches** Erlebnis, welches mit offenen Worten bearbeitet werden muss, damit das Kind es schafft, damit zurechtzukommen. Das o. g. Buch liefert perfekte Erläuterungen dafür.

Träume – Verarbeitungskonflikte – mangelndes Verständnis darüber, was in Deinem Leben geschieht

Nach der Theorie von Freud wird ein Traum oft mit Symbolen (wie z. B. Tieren oder Sachdingen) **verschlüsselt**, weil die ganze Wahrheit schwer zu verkraften wäre. Es gibt jedoch auch Träume, deren Zeichen (wie z. B. Finger + Zähne) ihr in „Louise L. Hays" Buch nachschlagen und deuten könnt. Zum **Traumdeuten** halte ich diese Webseite für sehr geeignet: www.traumdeuter.ch.

Was für manch einen vielleicht nicht erstrebenswert ist, aber hier folgt die **LOGIK**:

Hast Du Deine Vergangenheit komplett verarbeitet, ist die Nacht vollkommen entspannt und traumlos. Tagträume kannst Du Dir trotzdem ausmalen … ❤

Thrombose – Betrogenheitskonflikt oder Konflikt der Untreue

Die Thrombose erwartet Dich, wenn Du von Deinem **EHE**-Partner **betrogen** wurdest und es **nicht** erfährst. Die Thematik „Kuckuckskind" ist in diesem Zusammenhang IMMER mit zu prüfen!

Tropenerkrankungen – Angst vor „der Fremde"-Konflikt

Der Glaube daran, dass **in der Fremde** etwas *gefährlich* oder *unverträglich* für Deinen Körper sein könnte, macht Dir **große Angst**. Die Menschen in anderen Ländern leben jedoch mitunter nicht so komfortabel wie in Deutschland, und haben diesbezüglich **logischerweise** andere Konfliktgeschehen in ihrem Leben. Dies erzeugt abweichende, uns bedrohlich erscheinende Symptomatiken (z. B. von bei uns bereits „ausgerotteten Erkrankungen"), die dann als extrem „gefährlich" deklariert werden. Wenn Du das Buch **durchgelesen** hast, wird Dir dieser Sachverhalt an sich nur noch <u>lächerlich</u> vorkommen. Du kannst **furchtlos** überallhin reisen, wohin Du nur willst und zwar ungeimpft. Es wird Dir nichts geschehen, wenn Du gelassen und voller Vorfreude auf neue Begegnungen mit netten, freundlichen, gütigen Menschen und lieben Gastgebern bist. Genieße die herrlichen oder interessant-aufschlussreichen Eindrücke anderer Länder und habe Freude daran! Gebe Freundlichkeit & Dankbarkeit zurück, so erhält jede Partei nur Gutes und wir heilen gemeinsam.

Über das fremde Tierreich informiere Dich klug und hilfreich, so wird es auch damit entspannt bleiben. Die Menschen, die dort leben, müssen ja auch erfolgreich damit umgehen.

Wenn Dir etwas *zu große Angst* macht, dann mache einen Bogen darum und vermeide. Niemand kann Dich zu irgendetwas zwingen!!!

Unfälle – Rachekonflikt

Auch Unfälle sind **Konfliktgeschehen – <u>nichts</u> passiert hierbei zufällig!** Unfälle geschehen Menschen, die ein Unvermögen haben, für sich selbst einzutreten und sind eine <u>Auflehnung</u> gegen Autoritäten (Eltern, Vorgesetzte, …). Diese Menschen <u>glauben an **das Mittel der Gewalt**</u>! Sie sind mit sich selbst im Unreinen und Gewalt haben sie bereits im *Kleinkindalter* kennengelernt. Wem ein Unfall passiert, der hat eine *ungeheure Energie* ausgesendet, welche solch einen schlimmen Vorfall nach sich ziehen konnte.

Ebenso verhält es sich bei Bränden und Überflutungen in Wohnungen/Häusern/Städten … Dort wird unterbewusst *ungeheuer viel negative* Energie freigesetzt, um so etwas Schlimmes geschehen zu lassen. Fallen kleine Kinder irgendwo *gefahrenreich* herunter (vom Stuhl/Tisch), herab (Klettergerüst), heraus (aus dem Auto), in Teiche/Wasser allgemein oder oft auf dem Pflaster/Gehweg hin, verletzen sie sich häufig in irgendeiner Art, lehnen sich *ungewöhnlich weit* aus dem Fenster, schmeißen sich auf die Straße, begeben sich in die Gefahr, überfahren zu werden, musst Du dringend wissen, dass diese Kinder **IMMER** (teils große) **Schuldgefühle** haben. Sie möchten sich unterbewusst für etwas bestrafen. Dies kann die Trennung der Eltern sein, wo es <u>seine eigene Schuld mit sucht oder sieht,</u> dies kann sein, dass es sich den Erwachsenen <u>im Wege fühlt,</u> dies kann ein Streit sein oder einfach eine Situation mit Erwachsenen, in der das <u>Kind als der *vermeintlich* Schuldige! hervorgegangen</u> ist. **KINDER sind jedoch IMMER ohne Schuld!** Ich habe bei einem Kleinkind, welches sich zuletzt immer häufiger verletzte, mehrfach in Teiche fiel (1x dem Ertrinken nah), aufgelöst, dass die Mama bei Feststellung der Schwangerschaft das Austragen anzweifelte und auch der Vater nicht vollkommen bereit dazu war. Dies saß in dem Kind bis zur Konfliktlösung fest und brachte es stetig dazu, sich *von dieser Welt* zu nehmen.
Ich fragte es: „Fühlst Du Dich, dass Du im Wege bist?" Es sagte: „Ja!"
Ich: „…(Name), ich möchte Dir erzählen, dass sich Deine Mama als sie erfuhr, dass Du in ihrem Bauch bist, sehr erschrocken hat und Dich im 1. Moment nicht bekommen wollte. Kannst Du das verstehen?" Es sagte: „Ja" Ich: „Aber als die Mama Dich geboren hatte, waren sie, der Papa und alle in der Familie sehr froh, dass Du da bist, dass Du auf diese Welt kommen konntest, dass sie es ganz vergessen hat, dass es einmal einen Moment gab, wo sie Dich *nicht* haben wollte. Alle sind so überglücklich, dass es Dich nun gibt! Verstehst Du das?" Es sagte: „Jaaa!" Das Kind (2) hörte mir gespannt zu, sah mir nicht immer in die Augen, denn es ist selbst für ein Kleinkind eine <u>peinliche, unangenehme Situation,</u> wie ich feststellen musste. Ich sagte zwischendurch immer wieder zu ihm: „… (Name), sieh mich bitte an."
Danach war das Kind sehr ausgelassen und machte einen sehr erleichterten Eindruck. Es hat sich **nie** wieder auf diese Weise wie vorher, unbewusst zu verletzen oder zu zerstören versucht.

Merkt ihr, *wie genau* Kinder verstehen können und wie dies alles funktioniert?

Kommunikation ist der Schlüssel!
Löst sich solch ein Konflikt im Kind und die Eltern arbeiten seitens eigener Konfliktlösungen **nicht** auch **an sich**, kann es *Rückfälle* geben. Solche Kinder bringen sich immer wieder in Gefahr, wenn sich das Elternhaus anfühlt, wie ein Pulverfass, das jeden Moment hochgehen könnte. Den Kleinen ist vollkommen egal, was passiert und welche Konsequenzen eine ihrer mutigen, mitunter waghalsigen Handlungen hat.

Du wirst staunen, was selbst Neugeborene verstehen – wenn Du gleich nach der Entbindung mit dem Säugling sprichst und Dich für dies und das, was während der Schwangerschaft oder vielleicht während einer dramatischen Entbindung passiert ist, **entschuldigst!** *Dann hast Du jedes Konfliktpotential auf der Stelle beseitigt.* Das Reden mit dem Kind – *sofort* ab dem „Einzug" im Mutterbauch – ist *sowieso* sehr erwünscht, wie auch Musik hören, singen, summen, malen, rätseln, spielen, spazieren in Bewunderung der Natur und das Lesen von guten Büchern …
Werden Kleinkinder **stumm, taub, blind** oder sind bereits so geboren, dann hat dies starke Konfliktgeschehen **im** Mutterleib durch das Benehmen im Außen zur Ursache!!
Sei **Vorbild**, so gut es Dir nur möglich ist – egal, was **Du selbst** als Kinder erleben musstest.
Gebe zu, wie traurig Du bist, dass Dein Kind dieses und jenes erleben musste. Zeige und offenbare Deine Gefühle. Gebe auch Fehler zu → Kinder können nur daraus lernen!
Putze lieber einmal weniger und genieße dafür die Zeit mit Deinem Kind umso mehr!
Bei Kleinkindern, die noch sehr schreien, solltest Du anhand Fragestellungen direkt nach einer Schrei-Attacke (die Du geduldig und **ruhig** abwartend *überstehen* **musst**) herausfinden, ob sie **Angst** haben. Meine Erfahrung ist, dass diese Kinder Angst vor bestimmten wichtigen Erwachsenen aus ihrem familiären Umfeld haben und dass sie, so klein wie sie noch sind, **gehauen** werden. Ein Kleinkind zeigte

mir z. B. seine kleine Wange sowie auf die Fingerchen und sagte: „Po auch!" Es waren <u>drei Personen</u> im Umfeld, die solch eine Handlungsweise *für nötig* hielten bzw. *keine Nerven* bewahren konnten. Mit einem Elternteil des Kindes sprach ich (<u>ohne zu „petzen"</u>, denn das trifft das Vertrauen des Kindes ungemein – es hatte sich mir <u>anvertraut</u>!) allgemein über dieses Thema und dass es im Umfeld **dafür sorgen** soll, dass das Kind **nirgendwo körperlich beschädigt** wird. Das muss das Elternteil danach natürlich **umsetzen**, vor allem, wenn die Kinder reden und einem *sagen*, **wer** haut! <u>Sehr großes Vertrauen ist dazu notwendig</u>, welches DU niemals brechen darfst und immer für Verbesserungen nutzen und sorgen **musst**! Die Kinder müssen lernen: **<u>Es LOHNT SICH, wenn ich ehrlich</u>** (zu meinen Eltern) **bin!** Wissen Kinder/Erwachsene darüber Bescheid, dass sie **ungewollt** sind, ist alles gut. Dann haben es die Eltern **zugegeben** und jeder kann es *verstehen*, wenn eine Schwangerschaft *möglicherweise* im ersten Moment als ungünstig/zeitlich unpassend empfunden wird. **Falls Dein Kind jedoch unwissend ist, dann ist es allerhöchste Zeit!** Erkläre es ihm, *so schnell wie möglich*, **ganz egal** wie alt es ist, ob **0** oder **49**! Vertraue darauf, dass es Dich versteht!

Achte auf <u>DEINE</u> **Reaktionen.** Wenn etwas passiert, Dein Kind hinfällt/etwas umwirft/verschüttet, in den Teich fällt, irgendwo herunterfällt, in der Wohnung etwas passiert: Kümmere Dich **IMMER zuerst um das KIND**, *danach* <u>um Dinge</u>!!! Sagst Du: „So ein Mist, jetzt ist die schöne Vase kaputt gegangen, jetzt ist der Teppich schmutzig, …", DANN passiert *Folgendes*, was *sehr gravierende* Auswirkungen hat: <u>Das Kind denkt:</u> **„Aha, DINGE *sind* wichtiger als ICH**!" Das manifestiert sich.

Dasselbe kannst Du Dir ausmalen, wenn Du vor dem Kind **mit dem Handy** oder anderen **Geräten** hantierst, das Kind etwas möchte und Du schiebst es beiseite, schickst es fort. Fazit: **Das Handy** (der Laptop, Fernseher, das Bügelbrett …) **IST wichtiger als ICH!!** Was für <u>schwerwiegende Konsequenzen</u> daraus für die Entwicklung von Vertrauen und liebevoller Bindung entstehen, kannst Du Dir vorstellen. „Ausbaden" müsst das: <u>ihr Eltern,</u> euer ganzes Leben lang! Diese Kinder werden NIE *aufrichtig* liebevoll für euch da sein (können)!

Schicke Dein Kind **NIE** fort, wenn es mit Dir *sprechen* möchte! „Ich habe jetzt keine Zeit, komme später wieder!" Das „Später" könnte es eventuell *nicht mehr* geben. Vertrauen erfordert oft genug <u>Mut</u>. Fasst das Kind oder der Jugendliche den **Mut**, mit <u>einer Sache auf die El-</u><u>tern zuzugehen</u> und wird dann **enttäuscht**, war es das! → **Lasse al-les stehen und liegen**, wenn Dein Kind Dich braucht – das ist mei-ne klare, realistische Empfehlung.

Wenn Kinder Dich mit guten Taten zu *überraschen* versuchen (z. B. damit, den Tisch zu decken, Wäsche aufzuhängen/abzunehmen, Ge-schirrspüler auszuräumen), dann lobe sie in Grund & Boden! Freue Dich **RIESIG** darüber, <u>egal</u> ob Du das Ergebnis mangelhaft empfin-dest oder nicht. <u>Rücke nichts nach oder um, lasse alles genauso, wie</u> <u>Dein Kind es gemacht hat.</u> Es wird *immer besser* darin werden, **stolz** sein, selbständiger zu werden, und sich immer mehr Dinge ausden-ken, womit es den Eltern eine **Freude** und Überraschung machen kann. Außerdem bleiben diese Arbeiten in gutem Gedächtnis, da das Ergebnis ja **Spaß** gemacht hat. So wird Dein Kind später den ei-genen Haushalt mit gutem Willen erledigen. Im Umkehrschluss wer-den Kinder, die zu diversen Aufgaben im Haushalt mehr oder weni-ger *gezwungen*/gedrängt werden, eine Abneigung dafür entwickeln und schludrig werden (schlimmstenfalls ein Messie), nicht gerne ko-chen oder backen usw. <u>Zu diesem Sachverhalt zählt noch:</u> Umso mehr Beschmutzungskonflikte ein Mensch hat, desto unreiner werden er selbst <u>und</u> sein Zuhause sein!

Vermeide Kritik **vor** *anderen* Kindern oder Gästen. Nimm Dir Dein Kind **beiseite**, dorthin, wo euch **niemand** hören kann (**Respekt &** **Vertrauen**!). <u>Vor der Gruppe</u> schaffst Du **Wehrlosigkeit** und tiefe Frustration, Beschämung! Dies gilt <u>auch und insbesondere</u> für **Trai-ner** in Sportgemeinschaften. *Schreien und Strafen* <u>verbieten sich von</u> <u>selbst</u>. Auch andere, die Kinder *kränkende* Verhaltensweisen, soll-ten speziell auf diesem Sektor *vermieden* werden oder TABU sein! Sie schaden diesen Kindern **dauerhaft** in ihrem ganzen Leben! **Alle** **Autoritätspersonen** haben dahingehend eine **VERANTWORTUNG** und **wirken** negativ *oder* positiv auf die Entwicklung und Gesund-heit der Menschen ein!

Fehlerhaft behandelte Kinder werden ihren entstandenen Aggressi-onen anderswo freien Lauf lassen und z. B. später ein schwächeres

Kind schlagen/verhauen/erniedrigen. Behandle alle Kinder mit **Respekt**! Benutze ihre **Namen** anständig und **ermutige** sie stetig. *Dann wird eure Mannschaft der* **Sieger** *sein!*

Schützt die **Psyche unserer Kinder**, so gut es nur geht! Sonst zieht ihr kriminelle, *schlimmstenfalls grausame* Menschen groß.

Äußert sich jemand **abfällig** in Gegenwart <u>von Eltern mit</u> *Kleinkind* **über** <u>diese</u> Eltern, dann wird der Satz oder Text eine *mächtige Auswirkung* auf die Zukunft der Familie haben: Die Autorität der Eltern wurde (vor dem Kind) untergraben, **wenn** <u>diese</u> **wehrlos** blieben. Dies bewirkt eine *spätere* <u>Respektlosigkeit</u> des Kindes gegenüber seinen Eltern und keiner weiß mehr, wie das geschehen konnte, wenn nämlich mit dem Kind anständig umgegangen wird und es *eigentlich* keinen Grund für Respektlosigkeit gäbe.

Sprechen Kinder (egal welchen Alters) ihre **Eltern mit den Vornamen** an, fehlt der Respekt zum Elternhaus. Umso jünger, desto schlimmer, denn diese Kinder stellen sich mit ihren Eltern auf dieselbe (Entwicklungs-)Stufe. Zudem fehlt die Anerkennung als ELTERN und erzeugt eine zu kumpelhafte Umgangsweise.

<u>Es tut mir leid, dass ich Dir in diesem Zusammenhang schreiben muss:</u> DER **1. Schreck**, der Deinem Kind <u>in die Glieder fährt</u> (Konfliktschock), an dem <u>Du schuld bist</u> (wenn Du z. B. beim Windeln aus Zeitmangel *etwas gröber* bist als sonst und Dein Baby Dich davon <u>erschrocken</u> anschaut), beschädigt das **UR-Vertrauen** bereits stark. Als ich bei einer derartigen Konfliktlösung das Kind befragte, ob es **Vertrauen** zu … hätte, sagte es „Nein!" Nachdem sich die Person aus der Familie für ihr Fehlverhalten *entschuldigte*, sagte das Kleine auf die erneut gestellte **selbe** Frage: „Ja!" Nun kommt es **darauf** an, dass **nie wieder** ein **Vertrauensbruch** geschieht: *<u>Weder</u>* eine Lüge *<u>noch</u>* eine Grobheit!

Schenkt euren **erwachsenen** Kindern dieses Buch, wenn es euch *zu schwerfällt*, über all diese Dinge zu **reden**. Schickt es ihnen mit einem Brief nach Australien, wenn sie dort leben! *Selbstverständlich* habe ich auch <u>für diese Kinder</u> das Buch geschrieben – wie für **ALLE Menschen dieser Erde** – und für *diejenigen*, die etwas tiefsten Herzens **bereuen** und es einfach nicht äußern können. ❤

Ursache - Wirkung

Wer andere Menschen **betrügt**, Dinge und/oder Geld **unterschlägt** oder unter **Vorgabe falscher Tatsachen** Geschäfte macht, wird es mit seiner eigenen Gesundheit **und** seiner eigenen Schönheit **büßen**. Er wird sich letztlich SELBST bestrafen **müssen**! ER hat **keine einzige Chance**, darum herumzukommen! Schau Dir Deine Kinder- und Jugendbilder an und schau Dich jetzt an. Bist Du hässlich **geworden**? *Niemand* ist hässlich *geboren* – erst schlechte/schlimme Worte und Taten machen das!
KEINE dieser Handlungen **zum Schaden anderer** bleibt **ungestraft → KEINE EINZIGE!**

Schaut euch Menschen, mit denen ihr zu tun habt oder denen ihr Glauben schenkt (vor allem, wenn ihr sie nicht wirklich oder gar nicht kennt), **genau** an! **Erkennt** an ihrem Aussehen, WER **BÖSES** *oder* WER **GUTES** für die Menschheit tut.
Wahre Schönheit kommt von INNEN! Kein Geld der Welt wird Dich schön **machen**! Nur gute Taten schaffen DAS, erst *an Dir* – werde HEIL – und dann an anderen! … und natürlich die **LIEBE** zu anderen Menschen!

Arbeitest Du im Bereich der **Wohltätigkeit** und dies *ehrenamtlich* (es findet keine Entlohnung für Deine **tolle** Leistung statt!), bekommst Du Sachen-Spenden oder Gebrauchsartikel, die Du an Bedürftige weiterreichen sollst, und siehst darunter Dinge, die FÜR DICH und DEINE Familie nützlich und sinnvoll sind, sage ich Dir heute: **DU DARFST DAS NEHMEN!** Du bleibst unbestraft! Du tust so viel Gutes, dass Du Dir auch von dem Guten, was die Menschen bringen, mal etwas nehmen DARFST! Vertraue mir!
Du kannst schön und gesund bleiben – gerade solche Menschen wie DU! Sei stolz auf das, was Du tust. Du hilfst vielen Menschen und darfst auch mal zugreifen!
Arbeitest Du in einem Beruf, wo es Trinkgeld gibt: Was Du bekommst – es sei denn, es gibt eine direkte, anders lautende Äußerung – ist **Deins!**

Wer *durch andere* zu Schaden **kam** und sich *weiterhin anständig* benahm, der wird eine **gütige** Ausstrahlung haben, bei diesem Menschen fühlt man sich wohl – auch wenn er durch seine Beschädigungen *nicht mehr seine wahre Schönheit* besitzen **KANN**, sind die **Augen** gütig und Du hast eher den Eindruck, dass derjenige *beschützt* werden muss oder *bedauernswert* ist. Das ist der **große Unterschied** zu Menschen, die **DURCH** ihre bösen **Taten** hässlich werden! Achte genau darauf, in **allen** Bereichen Deines Lebens befinden sich **Scharlatane***!

* *Person, die Sachwissen und Fähigkeiten auf einem Gebiet nur vortäuscht und damit andere betrügt*

Wer gern unter *betrügerischer Absicht* den Mund weit aufreißt, wird einen befremdlichen Mund mit dicken Unter- und Oberlippen haben; wer Augen hat, in die man nur *ganz kurz* hineinschauen *kann*, ist ein *unaufrichtiger* Mensch, wer eine *seltsame Gesichtsform* hat, so ein bisschen *gruselig*, dem kann man gruselige Dinge zutrauen. Denke nach und sei achtsam!

Haben (oft charismatische, ausdrucksstarke) Männer eine recht gut sichtbare **Lippenkerbe** in der Mitte der Unterlippe, zeugt dies von Gefühlshärte. Es ist ein Zeichen für *intelligente* Karriere-Männer mit **dem** Talent, eine herausragende und gerechte Führungskraft zu sein – **wenn** man sie denn lässt (Neidkonflikte sind oft schon *im Vorfeld* zu verzeichnen). Von solchen Männern ist jedoch leider ein eher respektloser Umgang mit Frauen zu erwarten. Treffen sie ihre große Liebe, kann es passieren, dass die Lippenkerbe verschwindet. Dann haben sie sich **für** die Liebe als **1.** Priorität im Leben entschieden.

Wer andere bespitzelt und/oder stalkt, fremde Post/Nachrichten liest, unberechtigt Anrufbeantworter/Mailboxen und Ähnliches abhört, erfährt schlimme Beschmutzungskonflikte am eigenen Leib, oft in Verbindung mit Fremdscham und Peinlichkeiten (Polizeidienst ausgenommen). Hier führen Taten in böswilliger Absicht zum, teils totalen, **Abzug der eigenen Schönheit.** Wer sich zu solchen Dingen zwingen oder hinreißen lässt, bleibt dennoch eigenverantwortlich.

Weicht Dein Handeln **ab** von Deinem Denken, wirst Du mit dem Fuß umknicken, stolpern, kleckern oder es wird Dir etwas herunterfallen. Das bedeutet, Du *benimmst* Dich **nicht** authentisch.

Weiter trifft es den Bereich der **Arbeitsstelle** mit dem Thema „Ursache-Wirkung". Wer seinen Arbeitgeber in Bezug auf **bezahlte Arbeitszeit = Leistungszeit** betrügt, Überstunden „herausfordert", wer während der Arbeitszeit auf KOSTEN der bestehenden Arbeitsaufgaben (heißt, von Langeweile, falls es **nichts** zu gibt, abgesehen) **anderen, privaten** Dingen nachgeht, der wird auf verschiedene Weise bestraft werden. Hier wird der Mensch **materiell** zu Schaden kommen bis hin, dass sein Auto nicht mehr anspringt, wenn er von der Arbeit nach Hause fahren möchte. Dabei spielt es **keine** Rolle, ob Du durch Chefs kontrollierbar bist oder nicht (Außendienst). Betrügst Du *auf irgendeine* Weise und verdienst Deinen rechtmäßigen LOHN *eigentlich* **nicht**, wirst Du zwangsläufig immer anderweitig materiell zu Schaden kommen.

Gibst Du Deinem Chef *das Gefühl*, dass Du *noch mehr* schaffen kannst, wird immer mehr Arbeit auf Dich zukommen …, ob Du es verkraften kannst oder nicht. Arbeitest Du im Vergleich zu Deiner Entlohnung auf Dauer zu viel und bekommst nicht automatisch mehr Lohn, musst Du theoretisch auf Deinen Vorgesetzten zugehen. Werden über „Ursache-Wirkung" die Aufgaben für (s)eine Firma immer schwieriger, dann soll er *selbst* erkennen, was er an Dir hat und seinen eigenen, *wertschätzenden* Schritt gehen.

Hat Dein Chef einen Rachekonflikt mit Dir, z. B., weil er sich in Dich verliebt hat und Du es nicht erwiderst, kann es passieren, dass Du auf einer Kündigungsliste erscheinst.

Unternehmer: Gebt euren Mitarbeitern, auch denen, die zusätzlich putzen, gärtnern und hausmeistern müssen, bitte anständige Arbeitsmittel zur Verfügung, damit die Aufgaben Spaß machen. Eine Frustration diesbezüglich zieht Misslaune nach sich und eine verständlicherweise niedrige Motivation, die ebenso durch mangelnde **Wertschätzung** stetig wächst.

Glaubst Du an das „Mittel der Gewalt" und hast in Dir starke, unausgesprochene Konflikte mit Deinem Arbeitgeber, kann es passieren, dass Du mit Deinem *Dienstwagen* oder einem anderen *dienstlichen* Fahrzeug, einer Maschine, einem Arbeitsgerät, Werkzeugen, Technik oder anderen Sachdingen einen mehr oder weniger großen Schaden verursachst. Es kann auch passieren, dass Du stiehlst, um Dir etwas zu nehmen, wobei Du denkst, es ist rechtmäßig Deins, weil Du

Dich unterbezahlt siehst oder ungerecht behandelt fühlst. Dies ist eine **unterbewusste** Racheaktion!

Kollegen, die sich anfreunden, sind das beste Potential für Erfolg in einer Firma. Unterbinden Vorgesetzte solche Konstellationen (z. B. aus Neid), schneiden sie sich ins eigene Fleisch.

Wer das als Unternehmer/Geschäftsführer/Vorgesetzter erkennt, kann jegliche Überwachung seiner Mitarbeiter mit wichtigen „Arbeitszeit verlierenden" Maßnahmen einstellen (z. B. Rechtfertigungen über getane Arbeit und ähnliche Listen, auch Videoüberwachung). Jeder schadet sich hier selbst unheimlich und natürlich der Gemeinschaft, wenn es sich um einen Betrieb handelt.

„Streicht" sich ein Unternehmer *viel* Geld ein und arbeitet selbst *wenig*, lässt seine fleißigen Mitarbeiter jedoch <u>unter Wert</u> entlohnt, wird er materiell anderweitig zu (vermutlich sehr hohen) Schäden kommen. Arbeitest Du bei einem **unfairen** Medienverlag oder bei *einem solchen* Fernsehsender und bist **gezwungen**, durch Deine Arbeitsaufgaben **Lügen** zu verbreiten, wird dies Deine Verdauungsorgane, speziell den Magen, über die Jahre leider stark beschädigen (in diesem Fall *nicht* die Zähne!).

Eine <u>positive</u> Auswirkung wird es haben, wenn die Mittagspausenzeit von 30 auf **60** Minuten angehoben wird, denn erst dann gibt es die Chance, eine Mahlzeit zu sich zu nehmen **und** noch ein wenig zu regenerieren (Spaziergang …). Dies sollte **ohne** Verlängerung der Gesamtarbeitszeit oder Auswirkungen auf den Lohn möglich sein, denn die stärkere Motivation und Erholung <u>nach</u> solch einer Pause gleicht es wieder aus (Erfahrungssache!).

Jeder Firmeninhaber könnte sich den **DFF**-Zweiteiler „**KIPPENBERG**" von Klaus Jörn und Christian Steinke aus dem Jahr 1981 mit dem herausragenden *Peter Aust* zum Vorbild nehmen, wie in Firmen geführt werden *sollte*, wie die Menschen am besten zusammenarbeiten, wenn jeder den Platz erhält, welcher seiner Gabe, Qualifikation und seinen Fähigkeiten entspricht (*Jürgen Hentsch* alias HARRA in Kippenberg). Hans Teuscher verkörpert als Dr. BOSSKOW einen wunderbaren Chef, wie man ihn heute nur noch wie „eine Nadel im Heuhaufen" suchen kann. Unternehmer sollten dahingehend achtsam sein, die Angestellten als **mit- und nachdenkende** Menschen anzusehen und **wertzuschätzen**. Die Meinung eines Jeden, der an der Quelle einer Aufgabe sitzt, ist bei Entscheidungen sehr viel **wertvoller**, als jede Theorie.

Das **Einmischen** in die **Naturgewalten** zähle ich ebenso unter die Rubrik „Ursache-Wirkung". Jeder Eingriff, den der Mensch in die Natur macht, hat Folgen. Hier sollte die Sinnhaftigkeit, auch in der Wissenschaft, stark überprüft werden: Was **braucht** der Mensch **wirklich** und **was** muss er wirklich **wissen**?

Sonderthema zu Ursache – Wirkung

Foltert, schändet und verletzt jemand *mutwillig* Föten, Säuglinge, Babys, Kleinkinder (und überhaupt Menschen), wird derjenige unglaubliche gesundheitliche Schäden an seinem eigenen Körper davontragen und sehr viel von seiner eigenen Schönheit einbüßen. Wer Kinder wegfängt/entführt, wird mindestens an einer schweren Form von Gicht erkranken, wer schlägt, wird im Alter Arthrose/Parkinson/ Schlaganfall bekommen, wer quält/foltert, wird Hirnleiden bekommen, bis hin zum Durchdrehen, es gibt Nagelpilz und Parasiten. Das ist das, was solche Menschen erwartet. Ebenso wird es starken Tinnitus und Ohrgeräusche geben, weil praktisch *die ganze Welt* euch dafür hasst, selbst OHNE von euren verwerflichen Taten zu wissen.

Auch ist hier **Ohnmacht** mit anschließender **Amnesie** *(bezeichnet eine Form der Störung des Gedächtnisses für zeitliche oder inhaltliche Erinnerungen)* oder das Fallen ins **Koma** möglich (**extreme** Bestrafung von schlimmen Taten an Kleinkindern). Besuchst Du so einen Menschen im Krankenhaus und bist trotz Vorwarnung, dass derjenige Dich **nicht** mehr **erkennen** wird, **geschockt**, dass *das* stimmt, wirst Du einen Konflikt inklusive Festhalten von Altkot davontragen. Dies gilt ebenso für Angstkonflikte, welche Du Dir in solchen Familien zugezogen hast.

Hat jemand kannibalische Züge, kann er damit rechnen, dass er sich vergiften und daran sterben wird.

Varizen in der Speiseröhre – Versagenskonflikt

„Durch Krampfadern in der Speiseröhre kommt es zu einem Blutstau in der blutzuführenden Pfortader und es entstehen Umgehungskreisläufe, die mitunter durch den Magen und die untere Speiseröhre führen. Dort überlastet das Blut die Venen und es bilden sich Krampfadern." (aktuell aus dem Internet)

Diese entstehen bei Menschen, die **nicht** in der Lage waren, ihr(e) Kind(er) zu **beschützen**. Es ist der **DRUCK**, der sich von *ungesagten Worten* **aufstaut**, welcher die Varizen so lange aufbläht, bis sie platzen. In den meisten Fällen verbluten diese Menschen innerlich. Du bist gütig, aber zu schwach. Die Varizen können <u>noch lange nach dem Tod des Täters</u> *(der Dein Kind beschädigte)* bestehen und darauf hinarbeiten, eines Tages zu *platzen*, wenn Du es **nicht endlich fertigbringst**, mit <u>Deinem KIND</u> über die alten Vorfälle zu SPRECHEN und ihm zu **sagen**: „Es tut mir unendlich LEID, wie unfähig ich gewesen bin, Dich vor … (der brutalen Person) zu beschützen!" Bist Du **JETZT in der Lage**, Dich zu **entschuldigen** oder jemandem dieses Buch vorzulegen (falls Du <u>NICHT darüber reden kannst</u>), dann wird der Druck in der Speiseröhre **nachlassen** und die Varizen <u>gesunden</u>.

Verletzung durch Tiere – Selbstverletzungskonflikt

Menschen, die sich *unterbewusst* für etwas bestrafen wollen, sind anfällig für Insektenstiche/-bisse und Hundebisse! Fliegt Dir eine **Wespe in den Hals** und sticht *dort*, ist das <u>gewollte</u> Selbstbestrafung! Sticht Dich eine Wespe in die **Lippe**, machst Du große Fehler in Deinem Leben! Zufälle gibt es nicht.
Denke darüber nach, wie Dein Verhältnis zu Tieren ist?
Wer mit **Tieren sorgsam** umgeht, wird weniger bis gar nicht (mehr) durch Tiere verletzt werden.
Ich verwende seit vielen Jahren ein sauberes **Glas** und eine Postkarte zum *verletzungsfreien* Einfangen und nachträglichem *Befreien*

jeglicher Kleintiere im Haus. Ich habe festgestellt, dass sich dadurch immer *weniger* Tierchen in die Zimmer begeben und es keinen solchen Stress mehr verursacht wie zu meinen Kinder- und Jugendzeiten. Verhalte Dich in Bezug auf Tiere <u>vor Deinem Kind</u> angemessen und möglichst angstfrei. So lernen die Kinder perfekt, mit den Begegnungen umzugehen. Stiche und Bisse bleiben erspart.

Löst Du Deinen Konflikt zum *aktuellen* Stich (oder Biss), wird dieser im Heilprozess schneller verschwinden und auch weniger schmerzen/jucken. Der Konflikt kann z. B. sein, dass Du Dinge gesagt hast, die Du hinterher bereutest oder derer Du Dich geschämt hast, aber auch für Kleidung, die Du trägst, wenn Du Dich plötzlich nicht mehr mutig genug dafür fühlst (Minirock). Auch kann es nach Prüfungsversagen zur Selbstbestrafung über (einer Menge) Insektenstiche kommen.

Verfolgt Dich ein Hund rasend, so dass Du es kaum schaffst, ihm auszuweichen, hast Du ihm energetisch gesendet, dass Du bestrafenswert bist. Das gilt auch für alle tatsächlich stattgefundenen Bisse. JEDER, den es erwischt, hatte es VERDIENT und GEWOLLT (aus **Reue** zur Tat)! Was geschieht stattdessen? Der Hundehalter wird verklagt und der Hund getötet. Das ist nur ein Beispiel!

Ziehst Du mit *einer* Tat den Zorn *vieler* Menschen auf Dich, musst Du mit allem rechnen.

<u>Eine banale Geschichte ist:</u> Du trägst Zeitungen gegen Geld aus, wirfst sie aber statt einer ordnungsgemäßen Zustellung bündelweise in den Wald. Alle warten auf ihre Zeitung, werden sauer, dass diese nicht kommt, der Verlag bekommt ärgerliche Anrufe und so potenzieren sich die negativen Energien, die letztlich alle <u>auf DICH</u>, den **Verursacher**, abgeleitet werden.

Wassereinlagerungen – Festhaltekonflikt

Lagert sich Wasser in Deinem Körper ein, was manchmal in den letzten Schwangerschaftswochen der Fall ist oder eine Nebenerscheinung bei *anderen* Krankheitsbildern, dann hast Du <u>ungelöste Nierenkonflikte</u>.

Die Schwangere mit „Wasser" wird noch zu Hause wohnen und sich entscheiden müssen, mit dem Baby eine *eigene* Wohnung zu nehmen. Im Zusammenhang mit anderen Krankheiten zeigt sich „Wasser" dann, wenn eine **Entscheidung** bezüglich des **„Reviers"** (verlassen oder bleiben) **nicht endgültig** getroffen wurde. Diese ist meistens schon viele Jahre lang **überfällig**.

Weißfleckenkrankheit – Ausgrenzungs-/Albino-Konflikt

Diese Menschen fühlen unbewusst, dass sie von ihrem(n) Geschwisterkind(ern) *komplett* ausgeschlossen werden. Die Weißfleckenkrankheit zeigt sich *immer* erst im Erwachsenenalter. Es trifft die (meist bevorzugten, verwöhnten, vermeintlich bevorteilten) Nesthäkchen oder sogenannten Nachzügler. Die weißen Flecken entstehen als **Absonderungsmerkmal**: „Ich werde anders als die anderen meiner Gruppe behandelt." Nachdem Du dies nun weißt, wird sich Deine Haut im Laufe der nächsten Zeit (bis ca. 18 Monate) regenerieren und wieder ganz normal aussehen. Du hast keinen Grund mehr, Dich über die Hautflecken von eurer „Sippe" abzugrenzen. Der Sinn war, Dir den genannten Sachverhalt klar anzuzeigen *(ähnlich Feuermalen)*.

Wunschgeschlecht für das eigene Kind

Wünschen sich die Eltern einen Sohn und es wird eine Tochter geboren, hat das Mädchen dies vermutlich schon im Bauch gespürt oder gehört, dass es *ein Junge* sein soll, und wird sich dementsprechend entwickeln. Dieses Mädchen wird bereits als Baby (evtl. nur eine leichte) **Neurodermitis** haben. Merkt es dann, dass die Eltern es annehmen, **so wie es ist**, wird die Haut wieder heil.
Starke Neurodermitis entsteht, wenn man sich **zwischen 0 und 7 Jahren** auf diese **Weise abgelehnt** fühlt: „Ich bin **nicht** willkommen,

ich bin **im Wege**, ich bin **nicht gut genug**, ich bin schlecht und hässlich!" Wie soll sich so ein Kind **selber** lieben?

Sollte ein Junge *ein Mädchen* werden, wird dies ähnliche Sachverhalte nach sich ziehen und er wird aller Voraussicht nach **verweichlicht** (mädchenhaft) aufwachsen.

Falls Du in **Trennung** bist und ein Kind **über 7 Jahre** hast, dann lasse es von Deinem *Trennungsfrust* möglichst verschont. Es sei denn, Du willst es verlieren. Gibt es Zwischenfälle mit einem Elternteil, empfehle ich, diese Kinder Folgendes *zu lehren:*
Wenn der Papa mit Dir schimpft, dann gehe zu ihm, drücke ihn und nimm ihn fest in die Arme. Sage: „Ich wollte Dich nicht verärgern, Papa. Ich weiß, dass Du Kummer hast und vielleicht als Kind auch Schimpfe bekommen hast! Ich brauche Dich und hab Dich so lieb!"
Das Resultat von solch einem *großartigen* Benehmen des Kindes wird sein, dass die „Eltern-Kind-Beziehung" zu beiden Elternteilen **positiv** bleibt, dass es selbst keine Angst vor *einem* Elternteil haben muss und dieses Elternteil vielleicht sogar ein klein wenig **heilt**.
Trennen sich Eltern mit Kindern und begeben sich in **neue** Partnerschaften, möchte ich empfehlen, dass die Kinder, welche dann ggf. mit neuen Geschwistern zusammenfinden *müssen*, **vor dem Umzug** eine Chance bekommen, sich kennenzulernen (in der Hoffnung, dass sie sich mögen und **gut** miteinander auskommen werden). Ignoriert ihr diese Phase, besteht hohes bis lebensgefährliches Konfliktpotential. Stellt Bilder weg und hängt sie von euren Wänden ab, *wenn* sie euch oder die Kinder quälen!
Nehmt Kindern Hoffnungskonflikte → starke Hoffnung, dass sich die Eltern wiederfinden, obwohl diese Hoffnung nutzlos ist. Wenn **sie** glauben, dass die Eltern wieder zusammenkommen und **ihr** genau wisst, dass dies **unsinnig** ist, sagt es euren Kindern offen. Ihr erspart *Kräfteverschleiß* und das Kind kann seine Energie und Konzentration für andere Dinge einsetzen. (Kinder **ab 12** Jahren dürfen frei entscheiden, bei wem sie leben wollen.) **ACHTUNG:** Nach Trennung unwissende, zweifelnde/verzweifelte, sich selbst überlassene Kinder begeben sich gerne (unterbewusst) in **lebensbedrohliche** Situationen. Sagt eurem Kind klipp und klar, *wenn ihr euch dessen fest bewusst seid*, dass es **KEIN Zurück** mehr gibt.

Viele Kinder wehren sich innerlich **hartnäckig** gegen den Trennungs-prozess. Sie haben von vornherein, <u>nur von Gedanken darüber, ohne jemanden zu kennen</u>, Widerstände gegen neue Partner der Elternteile und Angst vor ihnen sowie vor Stiefgeschwistern. Sie fühlen sich innerlich gequält und Albträume kommen hinzu. Begleitet eure Kinder gut in der Übergangsphase, fragt gelegentlich *aufrichtig* nach, wie es ihnen geht (ohne zu nerven), unterstützt sie besonders und wendet euch **zu. Ermutigt** das Kind, den <u>Fluss des Lebens anzunehmen</u> und versprecht, dass ihr dafür sorgen werdet, dass es ihm stets gut geht. Alles wird sich zum Besten wenden. Sie müssen spürbar **wichtig** sein, *zusammen* mit eurer neuen Liebe und angemessen in **Entscheidungen einbezogen** werden, **egal** wie alt sie sind. Eure neuen Partner werden es euch danken.

Lasse Kinder Kämpfe *untereinander* und auch *außerhalb* des Elternhauses, so gut es geht, alleine austragen, ohne Dich als dritte Person in Streitigkeiten einzumischen. So musst Du nicht Partei ergreifen oder Stellung beziehen. Es ist optimal, um übertriebene Dramatik zu vermeiden, und lässt es zu, dass Kinder sich <u>entwickeln</u>.
Wer den Willen seines Kindes bricht, muss immer damit rechnen, dass er selbst hart dafür bestraft wird.
Manchmal erteilen <u>Kinder ihren Eltern</u> **Lektionen**. Werdet *hellhörig* für so etwas, dann erziehen sie euch.

Ihr Eltern, die ihr euer **Bestes versucht** – ich ERKENNE euch – ich weiß, wenn ihr draußen der Umwelt **nur** „vorspielt", gute Eltern zu *sein*, vorgebt, dass ihr euer Kind **liebt** und **gut** behandelt!
Ich **erkenne**, wer nur *irgendwie im Außen* zeigen oder beweisen **will**: „Schaut alle her, ich **BIN** eine gute Mama, **BIN** ein guter Papa." Man würde euch **NIE** etwas BÖSES zutrauen, *Außenstehende* würden nie denken, dass ihr <u>schlecht</u> zu eurem Kind seid und DOCH <u>könnt ihr nicht anders</u>, als das eigene Kind <u>in den eigenen vier Wänden</u> bei jeder Kleinigkeit zu beschimpfen (oder Schlimmeres!), vor allem, wenn „derjenige Welche" von Euch *allein* ist mit dem wehrlosen Wesen! Seid ihr in Problemsituationen allein mit dem Kind, dann lasst ihr alle Masken fallen. Ich **weiß** es, weil mich solche Eltern wie ihr es seid, um Hilfe und Konfliktlösungen gebeten haben. Ich weiß es in **dem Moment**, *wenn*

ich eure Kinder draußen **weinen** höre – ich höre es *daran,* **WIE** sie weinen – bei der **geringsten** Kleinigkeit, die passiert. Ich habe kleine Kinder, ja eigentlich schon Säuglinge, vor und während <u>überlebensnotwendiger</u> Konfliktlösungen **weinen, schreien, brüllen** hören, vollkommen außer sich, kurz vor dem Durchdrehen (inklusive Treten, Beißen, Wüten – der gesamte angestaute Druck MUSS heraus!), so dass **ICH** am Rand meiner Kräfte war, **das** durchzustehen. Es ist wie dramatischster Psycho-Terror! Die Konflikte, die ich dabei gelöst habe, stehen in diesem Buch. Diese kleinen Kinder haben ein **Milchzahn-Kampfgebiss**! Ich weiß innigst, wie sich die Kinderstimmen von *gequälten* Kindern anhören. Ich schrecke sofort in Alarmstellung, wenn ich Kleinkinder so weinen höre. Ich weiß es ganz genau – <u>sie **SIND** gequält</u>! **Es sind Kinder <u>VON</u> selbst in der Kindheit gequälten Kindern! MACHT EUCH ALLE HEIL UND EURE KINDER MIT** – egal wie alt sie sind!! <u>Umso jünger, desto besser.</u> Wie gesagt, ich habe Säuglinge geheilt, indem ich mit ihnen **geredet** habe und ich habe auch **Tiere** geheilt, indem ich mit ihnen **geredet** habe. Manch einer sagt: „Tiere, kleine Kinder und erst recht Säuglinge **verstehen doch nichts!**" Aber redet ihr *von <u>Mensch zu Mensch</u>/Tier,* verstehen sie **ALLES** – **<u>IHR</u>** wisst es ab sofort **BESSER.**
Kleinkinder **erkennen** und *unterscheiden* gute und schlechte Menschen. In diesem Maß gehen sie auf diesen Menschen **zu** oder halten sich **fern.** Dies funktioniert aber nur, **wenn** sie denn SELBST noch gesund = unbeschädigt sind! Nach den ersten Beschädigungen wird dieser Instinkt leider <u>gestört,</u> zu erkennen wer gut und wer böse ist. Fassen sich Kleinkinder oft ans Ohrläppchen oder mit ihrem Zeigefinger (Ego & Angst) ans Kinn, sind das Warnsignale = **Hören**: Höre ich (gerade) richtig? + **Nachdenken**: Ist das, was hier vor sich geht, gut für mein Leben?

Löst Du Konflikte des <u>Ungewolltseins</u> in Bezug auf „Mutter-Kind" und stehst das klagevolle, anklagende, hilflose, verzweifelte Weinen von bitteren Tränen eines Kleinkindes durch (ca. 30 Minuten), schaffst Du ihm damit die Erleichterung, dass es <u>aufhört,</u> seine Kräfte zu **verschwenden**, indem es erkennt, dass es sich um die Mutterliebe totkämpfen könnte, es aber sinnlos ist. Das dachte ich zumindest, musste jedoch wahrnehmen, dass Kinder **NIE aufhören**, um die **Mutterliebe** zu kämpfen, egal wie alt sie sind. Jede Altersklasse tut es dabei mit ihren Mitteln.

Nur ungewollte Kinder müssen um ihre Mutter kämpfen. Dieser Mutter ist es jedoch egal, wie stark das Kind kämpft – sie kann einfach keine Liebe empfinden, weil ihr selbst die Mutterliebe fehlt. Das ist ein fataler Kreislauf. Solange, bis er durch Konfliktlösung gebrochen wird! Redet offen mit dem Kind, das ihr retten wollt, egal wie alt es ist. **Ausschließlich** die **Wahrheit** macht uns gesund und die Seele erkennt *immer*, was gelogen und was wahr ist! Hört auf euer Bauchgefühl und die 1. Eingebung. „Die Wahrheit vibriert auf einer ganz eigenen Frequenz. Deshalb hörst Du sie nicht nur, sondern Du fühlst sie auch." Die Wahrheit kann sein: Die Mutter hat dem Kind gesagt, dass sie wünschte, es wäre nicht da oder dass sie es hasst, wenn im Stress des Tages das Kind das „I-Tüpfelchen" war, um auszurasten. Dasselbe gilt für den Vater, der sich noch nicht reif genug fühlt oder meint, er verpasse durch ein Kind im Leben ihm wichtige Dinge. Ihn wird es letztlich manchmal anstinken, dass das Kind da ist und dies **vor** dem Kind äußern: „Du gehst mir auf die Nerven" … Das ist **furchtbar** für so eine kleine Seele und **wirkt zerstörend**. Das Kind wird sich auf irgendeine Weise töten, es sein denn, der Konflikt wird **gelöst**! JETZT!!!

Als extrem wichtig möchte ich noch allen Lesern aufzeigen: **Kinder BRAUCHEN**, um sich **OPTIMAL entwickeln** zu können, **BEIDE Elternteile!**

Schafft euch **NUR DANN** Kinder an, wenn ihr das WIRKLICH aus tiefstem Herzen **wollt!** Es ist überhaupt nicht schlimm, wenn ihr *keinen* Kinderwunsch habt. Niemand muss irgendetwas tun, nur weil „alle" das machen (die Masse!). **Wozu?** Jede(r) soll genauso leben, wie es zu ihr/ihm passt und wie sie/er es für richtig hält und **fühlt, mit** *oder* **ohne** Kinder. Ihr seid auch **NIE** in der Pflicht, euren Eltern *Enkelkinder* schenken zu **müssen**. Manchmal besteht der starke Wunsch nach Enkeln, um bei diesen <u>alles **wiedergutzumachen**,</u> was beim eigenen Kind *schief gelaufen* **ist**. Deshalb gibt es die Tatsache, dass Großeltern ihre Enkelkinder *verwöhnen*. Auf einmal *können* und WOLLEN sie **lieb** sein. Auch mussten sie dieses Kind *nicht schmerzhaft* gebären und tragen auch *nie die volle* Verantwortung. Eine Prüfung, ob

die **Liebe eines Paares** <u>stark</u> genug ist, ein Kind großzuziehen, wie beim **„Rumpelstilzchen"**, wäre manchmal nicht verkehrt. <u>Symbolik und Moral des Märchens:</u>
Die Müllerstochter soll Stroh zu Gold spinnen und besteht diesen Test NUR **mit Hilfe** eines MANNES, der <u>Kinder LIEBT</u> (nicht Geld und Gut). Dabei ist die Schönheit des Mannes irrelevant, wenn sein Herz gut ist. Ist die potentielle Mutter, <u>zusammen mit IHM</u>, in der Lage, Stroh (den **Säugling**) zu Gold (das **erwachsene** Kind) zu spinnen? Einer Frau *alleine* ist dies nämlich schier *unmöglich*, mithilfe eines liebenden Mannes jedoch schon! Wir brauchen Menschen mit goldenen Herzen, furchtlos und dennoch sanftmütig. Nicht Gold, Geld und Edelsteine sind das Wertvollste, was Dich **reich** macht im Leben, sondern ein **KIND**, das **Dich** (Mutter & Vater!) **liebt**. *Danke, liebes Rumpelstilzchen* … (best off: Robert Stadlober!)
Benutzt **Kondome** – sie sind <u>bestens verträglich</u> für eure Körper und heutzutage von *überragender* Qualität! Außerdem *verhindern* sie <u>Beschmutzungskonflikte</u>. In diesem Sinn eine großes **DANKE** an die Hersteller!

Zähne – Zubeißkonflikte

Unsere Zähne werden uns **lehren**, <u>anständig</u> miteinander umzugehen! Mit <u>unserem</u> **Verhalten** hängen **ALLE** Zahnunregelmäßigkeiten zusammen. <u>Schreit</u> ihr oft und lasst <u>boshafte, unrechte</u> Worte durch euren Mund **ziehen**, werden eure Zähne **ziehen** (Empfindlichkeit bei Luftzug/essen/trinken, was mit Zähne ziehen beim Zahnarzt nichts zu tun hat). Lügst Du oft, wirst Du größere Schwierigkeiten mit den Zahnhälsen bekommen. Beides bedeutet auf die Dauer **Zahnschmelz**rückgang. Gar nichts dergleichen passiert durch „übermäßiges Schrubben" mit Zahnbürsten!
Beißt Du Dir an *irgendjemandem/-etwas die Zähne aus*, dann **werden** Deine Zähne **ausfallen, jedoch nur**, wenn Du im **UNRECHT** bist. Durch die eigene Wut über die gespürte <u>Unfähigkeit,</u> effektiv **Entscheidungen** treffen zu können, bekommst Du **Karies**/Löcher (Du

benimmst Dich **wehrlos** – also brauchst Du auch keine wehrhaften Zähne mehr!) und *danach* **Parodontose** (Zahnfleischrückgang). Du bist **unsicher,** ob Du *ohne* die Person(en), die Du *verärgern* würdest, klarkommst oder **überleben** könntest!

Durch *über Jahre* verbal **erfolglos** ausgetragene Konflikte kannst Du praktisch **alle** Zähne verlieren, wenn Du Dir an Deinem Gegner die Zähne ausbeißt (und sich *natürlich* Krebs-Sorten wie Magen- oder Darmkrebs, Gallen- oder Nierensteine zuziehen)! Es hat **immer** derjenige **recht,** der seine Zähne **behält**! Das ist ein naturgegebener Beweis!

Kreidezähne (MIH) sind eine **ungeheuerliche** Erscheinung der heutigen Zeit. Die betroffenen Kinder haben mein ganzes, schmerzliches Mitgefühl! Zähneputzen hilft hier nicht das Geringste, denn dieser **Milchzahnverfall** zeigt an, dass kleine Kinder von heute nicht mehr in der Lage sind, sich zu wehren und für sich selbst einzustehen, „Dank" ihrer Erziehung und der Gesellschaftsform! Verfärbte Milchzähne stammen wiederum von vielen boshaften Worten, welche den Kindern durch den Mund schwirren (Vorbild sind die Erwachsenen).

Zahnfleischbluten zeigt an, dass es Dir schwerfällt, eine **bestimmte** Entscheidung zu *treffen,* die **JETZT** in Deinem Leben *fällig wäre* – Du schiebst sie auf die **lange Bank,** bis es blutet!

Zähneknirschen ist ein Zeichen seelischen Stresses und zeigt Dir: Entscheide Dich – **ENDLICH,** sonst machst Du Dich *klein* (**Zahnflächenabrieb**)! – Hier geht es oft um Unglück mit dem Job!

Haben schon kleine Kinder mit ihren **Milchzähnen** eine Art **Kampfgebiss** (man sieht es besonders an längeren Eck-/"Reißzähnen"), dann müssen sie im Elternhaus schon ziemlich kämpfen. Solche Kinder beißen andere, wenn es darauf ankommt, und lassen es *erst,* wenn sie eine soziale Kompetenz entwickelt haben. Leider haben sie Schwierigkeiten, frontal richtig abzubeißen und zu kauen, denn die Zahnstellung ist dafür **ungünstig.**

Weiße Flecken *und/oder* **Querstreifen** auf den Frontzähnen sind bei Menschen zu sehen, die wehrhaft sein MÜSSEN, damit sie *durchkommen!* Sie MÜSSEN „**Zähne zeigen**", sonst werden sie untergebuttert! Solche Menschen haben ein sehr ausdrucksstarkes, prägnantes, auch **bewundernswertes** Lächeln. Es sind **IMMER** charismatische, starke **Mädchen,** die sich durchboxen mussten. Sie werden Judo können oder andere kraftvolle Sportarten! Sie **müssen** in der Lage sein, sich selbst zu **verteidigen,** auch körperlich! Sie können auf Knopfdruck weinen. Es sind *unechte* Tränen! Die Geschwister sind **immer Wunschkinder** (sie *selbst* **nicht**) sowie größer und kraftvoller als sie.

Zähne mit weißen Flecken, Punkten oder Streifen entstehen durch das Zurückhalten negativer Sätze. In aller Logik ist es so, dass es die letzten weißen Stellen auf den Zähnen sind und man am Rest die Verschmutzung durch boshafte Worte (Zähne fletschen) deutlich erkennen kann. Wären die zurückgehalten Sätze ehrlich ausgesprochen worden, wären die Zähne komplett verfärbt (gelblich, bräunlich, grau), wie es mit zunehmendem Alter oft stattfindet, wenn es keinen Wandel gibt. Dies zeigt den berechnenden Charakter dieser Person.

Sind **Zahnfleisch** und Zähne beim Lachen gleichermaßen sichtbar, bedeutet dies, es sind Menschen, die in der Lage sind, aufgrund ihrer eigenen Frustrationen im Leben Dich sinnbildlich zu „zerfleischen". Je mehr Zahnfleisch zu sehen ist, desto mehr Vorsicht ist geboten. Bleibt Dein Mund jedoch sogar beim Lachen *verschlossen,* bist Du bedauernswert im Unterdrücken von Gefühlen geübt (wenn es keine anderen Gründe gibt, wie einen traurigen Zustand Deiner Zähne). Es war im Alter unter 7 Jahren überlebenswichtig für Dich.

Zahnstein entsteht, wenn Du Dir zu wichtigen Themen, Dein Leben betreffend, den Mund „fusselig" redest. Der Zahnstein lagert sich auf dem normalen Zahn ab und **verstärkt** ihn <u>beweisend</u>, dass Du die **Wahrheit** sprichst!

<u>*Sonderthema:*</u>

Schwarz gefärbte Ränder oberhalb der sichtbaren Frontzähne zeigen an, dass Du **<u>unter 7 Jahren</u>** auf **brutalste Weise misshandelt** wurdest. Es ist *der schwarze Odem* Deiner *nie endenden* Rachegedanken, **auch** wenn Du Dich <u>*kaum oder nicht* erinnern</u> *kannst!* Die <u>düsteren Ränder</u> sollen ein **Mahnmal** für die Menschen sein, die Dir **DAS** angetan haben. Auch Du zeigst „Zähne". Leider musst Du *(bis jetzt)* mit einem *starken Mundgeruch* leben, welcher sich bei <u>allen</u> Menschen mehr oder weniger *abstoßend* einstellt, die auf irgendeine, *manchmal* sich selbst *unerklärliche,* Weise **Rachegedanken** haben! **Misshandelte Kinder** können *nicht zu ihrer optimalen Körpergröße* heranwachsen, weil sie <u>unterdrückt</u> wurden. Zu diesem **Misshandlungskonflikt** gehören die Erkrankungsbilder **<u>Morbus Chron +</u>**

Morbus Bechterew! Alle unterdrückten Menschen werden noch an Körpergröße zulegen, sobald sie ihre Konflikte gelöst haben.

„Der **Morbus Crohn** oder die **Crohn**-Krankheit gehört zur Gruppe der *chronisch-entzündlichen Darmerkrankungen*. Es handelt sich um eine chronisch-granulomatöse Entzündung unbekannter Ursache (möglicherweise eine Autoimmunerkrankung), die im gesamten Verdauungstrakt von der Mundhöhle bis zum After auftreten kann." „Der **Morbus Bechterew** ist eine chronisch entzündliche Erkrankung, die mit chronischen Schmerzen, vor allem im Rückenbereich, einhergeht. Im Verlauf kann es zu einer Versteifung der Wirbelsäule kommen" (aktuell aus dem Internet).

Der Abstand *zwischen* Nase und Lippen wird immer größer, desto *stärker* Dein Mundgeruch aufgrund von Rachegedanken wird: „Die Nase geht auf Abstand."

Das erschreckende **Kiefer(gelenk)knacken** entsteht durch Umformung des Gebisses, wenn Du beständig Wut unterdrückst und im Leben versucht bist, allen gegenüber **stets freundlich** zu bleiben, was auch immer passiert. Das schadet Dir.

„**Maulsperre**" (Ancylostoma) – Der Mund lässt sich nur noch unter Schmerzen oder gar nicht mehr schließen. Das ist ein panischer **Schreikonflikt**. Du hast Dir beim Schreien den Kiefer ausgerenkt und es ist Dir dermaßen peinlich, dass Du niemandem berichten kannst, was davor geschehen ist. Ohne Konfliktlösung ist es möglich, dass sich Dein Kiefer auch bei sämtlichen Bewegungen wiederholt ausrenkt.

Dass **gelb-** oder **bräunliche Verfärbungen** an Zähnen durch Kaffee- oder Kräuterteegenuss entstehen, ist ein Gerücht. Es sind Rachegedanken, boshafte oder gehässige Worte, die an Deinen Zähnen „vorbeifahren" und diese beschmutzen. Höre damit auf und Du wirst **weiße** Zähne haben!

Weisheitszähne bekommen schon kleine Kinder im **Vorschulalter**, wenn sie die innere Einstellung haben, *schnell erwachsen* werden zu *müssen*. Aus welchen Gründen, könnt nur ihr herausfinden. Ich weiß, bei euch geht es „drunter und drüber". Bringt Ordnung in eure **chaotischen Verhältnisse** und euer süßes Kind wird es euch danken! Dasselbe gilt für Mädchen, die bereits zwischen 8 und 11 Jahren ihre **Menstruation** bekommen. Sie wollen aus diversen Gründen schnell erwachsen werden …

Je nachdem, wie viele Weisheitszähne Dir bereits gezogen wurden oder ausfielen, bist Du immer weniger **fähig** (bis *gar nicht* mehr in der Lage), **weise** zu werden, es sei denn, Du warst vor dem Verlust bereits klug genug.

Starker **Zahnbelag** bildet sich *ausschließlich* durch *bestehende Verunreinigungen im Darm*. Dies kennen insbesondere Menschen, die *erfolgreich* fasten. Zahn- und Zungenbelag kommen **dann** extrem zutage, wenn der Körper mit Selbstheilungskräften in sich arbeiten darf und den Darm saniert, obwohl Du gar nichts isst.

Musstest Du eine **Zahnspange** tragen (**2.** Zähne)? **JEDER** Zahnschiefstand hat **seelische** Ursachen und schmerzt Dein Gebiss manchmal auf unerklärliche Weise, sollst Du als Ursache wissen, dass Dir *unnötig* **gesunde** Zähne gezogen worden sind. (Ich schreibe hier die jeweiligen Zahn-Nummern hinzu, die Du nachschlagen kannst.)

Glücklicherweise wurde herausgefunden, dass **jeder** Zahn eine **Verbindung** zu Deinen **Organen** hat. Damit ist jede Möglichkeit der *schnellen* Problemerkennung AN den Zähnen vorausgesetzt!

Zum Beispiel **11/21** – Geschlechtsorgane, **12/22** – Blasen, Nieren, **13/23/28** – Leber/Galle, Augen, **15** – Lunge, **16/17** – Magen, Nase, Bauchspeicheldrüse, **18** – Herz, Ohr, Dünndarm, **14/24/25** – Lunge, Darm, **26/27** – Magen, Nase …
Details in Vollendung auf: https://www.your-balance.at/zahn-organ-beziehungen/

Beispiel: Bekommst Du Zahnschmerzen nach einer Lüge über Dein „Revier", was auch die Arbeitsstelle sein kann, wird Dir der Zahn schmerzen, welcher den Nieren zugeordnet ist (Nieren = Revierangstkonflikte).

Alle zu den Organen stimmigen Symptomatiken hast Du im Buch kennengelernt. Werden die Konflikte gelöst, kommen Deine Zähne in Ordnung! Dies bestätigt auch der Sachverhalt, dass Menschen mir erzählten, ihre Spange habe zwar vorerst geholfen, aber als sie abgelegt wurde, kam derselbe Schiefstand wieder zurück. Das liegt daran, dass der Konflikt (Ursache) ungelöst blieb. Falls die Korrektur bestehen bleibt, hat sich innerhalb der Tragezeit tatsächlich etwas in der Familie VERÄNDERT.

Ist das dem Zahn zugeordnete Organ krank, wird sich auch der Zahn als Warnsignal schmerzhaft melden. Die Länge Deiner Zähne verändert sich im Maß dessen, wie Du anderen gegenüber die Zähne zeigst. Bekomme auch ein Gefühl dafür, wenn Du jemanden verteidigst, der Dich belügt.

Der **Oberkiefer** steht für Familie: **bis** 14 Jahre in Bezug auf Dein Elternhaus, **ab** 14 Jahre in Bezug auf Deinen Partner (**nicht** nur Ehe!) *und* Deine Eltern. Es wird das **Verhältnis** von Kindern (**unter 14**) zu ihren Eltern, und wenn Du erwachsen bist, zwischen Dir und Deinem Partner angezeigt. → Zahn 21 = Mutti, dann Du, Zahn 22 = Vati, dann Partner, Zahn 11 – *immer bleibend* Du in Beziehung zur Mutti, Zahn 22 = *immer bleibend* Du in Beziehung zum Vati. Der Unterkiefer steht für das Verhältnis zwischen Geschwistern (auch Halb-, aber nicht Stiefgeschwister).

Du hast im Oberkiefer zwei große (**11/21**) und zwei kleinere Schneidezähne (je daneben, **12/22**). Stand Dir der **Kleinere** *rechts neben* dem großen Schneidezahn gelegene Zahn (**12**) ein Stück weiter hinten im Gaumen, dann wurdest Du als Kind von Deinem Vater **zurückgesetzt**. Ist es der linke Kleinere (22), wurdest Du von Deiner Mutter **zurückgesetzt**. Derjenige hat Dich, **bis Du ca. 7 Jahre alt warst**, aufgegeben (obwohl er Dich liebt), so dass Deine 2. Zähne *mit dieser Mahnung* herauskamen (links = Herz = Mutti, rechts = Vati). Liebst Du ein Elternteil aus schwerwiegenden Gründen <u>nicht,</u> gibt es keine Mahnungen an Deinen Zähnen (Thema: „ungewollt" von Mutter und/oder Vater). Wuchs Dir ein 5. Eckzahn (reißen), musstest Du Dich viel durchkämpfen. Hast oder hattest Du **<u>eine</u> Lücke** zwischen den *beiden <u>oberen</u>* **Schneidezähnen** (**11/21**), bedeutet es, dass sich Deine Eltern voneinander entfernt haben <u>oder bei späterer Veränderung</u> Du Dich von Deinem eigenen Partner entfernt, Dich jedoch *nicht* getrennt hast. Es ist ein Indiz* dafür, dass Deine **Liebe** aus *schwerwiegenden* Gründen **erschüttert** wurde.

* *Anzeichen für etwas; symptomatisches Merkmal, an dem sich ein Zustand, eine Entwicklung ablesen, erkennen lässt*

Stehen die oberen Schneidezähne (**11/21**) leicht **übereinander:** links über rechts → Mutti hat Vati verhauen/rechts über links → Vati hat

Mutti verhauen (Symbolik: *übereinander* herfallen – Zähne zeigen sich überschlagen) oder jeweils *nach außen weggedreht* (Symbolik: *voneinander* entfernt – Zähne zeigen *beide nach außen*, so wie die Eltern im Bett liegen: voneinander abgewandt), war in Deiner Kindheit das Verhältnis zwischen Deinen Eltern chaotisch (auf Konfrontation). Blieben beide Sachverhalte vor Dir als Kind verborgen, werden Deine Zähne nicht reagieren. Der Sachverhalt wird jedoch immer [wenn nicht (auch) beim Kind] an **dem** Ehepartner angezeigt, den es **stört** (ohne Intimitäten zu leben) oder der es **getan** (gehauen) hat. Die sogenannten Flügelzähne – Ich möchte von Dir fortfliegen, weil Du mich nicht mehr glücklich machst – verschwinden erst dann, wenn Du wieder in einer **glücklichen** Beziehung bist (ob mit dem eigenen oder einem neuen Partner, ist Dir überlassen).

Die Konstellation mit den „Flügeln" gibt es *zusätzlich* mit einer Lücke zwischen **11+21**, was anzeigt, dass sich Dein Partner sowieso schon deutlich von Dir entfernt hat.

Ebenso gibt es die Flügelzähne verbreitet bei Singles, Nonnen und Mönchen, im Falle dessen sie der Mangel an sexueller Befriedigung und Zärtlichkeit (zumindest unterbewusst) stört.

Zeigen sich die beiden großen Frontzähne **11+21** im Oberkiefer nach innen geneigt, lautet die Symbolik dazu: Die Ehe befindet sich in einer Schieflage (ihr fallt/kippt aus dem Bett).

Zeigen sich die Frontzähne **11+21** nach außen zu den Lippen hingeneigt, wie eine Rutsche, lautet die Symbolik dazu: In der Ehe kann einer dem anderen den „Buckel runter rutschen".

Neigen sich diese großen Frontzähne **11+21** beide *nach rechts*, richtest Du Dein Leben fast komplett auf Deinen Partner aus. Die Mahnung dabei ist, dass Dich dies stört.

Fault Dir einer der „Elternzähne" (bis 14 Jahre) regelrecht weg oder wird/werden Dir einer der beiden oder gar beide Zähne **11/21** bei einer Prügelei ausgeschlagen, dann ist dieses Elternteil besonders hartherzig zu Dir (gewesen).

Stehen die Zähne **22** auf **21** übereinander geschlagen, hast Du Deine Mutter verhauen, sind es die Zähne **12** auf **11**, hast Du Deinen Vater gehauen und Dich jeweils nicht entschuldigt.

Neigt der untere Teil des Zahns **22** über Zahn **21**, beschützt *Du* Deine Mutti, ist es **12** über **11**, beschützt Du Deinen Vati. Das Symbol ist ein Flügel, der sich im unteren Teil schützend um den anderen legt. Dazu gibt es ebenso die Neigung des unteren Teils vom Zahn **21** links über den Zahn **22**. Hierbei beschützt *Dich* Deine Mutti aus triftigen Gründen besonders mächtig, ist es **11** über **12**, beschützt Dich Dein Vati extrem.

Ist das Größenverhältnis **11/21** und/oder **12/22** verschieden, zeigt das die Rangstellung. Der längste Zahn hat am meisten zu sagen. Sind **11/21** gleich groß, sind die Eltern gleich stark, sind **12/22** sehr kurz im Verhältnis zu **11/21**, haben die Kinder so gut wie nichts zu melden. Dies entsteht manchmal aus übergroßer Sorge um die Kinder. Diese Kinder werden sich ab dem Erreichen des **14.** Lebensjahres abwenden. Sie kamen im Elternhaus nicht zum Zuge.

Sind die Zähne **11/21** und **12/22** gleich groß, läuft es darauf hinaus, dass **die Kinder** das ganze Leben **bestimmen** – sie haben die **Macht** über Dich und Deine Entscheidungen. Diese Symbolik zeigt an, dass Du mit Deinem Partner ausschließlich über eure Kinder verbunden bist. Sind die Zähne **11** und/oder **21** sogar **kürzer** als **12/22**, stehst Du und ggf. auch Dein Partner unter „der Fuchtel" eurer Kinder.

Sind die Zähne **12/22** verhältnismäßig schmal und jeweils auf Abstand zu **11/21**, zeigt dies den Sachverhalt: Kinder zählen nichts/sind nichts wert. Du bist anfällig für Polypen im Darm.

Neigen sich die Zähne **11** und/oder **12** nach vorn in Richtung Lippen, benimmst Du Dich gegenüber diesem Elternteil, welches daneben steht (**21/22**) ungehörig und abweisend: „Rutsch' mir doch den Buckel runter".

Zeigen sich die Zähne **11/21** mit der Innenkante *nach vorn* zugewandt (Zahnaußenseiten zeigen nach *innen*), kümmerten sich Deine Eltern viel mehr um ihre **eigene** Verbindung als Paar als um Dich Kind.

Zeigt sich an Deinem rechten großen Schneidezahn **11** eine Spitze (symbolisch: **Dorn**), dann ist Deinem Partner ein Kind ein Dorn im Auge geworden, weil es von Dir **mehr geliebt** wird als Dein Partner. Diese Symbolik zeigt sich am Kind selbst bis zum Alter von ca. 14 Jahren, indem es „über den Onkel" läuft. Es ist ein **Eifersuchtskonflikt**. „Über den Onkel" heißt: Das Kind ist in der Lage, **sich selbst** die Beine zu stellen und sich (stark) zu verletzen. Auch hat es durch die sich daraus ergebende **Unsportlichkeit** keine Chance auf Verbesserung der Haltung, FALLS es auch noch eingesperrt gewesen ist. DANN kommt es zur S-Wirbelsäule in sehr jungen Jahren, die sonst durch sportliche Betätigung wirklich lange ausgeglichen werden kann.

Stehen die Zähne **12/22** auf Lücke zu den großen Schneidezähnen **11/21**, dann haben sich Deine Kinder von Dir entfernt (nicht Du von ihnen!). Stehen sie nah dran und zum großen Schneidezahn geneigt, sind sie Dir besonders zugewandt und suchen Deine Liebe. Ist der kleinere Schneidezahn vom Großen abgewandt, hat sich das Kind deutlich von Dir abgewandt, was schlimmer ist, als sich entfernt zu haben. Es lässt auf schwerwiegende Komplikationen im Elternhaus schließen, die Du herauszufinden nun in der Lage bist (anhand **dieses** Buches, das Du in den Händen hältst).

Wer insgesamt eher kleine Zähne hat, wurde unterdrückt. Diese Menschen haben oft Gewichtsprobleme. Wer insgesamt eher große Zähne hat, hatte ein sehr prägnantes, auch reiches Elternhaus.

Gehst Du mit der Zunge an den Rückseiten der Zähne entlang und entdeckst eine Art **Keil** an dem Zahn, der Dir (als Kind: **22**) zugeordnet war (neben Deiner Mutter: Zahn **21**), dann hat die Mutter zwischen euch beiden mit mindestens einer schlimmen Tat einen Keil getrieben. Genauso können erwachsene Kinder zwischen sich und einen Elternteil durch Taten und Worte einen Keil treiben, der sich an der Rückseite der entsprechenden Zähne symbolhaft bildet.

Stehen die **vier** Schneidezähne im Oberkiefer alle leicht *nach vorn geneigt* im Gebiss, bedeutet es, dass Du durch die ständigen Anstrengungen mit Ehepartner **und** Kindern zu „schnappen" bereit bist. Um zuzubeißen, bist Du zu gutmütig/gütig.

Sitzen beide *oder* einer der **kleineren** oberen Schneidezähne **12/22** bei *einem* Elternteil zu weit *vorn*, kümmerte es sich viel mehr um sein(e) Kind(er) und **zog** sie dem Partner beständig **vor**.

Ist einer der oberen Schneidezähne **11/21** *zu weit* nach **hinten** gestellt, hat der Vater die Mutter (linker Zahn) *oder* die Mutter den Vater (rechter Zahn) im gemeinsamen Leben **zurückgesetzt**. Nach aller Regel müsste hier einer Deiner Elternteile die o. g. Lücke *zwischen den beiden großen* Schneidezähne vorweisen, die erst **während** der Ehe entstanden ist!

Hast oder hattest Du **eine Lücke** zwischen den *beiden unteren* Schneidezähnen **31/41** bedeutet es, dass Du Dein Kind **verlassen** wolltest, es aber (aus Liebe) **nicht** getan hast. Es ist ebenso ein Indiz dafür, dass Deine **Liebe** aus *schwerwiegenden* Gründen **erschüttert** wurde. Stehen **alle Zähne auf Lücke** für sich allein, hast Du Dich *als Kind* mindestens einmal einer Gruppe nicht richtig *zugehörig* gefühlt. Diese „eine Gruppe" *kann* natürlich auch Deine eigene „Sippe", die Familie, *sein*! So gestaltet sich Dein Leben: Du musst Dich durchkämpfen. Es sind im Alter **bis 7 Jahren** sadistisch *gequälte* Menschen. Sie sind meist sehr freundlich, sehen nie auf andere Menschen herab und schützen ihr Elternhaus. Sie können sehr schwer Vertrauen zu anderen Menschen aufbauen und haben traurig blickende Augen, oft auch Wutnasen.

Fragt eure Freunde, wenn sie traurig aussehen: „Was ist mir Dir? Kann ich Dir irgendwie helfen? Möchtest Du Dir etwas von der Seele reden?" Dies hilft auch Kindern sehr, deren Eltern in Trennung leben. Wie sollen **diese kleinen Seelen** alleine **damit fertig** werden? (Der *verlassene* Elternteil geht z. B. zum *Psychologen*, weil ihm das Schicksal so übel mitspielt und mit den Kindern *redet nicht einmal jemand* darüber!) **Helft euch, Kinder und stärkt euch untereinander!** Wer sich *aus allem heraushält*, ist ein Feigling und lernt nichts Zwischenmenschliches dazu!

Wer **fest** und **eng** *nebeneinanderstehende* Frontzähne hat, ist stets in allen Gruppen an- und aufgenommen worden. Sei glücklich darüber! Stehen **alle Zähne zu eng beieinander** und mussten Dir als Kind die 2. Backenzähne *herausgezogen* werden, damit *überhaupt alle wachsenden* Zähne in Dein Gebiss *hineinpassen*, dann lässt Du niemanden mehr an Dich heran. Dein **Vertrauen** in andere ist praktisch **tot**. Dein Mundraum ist recht klein geblieben, weil Du Dich *verschlossen* hast. Dir ist leider viel **Unrecht** widerfahren.

Danke an alle Zahnärzte, die Backenzähne statt der *so wichtigen* Weisheitszähne extrahieren!

Stehen im **Unterkiefer** Schneidezähne *jeweils* in einer Schiefstellung *nach außen*, betrifft dies zwei Geschwister, die sich voneinander **abgewendet** haben.

Steht **nur einer** der Schneidezähne in einer Schiefstellung nach außen, zeigt dies, dass sich *von zwei* Geschwistern einer deutlich **abgewendet** hat.

Steht in der *unteren Front* **einer** der Schneidezähne in einer Schiefstellung nach innen und der **andere** nach außen, zeigt dies, dass sich

von zwei Geschwistern *einer* **abgewendet** und *einer* **deutlich zuge-
wendet** hat. Er liebt sein Geschwisterkind und leidet stark unter seiner Ablehnung, die ihre **Ursache** im Elternhaus hat!

Ist ein Geschwisterzahn **länger** als die anderen Zähne, bewunderst
Du es für seine Leistungen im Leben. Es ist Dir intellektuell und insbesondere finanziell stark überlegen.

Gibt es bei Geschwistern mehrere Zähne, die länger sind, gibt es zwischen euch den Kampf: Wer kann höher, schneller, weiter …

Stand oder stehen die *vier Schneidezähne* Deines *Unterkiefers* (**31/41,
32/42**) vorn eng, fast übereinandergeschlagen im Gebiss, dann gab
es Schwierigkeiten zwischen mehr als zwei Geschwistern. Seelisch
angedrohte (nicht ausgeführte!) **Prügel** nach erfolgten Ungerechtig-
keiten wird damit symbolisiert. *Hättet ihr euch geprügelt, wären euch
die schiefen Zähne erspart geblieben.*

Steht ein Schneidezahn im Unterkiefer vor allen anderen, kommst Du
Dir zwischen Deinen Geschwistern wie ein **Außenseiter** vor. Deine Optik und Deine Fähigkeiten sind besser ausgebildet, als die der anderen.
Nach der Reihenfolge der Geburt (und vielleicht eurem Verhältnis zueinander) könnt ihr die Zähne im Unterkiefer zuordnen.

Probleme mit den **Zahnfleischtaschen** bekommst Du, wenn Du auf
Dauer jemanden *verteidigst*, der es nicht verdient, weil er Dich mit Lügen füttert. Das kann Dein Partner oder Dein Kind sein. **Entzündungen** sind oft eine Begleiterscheinung. Diese entstehen *immer* aus unterdrückter Wut!

Zahnwurzeln machen erst dann Schwierigkeiten, wenn Du *etwas* bis
auf die Spitze treibst (praktisch bis in die Wurzel hinein).

Eine Art „Nagergebiss" (erkennbar an der rundlichen Optik der Schnei-
dezahnenden im Oberkiefer und eher kleinen Eckzähnen) zeigt Unterwürfigkeit dem Elternhaus gegenüber an.

Hast Du Zähne, die wie Steine oder „ein Gebirge" in Deinem Gebiss sit-
zen, dann warst Du in einer Felsenhöhle eingesperrt. Dein Körper hat
Dich durch den schlimmen Vorfall in Deiner Kindheit für die Zukunft als
„**Steinbeißer**" vorbereitet, damit Du in der Lage wärst, Dich zu befreien.

Am Kind werden den Eltern ihre Schwachstellen so lange signa-
lisiert/sichtbar gemacht (an Zähnen 11+21), bis das Kind **seinen
1. Liebeskuss** bekommen hat und somit *selbst fähig* geworden ist,

eine Beziehung zu führen. Es bekommt die *Signale an den Zähnen* danach zum **eigenen** Partner angezeigt. Die mahnenden Zahnstellungen an die Eltern werden somit **erst dann** verschwinden, wenn das Kind tatsächlich einen eigenen Partner HAT.

Eure Zähne werden sich *ab jetzt* in der nächsten Zeit **automatisch** richtig im Gebiss einordnen, da das <u>Bewusstsein</u> über die Warnzeichen nun <u>vorhanden</u> ist.

Ich bin nicht sicher, ob ich **alle** Schiefstände kennenlernen durfte, deshalb bitte ich euch, eigene Gedanken darüber zu machen, wenn es bei euch zu *anderen* Schiefständen gekommen ist und wie diese <u>in aller Logik</u> zu erklären wären. Wer in einem **gesunden** Elternhaus aufwächst, wird von Natur aus **perfekte** Zähne haben!

Kinder lernen am besten durch Vormachen – Nachmachen!
<u>Wie bringt man Kinder zum „Zähne putzen"?</u> Zum Ersten, sei **Vorbild**. Putze Dir jeden Morgen und jeden Abend die Zähne, lasse Dein Kind dabei zuschauen und am besten gleich mit dem eigenen Bürstchen mitmachen. Traktierst Du Dein Kind dabei, wird es Zähneputzen wohl kaum mögen. Lass es einfach ausprobieren und nachmachen. Wenn Du dann noch <u>die **Wahrheit** sagst,</u> *nämlich:* „Wenn Du lügst, wirst Du schlechte Zähne bekommen, auch wenn Du viele böse Worte sagst, wirst Du schlechte Zähne bekommen, wenn Du Dir alles gefallen lässt, wirst Du Plomben haben (zeigt ihnen die Plomben in eurem Mund) und dass schöne Kinder immer feine, weiße, gepflegte Zähne haben". Dann schaut mal, was über die Zeit geschieht.
Macht ihr auch die anderen Dinge zusammen im Bad und zeigt euch nackt vor euren Kindern, lernen sie, dass es etwas ganz Natürliches *innerhalb der Familie* ist.

Zum Zähneputzen gibt es einen „Neuzeit-Konflikt". Inzwischen haben Menschen **Würgereiz** bis hin zum Erbrechen, wenn sie sich die hinteren Zähne in Richtung Rachen putzen. Der Konflikt dazu lautet: „Ich finde die ganze Welt zum Kotzen." In der Tat (Jahr 2020).

<u>Bei den **diversen Konflikten**, von denen ich euch berichtet habe, gibt es verschiedene **Regeln**:</u>

Manchmal tritt die gesundheitliche Entgleisung, wie bei Schnupfen, Halsweh, Magen-Darm, absolut schnell ein, ein anderes Mal dauert es Jahre, bis der Körper signalisiert: „Jetzt habe ich Dir *soundso lange Zeit* gegeben, um Deine Dinge/Dein Leben zu ordnen und Deine(n) Konflikt(e) zu lösen – **jetzt ist es genug, jetzt MUSS** ich Dir die „**Rote Karte**" geben (Krebs)!

Ebenso sind die Heilphasen nach Konfliktlösungen verschieden lang. Manchmal geht es *sekundenschnell* (wie beim Anflug eines Schnupfens: „Diese Situation stinkt mich an!"), manchmal dauert es *einige Zeit*, nach meinem Empfinden höchstens 18 Monate, bis alles heil **IST**. **Es funktioniert** jedoch immer und fehlerlos zuverlässig!

Bei allen Konflikten **unter 7 Jahren** verhält es sich so: **Passt der Konflikt zu Dir**, *egal ob eine tatsächliche Erinnerung* stattfindet *oder* nicht, dann **wirst** Du eine Körperreaktion **haben**. Andernfalls lässt Dich die entsprechende Passage „kalt". Bei *Vorwarnungen* können alle Reaktionen geistig *kontrollierbar* werden, deshalb ist das unklug. Die Seele erkennt *dennoch*, was wahr oder unwahr (Spekulation) ist, und wird in Folge entsprechend reagieren (Änderung der Körpersymptome + Verhaltensweisen oder eben nicht).

Wie ganz vorn beschrieben, gilt für alle Konflikte: Hast Du das Buch **gelesen**, sind Dir die *entsprechenden* Bilder zu den Dich *betreffenden* Konflikten vor dem inneren Auge erschienen. Damit **HAT** die Lösung BEREITS stattgefunden!
Der Konflikt ist vom Unterbewusstsein in Dein Bewusstsein **gehoben** worden. Mehr ist **unnötig**.
Kannst Du Erlebtes, das Dich *beschäftigt* und *bewegt*, mit einer Person Deines Vertrauens *hilfreich* besprechen oder Dich nach aufrichtiger Reue entschuldigen, egal, **wie klein** Du noch bist, passiert dem Körper gar nichts. Verheimlichst Du, z. B. aus Peinlichkeit/Scham/Angst/Misstrauen, diese Dinge, wirst Du alle *zutreffenden* Erscheinungen *als Strafe für die Nichtklärung Deiner seelischen Konflikte* bekommen. Ich habe gelernt, wie weiter vorn erwähnt, dass Kinder, die einen **unsichtbaren Freund** haben, mit dem sie ihre Probleme besprechen können, *sehr wenige* Konflikte in ihren Körpern ansammeln. Unterstützt so etwas und glaubt diesen Kindern aufrichtig. Nehmt es ernst, **dass** sie jemanden *sehen*, den ihr nicht sehen könnt!

Hast Du einen Partner, bitte ihn, das Buch ebenso zu lesen, denn sonst ist es möglich, dass Du Dich aufgrund seines bestehenbleibenden Beschädigungsgrades von ihm entfernst, indem NUR Du heil wirst.

Jeder Mensch hat sein eigenes „Reaktionsorgan". Dem einen schlägt etwas auf den Magen, der andere reagiert als Erstes mit Herzschmerzen, Darmbeschwerden oder über die Haut. Das Reaktionsorgan Haut wird bereits im Mutterleib *verursacht*. Magen/Verdauungsorgane und Herz werden erst nach der Geburt festgesetzt – je nachdem, welcher Konflikt zuerst als Schlimmstes in Deinem Leben eintrat. Diese **1.** Reaktion legt das sogenannte „Reaktionsorgan" fest.

Konflikte, die mit **Beschimpfungen** (u. a. Mobbing) und **Peinlichkeiten/Demütigungen** zusammenhängen, werden immer **Altkot** in Deinem Darm verursachen, **auch** wenn die Verursacher außerhalb der Familie zu finden sind (Kindergarten, Schule, Lehre, Praktikum, Arbeitsstelle, Nachbarn, Bekannten-/"Freundeskreis").

Zum **Mobbing** zählt hier das *besonders verletzende* Verhalten, als Ausländer beschimpft zu werden, *insbesondere* dann, wenn man **Deutscher IST** und nur optische Merkmale anzeigt, die fremdländisch anmuten lassen. Ebenso entsteht Mobbing häufig *durch* Menschen mit ungünstigen Charaktereigenschaften (wie Neid und Eifersucht), um einer Person **bewusst** zu schaden, die z. B. *schöner* ist als man selbst. Ist dieser schöne Mensch dann kein „Zubeißer", wird ihm für das ganze Leben Schaden entstehen, bis er Konfliktlösung kennenlernt. Besonders zu erwähnen ist hierbei der Mutter-Tochter-Konflikt „Schneewittchen". Selbst wenn es **keine** Stiefmutter ist, beneidet manche Mutter ihre Tochter um die Jugend und Schönheit. Hier ist zu sagen: Nur *die* Mutter, die ihre eigene Tochter schlecht behandelt, wird in der Tat hässlich werden. Erniedrigungen werden im Gesicht der Tochter sichtbar: Augen und Ohren liegen leicht tiefer auf der *linken* „Mutterseite".

Liebt ein **Vater seine Tochter** sehr und es passiert etwas (z. B., dass sie krank wird und daran *vermeintlich* sterben könnte), so dass er denkt: „Wenn **ihr** etwas passiert, überlebe ich das **nicht!**" (Konfliktschock), wird sein Leitsatz: „Wenn ich meine Tochter mal verstoßen muss, macht es mir nichts aus/wäre es mir egal." Im Umkehrschluss

liebt er sein Kind jedoch so sehr, dass es ihn umbringt, wenn sie einmal verschwindet. ER hat diese Situation schon einmal durchgemacht, wenn auch nur im Geiste und schützt sich selbst vor diesen schlimmen Emotionen! **Wache auf** …
Väter & Töchter lieben einander IMMER, unweigerlich! (… und trotz Neidkonflikten so mancher Mutter!!!) Vom Vater geliebte Töchter sind die schönsten Mädchen. Fotos sind der Beweis, nur *nicht die*, welche eine *neidbehaftete* Mutter macht!

Zu **Peinlichkeiten** zählen u. a. unangenehme Telefonate/Mails, unbequeme Begegnungen mit dem Partner Deines Kindes, Dich sehr treffende Ereignisse im Familien- und Freundeskreis sowie bei Klassentreffen (alte, unverarbeitete Konflikte während der Schulzeit), Schuldzuweisungen an Deine Person (ob berechtigt oder unberechtigt), insbesondere wenn Dritte anwesend sind, *Einmischung* Deinerseits in Auseinandersetzungen als **3.** Person (Drama-Dreieck), harte Diskussionen mit (erzwungenen) Rechtfertigungen bei Meetings und Personalgesprächen (z. B. wenn Du Dich in die Ecke gedrängt fühlst), Musterung und anzügliche Äußerungen seitens einer Autoritätsperson (insbesondere vor anderen), Empfinden von Entsetzen/Ekel/Unvorstellbarkeit bei Erzählungen anderer, von Dir selbst erzwungene Überwindung der eigenen Feigheit/Zurückhaltung, um sich zur Wehr zu setzen (extreme Anstrengung), sich entkleiden zu *müssen*, bei diversen Aktionen erwischt/entdeckt zu werden (z. B. Diebstahl, Fremdgehen, intime Handlungen) und vieles mehr. Zudem verursacht **jeder** Diebstahl und Betrug (auch Unterschriften-/Urkundenfälschung), ob erkannt oder unerkannt, in Deinem Darm eine Kotablagerung – immer!

Bist Du in der misslichen Lage, anderen **zur Last** fallen zu müssen (Pflege innerhalb der Familie), kann es zu Peinlichkeitskonflikten kommen, weil Du deren Alltag blockierst (in Bezug auf die Gelassenheit und auch Intimitäten), ebenso Maßnahmen an Dir selbst über Dich ergehen lassen musst, für die Du Dich eventuell schämst.

Demütigungen erlebst Du beispielsweise, wenn Du Dich ständig genötigt fühlst (Zwang), Dinge so zu tun wie ANDERE sie haben wollen, ohne dass Dein eigener Wille und Deine (guten!) Ideen berücksichtigt werden. Hier zeigt sich der Charakter beim Menschen, welcher die Macht (über Dich) hat. Dies beginnt im Elternhaus, bei älteren oder größeren Geschwistern und setzt sich fort im Berufsleben sowie in der Politik: Gebe einem Menschen **Macht** und Du erkennst seinen **wahren** Charakter. Ein ganz banales Beispiel *als Kind* ist das Auskippen oder Ausstreichen Deiner Kleidungsstücke mit der Hand aus Deinem Schrank, weil es darin *nicht ordentlich genug* aussieht (Drill!).

Herz-Kreislauf-Probleme gibt es als Nebenerscheinung, wenn Du kämpfen musstest (Überproduktion Adrenalin und Testosteron, hoher Puls in Verbindung mit niedrigem Blutdruck *oder* Bluthochdruck).

Aufrichtige Konfliktlösung geschieht, insofern *nicht mehrere* Parteien eingebunden sind, möglichst **immer im Vertrauen** unter **vier Augen** *oder* **ganz allein**. Wie Du inzwischen weißt, gehört etwas oder auch sehr viel **Mut** dazu, denn es kommen **IMMER** peinliche, beschämende oder anderweitig unangenehme Situationen zum Vorschein! Seid anständig miteinander und es wird gelingen! **Authentisches** Benehmen ist stets *förderlich* für die Gesundheit: Umso *weniger* Du Dich verstellen (eine Maske aufsetzen) musst, desto *besser* geht es der Seele in Dir drin und Mut wird IMMER belohnt! Merke Dir das. Sobald Du die SIGNALE Deines Körpers bewusst VERSTANDEN hast (Konfliktzuordnung), sind die „Zeichen" (über die sogenannten „Krankheiten") **sofort** rückläufig (deshalb heilt auch „Krebs" so schnell aus). Danach solltest Du jedoch Deine Handlungs-/Lebensweise unbedingt entsprechend anpassen, damit Du GESUND bleibst.

Ein Ermahnungskonflikt seitens Deines Kleinkindes findet statt, wenn es sich die Zeigefingerkuppe verbrennt, z. B. an einer Kerzenflamme. Das bedeutet, je nachdem, ob rechts oder links: „Papa/Mama, passe auf Dich auf!"

Altkot wird *verschieden schnell* nach Konfliktlösungen ausgeschieden. Oftmals geschieht es sofort und bis zu sechs Stunden *direkt nach* der Lösung, manchmal auch bis zu drei Wochen danach, wenn viele Konflikte auf einmal gelöst wurden. Einläufe (mit einem Irrigator) beschleunigen die Ausreinigung, sind jedoch nicht zwingend. Bei einigen Konflikten fand ich heraus, dass sie sich definitiv **überlagern** – *vermutlich* ist es <u>bei allen</u> so. **Achtet darauf**: Wenn eure Beschwerden *nicht* von selbst aufhören bzw. *nur kurz* verschwunden waren, gibt es entweder einen NEUEN oder den nächst überlagerten Konflikt zu lösen *oder* ihr habt beim 1. Versuch *noch nicht den richtigen* Konflikt gefunden. <u>Denkt nach!</u>

Auch kann es *nach* Konfliktlösungen bei einem der Beteiligten zu einem *Selbstwerteinbruch* mit am nächsten Tag nachfolgenden Rückenschmerzen (Lendenwirbelsäule) kommen. Dann wisst ihr direkt Bescheid und löst es sofort auf. Dasselbe gilt für schwere Albträume. Auch hier kann ein Selbstwerteinbruch (Schmerzen Lendenwirbelsäule) geschehen, wenn in diesem Traum alte Geschehnisse, vor allem aus dem Berufsleben, verarbeitet werden.

Wenn irgendetwas passiert, was Du *nicht richtig verstehst*, denke nach: „Was hat es für einen Sinn/Hintergrund? Was soll mir das Geschehene in aller Logik sagen/vermitteln?" Was bedeutet das „Haar in der Suppe"? Da muss etwas faul dran sein …

Zu Konflikten ist *allgemein* zu sagen, dass die Menschen *verschieden* sind und dementsprechend *verschieden* reagieren.

<u>Man kann *zur Veranschaulichung* **fünf Menschen** vor sich hinstellen – alle sind anders aufgewachsen/erzogen worden. Jeder der Fünf wird auf **DENSELBEN** *konfliktpotentiellen* SATZ **anders** reagieren:</u>

1. Der Erste schüttelt es ab, streicht es über die Schulter weg und macht sein Tagwerk weiter,
2. der Zweite flippt kurz aus und schüttelt es danach ab,
3. der Dritte muss sich sammeln, kommt am nächsten Tag zum Verursacher und klärt die Lage sachlich, hakt es ab – ihm geht es wieder gut,
4. der Vierte vermeidet jede Konfrontation, obwohl es ihn hart getroffen hat – dieser wird mindestens einen Schnupfen davontragen, wenn nicht sogar Magen-Darm,

5. der Fünfte bleibt <u>bei sich</u>, er kann sofort angemessen reagieren (ist schlagfertig), lässt das Problem beim anderen – da wo es hingehört – und ist frei.

Die Fünften sind die psychisch Gesunden, die mental **stärksten** Menschen, die man in einem Elternhaus erzeugen kann. Meine Hochachtung an solche Eltern (und Großeltern, falls beteiligt)!

Bleibe unbeirrt! Manchmal *denkst* Du, Du kommst mit einer Situation gut klar, aber Deine **Körperreaktion** ist <u>eine andere</u>! *Das bedeutet:* **Erkenne, dass Du Dir etwas vormachst**, dass Du *versuchst*, stärker zu sein als der Konflikt, es aber <u>nicht</u> schaffst. Setzt sich die Symptomatik fort, dann wurdest Du in die Lage gebracht, einen (neuen) Konflikt lösen zu <u>müssen</u>.

Seid **nachsichtig** miteinander, jetzt wo ihr z. B. wisst, woher *verlorene* Schönheit kommt. Alle Babys sind niedlich → WIRD etwas *hässlich*, IST <u>das Umfeld</u> beteiligt. Lasst die Dicken, die Dünnen, die weniger Hübschen aussehen, wie sie wollen. Davon abgesehen, dass sich bei <u>euch Lesenden</u> etliche Dinge grundlegend *zum Positiven* verändern werden, sind es die *inneren* Werte, die zählen!

Menschen, habt Respekt voreinander. ❤

JEDES Lebewesen (Mensch, Luft-/Wasser-/Land-Tier, Pflanze) ist auf seine Weise **schön** – Schönheit liegt immer im Auge des Betrachters. Für gesunde Menschen sehen (vermeintlich) *hässliche* Tiere einfach nur <u>interessant</u> aus und: „Alles ist schön, wird es mit Liebe betrachtet." Das meine ich auch bildhaft. Schau Deine Augen an: Sind sie schön? Schau Dich selbst an: Fühlst Du Dich schön? **Nach** diesem Buch, wenn es seine Wirkung voll entfaltet hat, denke ich, hast Du keine andere Wahl mehr, als Dich schön zu fühlen. Damit ist die Voraussetzung da, **ALLES Leben** auf der Erde schön zu finden! Warum? Weil Du niemanden mehr beneiden oder hässlich finden musst. DAS kann Dir einfach nichts und niemand mehr „spiegeln", weil es eine Lüge wäre! ❤

Loslassen

Von **etlichen** Konfliktgeschehen wurde in Deinem Darm Kot eingelagert, der nun zu Tage kommt. Dabei ist anzumerken, dass die Konsistenz *eher schmierig, sämig bis schlammig* ist (ohne frische Schutzhülle) sowie (bis *stark*) unwohl riechend. Deshalb kommen auch beim tagelangen Fasten nach Einläufen immer noch *seltsame, grob riechende Dinge* zu Tage, OBWOHL Du doch **gar nichts mehr** isst! Wie geht das?

Wer fastet und sich dabei mit anderen *über schwerwiegende Probleme* in seinem Leben unterhält, wie das in *vertrauensvollen* Gruppen möglich ist, der lässt **richtig viel los** und erreicht tatsächlich etwas. (Einläufe unterstützen dann den Abtransport.) Wer fastet und *nichts* redet, dabei jedoch zum **Nach**denken ZEIT hat, der wird ebenfalls **einigen alten Dreck** *loswerden*! Wer aber *nichts dergleichen* tut, dabei nur *fernsieht* oder *Klatschzeitschriften* liest, der wird *nichts* lösen!

Stößt Du zu Ereignissen in der **Kindheit** vor, sind es *schmale, kurze bis mittellange Würstchen*, die wie Kinderkot riechen. Wenn *so etwas* Deinen Körper verlässt, bist Du schon sehr weit an Deine wahre Gesundheit herangekommen!

Manchmal löst Du Konflikte *unbewusst*, z. B. indem Du über Vorfälle redest. Dann hast Du vielleicht schon *Heilprozesse erlebt*, die Du nicht so recht verstanden hast oder Du hast *gar nicht gemerkt*, dass Du das Problem nicht mehr hast. „Was von alleine kommt, geht auch wieder von alleine."

Vielleicht findest Du selbst noch *andere Zusammenhänge* Deinen Körper betreffend heraus? Dann weißt Du jetzt, in welche Richtung Du nachdenken musst (siehe auch meine hilfreichen Buchtipps hinten). Du hast nun die Möglichkeit in die Hand bekommen, alle Konflikte, die Dir einfallen, ebenso gemeinsam in Erzählungen mit Deinen Kindern/Enkeln zu lösen und Dich *währenddessen oder anschließend* aufrichtigen Herzens zu entschuldigen, falls dies notwendig ist.

Sagt euren Kindern, dass sie euch wieder **100 % vertrauen können** und dass ihr **immer** für sie da seid!

ENTTÄUSCHT ihr diesen Neustart, gibt es KEINE EINZIGE Möglichkeit mehr, das volle Vertrauen eurer Kinder zu haben = gebrochenes Versprechen. Das Vertrauen wäre dann tot, endgültig.

Bringst Du es _selbst_ nicht fertig, mit Deinen Kindern _emotionale Gespräche_ zu führen, um Konflikte aufzulösen, _bitte die Großeltern darum_ oder einen Arzt, Therapeuten, Psychologen …
Verschenke dieses Buch, wann immer Du die Gelegenheit dazu nutzen willst, um jemanden _aus seinem Leid_ zu befreien. Du wirst selbst wie neu sein und danach auch **NEUE Kinder** haben, egal wie alt sie schon sind, vor allem, wenn Todesangst- und Selbstverletzungskonflikte, die durch einen kurzen Gedanken an Abtreibung bereits im Mutterleib eingetreten sind, gelöst wurden!
Ihr könntet noch so gute Eltern sein – wenn diese Konflikte von Abtreibung **ungelöst** bleiben, werdet ihr NIE die **volle** Zuneigung eures Kindes bekommen, die ihr verdient habt.

Gesundheit ist unbezahlbar und durch nichts ersetzbar!

Zum Thema Geschwister – siehe auch unter „Weißfleckenkrankheit"

Das Wichtigste ist, es als Eltern zu schaffen, eine Geschwisterliebe zu erzeugen. Geschwister müssen zusammenhalten! Dies geschieht, indem man das/die bereits lebende(n) Geschwisterkind(er) von Anfang an in die Zeit der neuen Schwangerschaft einbindet (Bauch streicheln, sprechen, singen usw.). Prinzipiell ist es eher einfach, zwei oder mehrere **Wunschkinder** miteinander zu verbinden.

Die Probleme **entspringen** erst hier:
Ist ein Kind _nicht_ gewollt und das Zweite gewollt, beginnen die Konflikte spätestens mit der Geburt. Diese beiden Kinder werden, solange der „Eltern-**Wegnahme-Konflikt**" nicht aufgelöst werden kann, nie in der Lage sein, sich zu lieben. Eine ungerechte Behandlung im Elternhaus ergibt sich _automatisch_ aus dieser Konstellation: Eins gehört dazu, das andere nicht (sollte nicht sein oder Kuckuck). Die _ungewollten_ Kinder _hassen_ die Gewollten in ihrem Unterbewusstsein

274

(und wissen gar nicht, warum). Das sind sehr bittere Erkenntnisse, siehe auch unter Meningitis, Darm und Kehlkopf.

Der Fötus erfährt die Nachricht **SOFORT** im Mutterleib über die Gedanken/Gefühle und den (wenn auch nur momentanen) Entschluss der Mutter: **„Ich muss abtreiben!"**, mit allem dazugehörenden Gedankenwirrwarr! Das kleine Wesen beginnt am ganzen Leib zu zittern, das Herz fühlt eine enorme Todesangst. Diese Entbindungen, wenn die *Abtreibung vermieden* werden konnte, werden hart und langwierig sowie besonders schmerzvoll sein. Das Baby will NICHT geboren werden, weil es doch gar nicht leben sollte! Es hat hierbei seinen 1. schlimmen Kampf während der Geburt. Solche Kinder stehen ihr ganzes Leben lang unter Lebensgefahr, wenn der Konflikt nicht aufgelöst wird. Sie werden aller Voraussicht nach viel zu früh sterben, sich z. B. „aus Versehen" in ihrem Hochbettchen erhängen, aus dem Fenster fallen, ertrinken, Krebsgeschehen haben, verunglücken/verunfallen oder das Herz wird still stehen bleiben, ohne dass eine Wiederbelebung überhaupt möglich ist. Deshalb sterben auch junge, sportive, vermeintlich topp-gesunde Menschen plötzlich und unerwartet, mittendrin im Leben. Würden sie früher *erfahren haben*, dass sie *keine Wunschkinder* waren, wäre alles kein Problem – es ist erst dann ein *Riesenproblem*, wenn es ihnen **nur im Unterbewusstsein** bekannt ist!

Gab es eine Schwangerschaft *vor euch* mit einem Abort (Fehlgeburt) oder einer Totgeburt, wird die Mama bei einer *erneuten* Schwangerschaft diesen Konflikt an ihr neues Baby übertragen und in verständlicherweise *übergroßer Sorge* sein, dass mit dem *neuen* Fötus vielleicht wieder Unregelmäßigkeiten geschehen könnten. Werden diese Kinder geboren, sind sie oft lange Zeit überbehütet und überbeschützt, damit ihnen nichts geschieht.

Hat man durch eine Totgeburt einen schweren Konfliktschock, wird dieser das gesamte Leben überschatten. Das zeigt sich in Form eines schattenartigen, größeren Fleckes auf der Rückenhaut in Herznähe.

Zu Fehlgeburten gibt es eine Besonderheit, denn Du bist *nur vermeintlich* erstgeboren, *wenn* es vor Dir einen Abort gab. Unterbewusst bist Du auf der Suche nach einer **älteren** Schwester/einem älteren Bruder und versuchst, passende Kinder als **besten** Freund an Dich zu binden (Ersatzbezugsperson). Das ist konfliktaktiv.

Kommt das Kind mit einer Degeneration an den Beinen auf die Welt, ohne dass es mit Medikamenteneinnahme zusammenhängt, ist sein Gefühl während der Schwangerschaft übermächtig, dass es aufgrund der Lebenslage der Mutter *nicht auf eigenen Beinen* stehen kann. Ungewollte Kinder, die in die *Geschlechtsreife* kommen und plötzlich keinen *schlanken* Bauch mehr haben, tragen bereits etliche Konflikte mit Kotablagerungen im Darm. Wenn Du solch ein Kind/Erwachsener bist, dann kann es **jetzt** *ganz automatisch* passieren, dass Du auf die Toilette musst und ganz kleine Würstchen, kaum riechend, Deinen Darm verlassen. Dies sind die Überreste des Festhaltens Deines 1. Darmkonfliktes im Mutterleib. Würde man sie untersuchen lassen, könnte man darin **Fruchtwasserrückstände** finden!

Am Folgetag *gegen Mitternacht* sonderte die Scheide einer Frau, welche diesen Konflikt **gelöst** hatte, eine farblose, nicht riechende Flüssigkeit ab – dies war der *festgehaltene Urin des Fötus*, **bevor** er aus dem Mutterleib herauskommen **musste**. Untersucht man solch eine Flüssigkeit, würde es bewiesen werden. Die Zeitangabe „kurz vor Mitternacht" bedeutete: ES war kurz vor der Geburts-ZEIT – diese Frau wurde **0:03 Uhr** geboren. Damit hatte sie ihren *schwerwiegendsten* Konflikt auf der körperlichen Ebene gelöst. Endgültig musste nun die Seele heilen. Dazu gab es zwei Möglichkeiten: Die schwierige Konfrontation mit der Mutter (was bereits probiert wurde, Konfliktlösung jedoch keinen Anklang fand) oder dieses Buch zu schenken. Es wird darauf hinauslaufen, dass die beiden Seelen nur über das Buch gereinigt werden können. Wäre die Mutter schon verstorben oder durch konsequenten Kontaktabbruch aus dem eigenen Leben verschwunden, hätte sich der Konflikt erledigt. ... oder auch diese Tochter wäre bereits tot, wenn sie nämlich **niemanden** in ihrem Leben haben würde, der sie **liebt**.

Besuchst Du das Elternteil noch, **nachdem** Du jetzt von diesem Konflikt weißt, und sagst nichts, wirst Du nach dem Besuch, spätestens am nächsten Morgen, **Nierenschmerzen** haben, und zwar auf **der Seite** des Elternteils, den es betrifft (links = Mutter, rechts = Vater). Du hast Dir durch den Besuch einen neuen Nierenkonflikt zugezogen (Revier) und bist wieder in den Entscheidungskampf gekommen, weil es Dir nicht möglich war, den Konflikt zu besprechen.

Vergebe Deinen Eltern! Immerhin haben sie Dich am Leben gelassen und hatten keine Ahnung, was sie da anrichten würden. Hattest Du in der Blutsverwandtschaft einen Menschen, der **Dich brauchte,** und wurde das Gefühl an Dich _bewusst vermittelt,_ kannst Du von **Glück** reden. Durch _solche_ Familienmitglieder kann man lernen, zu **überleben.** Dennoch habe ich die Erfahrung gemacht, wenn diese Person _nicht mehr lebt_ oder es durch Intrigen _Zerwürfnisse_ gab, tritt erneut die Gefahr ein. Der Grund, _überleben zu müssen,_ nämlich **für diese** eine Person da zu sein, ist für Dich _verschwunden!_ Im Anschluss hilft praktisch nur noch die **Konfliktlösung,** wenn Du Dein **50.** Lebensjahr **überschreiten** willst!

Wer glaubt, erst mit der Geburt würden Konflikte beginnen, der irrt gewaltig. Es geht **sofort** los, sobald das junge Leben in den Körper der Mutti eingezogen ist!

Ein Zeichen für „ungewollt" ist, dass Deine Mutter nicht besonders litt, wenn Du krank warst. Sie hat Dich sogar alleine gelassen und ist arbeiten gegangen. Sie interessierte sich nie wirklich für Deine Probleme, Sorgen, Nöte und hört Dir bis heute _nicht so richtig_ zu. Sie gab Dir selten einen wirklich guten Rat und intrigierte innerhalb der Familie (ob bewusst oder unbewusst), so dass Dir das Leben noch schwerer gemacht wurde, als es schon war. Kam die Sprache auf Deine Geschwister (falls Du welche hast), blockte sie ab – alle Schotten wurden dicht gemacht und eine unsichtbare Mauer hochgezogen. Du bist abgeprallt. Bäng! Dein Geschwisterkind hast Du solange geliebt und beschützt, bis die 1. Intrige der Mutter erfolgreich funktionierte, weil sie selbst keine Geschwister hatte und nun die eigenen Kinder um ihr Verhältnis beneidete. Also wurde es erst ge- und dann zerstört. In solchen Elternhäusern kam es auch vor, dass die Kinder bestohlen wurden (Gespartes, Dinge, die sie geschenkt bekamen und den Erwachsenen nützlich sein konnten). Gab es mehrere Kinder, wurden diese in dem Glauben gelassen, die Geschwister hätten sich _gegenseitig_ bestohlen. (Redet miteinander, fragt euch, passt auf euch auf – schützt und stärkt euch, ihr Kinder, die ihr noch betroffen seid!) Wie sollte nun aus Dir ein starker, authentischer Mensch werden? Dein ganzes Leben ist ein Kampf. Solche Menschen haben kein Heimatgefühl, sie fühlen sich überall eher fremd oder neutral, sie fühlen sich unbewusst *bei anderen nicht willkommen* und haben kein Fernweh. Es ist ihnen egal, wohin sie reisen. Sie sind nirgendwo so richtig in Sicherheit, kommen nie im Gefühl der wahren Liebe und Geborgenheit an, auch *nicht bei sich* selbst (Defätismus kontra Selbstliebe).

Wer **nicht** im Arm eines anderen Menschen **einschlafen** kann, hat **kein UR-Vertrauen**! Das heißt, Deine Mama hat Dich mindestens *im 1. Moment der Feststellung der Schwangerschaft* nicht gewollt. Egal, ob sie sich umentschieden hat – es kann nur durch die Konfliktlösung oder eine direkte Entschuldigung von ihr wieder gutgemacht werden. **JETZT**!

Hast Du Herzprobleme (Loch im Herzen, zu großes Herz), dann ist das die Folge vom enormen Angstkonflikt im Mutterbauch, getötet zu werden. Wenn Kinder zu Mördern werden, ist es das Gefühl, **töten zu müssen**, weil sie selbst getötet werden sollten.

Mütter müssen nun ihre Kinder nicht mehr an den Tod verlieren, Kinder können am Leben bleiben! Kinder müssen auch ihre Mama nicht mehr vor der Zeit verlieren (z. B. durch Brustkrebs).

Bitte bekommt nur dann Nachwuchs, wenn ihr für ihn **sorgen** könnt und vor allem **WOLLT**, dass euer Kind heil und unbeschädigt ist. Ansonsten lasst es **euch zuliebe** von vornherein sein und **bleibt kinderlos**!

Hast Du starke Konflikte mit Deiner Mutter durch das Lesen im Buch entdeckt und sprichst diese beim nächsten Besuch bei ihr **nicht** an, werden Dir Deine Zähne/Zahnfleisch und eventuell Dein Gaumen (wenn Du die Mutti trotz allem geküsst hast) größere Probleme bereiten (alles linksseitig).

Mädchen/Junge

Werden zwei *verschiedengeschlechtliche* Kinder in die Familie geboren, die sich mit Streit, Schlägen, anderen Auseinandersetzungen, aber auch sexuellen Handlungen *leichterer* Machart (Petting) beschädigen, dann sind beide **nicht** gewollt (von Mutter und/oder Vater).

Sonderthema **Zwillinge:** Werden Zwillinge angekündigt, die Mama wollte aber nur **ein** Kind, bringt dieser Sachverhalt den 2. Zwilling in die Lebensgefahr. Überleben durch ärztlichen Eingriff BEIDE Kinder, setzt sich die Lebensgefahr später mit großen Auswirkungen *in der Psyche* (durch ein stumpfes, unbewusstes Empfinden der starken Ablehnung) fort. Löst man dies auf, kann sich auch der 2. Zwilling optimal entfalten. Manchmal sterben beide Zwillinge im Verlauf der Schwangerschaft bereits im Bauch, wenn jemand in der Familie mit der Meldung „Zwillinge" **überhaupt nicht** zurechtkam.

Adoptierte Kinder

Kinder, die z. T. in schwierigen Verhältnissen und später in einem Heim aufwachsen, sind in der Regel sehr glücklich und dankbar, wenn eine gütige Familie sie aufnimmt. Mit dem Buch werden sich auch solche Kinder von ihren Konflikten der alten Vergangenheit ausheilen. Seid stolz auf eure Stärke, die ihr sicher schon oft beweisen musstet, auf eure Authentizität und den Eigensinn. Ihr seid besonders, weil ihr schon in jungen Jahren kämpfen musstet. Genießt die Zuwendung und Zärtlichkeit eurer Adoptiveltern, die sich so sehr ein Kind gewünscht und DICH ausgewählt haben. Ich wünsche Dir sehr, dass Du glücklich wirst. Nicht zu unterschätzen sind die *schmerzvollen* Gefühle der Heimerzieher, wenn sie *ins Herz geschlossene* Kinder fortgeben müssen. Ein Bild davon machen kannst Du Dir mithilfe des DEFA-Films „Alter Schwede" (1990).

Kindererziehung nach Vera F. Birkenbihl

Nach meinem erweiterten Selbststudium über Menschen habe ich von der genialen **Vera F. Birkenbihl** folgende gewichtige und absolut logische Dinge gelernt:

Bei Kindern gibt es zwei Fehler im „Lernberg", die Du machen kannst, nämlich **nicht auf Augenhöhe** zu lehren und **Kritik** zu üben – diese zerstört die Neugier und verletzt! Kritik ist vor allem im Anfangslevel destruktiv, weil die Kinder direkt *entmutigt* werden!

Lasst die Kinder **selbst ausprobieren** (*ohne* zu belehren), wobei es sich sowieso am *effektivsten* lernt. Helft ihnen NUR dann, wenn sie um Hilfe *bitten*. Lasst die Kinder fragen, damit sie <u>selbst</u> entdecken, kombinieren und erkennen <u>können</u>! Lasst sie ihre Fehler <u>selber finden</u>, wenn etwas nicht funktioniert. Ermutigt sie: „Schau, woran könnte es liegen, dass es noch nicht klappt? Du bekommst das bestimmt gleich hin!"

Seid Vorbild. Lasst eure Kinder spielend und beiläufig Dinge lernen, *ohne* sie zu zwingen, *ohne* Druck. Setzt sie vielen Dingen aus (Frage-Rate-Spiele, Karaoke). Beschäftigt euch und nehmt euch Zeit **für sie**, dann seid ihr die **Helden** – das werden die tollsten Kinder der Welt!

❤ Kinder sind „Einsteiger", sie lernen unbewusst und spiegeln <u>stetig</u> das Elternhaus (Resonanzgesetz), <u>sie gucken sich alles ab</u>! Das könnte eine *Falle* sein, um *euch selbst* zu **sehen!**;)

Hier geht es um die Spiegelneuronen für Gefühle (soziale + emotionale Kompetenz, wie Güte, Mitgefühl/Empathie und Leiden werden erlernt, so wie auch Gehässigkeit, Neid u. ä. unschöne Eigenschaften) und für Handlungen (Informationsaufnahme, Wissen, Spezialisierung). Ein Spiegelneuron ist eine Nervenzelle, die im Gehirn von Primaten beim „Betrachten" eines Vorgangs das gleiche Aktivitätsmuster zeigt wie bei dessen „eigener" Ausführung. Auch Geräusche, die durch früheres Lernen mit einer bestimmten Handlung verknüpft werden, verursachen bei einem Spiegelneuron dasselbe Aktivitätsmuster wie eine entsprechende tatsächliche Handlung. (aktuell aus dem Internet) Begabungen müssen von euch Eltern und Erziehern **wachgeküsst** werden, sagte Vera liebevoll!

Lehrt Kinder, dass es z. B. **<u>verschiedene</u> Varianten** gibt, um Spaghetti zu essen, und **alle sind RICHTIG**! Hier arbeitet ihr *gegen Vorurteile*, dass jemand, der etwas *anders macht,* als man es **kennt**, es *falsch* macht und nur <u>das EINE richtig</u> ist!

Lebt vor, wie (gut) ihr (in Zukunft) **mit Problemen** umgeht! Übernehmt Verantwortung, vermeidet Ausreden (Teufels Großmutter), vermeidet Jammern. Gebt Fehler zu, zeigt Toleranz, entschuldigt euch aus freien Stücken! **Ihr macht vor – euer Kind macht nach** – Du kannst *ganz ohne* Worte erziehen, wenn Du das verstehst. Das bedeutet, Schimpfen würde sich komplett erübrigen! **Aktionen** bringen die Kinder **mehr** zum Handeln als Worte. *(Haare ziehen gegen Haare ziehen)* Kinder selbst etwas tun zu lassen, **ermutigt** sie, macht sie **stolz** und **erhebt** sie – es hat den größten Lerneffekt! Üben soll ja Spaß und Laune machen!

Imitationsspiele sind sehr *empfohlen*: Ein Wort sauber vorschreiben, vom Kind ansehen und nachmachen lassen. Das Kind hat alleine *die Kontrolle* und lernt auch alleine, wenn es in Ruhe gelassen wird. Lasst es alle Fragen stellen! Es gibt keine dummen Fragen und auch die Antwort: „Dazu bist Du noch zu klein", ist **gestorben**! Übt euch als Erwachsene in Zurückhaltung und Geduld, dann werdet ihr recht schnell **belohnt** und schont eure Nerven! Lasst euer Kind ein *soziales Netz* aufbauen und bestimmt dabei *nur im Notfall* darüber, mit wem es sich **treffen** darf oder nicht. Über den „Ball im Tor-Effekt" *(siehe Internet)* habe ich gelernt: Lernen ist **autonom und unabhängig** viel erfolgreicher (z. B. **ohne** *Trainerrufe und Gemecker*)! Lasst Kinder ausprobieren, **ohne** ihnen vorher **Angst** einzujagen und zu sagen, was alles **NICHT klappen** *könnte*! Spielt „Name-Stadt-Land-Fluss", spielt „Galgenraten" (**1.** Buchstabe des ausgedachten Wortes steht auf dem Blatt, die *restliche Anzahl* Buchstaben wird ausgestrichelt: **A** _ _ _ (= A**ffe**). Diese müssen erraten werden, bis das Wort steht – jeder *falsch geratene* Buchstabe erzeugt den gemalten „Galgen"), „Ich sehe etwas, was Du nicht siehst", „Heiß-Kalt-Spiele" (wie beim Ostereiersuchen).

Beim Lernvorgang gebt „Feedback = eine Rückmeldung" – **ohne Wertung** – weder Kritik noch Lob. Lasst die Kinder **selbst** draufkommen, **was** sie falsch gemacht haben (ggf. mit Hilfestellung über Fragen). Hier erzieht ihr Kinder mit Durchhaltevermögen und der Fähigkeit, ganz viele Dinge *selber*, ohne Hilfe, in den Griff zu bekommen! Das ist doch beruhigend, oder?;)

Ein **Frontal**unterricht ist ein **No-Go** im Einsteigerbereich. Das käme „Gardinenpredigten" gleich, sagte Vera. Übt z. B. beim Lesen anfangs ganz in Ruhe und mit **der** Geduld, die ihr nur *irgendwie aufbringen* **könnt**. Fangt mit allem Neuen so langsam wie möglich an, um dann zu steigern, jedoch *erst dann*, wenn die *Fortschritte* es *zulassen*. Achtet auf erträgliche Übungszeiten. Wer übertreibt, verliert die Lust!

Lasst Kinder *selbst beobachten* und sich eine Meinung *bilden,* ohne ein Vorurteil zu setzen.

Schaut, welche Lernmethode zu eurem Kind passt. Oft ist **abschreiben** toll, um sich etwas richtig **gut** zu **merken**! Sagt eurem Kind: Du lernst **leicht,** Du **packst** das alles! Erzeugt **bewusst** den **richtigen** Glaubenssatz!

Qualitäten, die Kindern vorgelebt werden sollten, findet ihr hier: Problem-/Konfliktbewältigung (alles **muss auf den** Tisch!), Liebe, Güte, Ehrlichkeit, Zuhören, ausreden lassen, Verständnis, Offenheit, Mut, …, weckt Interessen am Lesen, an Sprachen, Sport/Training, Malen, Musik und Instrumenten. Lasst sie **selbst** *entdecken* und *ausprobieren*. Erzwingt nichts. Ich wünsche euch *immer spürbareren Erfolg* mit euren Schützlingen! ❤

Schulsystem - Lebensschule!

In unseren **neuen,** deutschlandweit **einheitlichen,** Lehrplänen **müssen** sich **zwingend** Dinge zu den *folgenden Fragen* wiederfinden:

- Wie *werde* ich ein Erwachsener, auf den **ich selbst stolz** sein kann?
- Wie *erhalte* ich meine Gesundheit? (**Konfliktlösung** gehört zwingend in die Lehrpläne!)
- Was ist *authentisches* Benehmen?
- Wie lerne ich gegenseitige *Rücksichtnahme* und *Einfühlungsvermögen?*
- Wie *finde* ich meine *wahren* Begabungen heraus?
- Wahl des Berufswunsches: **FREUDE** bei und an der Arbeit! Liebe zur Arbeit!
- Ausprobieren von vielen, verschiedenen Tätigkeiten – da sollte es viel mehr Möglichkeiten geben, als die geringe Praktikumszeit, welche momentan angesetzt ist. Echte Begabungen sollten für manche Berufe viel entscheidender sein als (über angstbehaftete Prüfungen künstlich eingeforderte) Schulnoten.
- Die Theorie in allen Ehren – die **Praxis** ist das Wichtigste, das Herz und der Umgang mit Menschen, insbesondere mit Kindern sowie mit Arbeitsmaterialien. Nützt uns ein Handwerker mit „Einser-Abschluss",

wenn er letztlich z. B. mit Holz nicht umgehen kann und keine goldenen Hände hat? Dasselbe gilt für **alle** Gewerke, auch den Friseur. Sollte nicht das Talent (recht unabhängig von den Noten) die wichtigste Rolle spielen?

- Wie *gründe* ich später eine Familie?
- Wie *finde* ich den Partner, der zu mir *passt*? (1. Liebe, Buch 2 folgt!)
- Welche <u>Entscheidungskriterien</u> gehören zum *Nachwuchswunsch*?
- Wie verhüte ich effektiv und gesund? (Kondome *vermeiden* Beschmutzungskonflikte)
- Wie *erziehe* ich mein Kind? (Tipp: Vera F. Birkenbihl, mein Buch, …)
- Wie *versorge* ich mich (und meine Familie)? → Haushaltführung/ Planung!
- Wie *gehe* ich mit **GELD** um? <u>Was passiert,</u> wenn ich mich **verschulde**?
- Welchen ideologischen Wert hat geschenktes oder erspieltes Geld?
- Woran *erkenne* ich Betrüger/Scharlatane?
- Worauf *muss* ich in meinem Leben alles *gefasst* sein?
- Was *muss* in einer Fabrik *alles getan* werden, auch bei Kleinunternehmen, wie Bäckern, Fleischern, Schreibwarenherstellern usw., **bis ich** eine bestimmte Sache im Laden zu **kaufen** bekomme?
- **Darf ich** nach **all diesen Mühen** anderer und dem hohen Aufwand an diversen Materialien, Wasser und Energie **achtlos** etwas **wegwerfen**?? → <u>JA, Du weißt es:</u> Wir leben in einer **Wegwerfgesellschaft**!! Das ist **bitter** für alle, die etwas **mühe- und vielleicht** <u>sogar **liebevoll** herstellen/produzieren</u> und *selbstredend* bitter für unsere Umwelt. **ACHTET die Arbeit eines jeden Menschen!**
- In dem Zusammenhang ist es möglich, die Kinder zu lehren, **Trinkgefäße** (Becher/Tasse) bei sich zu führen, wenn sie Ausflüge machen, um **To-go-Becher** (Müll) zu *vermeiden*.
- Wie *schaffe* ich es, Ordnung zu halten, diszipliniert zu sein, **Werte** zu leben? (Bitte/Danke, allgemeine Höflichkeit und Zuvorkommenheit)
- Wie *lerne* ich Kochen, Backen, Gärtnern, Nähen, Handarbeiten, …? → Schafft wieder nützliche und sinnvolle, den Kindern Wert bringende Arbeitsgemeinschaften!
- Wie *geht* man mit Lebewesen, Tieren und Pflanzen *um*? Stadtkinder wissen darüber vermutlich zu wenig und entwickeln möglicherweise

Phobien, weil es für sie *nicht so alltäglich* ist, mit Tieren konfrontiert zu werden wie auf dem Dorf/Lande. Wann und auf welche Weise werden Nistkästen angebracht, Waldtiere gefüttert usw.?

- *Welche* Tiere und Pflanzen sind <u>wirklich</u> gefährlich?
- Wie *heißen* Pflanzen, Bäume, Büsche, Sträucher? *Welche* Art von Früchten tragen sie und welche sind *essbar*, welche giftig oder nur für Tiere geeignet?
- Wie *könnte* ich mich *selbst* versorgen, wenn es darauf ankommt? (Essen, Trinken und Übernachten in der Natur – macht Survivaltraining-Camps!)
- Wie *sinnvoll* sind Vernichtungs-/Bekämpfungsmittel (und Waffen)?
- Was *richten* **Kriege** mit den Menschen, der Natur, den Tieren, den erschaffenen (z. B. kunsthistorischen) Werten und herrlichen, bewundernswerten Bauwerken *an*?
- Wie wichtig ist es, mit Büchern zu hantieren? Bücher sind wertvoll.

Wir haben durch **großartige** <u>Erfindungen</u>, wie die Zentralheizung, Waschmaschine, Geschirrspüler und *alle Dinge*, die uns Arbeit *abnehmen*, so **viel ZEIT** <u>geschenkt</u> bekommen!! *Wie* **nutzen** *wir sie?* *Schenkt* euren Kindern **ZEIT** und beschäftigt euch **hingebungsvoll** mit ihnen. Lehrt sie jedoch ebenso, *<u>alleine</u>* zu spielen. Erklärt, dass das Zuhause unschön/schmutzig wird, wenn ihr wegen des Kindes **alles** andere *vernachlässigt* und euch *um nichts anderes* mehr kümmern könnt. Fragt, ob sie euch <u>helfen</u> wollen. → „Viele Hände schaffen der Arbeit ein schnelles Ende!" Kommentiert den Kindern vieles von dem, was ihr gerade tut und erklärt/begründet das, wenn es den Bedarf gibt.

Macht euren Kindern schöne & spannende Zukunftsaussichten, damit sie spüren, **dass es sich zu leben lohnt.** Spruch meiner eigenen Oma: „Die **Hoffnung** sei Dein Wanderstab, von der Wiege bis zum Grab!" Was sie noch alles erleben und lernen dürfen, worauf sie sich **FREUEN** können, das ist für Kinder sehr wichtig zu wissen und motiviert, eigene Ziele auszuformulieren und Visionen zu haben! Versetze Dein Kind insbesondere für zeitnahe Erlebnisse in Vorfreude. Es ist schön, wenn man immer etwas im Gedächtnis trägt, worauf man sich freuen kann! ❤

Bäcker, Dorfkonsum, Fleischer, Schuhmacher & Co.

Unterstütze die **regionalen** Unternehmer! Sie sind **gut** für Dich, **weil** sie so **nah** dran _und_ _greifbar_ sind, wenn sie „Unfug" machen würden – also bauen sie schon vorsorglich **keinen**! Unnütze Termine und Reklamationen rauben Deine Lebenszeit und niemand entschädigt Dich dafür.

Nutze den Bäcker zum _Plausch_ mit den Nachbarn! Es sollte _wieder_ in jedem Dorf einen gut bestückten **Konsum** geben! (Das _mordsmäßige Angebot_ aus **diesem wahnsinnigen Überfluss** im total _unpersönlichen_ Supermarkt **braucht KEIN Mensch**!) Im und am Konsum konnten sich früher die Menschen austauschen, wenn sie sich trafen. Sie haben einen Schwatz gemacht, sich mal aufgeregt oder gelacht. Sie haben ihre Konflikte weggeredet! Das ist der Grund, warum es zu DDR-Zeiten in der Tat viel weniger möglich war, dass sich Konfliktgeschehen im Körper festsetzen konnten! Man hat sich getraut (und vertraut!), über die Dinge **zu reden**, sie **herauszulassen** und _dann_ auch mal darüber zu lachen! Konfliktverarbeitung 1. GÜTE! Das MUSS wieder her – es ist _überlebenswichtig_!

Unser **ALDI** hat noch eine _angemessene Größe_ für eine „Kaufhalle" mit _völlig ausreichender_ Auswahl! Hinter diesem **Konzept** vermute ich **tatsächlich** MENSCHLICHKEIT! Es gibt _keine mordsmäßig teure_ Fernsehwerbung, welche der Kunde (logischerweise) mitbezahlen _müsste_! → Es **gibt** jede Menge durchdachte und nützliche ANGEBOTE: vieles für Kinder, Familien, Haushalt. **Großes DANKE an ALDI!** Ihr, so wie auch andere, ähnliche Geschäftsformen, **werdet bestehen!** Was soll der ganze Werbe-Unsinn – unvorstellbar **teure** Werbeminuten im Fernsehen?!? Was KÖNNTE man _mit diesem Geld_ alles machen, ihr Firmen?? Man _könnte_ es für höhere _Qualität_ nutzen, man KÖNNTE TIERE unter _solchen_ Umständen halten, dass auch Nutztiere GERNE und WÜRDEVOLL LEBEN, bis sie zu uns auf den Teller „müssen"! Dann kommen sie vielleicht sogar gerne, als DANK und wünschen: „Lasst euch mein Fleisch schmecken – ihr habt mich tadellos behandelt!!" Was sollen die ewigen Werbeprospekte? Ein Wahnsinn ist das – Woche für Woche. Die Wirtschaft hat „Schnäppchen-Jäger" erzogen! Beobachte Internetseiten mit Rabattaktionen: Die Preise _verändern sich vom Vortag zum Aktionstag zum Folgetag_ und es ist nicht immer klar, dass Du **wirklich** die 10 % Rabatt objektiv erhältst. Alle Aktionen werden in die Preise einkalkuliert (Mischkalkulation) und z. B. am selben Tag der Aktion auf *andere, kompensierende* oder auf *alle* Artikel <u>aufgeschlagen</u>. Zusatzartikel, die vorgeblich <u>kostenfrei</u> dazu gepackt werden, bezahlst Du auf andere Weise mit. Wohl kaum jemand schenkt Dir etwas im Kapitalismus.

Wenn es wieder deutschlandweit **faire Einheitspreise** gibt, wird dieser *ganze Papiermüll* **endgültig hinfällig** sein! **Pfennigfuchser** wird es immer weniger geben, denn **Überfluss schafft Überdruss!** Steckt eure Gelder lieber in die Löhne und Gehälter – EURE Mitarbeiter sind das <u>wichtigste Gut</u> für eure Firmen! Dann folgt *in aller Logik* die Qualität statt der Quantität … Im Übrigen: Sobald Du durch die Konfliktlösungen *gesund* und *unbeschädigt* geworden bist, bekommst Du *die Ware*, die Dir zusteht: unbeschädigt, reklamationsfrei, dauerhaft! Jährlich höher, schneller, weiter mit *denselben* Voraussetzungen? Wie logisch ist das?

Kleine Anmerkung: Habt ihr triste Gebäude, Türme, die hoch in den Himmel ragen oder sonstige trist anmutende Bauwerke, dann malt sie BUNT, damit alle Freude daran haben. ;)

Macht die alten **Tanzsäle** wieder fit – es **wird Bedarf** geben! **GESUND** kann sich nämlich ein jeder Mensch **ZEIGEN!** Was wurde *früher* getanzt – nicht nur in einer relativ ungemütlichen Stadthalle, obwohl es toll ist, wenn es überhaupt noch große Säle für Tanzpartys gibt! <u>Danke DAFÜR!</u>

Was wurde **fröhlich** gefeiert und gesungen? Es wurde vielleicht manchmal ein bisschen viel gezecht, aber das dürfte nach diesem Buch auf das *erfreuliche* Genussmaß zurücksinken. :-)

DU oder SIE?

Vielleicht sollten wir überlegen, ob es in naher Zukunft möglich ist, dass sich alle Menschen **beim Vornamen** nennen – **egal** ob <u>DU</u> *oder* <u>SIE</u>? Ich habe das Gefühl, es wäre sehr hilfreich für unser *freundliches,* einander *schätzendes* Miteinander. In dem Zusammenhang: Wäre es nicht schön, wenn alle Menschen, die sich begegnen, grüßen würden?

Respektvoller Umgang miteinander

Wer auch immer denkt, er sei etwas **Besseres** und könne anderen Menschen bzw. Lebewesen respektlos begegnen, der ist einem großen Trugschluss aufgesessen. Es gibt keinen größeren Irrtum: Jeder wird nackt geboren, jeder geht auf die Toilettenschüssel und jeder wird begraben, und zwar mit leeren Händen. Welche Lebensaufgaben sich ein jeder auch stellt und was dabei herauskommt – niemand hat das Recht, andere dafür zu verachten. Alles hat eine **Ursache**, wenn hinter die Kulissen geschaut wird und speziell spielen hier das Kapitel „Ursache-Wirkung" sowie die Verursacher für furchtbare Entwicklungen von kleinen Kindern ins Erwachsenenleben hinein: zuvorderst die ELTERN und *dann* jede Person, die in Dein Leben tritt und **es wagte**, Dich zu **beschädigen**!

Wenn mächtige Menschen der Meinung sind, dass sie einem einfachen Menschen aus dem Volk keine Antwort auf seine Fragen oder Bitten geben müssen, dann frage ich mich: Ist es Respektlosigkeit oder Angst? Wie naiv ist es, mächtige Menschen um etwas extrem Wichtiges zu bitten? Darf man noch an **das Gute** im Leib dieser Personen glauben?

Wenn Du meinst, Du müsstest Dich **einmischen** (im positiven Sinne), dann *überlege* dennoch (oder frage nach), warum die Dinge genau so sind und nicht anders.

Geschenke

Sie gehören **dem**, der sie **erhalten hat**. Jeder kann damit *tun und lassen*, **was er will**. Wenn Du Geschenke weiterschenkst, weil Du sie *nicht* benötigst oder annimmst, dass sie *besser* zu einem anderen Menschen passen, ist das genau richtig! Wenn Kinder eines ihrer Geschenke beschädigen oder zerstören, ist das ihr Problem. Das geht die Erwachsenen **nichts** an. Sage: „Du hast es kaputt gemacht, nun ist es hinüber!" Fragt das Kind, falls das Kaputte für euch *reparabel* ist, ob es sich *nun wünscht*, dass Papa/Opa … es reparieren soll. Wenn ja, sagt: „Das wird **nur 1 Mal** geschehen" und haltet euch daran. Das Nächste, was mutwillig kaputt gemacht wird, **MUSS** in den Müll!

Bekommst Du Geschenke, die nicht zu Dir passen, dann ist es ein Zeichen von Seele zu Seele, dass der „Schenker" *nicht* zu Dir passt.

Bedanken sich Kinder *nicht oder nicht angemessen* für Geschenke, sind sie verzogen und arrogant, bevor sie überhaupt wissen, was dieses Wort bedeutet. Es sind Kinder, die im **totalen Überfluss** leben und kaum noch etwas zu schätzen wissen. Ebenso fehlt hier oft die Wertvorstellung. Du findest Dich mit großen Schuhgrößen wieder, die *nicht zu Deinem restlichen* Körper passen.

Schenkst Du etwas, das Dir Dein Partner geschenkt hat, weiter, liebst Du ihn nicht (genug).

Achte auf die Symbolik von Geschenken und denke nach, falls Dir etwas seltsam vorkommt und überlege, was dahinter stecken kann. Ich fand Dinge heraus, die andere brüskieren, ja ins Unglück bringen können. Deshalb verzichte ich auf die Ausführung.

Zum Thema (HAUS)TIERE:

Euren kleinen und großen Lieblingen ergeht es **genauso** wie uns Menschen. Auch sie erleiden Konflikte im tierischen und zwischenmenschlichen Bereich. Man muss sich nicht wundern, wenn Tiere in *schwierigen* Verhältnissen leben (in einem Haushalt, wo es wenig liebevoll oder problematisch zugeht), dass z. B. auch ein Hund an Krebs **stirbt**. Tiere brauchen genauso Liebe, Zuwendung, Respekt und konsequentes Handeln/Erziehung im positiven Sinne **wie unsere Kinder**. Sprecht mit euren Tieren, entschuldigt euch für schlechte, streitvolle

Tage in der Wohnung, weil sie dies *miterleben* **mussten**. Klärt auch, wenn *ein* Familienmitglied ein Haustier *eher ablehnt*, dass dies **nicht so schlimm ist**, denn sonst bekommt das Tier ein *Hautproblem* und kratzt sich verzweifelt im Fell herum (wie der Mensch mit Neurodermitis). Hat eure Katze Hüftprobleme, glaubt sie sich anderen Katzen in ihrem Umfeld *unterlegen* und kann ihr Revier *nicht mehr anständig* verteidigen. Sagt dieser Katze, dass sie ihren Garten NICHT verteidigen muss – es ist so oder so IHR Revier – sie soll die anderen Katzen/Kater vorbei- oder durchziehen lassen und sich **lieber verstecken**, bis die Gefahr *vorüber* ist, als sich auf schwere Kämpfe einzulassen. Sagt der Mieze: <u>Der Garten/Hof gehört sowieso **Dir**</u>!

Hast Du zu eurem 1. Hund einen zweiten hinzugenommen, dann erkläre dem 1. Hund, **warum** und dass er sich **bitte gut** mit dem <u>neuen Hund anfreunden</u> und <u>ihn aufnehmen soll</u> wie einen **Bruder**. Gibt es Ablehnungskonflikte zwischen mehreren Tieren, dann stirbt eines (z. B. an Hirnproblemen)!

Allgemein gilt bei Tieren, die **nacheinander** angeschafft werden, z. B. Kaninchen/Hasen, Meerschweinchen, Hamster, Mäuse, Vögel, …: **Bittet** das Tier, welches **zuerst** bei euch leben durfte, dass es das Neue <u>gut annimmt und als Freund betrachtet</u>, der genauso gut mit versorgt wird wie es selbst. Dann bleiben <u>allergische</u> Erscheinungen aufeinander **aus** (wie Niesen, Kratzen und *heimliche* Kämpfe, die man dann an der *Beschaffenheit des Fells* sehen kann).

Frisst Dein Hund *schlecht* (das betrifft meist *aufgenommene* Hunde), dann hat er bei seinem 1. Herrchen beim Fressen Schimpfe oder Schelte bekommen. Sage das diesem Hund und er wird sein Fressgebaren bei euch verbessern und gesunden.

Überfährst Du UNABSICHTLICH Deinen eigenen **Hund**, DANN wollte Dir Dein Tier sagen: Bei DIR will ich NICHT länger leben!

Hast Du ein **Pferd** und es will sich nicht so richtig an Dich gewöhnen oder wirft Dich sogar ab, dann **spürt** es Deinen **Charakter**. ERST DANN, wenn Du **Dich heilst**, wird ein geeignetes Tier <u>GERNE</u> mit Dir zusammen sein – vorher wirst Du *kein Glück* damit haben. Du bist ein Mensch mit **weißen Flecken** auf den Frontzähnen. An ihnen erkennst Du auch Deine *Veränderung* – **verschwinden** die Flecken mit der Zeit, bist Du **gut** geworden.

Sei **LIEB** zu Deinen *tierischen Freunden* und Du wirst belohnt. → Was an Konfliktgeschehen für uns Menschen gilt, **gilt auch für Tiere** – IDENTISCH! **Sprich** mit ihnen und sie *werden* **heil**. Auch Stall-Tiere haben Konfliktgeschehen. Ihre Erkrankungen haben im selben Maße wie beim Menschen etwas mit fehler- oder mangelhafter Behandlung zu tun und eher weniger mit dem Futter, wenn es denn **naturbelassen** (Wiesenkräuter, Heu, Silage, Schweinefutter, …) *und* in Ordnung ist. Die „Maul- und Klauenseuche" entsteht z.B. (wie beim Menschen die **Hand-Fuß-Mund-Krankheit**) durch Streitkonflikte innerhalb einer GRUPPE von Tieren. In **Tierparks** gehe ich von einer *möglichst perfekten* Tierhaltung und **großer** Tierliebe zu ALLEN Tieren, die dort wohnen/leben, aus! Danke dafür!
In der **Futtertierhaltung** achtet bitte auf *anständige* Lebensbedingungen und eine quallose Tötungsmethode. Dann schmeckt auch das Fleisch und die Tiere hatten es gut, *als sie am Leben waren.* ❤
Habt ihr vor, euch ein Haustier anzuschaffen, und habt ein Kind(er), dann bezieht das Kind mit ein und beachtet seine Meinung besonders. So könnt ihr großen Problemen vorbeugen.
Behandelst Du ein Tier lieblos, sei es auch noch so klein, wird die Tat an Deiner eigenen Schönheit gesühnt. Du sollst nicht(s) töten.

Krankenkasse

Wäre es nicht klug, <u>nur **EINE** einzige Krankenkasse **deutschlandweit**</u> zu haben, mit **fairen** Beiträgen und **städtischen Zweigstellen** für eine *angemessene* Betreuung der Menschen?
Sollten nicht auch alle **Gesetzlichkeiten** (gleiches Recht für alle) sowie **Schulpläne** in jedem Bundesland **einheitlich** gestaltet werden, weil nur dies sinnvoll und logisch ist?

MÜLL

Wer der Umwelt schadet, wird hässlich. Selbst ein achtlos weggeworfenes Bonbonpapier schadet Deiner Schönheit. Beschmutzt Du auf irgendeine Weise Deine Wohnung und Dein Umfeld, bist Du in aller Logik bereits selbst *mehr oder weniger stark* beschmutzt. Bist Du innen rein, bist Du nicht (mehr) in der Lage, nach außen hin etwas oder jemanden zu beschmutzen.

Unsere Familie sammelt in der Umgebung (Umkreis ca. 12 km) sowie im (Auslands-)Urlaub, wenn es nötig ist, den Müll auf, damit die Gegenden schöner und lebenswerter werden. Ebenfalls ist es uns wichtig, Tiere zu schützen (Plastik). Wie sinnvoll sind Papierhandtücher (Unmengen von Müll)? Verwendet Dinge mehrfach, kauft oder näht euch schöne, fröhliche Stoffbeutel, um eure Umwelt zu schonen! **Sehr dankbar** sind wir, dass immer mehr Menschen darauf achtgeben, nirgendwo ihren Müll liegen zu lassen oder hinzuwerfen. Es ist in der Tat über die Jahre immer besser geworden – das ist einfach wunderbar! **DANKE & macht weiter so!**

Zum Thema **Pflanzen:**
Behandle Deine Pflanzen gut, **lobe** sie, wenn sie *schön wachsen und blühen.* Es ist kein Gerücht, dass Pflanzen, die wohlwollend beachtet werden, alles geben, um Dich zu erfreuen.
Es gibt ein Experiment – dabei wurden von einer Pflanze *zwei Ableger* genommen. Einer wurde nach Pflanzung in einen Raum gestellt: beachtet & gelobt! „Du blühst so wunderschön, Du bist aber eine kräftige Pflanze, ich habe so viel Freude an Dir!!" Der 2. Ableger wurde in einen anderen Raum gestellt, jedoch nur *gegossen* (versorgt) und sonst *missachtet.* Aus der 1. Pflanze wurde ein **Prachtexemplar,** die 2. Pflanze **ging** nach geraumer Zeit **ein.** Sie waren **beide von derselben** Mutterpflanze. (Wer keine Pflanzen mag, der sollte einfach in seinen Räumen darauf verzichten. Das ist gar nicht schlimm, denn die Raumluft wird durch *tägliches Lüften* sowieso in Ordnung gehalten. Alles andere ist ein Gerücht.)
Seht euch manche Geschwister an: Das eine Kind wird von den Eltern *erhoben,* das andere *erniedrigt.* Sie entstammen demselben

Ursprung, sehen dabei völlig verschieden aus und entwickeln sich verschieden. Es ist das gleiche System wie beim o. g. Experiment.

Eine Besonderheit möchte ich Dir noch anvertrauen: Bekommst Du eine Pflanze **geschenkt** und diese gedeiht **prächtig**, steht der Schenker zu Dir in Liebe und Bewunderung, auch dann, wenn Du sie nur ganz normal gießt und ihr wenig Beachtung schenkst. Geht Dir so eine Pflanze ein, egal ob im Haus oder im Garten, wie steht dann der Schenker zu Dir? Gedeiht eine geschenkte Pflanze erst gut und geht nach Jahren ein, ist etwas in Deinem Verhältnis zum Schenker geschehen oder es gibt aus einem oder mehreren Gründen starke Neidkonflikte. Ja, davon geht *diese* Pflanze zugrunde und wächst zuvor auch nicht. Gleichermaßen gilt das für **Blumensträuße**, welche am nächsten Tag die Köpfe hängen lassen können *oder* zwei Wochen lang blühend stehen! Bekommst Du von einem Elternteil eine Pflanze geschenkt, diese wird krank und besetzt sich mit Schädlingen, sagt es Dir: Du warst ein Schädling, als Du noch zu Hause wohntest.

Gegenseitige **Rücksichtnahme**:
Nehmt ihr im Alltag, auf der Arbeit und in der Nachbarschaft Rücksicht aufeinander, werdet ihr ein schönes Umfeld haben. Überlegt, *wen* ihr stören könntet, *bevor* ihr eine lärmende Arbeit beginnt oder *bis in die Nacht* bei Musik im Garten sitzt. Dreht die Lautstärke herunter, versucht, bei nachtschlafender Zeit draußen alles leise(r) zu machen. Niemand weiß genau, wo in der Wohngegend sich die Schlafzimmer von Kindern (und auch Schichtarbeitern) befinden. *Schlechte* Nächte bescheren einen *anstrengenden* Folgetag. Gebt in der Nachbarschaft **Bescheid**, wenn ihr eine Party feiert – wenn die anderen euch Spaß dabei wünschen, sind sie nicht sauer und es feiert sich noch besser! Andere Dinge zum rücksichtsvollen Umgang fallen euch sicher selbst ein. *Beachtet* euch gegenseitig, wechselt einige nette Worte und eure Gegend wird schön. Alles **Gute** von euch wird an euch belohnt werden!

Die **Toilette ist keine Mülltonne!**
Achte und liebe Dein Trinkwasser, auch die Teiche, Seen und Meere. Wasser ist das **Wichtigste**, was wir auf der Erde haben. Ohne **Trinkwasser** gibt es *kein* Leben. Wer Essensreste und diversen Müll in die Toiletten wirft, beschädigt damit das Trinkwassersystem viel mehr,

als er sich ausmalen kann. Achte auf alles, was Du ins Wasser gibst. Schalte Deinen Kopf ein: „Muss das jetzt sein?" und schütze unser aller **Lebenselixier!**

Wir alle sind miteinander verbunden, auch durch den <u>Wasserkreislauf</u>!

Schlusswort: VERZEIHE ALLEN und fange NEU an!

Vergebe Eltern, Großeltern, Geschwistern, Medizinern*, Lehrern* und anderen Berufsständen*, die mit meiner im Buch erfassten Materie *besonders viel* zu tun haben! *Sie haben ihr Wissen über die Lehrausbildung/das Studium bezogen und manifestiert.*
Gehe in Dich und finde sinnvolle, friedfertige Wege. Du wirst nach diesem Buch absolut in der Lage dazu sein, weil Du authentisch und unbeschädigt **geworden** bist. Es wird Dir zudem automatisch möglich, ganz plötzlich im **Hier & Jetzt** zu leben, ohne noch mit irgendeiner Sache in der Vergangenheit zu **kleben**.

Alles, was uns **zerstören** *könnte*, kommt von **innen** und **sind wir selbst**, **infolge** der schwerwiegenden **Beschädigungen** *durch unsere* **eigene Blutlinie**, die wir aufgrund Unterlegenheit und Angst zugelassen haben. **Niemand sonst** kann eine Schuld übernehmen! JEDER hat das RECHT auf eine **totale** Gesundheit, einen freien Geist und **JEDES** Lebewesen auf der Erde hat ein anständiges Leben verdient! ♥

EVA würde sagen: Ich habe NUR einen **Apfel** gegessen und jetzt: Schau Dir Deine Fehler an!

Ich habe Dir nun **alles** erzählt, was ich an Erkenntnissen zusammentragen durfte – teils unter eigenem Leid, Schmerzen und Qualen und oft unter Tränen, unzähligen schlaflosen Nächten. Ich bin **FREI** von Angst und möchte einfach in **FRIEDEN** leben dürfen.

WER DIESES BUCH besitzt, trägt einen **geheimen Schatz** bei sich – es bleibt Dir nichts mehr unerkannt, was im Außen geschieht. Du weißt die Dinge jetzt ganz genau, wenn Du die Menschen nur *anschaust*.

Während sich das Manuskript bereits beim Verlag befand, bekam ich immer wieder **neue** Erkenntnisse und arbeitete faktisch bis zur letzten Minute vor dem Druck ergänzend weiter … So bitte ich euch nun, wenn ihr Unregelmäßigkeiten an euren Körpern seht, welche ich unbeschrieben lies, da mir unbekannt → **denkt selbst NACH**! Ihr werdet herausfinden, was geschehen ist und den Konflikt lösen – davon bin ich überzeugt!

Auch bitte ich, Fehler zu entschuldigen, falls sich solche finden sollten. Es ist ein Wahnsinn, ganz allein so ein Buch zu schreiben. Davon kann sich nur jemand eine Vorstellung machen, der es einmal erlebt hat. Bitte seid nachsichtig mit mir.

„Nicht diejenigen, die die gleiche **Sprache** sprechen, verstehen einander, sondern diejenigen, die das gleiche **Gefühl** teilen." (Rumi)

Mit diesem Zitat erbitte ich, dass dieses Buch in so vielen Ländern wie nur möglich, verbreitet wird, denn das ist die Grundaussage! Gleiches Recht soll gelten, für alle Menschen dieser Erde.

ALLEN meinen geschätzten Lesern wünsche ich nur **das Allerbeste** – macht etwas aus diesem, eurem neuen Wissen. MENSCHEN, werdet GESUND und lebet WOHL, **endgültig**!

Weiterführende, sehr nützliche Literatur mit meiner großen Ehrerbietung an die Autoren:
Louise L. Hay – „Heile Deinen Körper: Seelisch-geistige Gründe für körperliche Krankheit"
ISBN: 978-3-89901-256-9
Johannes F. Mandt – „… was gesund macht …"
ISBN: 978-3-00028-725-1

Zum Thema Gesellschaftsform:
Wir leben in einer Gesellschaftsform, welche sich leider durch ein extrem hohes *Konfliktpotential* auszeichnet. Ängste sind hier beständig an der Tagesordnung und werden leider mit Vorliebe durch die Medien geschürt (insbesondere Existenz- und Todesängste).

Hierbei muss man wissen, dass die *Masse der Menschen* für die Mächtigen unter uns *am einfachsten* in Schach zu halten ist, wenn sie **ANGST** hat! Bitte schau Dir gern noch einmal die Definition von „MACHT" an. **Leben?** Unbeschwert, fröhlich, beschwingt, leicht und lieb? Nicht einmal unsere *Kindeskinder* können das noch. **NIEMAND** weiß mehr, wie das geht. ♀

Der Sozialismus war dafür eine **wunderbare** Gesellschaftsform – **JA** – ich möchte euch **offen** sagen:

Ich **BIN** ein Sozialisten-Kind und verhalte mich mein ganzes Leben lang danach. Ich bin stolz darauf, in der DDR aufgewachsen zu sein, auch wenn es gravierende Mängel gab, die ich als damalige junge Frau noch nicht verspürte. Dazu möchte ich ganz klar Stellung beziehen und euch fragen: **WO** bitte sollten denn *nach der Teilung* Deutschlands unter den wohlgesinnten, enthusiastischen, friedliebenden Menschen die **Sadisten und Faschisten** gelandet sein? Natürlich **mitten unter uns** – mitten unter denen, die einen sozialen, menschlichen Staat aufbauen wollten, mit einer *Generation von Kindern*, die es **schaffen** würden, einander zu unterstützen, freundlich, hilfsbereit und bescheiden zu sein. Wir Kinder waren damals freier, mutiger und einfallsreicher, als man es heute je bei einem Kind erleben kann. Wir *fühlten* uns **SICHER** – ein beneidenswerter Zustand, von dem man heute nur träumen kann (falls einem das noch gelingt!). Die Eltern hatten so gut wie nie *existenzielle* Ängste – was für eine wunderbare Basis für ein gutes Familienklima! Das LEBEN *würde* endlich (wieder) LEBENSWERT sein, *wenn* wir einen neuen Beginn (2. Versuch) schaffen. Die wahren **Werte des Sozialismus**, die *ausdrucksstarken* Kinderlieder, diese ausgestrahlte *Sicherheit*, die ich mir heute nur noch aus **DEFA**-Filmen und -Serien holen kann, wobei der Frieden und alles, was Menschen übereinander und über den anständigen *Umgang* miteinander lernen können, nur so aus dem Bildschirm fließt und mich binnen Minuten beruhigen kann, sind hoffentlich **wiederbringlich**, wenn die Menschen eines **recht nahen** Tages endlich **wirklich** bereit und **REIF** für diese Veränderung sind. Es könnte das Paradies auf Erden werden.

Über das damalige Kinderfernsehen las ich *folgendes* **Konzept**, nach dem in der DDR seit Anfang der 1970er Jahre gehandelt wurde:

„Entsprechend den Leitlinien des DFF (Deutscher Fernsehfunk) hat das Kinderfernsehen innerhalb des Gesamtprogramms dazu beizutragen, dass sich die Mädchen und Jungen einen festen Klassenstandpunkt aneignen, ihre ganze Persönlichkeit, ihr Wissen und Können, Fühlen, Wollen und Handeln für den Sozialismus, für die allseitige Stärkung der DDR einsetzen und ein **von Optimismus, Freude und Frohsinn erfülltes Leben** zu führen!"

Ich bin sehr **überzeugt** davon, dass es in den Jahrgängen, die **in die DDR hineingewachsen oder hineingeboren** sind, heißt **1948 bis 1990**, viele Menschen mit *sozialistischer Überzeugung* oder *mindestens* mit *sozialistischen Wesenszügen* gibt! *Schaffst Du es, Deinen STOLZ darauf zu wecken?*

Denke einmal darüber nach:
Der Sozialismus scheiterte letztlich an einigen Menschen, die leider *mächtig genug* waren, Boshaftes zu tun! (Stasi/Überwachung, Reiseverbot, politische Gefangenschaft und Ziehung einer Mauer, die uns aber wenigstens die sehr gut ausgebildeten Fachkräfte erhielt) Die geniale **Idee** dahinter (nach Lenin, Karl Marx & Friedrich Engels) ist letztlich jedoch einfach nur **menschlich hervorragend!** Kommunismus kommt *meiner Meinung nach* von Kommunikation, DENN mangelt es daran, wirst DU krank!

Ich gönne euch **ALLEN** ein wunderbares Leben! ♥

Von Herzen,
eure Marte

PS: Ich liebe **Monika Grandits** vom novum-Verlag für Ihren **Mut** und Respekt! ♥
Herzlich danken möchte ich meinem Lektor **Tobias Keil** für seinen geistreichen Input und dass er dieses Buch bis zum bitteren Ende *durchgelesen* hat!

Nachwort

Ist es logisch, dass Menschen einmal Affen gewesen sein sollen?
Wieso haben Affen aufgehört, Menschen zu werden?

Diese Zeilen schrieb mir **Melanie** über die Phasen des Malens am
Cover „**Seelenbild Eva**":

Es brauchte Zeit, bis der Anfang beginnen wollte.
Zuerst durfte die Struktur der Erde geschehen, danach kamen die
Farben, das Universum – es waren eher hellere, kraftvolle Farben,
in Blau, Violett und Türkis …, doch dann wollte sich auch die Tiefe
und Weite mit einweben. Die Erde mit dem Sonnenlicht, die hell be-
leuchtete Seite und die im dunklen liegende Schattenseite, die Ster-
ne und Kometen, das weiche sanfte Licht um die Erde. Ich war tief
beeindruckt von der Schönheit unserer Erde.
Dann brauchte es wieder Zeit und es entstand die Weiblichkeit an
der Seite: EVA! Sie sah sehr traurig blickend auf die Erde und hielt den
Apfel in der Hand. Es war spürbar, dass es auf der einen Seite eine
Wahl war, aber dann überkam mich eine tiefe Traurigkeit, was habe
ich (EVA) da nur getan, blickte auf all das Leid, den Schmerz und das
Chaos und ich fühlte mich schuldig! Auch fühlte ich den Schmerz
der Trennung und im Bild wollte sich wieder nichts weiterbewegen.
Als ich spürte, dass ein Teil in Eva nun die Verantwortung für ihre
Wahl übernahm, fühlte ich, wie damit auch eine Kraft zurückkehr-
te. Es entstand das Gesicht in der Mitte, verwoben in der Erde und
im Kosmos. Es überkam mich auch ein anderer Anteil: Lilith – plötzlich blickte mich durch die Augen eine neue Version von einer Frau
an – es war Lilith & Eva *gleichsam*. (Lilith war eine Göttin der sume-
rischen Mythologie. Zunächst wohnte sie im Stamm des Welten-
baumes, nachdem dieser jedoch auf Befehl Inannas hin gespalten
worden war, floh Lilith in ein unbekanntes Gebiet.)

Zuerst hatte es noch was Unechtes, Unerlöstes – irgendwie schön, aber noch nicht ganz stimmig. Jetzt kamen der Granatapfel und die Schlange. Ich spürte sie in mir, in mir diesem neuen „Frau sein". Da waren die Erkenntnis und die Schlange in der Frau (in mir) – ich fühlte, dass beides wichtig war. Mir fielen der Schatten und das Licht der Erde im Gesicht noch stärker auf, und wie es eine ganz besondere Schönheit offenbarte. Auch nahm ich den Lebensbaum stark wahr, der sich als Hals im Bild mit einwebte.

Die Frucht, die so viele Facetten in sich trägt, so eine Sattheit und Fülle repräsentiert, die verschiedenen Kammern, gleich verschiedenen Ebenen! Die Schlange, die zwar giftig ist und diesen Schutz braucht, und es ja auch ihre Natur ist – wie jedoch ihre neue Haut aus Gold glänzt, ihre Kraft und Besonderheit ebenso eine Daseinsberechtigung hat und ich sie ebenso brauche, ja wieder zurückholen darf. Auch kam die Weltenschlange – sie ist durchdrungen vom Kosmos, aber alles konnte ich noch nicht greifen!

Und dann floss das Gold der Schlange in Evas Augen und das Rot des Apfels zu ihren Lippen. Ihr Gesicht wurde noch echter, wahrhaftiger – ihre Schönheit berührte mich sehr – vor allem die Augen, aus denen mich so viele Anteile an blicken – so viel Kraft und Schönheit sichtbar wird.

Dann veränderte sich die Weiblichkeit an der Seite, sie lehnte sich an, war nun ein Teil des neuen „Frau seins", so, als durfte etwas heilen und als durfte sie einfach mit all der Geschichte sein, mit ihrer Wahl (Apfel), mit dem Schatten und ebenso ihrem Licht und mit ihrer besonderen Einzigartigkeit.

Danach war da Stille! Ich sah, wie noch all die Energien in goldenen Strängen durch sie und über sie flossen, wie Wirbel, aber viel sanfter. Da war ich mir nicht sicher, ob ich sie noch malen soll …

Doch ich wartete, blieb in der Stille und blickte in das Bild hinein. Es ist, als würde noch so viel mehr aus dem Bild sprechen, was nicht alles gleich greifbar ist.

Dann spürte ich plötzlich: Es ist vollkommen, diese Energien fließen, auch ohne Sichtbarmachen, sie sind sichtbar in ihren Augen und in ihrem Sein.

Es war eine ganz besondere Reise und ein Eintauchen. Deswegen schreibe ich manchmal Eva und manchmal ich, weil ich in diese Urkraft eingetaucht bin und es auch in mir vieles bewegt und berührt hat. Marte, ich danke Dir von Herzen für diesen besonderen Auftrag.

– Ende –

Die Autorin

Marte Lautenschläger konnte die Entwicklung und Leiden an einer großen Anzahl von Menschen sehen, erleben, Zusammenhänge beobachten und stellte oft **sehr mutige Fragen**. Sie bekam viele Schicksale erzählt, fühlte mit anderen, teils ganz fremden Menschen, analysierte und kombinierte mit dem *logischen Menschenverstand*, um daraufhin in ihrem Umfeld kostenfrei zu helfen. In diesem Zusammenhang kann sie insbesondere auf ihre Fähigkeiten des konzentrierten Zuhörens sowie der Empathie zurückgreifen. Aufgrund der **großen Erfolge** wurde ihr extrem deutlich, dass **Konfliktlösung** (**UR**sachen-Findung) – **fehlerfrei** und von der Natur gegeben – IMMER funktioniert! Es ist der **EINZIGE Weg** zur totalen Gesundheit.

Freue Dich auf Band 2 mit dem Coverbild ADAM zum Thema „Die Rettung der Liebe". Voraussichtliche Erscheinung: Herbst 2021

Der Verlag

*Wer aufhört
besser zu werden,
hat aufgehört
gut zu sein!*

Basierend auf diesem Motto ist es dem novum Verlag
ein Anliegen neue Manuskripte aufzuspüren, zu ver-
öffentlichen und deren Autoren langfristig zu fördern.
Mittlerweile gilt der 1997 gegründete und mehrfach
prämierte Verlag als Spezialist für Neuautoren in
Deutschland, Österreich und der Schweiz.

**Für jedes neue Manuskript wird innerhalb
weniger Wochen eine kostenfreie, unverbind-
liche Lektorats-Prüfung erstellt.**

Weitere Informationen zum Verlag und
seinen Büchern finden Sie im Internet unter:

www.novumverlag.com